Gerhard Bauer

Namenkunde des Deutschen

PETER LANG

Bern · Frankfurt am Main · New York

CIP-Kurztitelaufnahme der Deutschen Bibliothek

Bauer, Gerhard:
Namenkunde des Deutschen / Gerhard Bauer. –
Bern; Frankfurt am Main; New York: Lang, 1985.
  (Germanistische Lehrbuchsammlung; Bd. 21)
  ISBN 3-261-03205-7 *C e*

NE: GT

Bildnachweis:

Vordere Umschlagseite
Aus: Martin Luther, Namenbüchlein, Leipzig 1674

ISSN 0721–3840

© Verlag Peter Lang AG, Bern 1985
Nachfolger des Verlages der Herbert Lang & Cie AG, Bern

Druck: Lang Druck AG, Liebefeld

Inhaltsverzeichnis

Vorwort

Dieses Buch ist als im Unterricht verwendbares Lehrbuch für Studenten der Germanistik, aber auch als Studienbuch für jeden gedacht, der sich für Namenkunde interessiert: Heimatforscher, Lehrer, gebildete Laien. Daraus ergibt sich zwingend seine Anlage: nicht Spezialprobleme für den Fachmann haben im Vordergrund zu stehen; vielmehr soll eine Übersicht über alle Bereiche der modernen Namenkunde geboten werden, die in verständlicher Sprache gehalten ist, nichts wirklich Wesentliches ausläßt und über den Bereich des elementaren Grundwissens in der Weise hinausführt, daß die besonderen Forschungsprobleme der allgemeinen wie der speziell deutschen Namenkunde zumindest kurz vorgestellt werden. Speziell deutsch heißt: vornehmlich die Namen der Bundesrepublik betreffend. Daher habe ich die sehr besonderen onomastischen Verhältnisse der Deutschen Demokratischen Republik bewußt fast völlig ausgeklammert, soweit es um die Einflüsse des Slawischen geht, während die theoretischen Bemühungen der Namenkunde in den sozialistischen Ländern weitgehend berücksichtigt worden sind. Didaktische Erwägungen haben mich auch veranlaßt, sämtliche fremdsprachlichen Zitate des Textteils in Übersetzung zu bringen (ausgenommen dort, wo aus leicht erkennbaren Gründen der Wortlaut beizubehalten war). Die Originalzitate folgen – griechische ausgenommen – jeweils in den Hinweisen am Ende der betreffenden Kapitel. Um die Lektüre und die Benutzung des Buches zu erleichtern, habe ich zudem keine Fußnoten verwendet noch Zitatnachweisungen in den Text eingefügt: alle der Dokumentation dienenden Angaben finden sich in den Hinweisen am Kapitelende. Diese Hinweise enthalten darüber hinaus weiterführende Bemerkungen zur Forschungsgeschichte, -situation und -problematik; sie sind daher für den Studenten oder den an einer wissenschaftlichen Namenkunde Interessierten gedacht und können von jedem unbedenklich ausgelassen werden, der das Buch nur als einführende Information über Namen und Namenkunde in Deutschland benutzen möchte. Weiterführende Literatur ist in besonderen Abschnitten am Ende der Hinweise zusammengestellt; das dort Gebotene umfaßt das nötigste Handwerkszeug des Namenkundlers. Die Spezialliteratur zu Einzelproblemen ist dagegen in den Hinweisen untergebracht; sie noch einmal alphabetisch oder systematisch aufzuführen, habe ich nicht für erforderlich gehalten. Vollständigkeit ist an keiner Stelle angestrebt: das Buch soll kein Handbuch der Namenkunde sein. Daher sind auch die Beispiele recht willkürlich gewählt, da an ihnen lediglich exemplarisch Prinzipien, Methoden, Probleme und Erkenntnisse der Namenkunde verdeutlicht werden sollen. Ich habe mich bemüht, Material aus allen Gegenden Deutschlands zu verwenden, obwohl die Beispiele aus mir vertrauten Landschaften oder Quellen zweifellos überwiegen. Ausschlaggebend war in jedem Fall, was das verwendete Material an namenkundlichen Einsichten zu illustrieren oder zu liefern imstande war. Die didaktische Anlage des Buches hat sich auch auf die Sprache ausgewirkt. Ich habe mich bemüht, jede Art von Fachjargon zu vermeiden, und vielfach ausführlicher erklärt als für den Kenner nötig. Dies gilt auch für die Aufnahme mancher Themenbereiche: die Überblicke über archivalische Quellen, deren Schrift- und Sprachformen usw. hätten ausgelassen werden können – wenn sich das Buch eben nicht auch an Nicht-Fachleute richten würde. Dergleichen "Mängel" hoffe ich dadurch ausgeglichen zu haben, daß Namenkategorien angesprochen oder eingehender behandelt werden, die gemeinhin, zumindest in Einführungen, nicht zu finden sind: Büchertitel, Warennamen, Namengebrauch in der schönen Literatur. Dennoch liegt natürlich auch in diesem Buch der Schwerpunkt auf Anthroponymen und Toponymen. Das stark aufgeschlüsselte Inhaltsverzeichnis wird in Verbindung mit dem als Sachregister gearbeiteten erklärenden Verzeichnis der Fachtermini das Auffinden der behandelten Sachverhalte erleichtern. Wenn dieses auch lückenhaft bleiben muß, wird es, so hoffe ich, vom Nicht-Spezialisten als Hilfe empfunden werden.

Da es derzeit so aussieht, als gehöre die Namenkunde nicht länger zu den Bereichen, mit denen der Germanistikstudent sich während seines Studiums näher beschäftigt, möchte ich wünschen, mit diesem Buch vor allem den Heimatkundlern, die heute den Kreis bilden, der sich am stärksten für Namen interessiert, ein nützliches Hilfsmittel an die Hand gegeben zu haben. Wenn auch Studenten der Germanistik durch seine Lektüre dazu angeregt werden könnten, sich zukünftig (vielleicht auch während der späteren Berufsausübung) mehr und intensiver mit Namen zu beschäftigen, so wäre dies ein besonders erfreuliches Resultat meiner Arbeit.

Für ihre eifrige Mitarbeit an diesem Buch, vor allem an seinem bibliographischen Teil, habe ich meinen Hilfskräften, Fräulein Margit Scholl und Herrn Michael Steeb, ganz besonders jedoch Herrn Christoph Gruchot zu danken. Beim Lesen der Korrektur haben mich Martina Weber, Thomas Bauer und Lutz Braune in dankenswerter Weise unterstützt. Besonderen Dank schulde ich dem Stadtarchivar von Ludwigshafen, Herrn Dr. Willy Breunig, für seine Hilfe bei der Herstellung der Handschriftenproben.

Das Manuskript war am 1. April 1980 abgeschlossen. Während der Drucklegung habe ich später erschienene Literatur nur gelegentlich berücksichtigen können. Unbedingt zu nennen ist noch Bruno Boesch: Kleine Schriften zur Namenforschung 1945–1981. Zum siebzigsten Geburtstag hrsg. von seinen Schülern. Heidelberg 1981 (= BzN NF, Beiheft 20); der Sammelband vereinigt vieles, was in den Hinweisen jeweils gesondert bibliographisch nachgewiesen ist.

Gerhard Bauer

Zum Gebrauch des Buches

Das Buch wendet sich an Anfänger und Fortgeschrittene, an gebildete Laien und Fachleute, an Schüler und Universitätsabsolventen zugleich. Seine sinnvolle Benutzung ist mithin an die daraus sich ergebende besondere Gliederung und deren Berücksichtigung gebunden. Vornehmlich sollten die folgenden Punkte beachtet werden:

1) Der *Text* der sechs Hauptteile dieses Buches ist eine zusammenhängende, weder durch Anmerkungen noch durch Zitatnachweisungen unterbrochene Darstellung der wesentlichen Tatsachen der Namenkunde. Er verzichtet nach Möglichkeit auf Fachjargon und hochformalisierte Darbietung und bietet (soweit sachlich zulässig) fremdsprachliche Zitate in deutscher Übersetzung.

2) Zur Einführung in die Grundtatsachen der deutschen Namenkunde genügt mithin die Lektüre der Darstellungskapitel. Wer sich nur ungefähr über das Thema "Namenkunde" informieren möchte, braucht daher weder die Hinweise noch die Literaturangaben am Kapitelende zu benutzen.

3) Da auch eine verständlich geschriebene Darstellung nicht auf die Verwendung gebräuchlicher wissenschaftlicher Termini verzichten kann, diese aber (besonders, soweit sie aus wissenschaftlichen Disziplinen stammen, welche der Namenkunde "Hilfsdienste" leisten und folglich nicht ausführlich besprochen werden können) oft unbekannt oder nicht unmittelbar verständlich sind, enthält das Buch am Ende ein *erklärendes Verzeichnis aller Fachausdrücke,* das, sehr ausführlich gehalten, *zugleich als Sachregister* dienen kann. Unbekannte Termini, die das Verständnis des Texts beeinträchtigen, sind dort nachzuschlagen.

4) Die den Kapiteln folgenden *Hinweise* beziehen sich auf die im Text durch nachfolgendes * gekennzeichneten Stellen und Sachverhalte. Es handelt sich dabei insbesondere um die Originalzitate (aus typographischen Gründen erscheinen griechische Zitate nicht im originalen Wortlaut!) bzw. den Nachweis der Zitatfundorte, um Hinweise auf Spezialliteratur, um Bemerkungen zur Forschungslage oder um Versuche der Problematisierung. Vornehmlich der Fortgeschrittene und der Fachmann also werden diese Abschnitte des Buches zu Rate ziehen – im übrigen natürlich jeder, der sich eingehender über die im Darstellungsteil behandelten Sachverhalte zu informieren gedenkt.

5) Die *in den Hinweisen genannte Literatur* wird auf verschiedene Weise zitiert. Nur mit Verfassername und Erscheinungsjahr aufgeführte Titel sind in der Bibliographie zum betreffenden Kapitel nachzuschlagen; erfolgt ihre genaue Nennung bereits in der Bibliographie zu einem früheren Kapitel, so wird darauf verwiesen. Abgekürzt zitierte Literatur ist in einem Verzeichnis am Buchende nachzuschlagen; es handelt sich um besonders häufig genannte Titel, die nur mit Verfassername (z. B. Bach), Kurztitel (z. B. Namenforschung) oder, falls nötig, mit Verfassername und Kurztitel (z. B. Paul: Grammatik) angeführt werden. Spezialliteratur zu Einzelproblemen wird in den Hinweisen bibliographisch vollständig zitiert; erfolgt in den Hinweisen desselben Kapitels eine weitere Nennung, so beschränkt sich diese auf Verfassername und Kurztitel mit dem Zusatz *aaO.,* der mithin dazu auffordert, die vollständigen Angaben in den vorhergehenden Hinweisen aufzusuchen. Bis auf wenige Ausnahmen sind die genannten Titel eingesehen worden; die bibliographischen Angaben sind also durchweg als zuverlässig zu betrachten.

13

6) Die *Literaturübersichten zu den Teilkapiteln* sind, soweit nötig, nach Sachbereichen gegliedert. Sie erheben keinesfalls Anspruch auf Vollständigkeit. Ein vorangestelltes * kennzeichnet Titel, die sich durch besonders gute Verständlichkeit auszeichnen, deren Lektüre mithin gerade dem Nicht-Fachmann anzuraten ist. Durch ** ausgezeichnete Titel sind dagegen eher anspruchsvoll; die Beschäftigung mit ihnen ist immer dann unerläßlich, wenn der betreffende Problemkreis wissenschaftlich bearbeitet werden soll.

7) Das erklärende Verzeichnis der Fachtermini, das zugleich als Sachregister dienen kann, enthält neben einer kurzen Erklärung des Terminus immer dann *Hinweise auf* diejenigen *Seiten* des Buches, wo Angaben zum Stichwort zu finden sind, wenn es sich um Namenkundliches handelt. Fehlen Seitenangaben, so können die Stichwörter nicht als spezifisch onomastische Termini gelten. Sie entstammen dann vielmehr der Terminologie anderer Wissenschaftsdisziplinen, die vom Standpunkt der Namenkunde als Hilfswissenschaften betrachtet werden können.

8) Das *Verzeichnis der Abkürzungen* enthält schließlich, in alphabetischer Reihenfolge, sämtliche in Text, Hinweisen und anderweit im Buch vorkommende Abbreviaturen, soweit sie nicht aus dem normalen Sprachgebrauch bekannt sind.

9) Zu beachten sind schließlich die verschiedenen in Text und Hinweisen auftretenden *Auszeichnungsformen*. Durch › ‹ sind sämtliche Eigennamen gekennzeichnet, soweit diese noch heute als solche verwendet werden. Demgegenüber bezeichnet *Kursivschrift* historische Schreibungen; die Unterscheidung von Eigennamen und Gattungsbezeichnungen entfällt in solchem Falle. Gattungsbezeichnungen der heutigen Sprachen werden, wenn als Beispiele verwendet, in " " eingeschlossen. Zwischen ' ' stehen dagegen Bedeutungsangaben. Als historische Schreibungen gelten auch Zitate aus toten Sprachen (Latein, Griechisch, Sanskrit) oder erschlossenen früheren Sprachstufen; zusätzlich zur *Kursivschrift* werden letztere durch vorangestelltes * charakterisiert.

1 Die Stellung der Namen im System der Sprache

1.1 Epochen des Nachdenkens über Namen

1.1.1 Die Antike

1.1.1.1 Das erste Buch der Bibel, das Buch ⟨Genesis⟩*, erzählt (im Rahmen des sogenannten zweiten Schöpfungsberichts) von der Erschaffung des Menschen:

> Jahwe Gott bildete noch aus dem Erdboden alle Tiere des Feldes und alle Vögel des Himmels, und er führte sie zum Menschen, um zu sehen, wie er sie benennen würde: so, wie der Mensch sie benennen würde, sollte ihr Name sein. Da gab der Mensch allem Vieh und den Vögeln des Himmels und allem Wild des Feldes Namen.

Die Geschichte erweist das Interesse des Menschen an Namen schon in früher Zeit (die Tätigkeit des Redaktors dieses Abschnitts des Pentateuch wird ins 10. oder 9. Jahrhundert vor Christus datiert); sie erweist zugleich das Bestehen einer Auffassung, wonach mit der Benennung eines Gegenstands die Herrschaft darüber verbunden ist. Im Märchen vom ⟨Rumpelstilzchen⟩*, das seine böse Gewalt über die Königin verliert, sobald diese seinen Namen erraten hat, findet sich dieselbe Auffassung; in der mittelalterlichen Geschichte vom Schwanenritter Lohengrin wie noch in ihrer modernen Bearbeitung durch Richard Wagner vertreibt die Frage nach Namen und Herkunft auch den guten Geist. Das Aussprechen des Namens kann gefährliche Folgen haben; daher stellt sich Tabuisierung* ein (der ›Gottseibeiuns‹ statt des ›Satans‹). Die Namenmagie* lebt davon. Das mythische Denken der Primitiven*, das Ordnung stiftet, die nicht durch kausale Verknüpfung zustande kommt, sondern sich an Ähnlichkeiten orientiert, will durch Namengebung den Benannten mit anderem identifizieren (›Gerbrand‹ = Speer-Schwert). Das setzt die innere Notwendigkeit des So-und-nur-so-Benennens voraus, die natürliche und damit zwingende Zuordnung von Namen und Benanntem.

1.1.1.2 Diese ist früh Gegenstand auch philosophischen Nachdenkens. In Platons Dialog ⟨Kratylos⟩* behauptet der Träger dieses Namens, "jegliches Ding habe seine von Natur ihm zukommende richtige Benennung, und nicht das sei ein Name, wie einige unter sich ausgemacht haben etwas zu nennen, [...] sondern es gebe eine natürliche Richtigkeit der Wörter, für Hellenen und Barbaren insgesamt die nämliche". Demgegenüber betont Hermogenes, die Richtigkeit der Worte gründe sich allein auf Vertrag und Übereinkunft, denn:

> welchen Namen jemand einem Ding beilegt, der ist auch der rechte, und wenn man wieder einen andern an die Stelle setzt und jenen nicht mehr gebraucht, so ist der letzte nicht minder richtig als der zuerst beigelegte, wie wir unsern

Knechten andere Namen geben. Denn kein Name irgendeines Dinges gehört ihm von Natur, sondern durch Anordnung und Gewohnheit derer, welche die Wörter zur Gewohnheit machen und gebrauchen.

Ob Namen, ob Sprachzeichen schlechthin dem dermaßen Benannten seiner Natur nach (griech. *phýsei*) oder aufgrund willkürlicher Setzung (griech. *thései*) zukommen, steht hier zur Diskussion. Sokrates, durch dessen Mund Platon* wie in den meisten Dialogen auch hier spricht, gibt letztlich beiden Kontrahenten recht: irgendwie hängen alle Benennungen mit dem Wesen der benannten Sache zusammen, doch in irgendeiner Weise ist dieser Zusammenhang durch Konvention geregelt. Eine Entscheidung für die eine und gegen die andere These ergibt sich nicht; vielmehr scheint die Frage falsch gestellt worden zu sein. Hinter Sprache und Namengebung steckt mehr, als die Zuspitzung auf Natur- bzw. Übereinkunftstheorie deutlich werden läßt.

1.1.1.3 Gemeinsam ist allen antiken Autoren, daß sie Sprache und damit das Vorhandensein von Namen als Charakteristika des Menschen betrachten:

> Keinen Menschen gibt es fürwahr, der ganz ohne Namen
> Bliebe, sobald er zur Welt kommt, gleich ob schlecht oder edel.
> Eltern benennen doch alle, sobald sie Kinder bekommen.*

Herodot* (etwa 485–425 vor Christus) kennt das nordafrikanische Volk der ›Ataranten‹ (griech. *Atárantes*), das zwar einen Stammesnamen trägt (!), ansonsten jedoch ohne Namen auskommen soll. Wenn – soweit man dergleichen Berichten glauben darf, wie Plinius* (der Ältere, 23–79 nach Christus) vorsichtig formuliert – von solchen Völkern die Rede ist, so gelten sie als degeneriert:

> Die Atlanten (lat. *Atlantes*) weichen, wenn wir dies glauben dürfen, stark vom bei uns Menschen Üblichen ab. Denn: weder verwenden sie untereinander irgendwelche Namen, beschimpfen die auf- und untergehende Sonne in übler Weise als den eigenen Äckern schädlich, noch haben sie jemals Traumgesichte wie wir übrigen Sterbliche.

1.1.2 Das Mittelalter

1.1.2.1 Mittelalterliche Gelehrte, die über Sprache nachdenken*, argumentieren auf mehreren Ebenen. Über die Sprache als Kriterium des Menschseins sind auch sie sich weitgehend einig: da Sprache ein soziales Phänomen darstellt, der Mensch aber als "von Natur aus politisches und soziales Wesen" (lat. *animal naturaliter politicum et sociale*) gilt, vermag er sich – im Gegensatz zum ans Jetzt gebundenen Tier* – durch die Sprache dem "Hier und Jetzt" (lat. *hic et nunc*) der Fesselung an die Situation zu entziehen. Der Gebrauch der Wörter und Namen hat zwischen deren etymologischer (griech. *phýsei*) und funktioneller (griech. *thései*) Bedeutung zu unterscheiden: aufgrund ihrer Etymologie sind sie "natürlich" (lat. *naturaliter*) gegeben und bezeichnen funktional doch Verschiedenes,

16

je nach Übereinkunft. Da der zu benennende Gegenstand von Natur aus verschiedene Eigenschaften besitzt, ist es möglich, ihm auch verschiedene Namen zu geben, wie Thomas von Aquin* lehrt:

> Wegen seiner verschiedenen Eigenschaften ist es möglich, einem einzigen Gegenstand verschiedene Namen beizulegen. […] und nichts verhindert, daß ein Gegenstand durch viele Namen bezeichnet wird: weil nämlich viele Ähnlichkeiten zur selben Sache bestehen können.

1.1.2.2 Die natur-, das heißt: gottgegebenen und -gewollten Eigenschaften der Dinge führen zur Benennung. Durch die Aufdeckung der Etymologie der Namen lassen sich somit Rückschlüsse ziehen auf die Bedeutung der benannten Objekte im Rahmen des Schöpfungs- und Heilsplans Gottes. Das Verfahren, das hinter den Dingen und ihren Namen deren eigentliches Wesen sucht und enthüllt, ist die Allegorese*, die auf mehreren Auslegungsebenen den *sensus spiritualis* offenlegt: den 'geistigen Sinn' des Worts. Über der Etymologie*, die auf Lautanklängen und Bedeutungen von Wortteilen aufbaut (*Thomas quasi totus means* bzw. *theos meus; Caesar a cedo* […] *quod abstractus fuit de ceso ventre matris* – hier ist auf den Kaiserschnitt bei Caesars Geburt abgehoben) oder *ex contrariis* (aus dem Gegenteil) argumentiert (*lucus a non lucendo*), operiert die Allegorese:

> Der Bär heißt soviel wie Anfang, deshalb, weil er mit dem Maul sein Junges formt. Und so hat auch der Teufel dies durch sein närrisches Gerede zustande gebracht, daß er wegen der Geschwätzigkeit seines Mundes bei Königen wie Fürsten viel gilt.

Da in der Regel etymologische und ontologisch-metaphysische Prinzipien durcheinandergerieten, genügte zur Namenerklärung oft die bloße Buchstabengleichheit:

> *flos* = *feni labens (h)onor seorsum*
> *fundens late odorem suum*
> *fructus libans opem sequentis*
> *faciens laetum odorem suavitatis*

1.1.2.3 Nicht immer bewegen sich die Deutungen derart im Bereich der spekulativen Phantasie. Daß das etymologische Bemühen durchaus auch das Richtige treffen konnte, zeigt die Erklärung des Namens ›Ulrich‹ in der Vita des Bischofs Ulrich von Augsburg* († 973):

> In der deutschen Sprache heißt das von den Vorfahren überkommene Erbe 'altodal', 'rich' bedeutet begütert. So läßt sich also Ulrich als 'reich an Erbe' verstehen.

Die falschen Übersetzungen der Namen ›Ratmund‹, ›Richmund‹ und ›Richmir‹ als *consilium oris, potens bucca* und *potens mihi* durch Smaragdus von St. Mihiel* im 9. Jahrhundert erweisen indessen auch, daß Einsicht in Bildung und Funktion der Namen nicht vorlag. Dergleichen Übersetzungstechnik mußte (selbst bei richtiger Übertragung der einzelnen Namenbestandteile) versagen in Fällen wie ›Hildegund‹ (Tautologie)*,

›Hildefrid‹ (Widerspruch) oder ›Wilhelm‹ (Sinnlosigkeit). Von einer wissenschaftlichen Methode des Umgangs mit Namen läßt sich im Mittelalter folglich nicht sprechen.*

1.1.2.4 Noch heute allerdings gehört zum Instrumentarium des Namenkundlers, soweit er über den besonderen Status des Namens nachdenkt, die scholastische Unterscheidung von Bezeichnung und Bedeutung (lat. *denotatio* und *connotatio*) im Rahmen einer Semiotik, die das Zeichen auffaßt als "etwas, das für etwas anderes steht" (lat. *aliquid stat pro aliquo*).* Damit ist ein Problem gegeben, das noch der modernen Sprachforschung zu schaffen macht.

1.1.3 Die Neuzeit

1.1.3.1 Es ist die Schwierigkeit zu definieren, was als Bedeutung von "Bedeutung"* verstanden werden solle. Ludwig Wittgenstein (1889–1951), der Begründer der modernen sprachanalytischen Philosophie, äußert sich in seinen ⟨Philosophischen Untersuchungen⟩ eingehend darüber. Nimmt man als Bedeutung eines Wortes oder Namens den Gegenstand oder Menschen, für welchen Wort oder Name steht, so ergibt sich der Widersinn, daß dann Wort oder Name bedeutungslos werden, wenn Gegenstand oder Mensch nicht länger existieren. Ähnliches gilt auch, sofern man (etwa im Anschluß an John Locke, 1632–1704, den großen englischen Empiristen) den Namen als Bezeichnung eines Vorstellungsinhalts, einer Idee bestimmt. Sowie man sich fragt, was Wörter einer Sprache eigentlich bezeichnen, bleibt nur die Möglichkeit, dies an der Art ihres Gebrauchs zu demonstrieren. Sprechen und Benennen sind Tätigkeiten, durch die sich vielfältige Beziehungen ergeben, von welchen Wittgenstein* erklärt:

> Diese Beziehung kann, unter vielem andern, auch darin bestehen, daß das Hören des Namens uns das Bild des Benannten vor die Seele ruft, und sie besteht unter anderem auch darin, daß der Name auf das Benannte geschrieben ist oder daß er beim Zeigen auf das Benannte ausgesprochen wird.

Was beim Sprechen erfolgt, läßt sich nicht auf e i n e Formel bringen, die dann das Wesen der Sprache beschriebe; es handelt sich beim Vollzug der sehr verschiedenen Tätigkeiten, die das Sprechen ausmachen, um spielartige Sachverhalte, die als Familienähnlichkeit eben diesen ihren Spielcharakter besitzen. Spielen aber bedeutet: einer Regel folgen. Der Vollzug von Sprachspielen ist also ein regelgeleitetes Handeln.* Gerade am Beispiel des Benennens werden solche Regeln besonders deutlich: man betrachte nur das Ritual des Benennungsakts – den Ablauf einer Schiffstaufe, die Taufe eines Kindes in der Kirche usw. Von dieser dynamischen Art der Betrachtung, bei der nicht länger nach dem (statischen) Wesen eines Sachverhalts als vielmehr nach seiner Funktion gefragt wird, muß noch einmal die Rede sein, sobald es um eine Definition des Namens geht (siehe unten S. 37 f.).

18

1.1.3.2 Hier gilt es festzuhalten, daß die moderne Sprachforschung – im Gegensatz zur Auffassung von Antike und Mittelalter – den Charakter des Namens als einer einheitlich zu definierenden Größe, deren Wesen faßbar und auf ein dahinter stehendes Sein zu beziehen sei, aufgegeben hat zugunsten einer Auffassung, die in der Benutzung von Namen Formen menschlichen Handelns (Sprechakte)* erblickt, welche insbesondere sozial determiniert sind. Die wissenschaftliche Disziplin, die sich mit Namen beschäftigt, wird ihre Methoden darauf einstellen müssen.

1.1.4 Die Namenkunde und ihre Namen*

Diese Disziplin wird verschieden genannt. Im deutschen Sprachraum, vor allem außerhalb der Grenzen der Deutschen Demokratischen Republik, ist die Bezeichnung "Namenkunde" üblich und geläufig; auch dieses Buch trägt danach seinen Titel. In der DDR und im Ausland dagegen finden sich vornehmlich Bezeichnungen, die auf das griechische Wort für "Name", *ónoma*, zurückgehen. Die Namenkunde heißt hier Onomastik, englisch onomastics, französisch onomastique, oder (seltener) Onomatologie. Nicht verwechselt werden darf damit die Disziplin der Onomasiologie, die in einer komplementären Beziehung zur Semasiologie* steht. Während diese, vom Sprachzeichen ausgehend, die e i n e m Zeichen zugeordneten Inhalte untersucht und beschreibt, bemüht sich jene, die e i n e m bestimmten Konzept (Vorstellungsinhalt, Idee) entsprechenden Sprachzeichen aufzusuchen und zu systematisieren. Namenkunde, Onomastik kann mithin semasiologisch wie onomasiologisch betrieben werden.

1.1.5 Hinweise zu Kapitel 1.1

1.1.1.1
S. 15 Das Zitat aus dem Schöpfungsbericht der ⟨Genesis⟩ 2, 19f. Dazu benutze man wegen der erklärenden Fußnoten nach Möglichkeit Diego Arenhoevel/Alfons Deissler/Anton Vögtle (Hrsg.): Die Bibel. Die Heilige Schrift des Alten und Neuen Bundes. Deutsche Ausgabe mit den Erläuterungen der Jerusalemer Bibel. Freiburg/Basel/Wien [9]1976.
 Zum biblischen Namenverständnis vgl. Gen. 17, 5; Ex. 23, 21; 1 Kön. 8, 16; Apg. 3, 16. Zur Rolle der Namenfrage in der Bibel vgl. Gen. 32, 30; Richter 13, 18. Zur biblischen Namenmagie vgl. 2 Kön. 23, 34; Is. 1, 26; 7, 14; 8, 1–4; 9, 5; 60, 18; Ez. 48, 35; Hos. 1, 4. 6. 9.
 Zum ⟨Rumpelstilzchen⟩-Märchen vgl. Johannes Bolte/Georg Polívka: Anmerkungen zu den Kinder- und Hausmärchen der Brüder Grimm. 5 Bde Hildesheim 1974 (ND [2]1963), Bd. 1, S. 490ff.
 Zum Denken der Primitiven, zu Sprachtabu und Namenmagie vgl. etwa Lucien Lévy-Bruhl: Les fonctions mentales dans les sociétés inférieures. Paris [1]1909 (= Bibliothèque de Philosophie Contemporaine. Travaux de l'Année Sociologique); ders.: La mentalité primitive. Paris [1]1922 (= Bibliothèque de Philosophie Contemporaine. Travaux de l'Année Sociologique); Claude Lévi-Strauss: La pensée sauvage. Paris 1962; R. Thurnwald, Artikel "Name, Namengebung" in: Reallexikon der Vorgeschichte 8, Berlin 1927, S. 432–444; Wolfgang Aly, Artikel

"Name", "namenlos" und "Namensorakel" in: Handwörterbuch des deutschen Aberglaubens 6, Berlin/Leipzig 1934/35, Sp. 950–965; Ferdinand Freiherr von Andrian: Über Wortaberglauben. In: Korrespondenzblatt der Deutschen Gesellschaft für Anthropologie, Ethnologie und Urgeschichte 27, 1896, S. 109–127; Otto Jiriczek: Seelenglaube⟨.⟩ und Namengebung. In: Mitteilungen der Schlesischen Gesellschaft für Volkskunde 1, 1896, S. 30–35; Wilhelm Schmidt: Die Bedeutung des Namens im Kult und Aberglauben. Ein Beitrag zur vergleichenden Volkskunde. Darmstadt 1912 (= Beilage zum Jahresbericht des Großherzoglichen Ludwig-Georgs-Gymnasium und der Vorschule der beiden Gymnasien zu Darmstadt. Ostern 1912), S. 27–48; Rudolf Hirzel: Der Name. Ein Beitrag zu seiner Geschichte im Altertum und besonders bei den Griechen. Leipzig ²1927 [¹1918] (= Abhandlungen der Sächsischen Gesellschaft der Wissenschaften zu Leipzig. Phil.-hist. Klasse 36, 2), S. 9–35; Edward Clodd: Magic in names and in other things. London 1920; Franz Dornseiff: Das Alphabet in Mystik und Magie. Leipzig/Berlin 1925 (= ΣΤΟΙΧΕΙΑ. Studien zur Geschichte des antiken Weltbildes und der griechischen Wissenschaft 7), S. 36, 54, 113–118; Leo Weisgerber: Die Stellung der Sprache im Aufbau der Gesamtkultur. Teil 1 Heidelberg 1933, S. 28–35; Wilhelm Havers: Neuere Literatur zum Sprachtabu. Wien 1946 (= Akademie der Wissenschaften in Wien, Phil.-hist. Klasse. Sitzungsberichte 223, 5); Elsdon C. Smith: The story of our names. New York 1950, S. 178–196; P. W. F. Brown: Names magic. In: Names 2, 1954, S. 21–28; R. F. Mansur Guérios: Tabus Lingüísticos. Rio 1956 (= Coleção "Rex". Ensaios de Literatura 20); Bruno Boesch: Die Eigennamen in ihrer geistigen und seelischen Bedeutung für den Menschen. In: DU 9, 1957, Heft 5, S. 41–44; Ludwig Hegedüs: Beiträge zum Problem des sprachlichen Tabu und der Namenmagie. In: Orbis 7, 1958, S. 79–96; Dieter Harmenigg: Superstitio. Überlieferungs- und theoriegeschichtliche Untersuchungen zur kirchlich-theologischen Aberglaubensliteratur des Mittelalters. Berlin 1979, S. 239f.; Maurus Hirschle: Sprachphilosophie und Namenmagie im Neuplatonismus. Meisenheim am Glan 1979 (= Beiträge zur Klassischen Philologie 96).

1.1.1.2

Die Zitate nach: Platon. Sämtliche Werke. 2: Menon, Hippias I, Euthydemos, Menexenos, Kratylos, Lysis, Symposion. In der Übersetzung von Friedrich Schleiermacher mit der Stephanus-Numerierung hrsg. von Walter F. Otto † /Ernesto Grassi/Gert Plambӧck. Hamburg 1979 (= Rowohlts Klassiker der Literatur und der Wissenschaft: Griechische Philosophie 3 [Bd. 14 der Gesamtreihe]), S. 126 (383 a, b) und 127 (384 d).

S. 16   Zu Platons Sprachauffassung vgl. Josef Derbolav: Der Dialog Kratylos im Rahmen der platonischen Sprach- und Erkenntnisphilosophie. Saarbrücken 1953 (= Schriften der Universität des Saarlandes); Hans-Georg Gadamer: Wahrheit und Methode. Grundzüge einer philosophischen Hermeneutik. Tübingen ⁴1975, S. 383–395; Arens 1974, Bd. 1, S. 7–12; Coseriu 1975, Bd. 1, S. 35–58.

1.1.1.3

Die Verse aus Homer. Odyssee. Griechisch und deutsch. Übertragung von Anton Weiher. Darmstadt ⁴1974, S. 222/223 (8, 552 f.).

Zu den ›Ataranten‹/›Atlanten‹ vgl. Herodot. Historien. Griechisch-deutsch. Hrsg. von Josef Feix. Bd. 1 München 1963 (= Tusculum-Bücherei), IV, 184; Pliny. Natural history. With an English translation... by H. Rackham. Vol. 2 Cambridge, Mass./London ³1961 (= The Loeb Classical Library), V, 8. 45:

Atlantes degeneres sunt humani ritus, si credimus; nam neque nominum ullorum inter ipsos appellatio est, et solem orientem occidentemque dira imprecatione contuentur ut exitialem ipsis agrisque, neque in somno visunt qualia reliqui mortales; deutsch in Cajus Plinius Secundus. Naturgeschichte. Übersetzt von Christian Friedrich Lebrecht Strack. Überarbeitet und hrsg. von Max Ernst Dietrich Lebrecht Strack. Teil 1 Darmstadt 1968 (ND Bremen [1]1853), S. 212. Vgl. Dietrich Gerhardt: Über die Stellung der Namen im lexikalischen System. In: BzN 1, 1949/50, S. 21 Anm. 57; Harold Feldman: The problem of personal names as a universal element in culture. In: American Imago 16, 1959, S. 237–250; P. T. Geach: Names and identity. In: Samuel Guttenplan (Hrsg.): Mind and language. Wolfson College Lectures 1974. Oxford 1975, S. 152. Wilhelm F. H. Nicolaisen: Words as names. In: Onoma 20, 1976, S. 142f., sagt: "in fact, naming is so intimately linked with the history of the human race [...] that [...] man always has been, and still is, a naming animal".

1.1.2.1

Zur mittelalterlichen Sprachphilosophie vgl. R. H. Robins: Ancient and mediaeval grammatical theory in Europe. London 1951; Jean Pinborg: Die Entwicklung der Sprachtheorie im Mittelalter. Münster/Kopenhagen 1967 (= Beiträge zur Geschichte der Philosophie und Theologie des Mittelalters 42, 2); Coseriu 1975, Bd. 1, S. 124–136.

S. 17   Die Zitate bei Thomas von Aquin: 〈In Aristotelis Libros Peri Hermeneias〉 ... (hrsg. von P. Fr. Raymund M. Spiazzi, O.P., Turin [2]1964) I, II, 12 (S. 10); I, IV, 47 (S. 21): *Nec obstat quod una res multis nominibus significatur: quia unius rei possunt esse multae similitudines; et similiter ex diversis proprietatibus possunt uni rei multa diversa nomina imponi.*

Zur Unterscheidung von Menschen- und Tiersprache vgl. Walter Porzig: Das Wunder der Sprache. Probleme, Methoden und Ergebnisse der modernen Sprachwissenschaft. München [6]1975 (= Uni-Taschenbücher 32), S. 50–89. Siehe ebd. S. 13–49 das Kapitel über "Die Richtigkeit der Namen".

1.1.2.2

Zur mittelalterlichen Allegorese vgl. Friedrich Ohly: Schriften zur mittelalterlichen Bedeutungsforschung. Darmstadt 1977, insbesondere den Aufsatz "Vom geistigen Sinn des Wortes im Mittelalter", ebd., S. 1–31. Grundlegend Henri de Lubac: Exégèse médiévale. Les quatre sens de l'Écriture. 4 Bde Paris 1959–1964 (= Théologie. Études publiées sous la direction de la Faculté de Théologie S. J. de Lyon-Fourvière 41, 42 und 59). Siehe auch Wolfgang Haubrichs: 'Veriloquium Nominis'. Zur Namensexegese im frühen Mittelalter. Nebst einer Hypothese über die Identität des 'Heliand'-Autors. In: Hans Fromm/Wolfgang Harms/Uwe Ruberg (Hrsg.): Verbum et Signum. Bd. 1: Beiträge zur mediävistischen Bedeutungsforschung. München 1975, S. 231–266, bes. S. 236–256.

Zur Etymologie vgl. Roswitha Klinck: Die lateinische Etymologie des Mittelalters. München 1970 (= Medium Aevum. Philologische Studien 17). Ebd. die Beispiele S. 63 (*Thomas*), 58 (*Caesar*), 54 (*lucus*), 143 (*ursus*), 69 (*flos*). Die *ursus*-Stelle stammt von Caesarius von Heisterbach: Dialogus Miraculorum. Textum [...] recognovit Josephus Strange. Coloniae, Bonnae et Bruxellis 1851, IV, 91 (Bd. 1, S. 257): *ursus dicitur quasi orsus, eo quod ore fetum suum formet. Et diabolus ita informavit illum scurrilitate verborum, ut ob loquacitatem oris sui tam Regibus quam Principibus multum sit acceptus.* Stellennachweis und Textzitat bei Klinck sind zu korrigieren. Über etymologische Bemühungen von Luther bis Radlof

(† nach 1826) berichtet Robert Franz Arnold: Die deutschen Vornamen. Wien ²1901, S. 10–34; vgl. auch Willy Sanders: Grundzüge und Wandlungen der Etymologie. In: WW 17, 1967, S. 361–384.

1.1.2.3

Das Zitat aus MGH SS III, 384. Vgl. auch die richtige Deutung des Götternamens ›Wotan‹ durch Adam von Bremen, ebd., S. 379. Beide Stellen auch bei Bach I, § 283 (S. 10).

Die Smaragdus-Beispiele ebd. und bei Ferdinand Massmann: Gothica minora 11. In: ZfdA 1, 1841, S. 388–393; Schröder S. 7.

Tautologie: beide Bestandteile bedeuten 'Kampf'; Widerspruch: das Bestimmungswort bedeutet 'Kampf', das Grundwort 'Friede'; Sinnlosigkeit: der erste Bestandteil bedeutet 'Wollen', der zweite 'Helm, Schutz'. Siehe auch unten S. 137f.

S. 18 Als Beispiel für den Stand der "wissenschaftlichen" Beschäftigung mit deutschen Personennamen am Beginn der Neuzeit kann dienen: Herrn D. Martin Luthers Seel. Vielfältig verlangtes Namen-Büchlein / Welches erstmahl ohne seinem Namen zu Wittenberg A. 1537. numehro schon vor 137. Jahren / nachmahls mit und unter seinem Namen Anno 1570. auch zu Wittenberg im Latein außgegangen: Jetzo der Edlen Deutschen Haupt-Sprache auffrichtigen Liebhabern / die der alten Deutschen Namen Deut= und Außlegung zu wissen begehren / zu Gefallen / Deutsch / neben einer Vorrede / etzlichen Anmerckungen / zwifachen Namen= und einem der fürnehmsten Sachen= und merckwürdigsten Historien=Register herauß gegeben von M. Gottfried Wegener / Silesio-Marchita. Leipzig / In Verlegung Johann Grossen u. Consorten. Gedruckt bey Christoph Uhmann / 1674. Fotomechanischer Neudruck der Originalausgabe Leipzig 1674 nach dem Exemplar der Universitätsbibliothek Halle. Zentralantiquariat der Deutschen Demokratischen Republik. Leipzig 1979. Sonderausgabe für PRISMA-Verlag GmbH, Gütersloh. Dazu H.G. Fiedler: The oldest study of Germanic proper names. In: MLR 37, 1942, S. 185–192.

1.1.2.4

Siehe dazu unten S. 24 f. (Zeichenauffassung) und S. 27 (Denotation/Konnotation).

Zu *denotatio* und *connotatio* in der Scholastik vgl. etwa Historisches Wb. 1, Sp. 1031; Carl Prantl: Geschichte der Logik im Abendlande. Bd. 3 Graz 1955 (ND Leipzig 1867), S. 361–420, bes. 364, 386, 410 und Anmerkung 1015; siehe u. a. Ockham. Philosophical writings. Ed. Philotheus Boehner, O.F.M. †. London 1957, S. 52–56: *De differentia inter nomina connotativa et absoluta.*

Zu den Konsequenzen dieser mittelalterlichen Zeichenauffassung vgl. Hans Hörmann: Meinen und Verstehen. Grundzüge einer psychologischen Semantik. Frankfurt 1976 (auch als Suhrkamp Taschenbuch Wissenschaft 230, Frankfurt 1978), S. 14–27 pass.

1.1.3.1

Zur modernen Diskussion der Bedeutung von "Bedeutung" siehe *1.2.4.1.

Das Zitat aus Ludwig Wittgenstein: Philosophische Untersuchungen. Frankfurt 1977 (= Suhrkamp Taschenbuch Wissenschaft 203), I, § 37. Über Wittgenstein vgl. Störig 1979, Bd. 2, S. 334–344; David Pears: Ludwig Wittgenstein. München 1971 (= Moderne Theoretiker [dtv-Taschenbuch 780]).

Zum Sprechen als regelgeleitetem Handeln vgl. John L. Austin: Zur Theorie der Sprechakte (How to do things with words). Deutsche Bearbeitung von Eike von Savigny. Stuttgart 1972 (= Universal-Bibliothek 9396–9398); John R. Searle: Sprechakte. Ein sprachphilosophischer Essay. Frankfurt 1973 (= Theorie).

1.1.3.2

S. 19 Zum Sprechakt vgl. Austin: Theorie der Sprechakte, aaO.; Searle: Sprechakte, aaO.; Brigitte Schlieben-Lange: Linguistische Pragmatik. Stuttgart/Berlin/Köln/ Mainz ²1979 (= Kohlhammer Urban-Taschenbücher 198); Manfred Braunroth/ Gernot Seyfert/Karsten Siegel/Fritz Vahle: Ansätze und Aufgaben der linguistischen Pragmatik. Frankfurt 1975 (= Fischer Athenäum Taschenbücher Sprachwissenschaft 2091).

1.1.4

Zur Terminologie vgl. Teodolius Witkowski: Grundbegriffe der Namenkunde. Berlin 1964 (= Deutsche Akademie der Wissenschaften zu Berlin. Vorträge und Schriften 91); Albrecht Greule: Namenkunde im germanistischen Grundstudium. Fragen und Anregungen. In: Name und Geschichte S. 321–330, bes. S. 322f. Zur Herkunft und Bedeutung von "Name" siehe Ernst Pulgram: Theory of names. In: BzN 5, 1954, S. 174–176; Darling C. Buck: A dictionary of selected synonyms in the principal Indo-European languages. A contribution to the history of ideas. Chicago 1949, Nr. 18.28 (S. 1263f.).

Zu Onomasiologie und Semasiologie vgl. Linguistisches Wb. S. 484f., 596f.; Bruno Quadri: Aufgaben und Methoden der onomasiologischen Forschung. Eine entwicklungsgeschichtliche Darstellung. Bern 1952 (= Romanica Helvetica 37); Klaus Heger: Die methodischen Voraussetzungen von Onomasiologie und begrifflicher Gliederung. In: ZfrPh 80, 1964, S. 486–516; Kurt Baldinger: Die Semasiologie. Versuch eines Überblicks. Berlin 1957 (= Deutsche Akademie der Wissenschaften zu Berlin. Vorträge und Schriften 61); ders.: Sémasiologie et onomasiologie. In: RLR 28, 1964, S. 249–272; Herbert Ernst Wiegand: Synchronische Onomasiologie und Semasiologie. Kombinierte Methoden zur Strukturierung der Lexik. Marburg 1970 (= Germanistische Linguistik 3).

1.1.6 Literatur zu Kapitel 1.1

Zur Geschichte der Philosophie
Hans Joachim Störig (1979): Kleine Weltgeschichte der Philosophie. 2 Bde Frankfurt (= Fischer Taschenbuch 6135 und 6136).

Zur Geschichte der Sprachphilosophie
Eugenio Coseriu (1975): Die Geschichte der Sprachphilosophie von der Antike bis zur Gegenwart. Eine Übersicht. Vorlesung gehalten 1968/69 und 1970/71 an der Universität Tübingen. 2 Teile Tübingen. Teil 1 2. Auflage, Teil 2 1. Auflage 1972 (= Tübinger Beiträge zur Linguistik 11 und 28).

Zur Geschichte der Sprachwissenschaft
Hans Arens (1974): Sprachwissenschaft. Der Gang ihrer Entwicklung von der Antike bis zur Gegenwart. 2 Bde Frankfurt (= Fischer Athenäum Taschenbücher Sprachwissenschaft 2077 und 2078).

Gerhard Helbig (1974): Geschichte der neueren Sprachwissenschaft. Unter dem besonderen Aspekt der Grammatik-Theorie. Reinbek bei Hamburg (= Rororo Studium 48).

Zur Geschichte der germanischen Philologie
Friedrich Stroh (1952): Handbuch der Germanischen Philologie. Berlin.

Zur Geschichte der Namenkunde
**Bach I, § 6 (S. 8–15) und II, § 2–16 (S. 3–20).
*Max Gottschald (1971): Deutsche Namenkunde. Unsere Familiennamen nach ihrer Entstehung und Bedeutung. Mit einem Nachwort und einem bibliographischen Nachtrag von R. Schützeichel. 4. Auflage (ND der 3. vermehrten Auflage, besorgt von Eduard Brodführer 1954) Berlin. S. 19–25.

1.2 Die moderne Theorie des Namens

1.2.1 Namen als Sprachzeichen

1.2.1.1 Namen sind Sprachzeichen und damit Objekte der Sprachwissenschaft wie andere Wörter auch. Das hatten bereits Antike und Mittelalter gesehen. Die Sprache aber ist ein soziales Phänomen. Folglich hat eine Untersuchung ihrer Funktionen zumindest diejenigen drei Faktoren zu berücksichtigen, die an jedem Kommunikationsakt beteiligt sind: den Sprechenden (oder Sprecher), den Angesprochenen (oder Hörer) und das Besprochene* (oder den Gegenstand). Der Psychologe Karl Bühler* (1879–1963) hat 1934 ein Modell entworfen, das die Funktionen des Sprachzeichens abbilden soll. Da Bühler im Anschluß an Platons 〈Kratylos〉-Dialog die Sprache als Werkzeug (griech. *órganon*) der Kommunikation betrachtet, ist dieses Modell unter dem Namen "Organonmodell"* der Sprache bzw. des Sprachzeichens bekanntgeworden. Man hat es mehrfach erweitert, doch genügt es durchaus als Ausgangspunkt einer Diskussion des Status der Namen.

Das im Zentrum stehende akustische Phänomen der Lautkette gewinnt durch seine Zuordnung zu einem der drei im Modell berücksichtigten Bereiche Zeichencharakter. Wenn es, auf den Sprecher bezogen, einen inneren Zustand desselben bezeichnet, ist es Symptom und seine Funktion die des Ausdrucks. Die Beziehung der Lautkette zum Angesprochenen bewirkt die Steuerung von dessen äußerem wie innerem Verhalten: das Sprachzeichen ist Signal, seine Funktion die des Appells. Wird die Lautkette schließlich auf Gegenstände bezogen, so übernimmt das Sprachzeichen Darstellungsfunktion; es ist Symbol. Die das Zeichen (Z) umgebenden, sich teilweise überschneidenden Figuren Kreis und Dreieck illustrieren das Prinzip der "abstraktiven Relevanz"*: die wahrnehmbaren Züge des Sprachzeichens, durch den Kreis dargestellt, gehen nicht "mit der ganzen Fülle seiner konkreten Eigenschaften in die semantische Funktion" ein; bedeutsam sind nur einige ausgewählte Eigenschaften

24

(wie sie das Dreieck aus dem Kreis herausschneidet) – der Bedeutungs-
unterschied zwischen "Gasse" und "Kasse" etwa ist allein an die phone-
tische Unterscheidung von stimmhaft und stimmlos geknüpft. Daß ein
Mann beide Wörter anders ausspricht als eine Frau, ein kleiner Junge
anders als ein Greis, spielt für die Kommunikation keine Rolle und wird
vernachlässigt.*

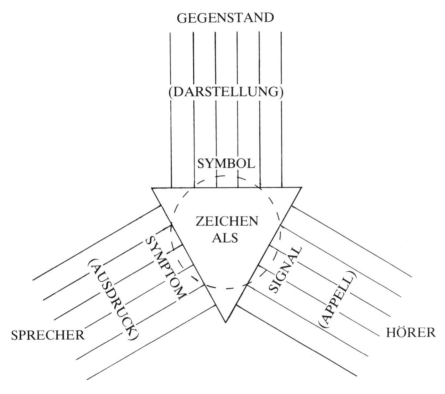

Abb. 1   Bühlers 'Organonmodell' des sprachlichen Zeichens

1.2.1.2 Wenn man dieses Modell auf Namen anzuwenden versucht, zeigt
sich das Folgende:

a) Das Sprachzeichen als Name wird in Ausdrucksfunktion (als Symptom) selten erscheinen. Da nach Bühler das Symptom "bezüglich seiner
Existenz" (lat. *quoad existentiam*)* in einer notwendigen Beziehung zum
Bezeichneten steht, ist damit wiederum ausgesagt, was schon die These
des Kratylos (siehe oben S. 15) beinhaltete. Daß indessen selbst dabei
die Konvention eine Rolle spielt, zeigen die Interjektionen*. Zwar besteht
zwischen der Äußerung eines Aufschreis und dem sie erzeugenden
Schmerzreiz durchaus eine Beziehung *quoad existentiam*, doch daß als
Reaktion auf einen Hammerschlag auf den Daumen gerade die Lautkette
"au" gewählt wird – sofern der Betroffene Deutscher ist –, bestimmen
allein die Konventionen der deutschen Sprache.

b) Demgegenüber vermögen Namen offenbar durchaus als Signale verwendet zu werden, scheint doch eine der besonders wichtigen Funktionen des Namens die zu sein, die Anrufung eines andern zu ermöglichen – allerdings nur, soweit es sich um Personen handelt.

c) Die Hauptfunktion des Namens ist zweifellos die Darstellung: Namen sind in erster Linie Symbole. Bühler spricht in diesem Fall von einer Zuordnung zum dargestellten Objekt "bezüglich seiner Beschaffenheit" (lat. *quoad essentiam*)* und meint damit, die Beziehung eines Sprachzeichens zu einem Gegenstand stelle eine im Belieben des Benenners liegende Ordnung und Einteilung der Dinge (einen *ordo rerum*) dar. Daraus ergibt sich, daß die antik-mittelalterliche These, wonach im Namen des Objekts sein Wesen beschlossen liege, nicht länger gilt: Namengebung ist Sache der Konvention als zunächst willkürlicher Setzung.

1.2.2 Namen und Nicht-Namen

1.2.2.1 Bedauerlicherweise gilt jedoch auch für die meisten Nicht-Namen, daß sie in Bühlers Sinne Symbole sind: Sprachzeichen mit der Funktion, Sachverhalte der Umwelt darzustellen. Wo liegt dann ihr Unterschied zu den Namen? Die Frage, so alt wie das Nachdenken des Menschen über die Sprache, konkretisiert sich im Versuch, Wortarten oder -klassen* gegeneinander abzugrenzen.

Namen zählen in der heutigen Grammatik zu den Substantiven. Dieser Terminus kommt in der antiken lateinischen Grammatik nicht vor. Die dort übliche Bezeichnung *nomen* (welche der englischen und französischen Grammatik als noun bzw. nom geläufig und auch in der modernen Linguistik als Nominal- bzw. noun phrase [Abkürzung: NP]* üblich ist) entspricht dem griechischen Wort *ónoma* und meint "Name". Für die antiken Grammatiker wird die Klasse der Substantive offenbar zunächst dadurch konstituiert, daß Substantive, sozusagen im Vollzuge von Namengebungsakten, den Dingen der Umwelt zugesprochen wurden und nunmehr als deren Namen fungieren – gleichgültig, ob es sich um Benennungen von Menschen (Mensch, lat. *homo,* griech. *ánthrōpos,* engl. man, frz. homme; Gerhard, lat. *Gaius,* griech. *Hippóthalēs,* engl. Gerald, frz. Gérard) oder Sachen (Haus, lat. *domus,* griech. *oíkos,* engl. house, frz. maison) handelt.

1.2.2.2 Innerhalb dieser großen Klasse der Substantive (lat. *nomina,* griech. *onómata*) nehmen die Grammatiker jedoch eine Unterscheidung vor. Dionysius Thrax* (etwa 170–90 vor Christus), der Autor der ältesten erhaltenen griechischen Grammatik, differenziert so:

> Ein Name ist eine flektierbare Wortart, die etwas Körperhaftes oder eine Tätigkeit bezeichnet: etwas Körperhaftes wie 'Stein', eine Tätigkeit wie 'Erziehung'; sie kann allgemeine oder individuelle Bedeutung haben: allgemeine wie bei 'Mensch, Pferd', individuelle wie bei 'Sokrates'.

Die beiden zuletzt genannten Bedeutungsweisen werden sodann terminologisch unterschieden:

26

> Ein vollwertiger Name ist also ein solcher, der eine individuelle Realität bezeichnet, wie 'Homer, Sokrates'. Ein der Bezeichnung dienender Name ist dagegen ein solcher, der ein allgemein Seiendes bezeichnet, wie 'Mensch, Pferd'.

Diese Differenzierung wird von den römischen Grammatikern übernommen. Bei Marcus Terentius Varro* (116–27 vor Christus) erscheint sie im terminologischen Gewand von Name (lat. *nomen*) und Bezeichnung (lat. *vocabulum*). Das ⟨Grammatische Lehrbuch⟩ (lat. ⟨*Institutiones Grammaticae*⟩) des im 6. Jahrhundert nach Christus lehrenden Mauretaniers Priscian* überliefert die Unterscheidung in der noch heute geläufigen Form als Eigenname (lat. *nomen proprium*) und Gattungsbezeichnung (lat. *nomen appellativum*). Darauf beruht die noch immer gültige Trennung von Substantiven (Nomina) in engl. proper nouns, frz. noms propres (Eigennamen) und engl. common nouns, frz. noms communs (Gattungsbezeichnungen oder Appellative)*. Über die Unterschiede zwischen beiden Substantivklassen ist damit allerdings Wesentliches noch nicht gesagt.

1.2.2.3 Die moderne Behandlung der Frage nach dem Unterschied der beiden Klassen von Sprachzeichen stützt sich fürs erste ganz auf die mittelalterliche Unterscheidung von Bezeichnung (lat. *denotatio*) und Bedeutung (lat. *connotatio*)*. Der englische Logiker John Stuart Mill* (1806–1873), der sich in seinem Entwurf eines ⟨Systems der Logik⟩ (engl. ⟨System of Logic⟩) auch mit dem Status des Eigennamens beschäftigt, bestimmt die Differenz zwischen Namen und Appellativ so:

> Alle konkreten Gattungsbezeichnungen sind konnotativ. Das Wort 'Mann' bezeichnet z. B. Peter, Paul, Johann und eine indefinite Zahl anderer Individuen, die, als Klasse gesehen, diese Bezeichnung tragen. Sie wird ihnen jedoch nur beigelegt, weil sie bestimmte Attribute besitzen und nur, um eben dieses zu bezeichnen. [...] Eigennamen sind nicht konnotativ; sie bezeichnen diejenigen Individuen, die so benannt worden sind. Doch benennen oder beinhalten sie keinerlei Attribute, die diesen Individuen zukommen.

Das will heißen, daß Eigennamen letztlich bedeutungslose Etiketten (engl. unmeaning marks) sind, die einzig Denotierungs-, also Bezeichnungs- oder Markierungsfunktion besitzen. Bedeutung im semantischen Sinne (engl. connotation) kommt nur den Appellativen zu: wenn ich Apfel sage, erfasse ich damit zugleich sämtliche Eigenschaften, die den Mitgliedern der Klasse "Apfel" zukommen. Sage ich dagegen Hans, so bleibt diese Lautkette so lange bedeutungslos, bis ich weiß, welches Lebewesen so und nicht anders benannt worden ist – die je besonderen Eigenschaften dieses Lebewesens aber sind für das Verständnis seines Namens unwesentlich.

Gegen diese Charakterisierung ist einiges eingewandt worden. Zunächst, daß Appellative samt den von ihnen konnotierten Eigenschaften genau so gelernt werden müssen wie Eigennamen. Die dem Appellativ als dessen Bedeutung zukommenden Eigenschaften sind nicht etwa Bestandteile der Gattungsbezeichnung und als solche unmittelbar mit der Lautäußerung gegeben; sie eignen vielmehr primär bestimmten Klassen. Kennt man die

Klasse und deren Eigenschaften nicht, dann bleibt das zu deren Bezeichnung verwendete Appellativ genau so bedeutungslos wie jeder Name – man vergleiche nur Appellative wie "Nuntiant", "Kolatur", "Grupp", "Brisur" mit Eigennamen wie ›Kudalur‹, ›Schebin‹, ›Asahigawa‹*. Sodann, daß auch Eigennamen gewisse Hinweise auf Eigenschaften zukommen, die klassenspezifisch* sind, das heißt: allen Trägern des betreffenden Namens gemeinsam – man vergleiche Eigennamen wie ›Hans‹, ›Sayers‹, ›der Schwarzwald‹, ›die Kimbern‹ und die ihnen zugehörigen Konnotationen 'männlicher deutscher Vorname; englisch-amerikanischer Familienname; deutsches Toponym, das eine natürliche Gegebenheit bezeichnet, wo Bäume wachsen; germanischer Stammesname'. Und endlich, daß viele Appellative ebenfalls nur ein einziges, individuelles Objekt bezeichnen* und nicht einzusehen ist, warum – man vergleiche Appellative wie "Sonne", "Gott", "Hölle", "Paradies", "Ekliptik", "Zenit", "Chaos", also die sogenannten Monosemantika – die Beziehung der entsprechenden Lautketten zum denotierten Gegenstand anders interpretiert werden müßte denn als kennzeichnende Etikettierung.

1.2.2.4 Dergleichen Argumente haben zumindest zu einem Ergebnis geführt: die auf dem Gegensatz der Eigennamen als nur denotierender Sprachzeichen zu den konnotierenden Appellativen beruhende prinzipielle Trennung der beiden Kategorien ist, obschon noch immer von manchen behauptet, zugunsten einer Auffassung aufgegeben worden, die den Unterschied der Substantivklassen lediglich als quantitativen* ansieht. In der Tat ist, sobald man die Funktionen von Eigennamen und Appellativen am Bühlerschen Organonmodell mißt, nicht einzusehen, daß eine qualitative und mithin prinzipielle Trennung durchzuhalten sein könnte, wenn Eigennamen wie Appellative in derselben Weise als Symbole fungieren, sofern ihnen die Aufgabe zukommt, Gegenstände und Sachverhalte der Umwelt darzustellen.

Als Beispiel für eine neuere, einen vermittelnden Standpunkt einnehmende Definition des Eigennamens kann die folgende, von Ernst Pulgram* 1954 vorgetragene dienen:

> Ein Eigenname ist ein kat'exochen verwendetes Nomen in nicht-universaler Funktion, mit oder ohne erkennbaren lexikalischen Gebrauchswert, dessen potentielle Bedeutung mit seiner aktuellen Bedeutung zusammenfällt und diese niemals übersteigt. Es wird als Etikett einem Lebewesen oder einem unbelebten Gegenstand – bzw., im Falle sogenannter Kollektivnamen, mehreren davon – beigelegt, um diese auf spezifische Weise von einer Anzahl gleicher oder in bestimmter Hinsicht ähnlicher Lebewesen oder Objekte zu unterscheiden, die entweder in keiner Weise oder, im Hinblick auf unser besonderes Interesse, nicht ausreichend voneinander unterschieden sind.

Die Definition hebt insbesondere auf die Identifizierungsfunktion des Eigennamens ab, durch den jeweils ein Individuum von anderen gleichartigen abgegrenzt wird, die ansonsten sprachlich nicht unterschieden werden, sondern vielmehr ohne Rücksicht auf ihre individuellen Besonderheiten einer einheitlichen Objektklasse (die sprachlich durch ein bestimmtes Appellativ bezeichnet werden kann) zugeordnet sind. Beispielsweise hat eine besondere gesellschaftliche Interessenlage dazu geführt, alle Mitglieder einer bestimmten Gruppe erwachsener Männer zur Klasse der "Junggesellen" zusammenzufassen und diese Klasse sprachlich durch das Appellativ "Junggeselle" zu bezeichnen. Dabei bleiben die je besonderen Eigenschaften der einzelnen Junggesellen völlig außer acht; es interessiert an ihnen allen nur die eine Eigenschaft: unverheiratet zu sein. Sobald ein einzelnes Individuum innerhalb dieser Klasse durch die Fülle der Züge seiner Persönlichkeit auffällt und herausgehoben werden soll, dient dazu ein Eigenname.

Damit wird als die eigentliche Leistung des Namens seine sozusagen kontraklassifikatorische Funktion* behauptet. Während die Verwendung von Appellativen die Einordnung in eine Klasse (Subsumtion) voraussetzt, macht die Benutzung von Eigennamen die klassifikatorische Nivellierung ungültig und gibt dem Individuum seine im Vollzuge der Klassifizierung abgelegten subjektiven Persönlichkeitszüge wieder zurück. Diese Auffassung beinhaltet, daß die Bedeutung eines Namens dann aber erheblich reicher an Einzelzügen sein muß als die Bedeutung des Appellativs, das (ebenfalls eine Auswirkung des Bühlerschen Prinzips der "abstraktiven Relevanz")* nur wenige ausgewählte Klassenmerkmale bezeichnet. So wäre bewiesen, daß Namen nicht – wie Mill behauptet hatte – bedeutungslose Etiketten (engl. unmeaning marks) sind, sondern im Gegenteil die mit Bedeutung am prallsten gefüllten Sprachzeichen* überhaupt.

1.2.2.5 Die durch dergleichen Überlegungen entstehenden Schwierigkeiten und Widersprüche haben einige Namenforscher veranlaßt, sich auf eine Art Minimaldefinition des Eigennamens zurückzuziehen, die womöglich nur noch ein einziges Unterscheidungskriterium kennt. Für Witold·. Mańczak* ist zum Beispiel das ausschließliche Kennzeichen des Eigennamens seine Unübersetzbarkeit. Allerdings lassen sich auch hier Gegenbeispiele finden, welche die Anwendbarkeit des Kriteriums in Zweifel zu ziehen erlauben: Namen, die offenbar durchaus übersetzbar* sind – man vergleiche ›der Schwarzwald‹, ›das Auswärtige Amt‹, ›das Weiße Haus‹, ›Bayern‹, ›die Schweiz‹, ›Hans Schwachwitz‹, ›Schnauz‹ mit den englischen Entsprechungen ›the Black Forest‹, ›the Foreign Office‹, ›the White House‹, ›Bavaria‹, ›Switzerland‹, ›John Littlewit‹, ›Snout‹. Darüber hinaus gibt es eine Vielzahl von Namen, die, wiewohl in verschiedener Lautung, in den diversen Sprachen einander entsprechen: ›John‹, ›William‹, ›Rhine‹, ‹Vienna‹, ›Mr. White‹ (engl.); ›Jean‹, ›Guillaume‹, ›Rhin‹, ›Vienne‹, ‹Mr Blanc‹ (frz.); ›Johann‹, ›Wilhelm‹, ›Rhein‹, ›Wien‹, ›Herr Weiß‹. Natürlich hängt die Beurteilung solcher Fälle ganz davon ab, was man unter "Übersetzung" versteht. Für die moderne Übersetzungswissenschaft gilt die Auswahl eines lexikologisch festen Äquivalents in der Zielsprache, insbesondere wenn sie automatisch erfolgt, jedenfalls durchaus als Übersetzung.

Auch formale Kriterien hat man zur Abgrenzung der Eigennamen von den Appellativen zu verwenden gesucht. Eine solche Besonderheit ist sicher der Gebrauch des Artikels*, der bei Eigennamen in der Mehrzahl aller Fälle fehlt. Daß indessen mehrfach auch bei Namen Artikelformen auftreten (›die Alpen‹, ›der Rhein‹, ›die Schweiz‹, ›das Elsaß‹), hat dort, wo der fehlende Artikel als Kennzeichen des Eigennamens gilt, dazu geführt, diese Artikelformen als Nicht-Artikel anzusprechen bzw. sie als integrale Bestandteile dès Namens zu interpretieren, so daß Artikel und Name nur eine einzige Konstituente bilden*. Schon der Hinweis darauf, daß auch die Wahl von Präpositionen in Verbindung mit bestimmten Verben nicht frei erfolgen kann (vgl. "lachen über", "interessiert sein an", "verschieden sein von"), ohne daß deswegen die Präposition als integraler Bestandteil des Verbs betrachtet werden müßte, könnte genügen, Zweifel an einer solchen Behauptung zu wecken. Mindestens ebenso viel, wenn nicht mehr spricht für die These, daß – wenigstens im Deutschen, Englischen und Französischen – alle Substantive durch Determinatoren modifiziert werden können, ohne daß unter allen Umständen der Determinator offen realisiert werden müßte (die Linguistik spricht in solchem Fall von einem Null-Allomorph)*. Dadurch wären Eigenname und Appellativ wiederum als allenfalls graduell verschiedene Ausprägungen derselben Kategorie Substantiv beschrieben, deren Mitglieder sich durch die Fähigkeit, Determinatoren vor sich zu haben, etwa von der Klasse der Pronomina unterscheiden, deren Mitglieder solches nicht vermögen*.

Nur am Rand soll vermerkt werden, daß formale Besonderheiten wie die Großschreibung von Eigennamen* im Gegensatz zur Kleinschreibung von Appellativen als Grundlage einer Definition des Eigennamens nicht dienen können. Im Deutschen, wo Eigennamen und Appellative mit Großbuchstaben beginnen (gelegentlich allerdings auch nicht: man denke an "ich fahre Auto" neben "ich fahre rad"), ist dieses Kriterium unanwendbar. Da sich allerdings auch die Einzelsprachen, in denen so verfahren wird, sehr verschieden verhalten (man vergleiche engl. ›France‹, French, Friday, April und frz. ›la France‹, français, vendredi, avril), gibt eine derartige Unterscheidung nichts her.

1.2.3 Ebenen des Definierens

1.2.3.1 Der Überblick über einige Versuche, die Kategorie der Eigennamen von der der Appellative oder Gattungsbezeichnungen abzugrenzen, hat gezeigt, daß eine allen Ansprüchen genügende Definition des Namens so kaum gefunden werden kann. Das hat seinen Grund vor allem darin, daß alle Definitionsbemühungen eine Tatsache außer acht gelassen haben, die in jede Definition von sprachlichen Sachverhalten unbedingt hineingehört: die Abhängigkeit der Sprache und des Sprechens von der Intention ihrer Benutzer. Dies verwundert um so mehr, als sowohl das Bühlersche Organonmodell von 1934 (das eben deswegen am Anfang dieser Überlegungen steht) als auch die Erwägungen der Sprechakttheoretiker, beginnend mit Wittgenstein (der bereits im Einleitungskapitel ausführlich zu Wort gekommen ist), gezeigt haben, daß ohne Einbeziehung der Sprachbenutzer Definitionen sprachlicher Phänomene und Kategorien zwar möglich, doch meist wenig realitätsnah sind. Ein Autor, der die Abhängigkeit der kategorialen Einteilung von Eigennamen und Appellativen von der sozialen Norm und deren Trägern berücksichtigt, ist Holger Steen Sørensen. Bei ihm drückt sich die Einsicht, daß Eigennamen von Appellativen letztlich nur insoweit sich unterscheiden, als die je besonderen Intentionen der Sprachbenutzer linguistische Zeichen aus extralinguistischen Gründen einmal zu diesen, ein andermal zu jenen machen, in der pointierten Formulierung* aus:

> Eigennamen sind weder mehr noch weniger linguistisch als andere Zeichen. Eigennamen sind Zeichen. Sie sind Zeichen mit distinktiven Merkmalen. Doch per se sind diese nicht interessanter als die distinktiven Merkmale jeder anderen Klasse von Zeichen. Noch sind sie weniger interessant. [...] Eigennamen sind Zeichen, nichts als Zeichen.

Der von Sørensen bestrittene Wesensunterschied zwischen Eigennamen und Appellativen wird in einer Definitionsformel für Eigennamen (soweit sie Personennamen sind) aufgehoben, in der die Bedeutung des Eigennamens als Bedeutung von Appellativen interpretiert wird, so daß gesagt werden kann:

> Jeder Name N + den Informationen, die ihn begleiten, kann jederzeit, auf einfachste Weise, so paraphrasiert werden: 'N' = 'die Person, die zum Zeitpunkt t am Ort p lebt'*.

Auf Eigennamen schlechthin angewandt, ergibt sich daraus die Definitionsformel:

> 'P' = 'das x, das [...] t [...] p'*.

Der Unterschied zwischen Eigennamen und Appellativen ist damit auf extralinguistische Bedingungen* zurückgeführt, denn alles, was an sprachlicher Information durch einen Eigennamen ausgedrückt wird, läßt sich ebenso gut durch Appellative vermitteln. Die identifizierende Bezeichnung einer individuellen Größe erfolgt je nach den Bedingungen der Kommunikationssituation einmal durch Eigennamen, ein zweites Mal durch Appellative. Die Entscheidung über den Gebrauch des einen oder des anderen liegt beim Sprecher und seiner Einschätzung der Verstehensmöglichkeit auf der Seite des Hörers. Hiermit ist ein Sachverhalt angesprochen, der als "Präsupposition" unten (S. 36) noch einmal ausführlicher behandelt werden wird.

1.2.3.2 Natürlich ergeben sich in bestimmten Kommunikationssituationen besondere Symptome, die auf die Intention des Sprechers zurückzuschließen erlauben und somit für die Entscheidung, ob Eigennamen- oder Appellativgebrauch vorliegt, herangezogen werden können. Sie lassen sich auf allen Ebenen der sprachlichen Äußerung bzw. ihrer linguistischen

Untersuchung erfassen, also durchaus auch auf der Ebene des Graphischen*. Die Schreibweise (Orthographie) vermag oft zur Unterscheidung von Eigennamen und Appellativen beizutragen. In einem geschriebenen Text wie dieser Briefäußerung: "Gestern nachmittag erschien der verwünschte Becker schon wieder", beweist die Schreibung ›Becker‹, daß ein Eigenname und nicht das Appellativ "Bäcker" gemeint ist. Telefon- und Adreßbücher* liefern reiches Anschauungsmaterial; das Mannheimer Fernsprechverzeichnis von 1975/76 verzeichnet z. B. 3 ›Bäcker‹, 2 ›Baecker‹, 201 ›Becker‹; 4 ›Schmied‹, 82 ›Schmid‹, 373 ›Schmidt‹, 482 ›Schmitt‹; 0 ›Maler‹, 7 ›Mahler‹; 0 ›Wirt‹, 30 ›Wirth‹.

1.2.3.3 Auch auf der phonischen* Ebene unterscheiden sich Eigennamen oft von vergleichbaren Appellativen. Dabei können Lautvarianten oder Akzentvarianten vorliegen. Als Allophone* (Lautvarianten) sind die Paare ›Hoffmann‹ : "Hofmann" (/o/ : /o:/) und ›Schmidt‹/›Schmitt‹ : "Schmied" (/i/ : /i:/) zu bewerten. Durch den Akzent* unterscheiden sich etwa "das weiße Haùs": ›das Weiße Háus‹, "das aúswärtige Àmt" : ›das Auswärtige Ámt‹, "beim heíligen Kreùz" : ›bei Heiligenkréuz‹, "die Saárbrücken" : ›Saarbrücken‹. Darüber hinaus weist eine ganze Reihe lautlicher Besonderheiten, die sich im Appellativbereich nicht oder nur selten finden, auf das Vorliegen eines Eigennamens hin. Während bei den Appellativen der vokalische Auslaut* (ausgenommen das gemurmelte -e) nicht oft auftritt ("Uhu", "Auto", "Kino", "Oma" usw.), ist er in Namen häufig: ›Anna‹, ›Martina‹, ›Regina‹, ›Veronika‹, ›Paula‹, ›Thea‹; ›Bodo‹, ›Gero‹, ›Heino‹, ›Otto‹, ›Theo‹, ›Udo‹. Insbesondere tritt -i im Auslaut von Eigennamenkurzformen auf – ›Rudi‹, ›Hansi‹, ›Heini‹, ›Edi‹, ›Karli‹, ›Thommi‹; ›Gabi‹, ›Sigi‹, ›Leni‹, ›Hanni‹, ›Fritzi‹, ›Janschi‹, ›Elfi‹, ›Anni‹ –, wobei die Unterscheidung des Geschlechts manchmal schwierig, ja unmöglich ist (›Sigi‹, ›Didi‹, ›Fifi‹).

1.2.3.4 Auf der morphologischen* Ebene sollen Besonderheiten der Wortbildung von Eigennamen, die an späterer Stelle (unten S. 118ff.) behandelt werden, außer Betracht bleiben – die Bewahrung von Morphemen etwa, die aus dem Appellativbereich längst verschwunden sind (vgl. ahd. *wini* 'Freund, Geliebter', *beraht/berht* 'hell, glänzend', *bald* 'kühn, schnell' in Personennamen wie ›Winfried‹, ›Albert‹, ›Theobald‹), oder die Verwendung von Morphemen, die allein zur Bildung von Eigennamen dienen (ahd. *-ahi,* an Pflanzenbezeichnungen angehängt, "um orte zu bezeichnen, wo sich die betreffenden gewächse in menge finden": *riotahi, boumahi, dornahi, farnahi* 'Ort, wo viel Ried, Bäume, Dornen, Farne wächst bzw. wachsen')*. Die Formenbildung der Namen allein genügt in vielen Fällen zur Unterscheidung. Im Gegensatz zu den entsprechenden Appellativen ist beispielsweise die Pluralbildung* bei Namen einheitlich: man vergleiche "der Wolf"/"die Wölfe" und "der Müller"/"die Müller" mit ›Rudolf‹/›die Rudolfe‹ (Rufname) bzw. ›die Rudolfs‹ (Familienname) und ›Müller‹/ (›die‹) ›Müllers‹ oder, falls der Name auf einen Spiranten endet, ›Schulz‹/›Schulzens‹, ›Kraus‹/›Krausens‹, ›Laux‹/›Lauxens‹ – ganz anders

32

als vergleichbare Appellative: "Holz"/"Hölzer", "Laus"/"Läuse", "Fuchs"/"Füchse". Die Flexionsendung im Genitiv entfällt in der Mehrzahl der Fälle: ›des Sturm und Drang‹, ›des Jungen Deutschland‹, ›meines geliebten Köln‹, ›meines lieben Peter‹. Besonders in zusammengesetzten Namen (siehe unten S. 121f.) finden sich recht erhebliche flexivische Besonderheiten* im Vergleich mit den entsprechenden appellativischen Bildungen: ›Heiligkreuz‹, ›Neudorf‹, ›Deutschland‹, ›Schönbrunn‹, ›Lulustein‹, ›Klingental‹ neben "heiliges Kreuz", "neues Dorf", "deutsches Land", "schöner Brunnen", "›Lulus‹ Stein", "klingendes" oder "›Kling(e)s‹ Tal". Schließlich stimmt, zumindest bei Orts- und Ländernamen, das grammatische Geschlecht* nicht mit dem der vergleichbaren Appellative überein: ›das schöne Kleinstadt‹, ›das hohe Felsberg‹, ›das interessante Wasserburg‹, ›das zerstörte Saarbrücken‹, ›das kleine Dänemark‹, ›das winzige Luxemburg‹ neben "die schöne Kleinstadt", "der hohe Felsberg", "die interessante Wasserburg", "die zerstörten Saarbrücken", "die sandige Mark", "die winzige Burg".

1.2.3.5 Auf der Ebene der Syntax ist es vor allem der fehlende Artikel, der oft behandelt worden ist. Tatsächlich zählt das Problem des Artikelgebrauchs bei Eigennamen zu den kompliziertesten der Namenkunde, so daß hier nur auf wenige Besonderheiten hingewiesen werden kann. Keinesfalls ist Artikellosigkeit für den Gebrauch von Eigennamen schlechthin charakteristisch (siehe oben S. 30). Selbst in die Hochsprache fließt aus den Mundarten und der mundartlich gefärbten Umgangssprache* immer stärker der Brauch ein, Eigennamen (insbesondere Personennamen) mit dem bestimmten Artikel* zu verbinden. In Mannheim und in einem weiten Raum ringsum heißt es beispielsweise durchgängig ›der Karl‹ und ›die Gabi‹, sowohl umgangs- als auch hochsprachlich; beim Familiennamen im Singular ist der Gebrauch des bestimmten Artikels so geläufig, daß selbst die aus anderen Gegenden stammenden Prüfer in germanistischen Fachprüfungen inzwischen ›der Goethe‹, ›der Schiller‹, ›der Heine‹, aber auch schon ›der Maurer‹, ›der Müller-Seidel‹ sagen. Der Gebrauch des Artikels bei Familiennamen im Plural ist dagegen nur umgangssprachlich üblich: ›'s Müllers‹, ›'s Schulzes‹. Im Saarland, etwa in und um Saarbrücken, wird umgangssprachlich ›der Fritz‹, ›das Marie‹ (letzteres in der abgeschwächten Lautung ›'s‹) gesprochen. In der Hochsprache dürfte der feminine Artikel (›die Marie‹) geläufiger sein.

Anders als beim Appellativ entfallen beim Eigennamen zumeist auch Präpositionen bzw. treten Präpositionen an die Stelle flektierter Wortformen, etwa des Genitivs. So heißt es zwar "die Burg auf dem hohen Berg", "der Markt in der alten Stadt", "der Hof im neuen Dorf", andererseits aber ›die Burg Hohberg‹, ›der Markt Altenstadt‹, ›der Hof Neudorf‹. Im Falle der Ersetzung des Genitivs durch eine Präpositionalphrase* gehen die Eigennamen auf dem auch im Appellativbereich erkennbaren Weg voran: auch dort stehen neben korrektem "das Buch meines Vaters", "das Haus meiner Schwester" die umgangssprachlichen präpositionalen Wendungen "das Buch von meinem Vater", "das Haus von meiner

Schwester", die im Falle der Eigennamen zweifellos die geläufigeren sind; man vergleiche etwa "die Hauptstrasse von ›Mannheim‹", "die älteste Kirche von ›Heidelberg‹", "das Zimmer von ›Peter‹", "die Romane von ›Heinrich Böll‹" neben "die Hauptstrasse ›Mannheims‹", "die älteste Kirche ›Heidelbergs‹", "die Romane ›Heinrich Bölls‹". Während offenbar Rufnamen selten im Genitiv und ohne Präposition auf ihr Beziehungswort folgen (?"das Zimmer ›Peters‹"), ist der Genitiv auch bei Eigennamen immer dann noch normal, wenn der Name dem Beziehungswort vorausgeht: "›Mannheims‹ Hauptstraße", "›Heidelbergs‹ älteste Kirche", "›Heinrich Bölls‹ Romane", "›Peters‹ Zimmer". Darüber, daß hierbei schichtenspezifische Stilelemente im Spiel sein dürften, wird unten (S. 211) noch ausführlicher zu sprechen sein.

1.2.3.6 Auf der Ebene der Semantik fällt gerade bei solchen Namen, deren Bildung und Grundbedeutung noch (wenigstens teilweise) durchschaubar sind, immer wieder auf, wie weit die erkennbare Bedeutung des Namens und die tatsächliche Beschaffenheit des dermaßen Benannten auseinanderklaffen* können. Ein ›Herr Müller‹ kann Briefträger sein, eine ›Frau Rot‹ weißblond; ein ›Siegbert Held‹ kann sich als ängstliches Männchen entpuppen. ›Düsseldorf‹ ist eine Großstadt, ›Naustadt‹ im Kreis Meißen ein Dorf. Im ›Lindenthal‹ wachsen Eichen und Buchen, der ›Dornbusch‹ ist Ackerland, das ›Alte Kloster‹ eine bekannte Gaststätte. An solchen Phänomenen besonders setzt die Meinung an, der Eigenname sei Ergebnis einer "willkürliche[n], sich nicht immer an die Gesetze des allgemeinen Wortgebrauchs haltende[n] 'Setzung' sprachlicher Zeichen für ganz bestimmte, einmalige Sachen", sowie, als Zweck des Namens habe die Identifikation, nicht die Charakterisierung* zu gelten, so daß "Namen [...] nur den 'Schlüssel' zu einer Information, nicht wie die Appellativa unmittelbar eine Information"* lieferten.

Daß unter diesem Gesichtspunkt streng zwischen Namenbildung und Namengebrauch zu unterscheiden ist, kann bereits hier angemerkt werden. Nur für die Ebene des Namengebrauchs gelten derlei Feststellungen, im Augenblick der Namenbildung unterscheiden sich Eigennamen semantisch nicht von den entsprechenden Appellativen. Sie können dies gar nicht, wenn zutrifft, was unten (S. 86f.) ausgeführt wird: daß Eigennamen, zumindest zum Zeitpunkt ihrer Bildung, nichts anderes als aus besonderen Gründen umfunktionierte Appellative sind. Da hier der zentrale Punkt aller definitorischen Schwierigkeiten liegt, muß die Semantik des Eigennamens noch etwas eingehender besprochen werden.

1.2.4 Die Semantik (und Syntax) von Eigennamen*

1.2.4.1 Die Probleme, mit denen es sich auseinanderzusetzen gilt, können durch die folgenden Beispielsätze illustriert werden:

  a) "Der Mann stand vor meinem Haus".
  b) "Der Mond war bereits über meinem Haus sichtbar".
  c) "›Peter‹ stand vor meinem Haus".

34

Wenn man die Sätze miteinander vergleicht, dann zeigt sich auf den ersten Blick kein eindeutiger Unterschied zwischen b) und c): beide Male bezeichnen die Nominalphrasen "der Mond" und ›Peter‹ Klassen, die jeweils aus nur einem Element bestehen. Es bleibt also unverständlich, warum dann in b) der bestimmte Artikel realisiert wird, während er in c) als Null-Allomorph erscheint. Zwei Erklärungen bieten sich an:

1) Der Unterschied zwischen a) und b) ist nicht linguistisch, sondern ontologisch*. Der Zufall, nicht das System der Sprache, will es, daß unsere Erde nur einen Mond besitzt, dem daraufhin das linguistische Merkmal [+ definit] zuerteilt wird.

2) Jeder Eigenname ist das einzige Element einer nur ein Element enthaltenden Substantivklasse. Dies gilt auch für Wörter wie "Mond", "Sonne", "Paradies" usw., für die sogenannten Monosemantika also. Da jeder Klasse je besondere Eigenschaften zukommen werden, die sich linguistisch in ebenfalls je besonderer Weise ausdrücken können, wäre jede Klasse gesondert zu beschreiben.

Wollte man Lösung 2) akzeptieren, so wäre damit wohl jedes Klassifikationsbemühen *ad absurdum* geführt – so viele Klassen mit Sondereigenschaften, als Individuen bzw. Eigennamen und Monosemantika in der Welt! Zulässig ist mithin wohl allein Lösung 1), so daß die anfängliche Unterscheidung zwischen Substantiven des Typs "der Mann" und des Typs "der Mond" rückgängig gemacht werden darf. Im folgenden ist mithin zu untersuchen, worin sich der Gebrauch eines Eigennamens in einem semantischen Satzrahmen vom Gebrauch der Wörter wie "der Mann" und "der Mond" unterscheidet.

Wieder soll mit konkreten Beispielen gearbeitet werden. Man vergleiche miteinander die folgenden Sätze:

d) "Sieh dir ›Georg‹ an, er hat es wieder geschafft!"
e) "Sieh dir den Linksaußen an, er hat es wieder geschafft!"

Der Eigenname ›Georg‹ und das Appellativ "der Linksaußen" können als Thema* (engl. topic), der Satz "er hat es wieder geschafft" als Kommentar* (engl. comment) betrachtet werden. Offenbar unterscheiden sich die Themata derart voneinander, daß ›Georg‹ eher "etikettiert", während "Linksaußen" ein Mehr an linguistischer Information* liefert. Dies gilt allerdings nur für eine semantische Basisstruktur*; auf der Ebene der Diskursbedeutung* beider Sätze ergeben sich keine Unterschiede: in d) wie in e) ist von einem bestimmten x die Rede, das, Sprecher und Hörer in gleicher Weise bekannt, etwas Bestimmtes tut – und dieses Tun ist zweifellos Mittelpunkt der Mitteilung. Der Sprung von der einen auf die andere Ebene läßt sich formalisiert etwa durch diese beiden logischen Repräsentationen* darstellen:

Semantische Basis:

d) (E 1x) (›Georg‹ x ˆ hat es geschafft x)
e) (E 1x) (Linksaußen x ˆ hat es geschafft x)

Diskursbasis:

   d) (E 1x ˆ ›Georg‹ x) (hat es geschafft x)
   e) (E 1x ˆ Linksaußen x) (hat es geschafft x)

– wobei (E 1x) als Existenzoperator (zu lesen: es gibt ein x) und
(›Georg‹ x) bzw. (Linksaußen x) als Propositionen (zu lesen: für dieses x
gilt: es ist ›Georg‹ bzw. Linksaußen) zu verstehen sind. Daß auf der Diskursebene Sprecher und Hörer x als denselben Referenten auffassen, wird
durch eine Präsupposition* geleistet, eine stillschweigende Satzvorausset-
zung, die Sprecher und Hörer in gleicher Weise anerkennen. Natürlich
kann es dabei zu falschen Annahmen kommen, so daß die Präsupposition
crfragt werden muß:

   ”Unser Nachbar kommt heute abend auch.”
   ”›Peter‹ kommt heute abend auch.”

   ”Welcher Nachbar?”
   ”Welcher ›Peter‹?”

Davon unterscheiden sich Rückfragen bezüglich der semantischen Information, die sich auf Sachverhalte der semantischen Basisstruktur erstrek-
ken:

   ”Meine Mutter sitzt in der vorderen Reihe”.
   ”›Otto‹ sitzt in der vorderen Reihe.”

   ”Wer genau ist deine Mutter?”
   ”Wer genau ist ›Otto‹?”

In allen Fällen verhalten sich mithin Appellative und Eigennamen gleich,
so daß von daher eine prinzipielle Unterscheidung nicht zu rechtfertigen
ist.

1.2.4.2 Bei genauerem Zusehen ergibt sich jedoch eine gewisse Verschiedenheit auf der semantischen Ebene. Wenn man im oben genannten Bei-
spielsatz e) ”Linksaußen” durch ”Rechtsaußen” ersetzt, wird sich
die semantische Information in derselben erheblichen Weise ändern, als
dies erfolgt, sobald man im Satz b) ”Mond” durch ”Sonne” ersetzt
hat. Die Ersetzung von ›Peter‹ in c) und ›Georg‹ in d) dagegen führt nur
dann zu einer (erheblich geringeren) semantischen Änderung, wenn
›Tina‹ oder ›Gabi‹ als Substitute fungieren, während sich beim Einsetzen von
›Hans‹, ›Willi‹ oder ›Fritz‹ keinerlei Veränderungen ergeben. Das Ergebnis
solcher Experimente läßt sich folgendermaßen formulieren:

   1) Auf der Ebene der diskursiven Satzbedeutung verhalten sich Appellative und Eigennamen gleich. Sie bedürfen zur Spezifizierung der Einführung von Präsuppositionen, die gewährleisten, daß Sprecher und Hörer
die den Inhalt des Kommentarteils des Satzes darstellenden Informationen
auf denselben Referenten, der den Inhalt des Themas bildet, beziehen.

   2) Auch auf der Ebene der semantischen Satzbedeutung fungieren
Appellative und Eigennamen in derselben Weise, so daß die logische
Repräsentation von Sätzen auf dieser Ebene auf eine kategoriale Unter-
scheidung keine Rücksicht zu nehmen braucht.

36

3) Das liegt darin begründet, daß auch Eigennamen ein semantisches Merkmalinventar* ganz in der Art des im Appellativbereich Üblichen zukommt. Auch für Eigennamen lassen sich mithin Bedeutungsklassen bilden, die durch je besondere Merkmalkombinationen voneinander unterschieden sind:

[›Hans‹,›Georg‹,›Otto‹,›Peter‹,…,n]→[+N, + Prop, + Belebt, + Human, + Mask.]
[›Anna‹, ›Ilse‹, ›Gabi‹, ›Petra‹, …, n] → [+ N, + Prop, + Belebt, + Human, + Fem.]

4) Der Unterschied zwischen Eigennamen und Appellativen ist einzig darin zu sehen, daß die Merkmalmengen der erwähnten Subklassen erheblich kleiner als die Merkmalmengen für Appellative sind (obwohl eine feste Grenze nicht anzugeben ist), sowie in der Tatsache, daß deshalb ihre Anwendung auf einen bestimmten Referenten nicht bereits auf der semantischen, sondern erst auf der Diskursebene erfolgt, und zwar stets durch Hinzukommen einer spezifizierenden Präsupposition.

5) Daraus läßt sich ableiten, daß alle Eigennamen im Prinzip einer Klasse* zuzuordnen sind, ganz in der Weise, wie alle Vorkommen* von "Auto" (also "Auto$_1$", "Auto$_2$", "Auto$_3$" usw. in je verschiedenen Satzäußerungen) derselben Klasse "Auto" entsprechen.

1.2.5 Die Definition des Eigennamens

Die in den vorangegangenen Abschnitten angestellten Überlegungen haben gezeigt, daß die Definition des Eigennamens auf sehr verschiedenen Ebenen erfolgt und je nach der gewählten Ebene zu sehr verschiedenen Resultaten führen kann. Diese Einsicht hat Hartwig Kalverkämper* veranlaßt, eine Definition des Eigennamens zu geben, die völlig auf die Interpretation der Absicht eines Sprechers durch den Hörer hin angelegt ist:

> Ein Sprachzeichen ist dann ein Proprium, d. h. übernimmt propriale Kommunikationsfunktion, wenn es als solches intendiert (Sprecher-Perspektive) und über geeignete kontextuelle und situationelle (pragmatische) Signale auch als solches gesichert zu verstehen (Hörer-Perspektive) ist.

Im Anschluß an die Ergebnisse der Abschnitte 1.2.3 und 1.2.4 läßt sich diese allgemein gehaltene Bestimmung in die folgende Beschreibung* des Eigennamens umwandeln.

Eigennamen sind wie Appellative Sprachzeichen, die, als Symbole, Gegenstände der objektiven Wirklichkeit bzw. deren Abbilder im erkennenden Subjekt darstellen. Sie gehören zur substantivischen Wortart, deren referentielle Funktion sich hauptsächlich auf die Repräsentation von Personen, Gegenständen, Institutionen, Ereignissen usw. erstreckt. Als strukturierte Ganzheiten ordnen sie sich dem lexikalischen Gesamtsystem der Sprache dermaßen ein, daß sie (teilweise besonderen) grammatischen Regeln unterliegen, die vornehmlich Wortbildung und Syntax betreffen. Aufgrund ihrer pragmatischen Funktion im Kommunikationsprozeß, die als individualisierender, einmaliger Objektbezug beschrieben werden kann, vernachlässigen sie weitgehend den allen Sprachzeichen inhärenten Klassenbezug (die kontraklassifikatorische Funktion der Eigennamen!), dessen Wirkung sich hier auf wenige Klassenmerkmale allgemeiner Art (Person, Genus, Numerus, Sache usw.) beschränkt. Dies gilt jedoch allein für die semantische Basisstruktur von Sätzen, die sich allerdings in der aktuellen Äußerung auf oberflächenstrukturell verschiedene Weise äußern kann. Durch spezifizierende Präsuppositionen werden auf der Ebene der Diskursbedeutung die semantischen Besonderheiten eingeschränkt bzw. auf einen individuellen Referenten festgeschrieben, so daß die Bedeutung des Eigennamens im wesentlichen auf dieser Ebene zustande kommt. Damit ist kein qualitativer, sondern allenfalls ein quantitativer Unterschied zwischen Eigennamen und Appellativen feststellbar. Bei jedem Versuch, Eigennamen durch die Angabe oberflächenstrukturaler Eigenschaften zu definieren, ist auf die Trennung dieser Definitionsebenen größter Wert zu legen.

1.2.6 Hinweise zu Kapitel 1.2

1.2.1.1

S. 24 Das Besprochene wird nicht berücksichtigt in Funk-Kolleg Sprache 1, S. 38–46, beim "Aufbau eines Modells der sprachlichen Kommunikation". Vornehmlich kommunikationstheoretisch orientierte Modelle lassen diesen wesentlichen Faktor oft aus. Vgl. die Artikel "Information", "Kommunikation" und "Kommunikationskette" in: Wörterbuch der Kybernetik. Hrsg. von Georg Klaus. Bd. 1 Frankfurt/Hamburg 1969 (= Fischer Bücherei 1073), S. 269–307.

Vgl. Bühler 1978; ders.: Die Axiomatik der Sprachwissenschaften. Frankfurt 1969 (= Quellen der Philosophie. Texte und Probleme 10). Siehe auch Linguistisches Wb. S. 53, 75 f., 130, 494 f. Die Abbildung nach Bühler 1978, S. 28; siehe auch Bühler: Axiomatik der Sprachwissenschaften, aaO., S. 94–117. Die ⟨Kratylos⟩-Stelle bei Platon. Sämtliche Werke. 2, Hamburg 1979, S. 130 f. (388 a,b) [*1.1.1.2].

Weitere Kommunikationsmodelle bei Roman Jakobson: Linguistik und Poetik. In: Literaturwissenschaft und Linguistik. Eine Auswahl. Texte zur Theorie der Literaturwissenschaft. Hrsg. von Jens Ihwe. Bd. 1 Frankfurt 1972 (= Fischer Athenäum Taschenbücher 2015), S. 99–135; Dell H. Hymes: Die Ethnographie des Sprechens. In: Alltagswissen, Interaktion und gesellschaftliche Wirklichkeit. 2. Ethnotheorie und Ethnographie des Sprechens. Reinbek bei Hamburg 1973 (= Rororo Studium 55), S. 338–392, bes. S. 355–376; Rolf Kloepfer: Poetik und Linguistik. Semiotische Instrumente. München 1975 (= Uni-Taschenbücher 366), S. 38–43.

Zum Prinzip der abstraktiven Relevanz vgl. Bühler: Axiomatik der Sprachwissenschaften, aaO., S. 33–36; ders. 1978, S. 42–45; Linguistisches Wb. S. 15.

S. 25 Diesen Unterschied bezeichnet die strukturalistische Sprachwissenschaft terminologisch durch die Adjektive "etisch" und "emisch"; vgl. Kenneth L. Pike: Language in relation to a unified theory of the structure of human behavior. The Hague/Paris ²1971 (= Janua Linguarum. Series maior 24), S. 37–72. Dahinter steht die seit de Saussure 1967 geläufige Unterscheidung von "Langue" (dem System der Sprache) und "Parole" (seiner konkreten Realisierung in der individuellen Sprachäußerung). Vgl. damit auch Noam Chomskys Unterscheidung von "Kompetenz" und "Performanz" in: Aspekte der Syntax-Theorie. Frankfurt 1969 (= Theorie), S. 13–15 und 21–28.

1.2.1.2

Zur Unterscheidung von *quoad existentiam* und *quoad essentiam* siehe Bühler: Axiomatik der Sprachwissenschaften, aaO., S. 106f. Hieraus kann eine Hierarchie der Zeichen entwickelt werden. Siehe dazu etwa Helmar G. Frank: Kybernetische Pädagogik. 1: Allgemeine Kybernetik. Baden-Baden [2]1969, S. 61–85, bes. S. 62–70. Zu den Interjektionen vgl. Duden Grammatik 853–856; Gerhardt 1949/50, S. 2–5. In die Reihe der Anzeichen und der ikonischen Zeichen (die ihren Inhalt formal nachbilden) gehören auch die lautnachahmenden (onomatopoetischen) Zeichen (Onomatopoetika), die indessen ebenfalls weitgehend konventionell sind; vgl. Linguistisches Wb. S. 486f.; Duden Grammatik 1087–1089; Walter Porzig: Das Wunder der Sprache. München [6]1975 (= Uni-Taschenbücher 32), S. 20–30.

1.2.2.1

S. 26 Zur Lehre von den Wortarten und ihrer Geschichte vgl. etwa Georg Friedrich Schoemann: Die Lehre von den Redetheilen nach den Alten dargestellt und beurtheilt. Berlin 1862; Ludwig Jeep: Zur Geschichte der Lehre von den Redetheilen bei den lateinischen Grammatikern. Leipzig 1893; Viggo Brøndal: Ordklasserne. Studier over de sproglige kategorier. Kopenhagen 1928. Zur Nominalphrase vgl. Linguistisches Wb. S. 477; Moderne Linguistik S. 409–416.

1.2.2.2

Zu Dionysius Thrax vgl. das Tusculum-Lexikon griechischer und lateinischer Autoren des Altertums und des Mittelalters. Völlig neu bearbeitet von Wolfgang Buchwald, Armin Hohlweg und Otto Prinz. Reinbek bei Hamburg 1974 (= Rororo Handbuch 6181), S. 128. Der Text: Dionysii Thracis Ars Grammatica... edidit Gustavvs Vhlig. Hildesheim 1965 (= Grammatici Graeci I, 1) [ND Leipzig 1883], das Zitat § 12 (S. 24 und 33f.). Zur Unterscheidung von vollwertigem Namen (*ónoma kýrion*) und der Bezeichnung dienendem Namen (*ónoma prosēgorikón*) vgl. Gardiner 1954, S. 4–7; Pulgram 1954, S. 177f. Siehe auch Schoemann: Lehre von den Redetheilen, aaO., S. 77–83; Jeep: Geschichte der Lehre von den Redetheilen, aaO., S. 124–126.

S. 27 Zu Varro vgl. Tusculum-Lexikon, aaO., S. 516f.; Hellfried Dahlmann: Varro und die hellenistische Sprachtheorie. Berlin/Zürich [2]1964 (= Problemata 5). Der Text: M. Terenti Varronis De Lingua Latina quae supersunt recensuerunt Georgius Goetz et Fridericus Schoell. Amsterdam 1964 (ND Leipzig 1910). Vgl. VIII, 80 (S. 145): *sequitur de nominibus, quae differunt a vocabulis ideo quod sunt finita ac significant res proprias, ut Paris, Helena, cum vocabula sint infinita ac res communis designentur, ut vir, mulier*; VIII, 45: *Appellandi partes sunt quattuor, e quis dicta a quibusdam provocabula quae sunt ut quis, quae; vocabula ut scutum, gladium; nomina ut Romulus, Remus; pronomina ut hic, haec.*

Zu Priscian vgl. Tusculum-Lexikon, aaO., S. 420. Der Text: Prisciani Grammatici Caesariensis Institutionum Grammaticarum Libri XVIII ex recensione Martini Hertzii. 2 Bde Hildesheim 1961 (= Grammatici Latini II und III) [ND Leipzig 1855 und 1859]. Vgl. II, 24 (Bd. 1, S. 58): *Hoc autem interest inter proprium et appellativum, quod appellativum naturaliter commune est multorum, quos eadem substantia sive qualitas vel quantitas generalis specialisve iungit*; II, 25 (ebd.): *Proprium vero naturaliter uniuscuiusque privatam substantiam et qualitatem significat et in rebus est individuis, quas philosophi atomos vocant, ut 'Plato', 'Socrates'.* Vgl. auch die ⟨Ars Minor⟩ des Donatus (Tusculum-Lexikon, aaO., S. 131): Probi Donati Servii qui feruntur de Arte Grammatica Libri ex recensione Henrici

Keilii. Hildesheim 1961 (= Grammatici Latini IV) [ND Leipzig 1864], S. 355: *Qualitas nominum in quo est? Bipertita est: aut enim unius nomen est et proprium dicitur, aut multorum et appellativum.*

Zur englischen Terminologie vgl. etwa R. A. Close: A reference grammar for students of English. London 1975, S. 3: "A noun may be a proper noun [...] or a common noun"; zur französischen Jean Dubois/René Lagane: La nouvelle grammaire du français. (Paris) 1973, S. 39: "on distingue des noms communs et des noms propres".

Das lat. *nomen appellativum* ist oft als "Gattungsname" übersetzt worden; vgl. etwa J. B. Hofmann/H. Rubenbauer: Wörterbuch der Grammatischen und Metrischen Terminologie. Heidelberg 1950 (= Sprachwissenschaftliche Studienbücher), S. 16. Damit hängt zusammen, daß auch in namenkundlichen Arbeiten noch immer von Pflanzen-, Tier-, Krankheits-, Monats-, Wochentagsnamen gesprochen wird, obwohl es sich bei Wörtern wie "Buschwindröschen", "Anemone nemorosa", "Steinadler", "Aquila chrysaetos", "Januar", "Donnerstag" allenfalls zum Teil (bei Pflanzen- und Tierbezeichnungen) in derselben Weise um Namen handeln kann, wie dies etwa bei Volks- oder Stammesnamen der Fall ist (vgl. ›der Franzose‹ – "ein Franzose"; ›der Franke‹ – "ein Franke"; ›die Lilie‹ – "eine Lilie"; ›der Fuchs‹ – "ein Fuchs") oder auch bei Warennamen (vgl. ›der VW Variant‹ – "ein VW Variant"). Siehe hierzu etwa Vater 1965; Berger 1966; Fleischer 6.8 (S. 738–751). Zur Vermeidung von Mißverständnissen ist es zweifellos besser, von Gattungsbezeichnungen (oder Appellativen) zu sprechen und auch bei Pflanzen, Tieren, Waren usw. je nach der Funktion Pflanzen-, Tier- oder Warennamen von Pflanzen-, Tier- oder Warenbezeichnungen zu unterscheiden. Siehe etwa Duden Grammatik 315–317; Debus 1966, S. 1–5. Vgl. auch den Titel der Arbeit von Hans Peter Althaus: Ruf- und Familiennamen als Tierbezeichnungen. In: Leuvense Bijdragen 57, 1968, S. 92–100.

1.2.2.3

Zur Unterscheidung von *denotatio* und *connotatio* in der scholastischen Philosophie siehe *1.1.2.4.

Der Text (deutsche Ausgabe: System der deductiven und inductiven Logik. Eine Darlegung der Principien wissenschaftlicher Forschung, insbesondere der Naturforschung. In's Deutsche übertragen von J. Schiel. 3. deutsche, nach der 5. des Originals erweiterte Auflage in 2 Theilen. Braunschweig 1868): John Stuart Mill: System of Logic. Ratiocinative and inductive. Ed. J.M. Robson. Bd. 1 Toronto/London [7]1973 (= Collected Works of John Stuart Mill 7), I, 2 § 5 (S. 31): "all concrete general names are connotative. The word 'man', for example, denotes Peter, Paul, John, and an indefinite number of other individuals of whom, taken as a class, it is the name. But it is applied to them because they possess, and to signify that they possess, certain attributes"; (S. 33): "proper names are not connotative: they denote the individuals who are called by them; but they do not indicate or imply any attributes as belonging to those individuals"; (S. 35): "a proper name is but an unmeaning mark which we connect in our minds with the idea of the object".

Der Gebrauch von Denotation und Konnotation ist hier der logische; vgl. Historisches Wb. 2, Sp. 113f. und 4, Sp. 975–977. In der Linguistik ist der Gebrauch der Termini ein anderer; vgl. Funk-Kolleg Sprache 1, S. 41f. Zu diesem Verständnis von Konnotation siehe Gerda Rössler: Konnotationen. Untersuchungen zum Problem der Mit- und Nebenbedeutung. Wiesbaden 1979 (= ZfDL, Beihefte, NF 29).

40

Mill postuliert damit einen prinzipiellen Unterschied zwischen Eigennamen und Gattungsbezeichnungen, der auch heute noch oft vertreten wird; vgl. etwa Fleischer 1964, S. 377; Eric Buyssens: The common name and the proper name. In: Roman Jakobson/Shigeo Kawamoto (Hrsg.): Studies in general and oriental linguistics, presented to Shiro Hattori on the occasion of his sixtieth birthday. Tokyo 1970, S. 21–23, bes. S. 23; Donnellan 1970, S. 336–339; Kripke 1972; van Langendonck 1973, bes. S. 19. Anders, mit Kritik an solcher Auffassung, Sørensen 1963, S. 22–27 und 36–51; Zink 1963; Campbell 1968; Algeo 1973, S. 53–55; Geach 1975, S. 156. Siehe auch unten S. 34.

S. 28   Die Beispiele aus Duden Fremdwörterbuch, Mannheim 1960 (= Der Große Duden 5); sie lassen sich (abhängig vom Wissensstand) beliebig vermehren. Die Eigennamen sind Toponyme aus Indien, Ägypten und Japan.

Zu den klassenspezifischen Eigenschaften als Bedeutungskomponenten von Eigennamen siehe unten S. 37; schon im vorigen Jahrhundert (vgl. etwa Henry Sweet: A new English grammar logical and historical. 1: Introduction, phonology, and accidence. Oxford 1952 [¹1891], § 163) ist darauf hingewiesen worden.

Zur Frage der Monosemantika siehe unten S. 35 f. und weiter etwa Pavel Trost: Der Gegenstand der Toponomastik. In: WZKMUL 11, 1962, S. 275; Vater 1965, S. 209; Buyssens: Common name and proper name, aaO., S. 23 ("unique names"); Fleischer 6.1.1.1 (S. 640) ["Unica"]; Eric Buyssens: Les noms singuliers. In: Cahiers Ferdinand de Saussure 28, 1973, S. 25–34 ("noms singuliers"); Trost 1979 ("Unika").

1.2.2.4

Einen bloß quantitativen, also graduellen Unterschied behaupten etwa Michel Bréal: Essai de sémantique (science des significations). Paris 1897, S. 197: "on peut dire qu'entre les noms propres et les noms communs il n'y a qu'une différence de degré"; van Langendonck 1971, S. 90: "wir müssen [...] die Annahme mancher Sprachwissenschaftler, als ob die Eigennamen unter einer gewissen 'Sondergerichtsbarkeit' stünden, ablehnen"; Berger 1976, S. 375. Siehe aber auch van Langendonck 1974, S. 359, im Rahmen seiner Kritik an Algeo und Wimmer: «Im Grunde scheinen beide Autoren [...] Anhänger der Auffassung, daß E[igen]-N[amen] und Gattungsnamen nicht wesentlich verschieden sind und daß es sich dabei nur um einen Gradunterschied [...] handelt. Für solche Theoretiker dürften Analysen in Termini des So-und-so-Genanntseins ein letztes Rettungsmittel darstellen".

Pulgram 1954, S. 196: "A proper noun is a noun used kat'exochen, in a non-universal function, with or without recognizable current lexical value, of which the potential meaning coincides with and never exceeds its actual meaning, and which is attached as a label to one animate being or one inanimate object (or to more than one in the case of collective names) for the purpose of specific distinction from among a number of like or in some respects similar beings or objects that are either in no manner distinguished from one another or, for our interest, not sufficiently distinguished." Vgl. damit die etwa gleichzeitige Definition von Gardiner 1954, S. 73, in deutscher Übersetzung bei Fleischer 6.1.1.1 (S. 640).

S. 29   Zur kontraklassifikatorischen Funktion der Eigennamen: während Appellative immer dazu dienen, die durch den Erkenntnisakt im Individuum entstehenden kognitiven Abbilder der Wirklichkeit "durch die Bindung an ein Formativ [zu] vergesellschafte[n]", wobei "die Bedeutung eines Formativs als kommunikationsgemeinschaftliche Invariante [...] den Charakter eines 'durchschnittlichen' Abbildes [trägt]", welches zustande kommt, insofern von den individuellen

Besonderheiten des subjektiven Abbildes innerhalb gewisser Grenzen abgesehen wird (Subsumtion unter eine Klasse durch Abstraktion), erfolgt eben dies bei Eigennamen nicht: hier wird vielmehr der Name mit dem von erkennendem Subjekt zu erkennendem Subjekt individuell verschiedenen Abbild verknüpft, ohne daß dabei ein "durchschnittliches Abbild" zustande kommt. Vgl. dazu Wolfgang Lorenz/Gerd Wotjak: Die Beziehungen zwischen Bedeutungs- und Abbildstrukturen. In: Rudolf Grosse/Albrecht Neubert (Hrsg.): Beiträge zur Soziolinguistik. Halle 1974, S. 99–120; dies.: Zum Verhältnis von Abbild und Bedeutung. Überlegungen im Grenzfeld zwischen Erkenntnistheorie und Semantik. Berlin 1977 (= Sammlung Akademie-Verlag 39), S. 62–69 pass. Zur Klassifikation durch Subsumtion des Besonderen unter das Allgemeine vgl. etwa Hans Schupp: Elemente der Logik als Mittel der Unterrichtsvertiefung. Braunschweig 1970 (= Westermann-Taschenbuch 68), S. 14–30.

Zum Prinzip der abstraktiven Relevanz siehe oben S. 24. Für Kommunikationszwecke bestimmt die Konvention, welche Bestandteile der individuellen Abbilder zur Durchschnittsbedeutung des kommunikativen Formativs rechnen – zur Verdeutlichung: die Gesellschaft ist übereingekommen, an einer Verkehrsampel nur die Farbe der Lampen gelten zu lassen, Größe, Form oder Farbe der Ampel selbst dagegen nicht zu berücksichtigen.

Eigennamen gelten oft als semantisch besonders reiche Sprachzeichen, vgl. etwa Bréal: Essai de sémantique, aaO., S. 198; Sweet: New English grammar 1, aaO., § 163. Zur Kritik an dieser Auffassung vgl. Sørensen 1963, S. 61–68. Siehe auch Fleischer 1964, S. 370, wo von der Erweiterung des Bedeutungsinhalts (Intension) bei gleichzeitiger Verringerung des Bedeutungsumfangs (Extension) die Rede ist; Jerzy Kuryłowicz: La position linguistique du nom propre. In: ders.: Esquisses linguistiques 1. München ²1973 (= Internationale Bibliothek für Allgemeine Linguistik 16, 1) [zuerst in: Onomastica 2, 1956, S. 1–14], S. 182–192, bes. S. 182f.

1.2.2.5

Witold Mańczak: Différence entre nom propre et nom commun. In: 10. ICOS, Bd. 2, Wien 1969, S. 285–291, bes. S. 290: "parmi toutes les définitions [...], la meilleure est celle d'après laquelle la différence entre le nom commun et le nom propre consiste en ce que celui-ci, dans la prèsque totalité des cas, ne se traduit pas dans les langues étrangères". Ders.: Le nom propre et le nom commun. In: RIO 20, 1968, S. 205–218 mit weiteren Kriterien, etwa flexivischer Art.

Zur Übersetzbarkeit von Eigennamen vgl. Hugo Schuchardt: Sind unsere Personennamen übersetzbar? Graz 1895; D. S. Shwayder, Besprechung von Sørensen 1963 in: The Journal of Philosophy 61, 1964, S. 450–457, bes. S. 456; Fleischer 6.1.1.1 (S. 640f.); Albrecht Neubert: Name und Übersetzung. In: Der Name in Sprache und Gesellschaft S. 74–79; Algeo 1973, S. 59–62; Hilgemann 1974, S. 372; Rosemarie Gläser: Zur Übersetzbarkeit von Eigennamen. In: LAB 13, 1976, S. 12–25; Debus 1977, S. 9; Rudolf Šrámek: Zu Problemen der Namensubstitution im Sprachkontakt. In: NI 39, 1981, S. 1–20.

S. 30 Zum Artikelgebrauch bei Eigennamen siehe unten S. 33 und Otto Behaghel: Der Artikel bei Personennamen. In: Beiträge 24, 1899, S. 547f.; ders.: Syntax 1, § 37–47; Paul: Grammatik 3, § 161f.; Vater 1965, S. 207–213; Odo Leys: Zur Funktion des Artikels beim Eigennamen. In: Onomastica Slavogermanica 3, Berlin 1967 (= Abhandlungen der Sächsischen Akademie der Wissenschaften zu Leipzig. Phil.-hist. Klasse 58, 4), S. 21–26; Fleischer 6.1.1.1 (S. 642); Algeo 1973, S. 20–41; Duden Grammatik 374–376.

42

Artikel als Namenbestandteil: vgl. Chomsky: Aspekte der Syntax-Theorie, aaO., S. 133. In der generativen Transformationsgrammatik gehört die Präposition nicht zum Verb, sondern zur Konstituente PP (Präpositionalphrase); daß bei bestimmten Verben nur bestimmte Präpositionen zulässig sind (Rektion der Verben), läßt sich durch Selektionsbedingungen im verbalen Merkmalkomplex regeln; vgl. Chomsky, ebd. S. 134–136. Anders verhält sich die Dependenzgrammatik; vgl. etwa Ulrich Engel: Syntax der deutschen Gegenwartssprache. Berlin 1977 (= Grundlagen der Germanistik 22), S. 97 f. und 170 f.

Der Artikel als Null-Allormorph vor Eigennamen: siehe Clarence Sloat: Proper nouns in English. In: Language 45, 1969, S. 26–30. Gegen diese Interpretation Holger Steen Sørensen: Word-classes in modern English with special reference to proper names with an introductory theory of grammar meaning and reference. Copenhagen 1958, S. 145–153. Zu Null-Allomorph bzw. -Morphem vgl. Linguistisches Wb. S. 479 f.; Moderne Linguistik S. 391 f.

Zum Unterschied Pronomen – Substantiv vgl. das syntaktische Verhalten von ”ich, wir, du, er, sie, es, wer, was, einige, irgendeine” usw. im Gegensatz zu ”(unsere) Pferde, (armer alter) ›Hans‹, (dieser dumme) ›Otto‹” usw.

Zur Groß- und Kleinschreibung im Deutschen: Duden Rechtschreibung, Mannheim [18]1980 (= Der Große Duden 1), S. 30–35; Wolfgang Mentrup: Wann schreibt man groß, wann schreibt man klein? Mannheim 1966 (= Duden Taschenbuch 6); Berger 1976, S. 379 f. – im Französischen: René Thimonnier: Code orthographique et grammatical. Paris 1970, § 19 (S. 28 f.); Marianne Mulon/Henri Polge: Noms propres et majuscules. In: Onoma 22, 1978, S. 128–138 – im Englischen: Close: Reference grammar, aaO., S. 303 f.

1.2.3.1

S. 31 Sørensen 1963, S. 107: ”Proper names are neither more nor less linguistic than other signs. Proper names are signs. They are signs with distinctive features. But per se, these are not more interesting than the distinctive features of any other class of signs. Nor are they less interesting. [...] proper names are signs, just signs.”

Ebd. S. 92: ”[...] each name N + the items of information that accompany it can always, in simplest form, be paraphrased thus: 'N' = 'the person that lives at place p at time t' ”.

Ebd.: ” 'P' = 'the x that [...] t [...] p' ”. Dieselbe Formel, unabhängig von Sørensen, bei Zink 1963, S. 491.

Vgl. Sørensen 1963, S. 106: ”What entities receive proper names, and the number of people a given proper name comes to be known by, is determined by purely extra-linguistic factors”; ebd.: ”Whenever an appellative or a proper name is introduced, the reason for its introduction is purely extra-linguistic.” Zur Kritik an Sørensen vgl. etwa Shwayder, aaO.; P.F. Strawson, Besprechung von Sørensen 1963 in: Mind 75, 1966, S. 304; Sciarone 1967, S. 74 f.; Zabeeh 1968, S. 43–46; van Langendonck 1974, S. 354 f. Vgl. aber auch die Testformeln, die Campbell 1968, S. 338 f. und 374 einführt.

1.2.3.2

S. 32 Zur Terminologie: ”graphisch” soll 'die Schreibweise betreffend' bedeuten. Davon sind zu unterscheiden ”graphem(at)isch” 'das Graphem bzw. die Graphemik betreffend' (vgl. dazu Linguistisches Wb. S. 254 f.) und ”orthographisch” 'die Rechtschreibung, richtige Schreibung betreffend'.

Zum Verfahren des Rückgriffs auf Adreß- bzw. Telefonbücher vgl. etwa Schröder S. 93–113; Fritz Tschirch: Namenjagd durch sieben Adreßbücher. Statistisches zur Landschaftsgebundenheit deutscher Familiennamen. In: Werner Simon/Wolfgang Bachofer/Wolfgang Pittmann (Hrsg.): Festgabe für Ulrich Pretzel, zum 65. Geburtstag dargebracht von Freunden und Schülern. Berlin 1963, S. 398–410; Werner Betz: Zur Namenphysiognomik. In: Namenforschung S. 184–189. Siehe auch unten S. 64 f.

1.2.3.3

Zur Terminologie: "phonisch" soll bedeuten 'die Lautung betreffend', wovon "phonetisch" 'die exakte Beschreibung der Lautung betreffend' und "phonem(at)isch" 'das Phonem bzw. die Phonemik betreffend' (vgl. dazu Linguistisches Wb. S. 516–520 und 522 f.) zu unterscheiden sind. Allophone sind Realisierungsformen eines Phonems. Dabei hängt die im Text getroffene Unterscheidung vom Standpunkt des Interpreten ab: da die Opposition Länge – Kürze im Vokalbereich des Nhd. bedeutungsunterscheidende Funktion hat, lassen sich die Beispiele auch als minimale Paare, die verschiedenen Vokale mithin als Realisierungen verschiedener Phoneme verstehen. Auch diese Auffassung wäre möglich: die Paare ›Hoffmann‹ – "Hofmann" und ›Schmidt‹/›Schmitt‹ – "Schmied" sind Allomorphe des jeweils gleichen Morphems, die sich lediglich allophonisch unterscheiden.

Zur Akzentuierung vgl. Paul: Grammatik 1, § 17–25; Bach I, § 43–57; II, § 21–25; Friedrich Krauß: Die Betonung zusammengesetzter Ortsnamen als Schlüssel zur Wortdeutung. In: Muttersprache 1949, S. 132–138; Adolf Bach: Zur Betonung der zusammengesetzten deutschen Ortsnamen. In: WW 1, 1950/51, S. 331–338 = Studien S. 765–772; ders.: Betonung und Stammeszugehörigkeit bei den deutschen Ortsnamen. In: BzN 4, 1953, S. 55–61 = Studien S. 773–777; Henning Kaufmann: Bildungsweise und Betonung der deutschen Ortsnamen. München ²1977 (= ders.: Grundfragen der Namenkunde 1).

Zu Appellativen mit auslautendem Vollvokal vgl. Erich Mater: Rückläufiges Wörterbuch der deutschen Gegenwartssprache. Leipzig 1967. Die prozentuale Verteilung der Vokale ist danach ungefähr 0,4 % -a, 1,1 % -i (besonders -ei!), 0,3 % -o und 0,5 % u.

1.2.3.4

Zur Terminologie: "morphologisch" soll bedeuten 'Bildung und Flexion von Wörtern betreffend'. Davon sind "morphem(at)isch" 'das Morphem bzw. die Morphem(at)ik betreffend' und "morpho(pho)nologisch" 'die Morpho(pho)-nologie betreffend' (siehe Linguistisches Wb. S. 458–464) zu unterscheiden.

Zu den ahd. Beispielen siehe Eberhard Gottlieb Graff: Althochdeutscher Sprachschatz oder Wörterbuch der althochdeutschen Sprache. 6 Teile und Teil 7: Vollständiger alphabetischer Index von Hans Ferdinand Massmann. Darmstadt 1963 (ND Berlin 1834–1846); Oskar Schade: Altdeutsches Wörterbuch. 2 Bde Hildesheim 1969 (ND Halle ²1882); Rudolf Schützeichel: Althochdeutsches Wörterbuch. Tübingen ²1974. Vgl. auch Friedrich Kluge: Nominale Stammbildung der altgermanischen Dialekte. Halle ³1926 (= Sammlung kurzer Grammatiken germanischer Dialekte. Ergänzungsreihe 1); Paul: Grammatik 5.

Zur Pluralbildung der Eigennamen vgl. Duden Grammatik 457–459; Paul: Grammatik 2, § 113; Wilmanns: Grammatik III, 2, § 336; Behaghel: Syntax 1, § 346–353; Fleischer 6.1.1.1 (S. 642 f.); Eugenio Coseriu: Der Plural bei den Eigennamen. In: ders.: Sprachtheorie und Allgemeine Sprachwissenschaft. 5 Studien. München 1975 (= Internationale Bibliothek für Allgemeine Linguistik 2), S. 234– 252.

S. 33 Zur Kasusbildung der Eigennamen vgl. Duden Grammatik 453–476; Paul: Grammatik 2, § 104–118; Wilmanns: Grammatik III, 2, § 194f., 212f. Die angesprochenen Unterschiede finden sich auch im Namenbestand selbst; vgl. die Namen ›Breitenbach‹–›Breitbach‹, ›Neuenburg‹–›Neuburg‹, ›Altenkirchen‹–›Altkirchen‹. Es handelt sich um die Unterscheidung von Zusammenrückung oder uneigentlicher bzw. unechter Zusammensetzung und eigentlicher bzw. echter Zusammensetzung; vgl. Henzen: Wortbildung § 14; Fleischer: Wortbildung 2.1.29; Naumann 6.5.1.2 (S. 690–692).

Zum Genus der Eigennamen vgl. Duden Grammatik 329–342, 353; Paul: Grammatik 2, § 117; Hans Jänichen: Das grammatische Geschlecht von Berg- und Flußnamen anhand von Beispielen aus dem mittleren Württemberg. In: 6. ICOS, Bd. 2, München 1961, S. 413–419; Konrad Kunze: Geographie des Genus in Flurnamen. 13 Karten zur historischen Binnengliederung des Alemannischen. In: Alemannisches Jahrbuch 1973/75, 1976, S. 157–185.

1.2.3.5

Zur Unterscheidung von Hochsprache, Umgangssprache(n) und Mundarten vgl. etwa Ulrich Ammon: Probleme der Soziolinguistik. Tübingen [2]1977 (= Germanistische Arbeitshefte 15), S. 24–44; Walter Henzen: Schriftsprache und Mundarten. Ein Überblick über ihr Verhältnis und ihre Zwischenstufen im Deutschen. Bern [2]1954 (= Bibliotheca Germanica 5), S. 9–42; Hugo Moser: 'Umgangssprache'. Überlegungen zu ihren Formen und ihrer Stellung im Sprachganzen. In: ZfMaF 27, 1960, S. 215–232 = Kleine Schriften 1, S. 208–224.

Zum Artikelgebrauch bei Eigennamen in den Mundarten bzw. Umgangssprachen vgl. etwa Duden. Hauptschwierigkeiten der deutschen Sprache. Mannheim 1965 (= Der Große Duden 9), s. v. Artikel 3.

Zur Ersetzung des Genitivs durch präpositionale Wendungen vgl. etwa Duden Grammatik 455 b, 469 b, 472 dd; Duden. Hauptschwierigkeiten der deutschen Sprache. Mannheim 1965 (= Der Große Duden 9), S. 253–261; Gerhard Weiss: The dropping of the genitive -s in personal names. In: Monatshefte für den deutschen Unterricht 47, 1955, S. 168–174; Leys 1965, S. 44f.; Werner Winter: Vom Genitiv im heutigen Deutsch. In: Zs. für deutsche Sprache 22, 1966, S. 21–35; Roland Harweg: Zur Wortstellung des artikellosen genitivischen Eigennamenattributs des Nhd. in Manifestationen von Nominalphrasen mit dem bestimmten Artikel. In: Orbis 16, 1967, S. 478–516. Zur darin sich andeutenden Entwicklungstendenz des Deutschen siehe Hugo Moser: Entwicklungstendenzen des heutigen Deutsch. In: Moderna Språk 50, 1956, S. 213–235; Fritz Tschirch: Geschichte der deutschen Sprache. Teil 2 Berlin [2]1975 (= Grundlagen der Germanistik 9), S. 193–196.

1.2.3.6

S. 34 Die damit angesprochene Entsemantisierung von Eigennamen, d. h.: die Tatsache (auf die mit Nachdruck schon F. Max Müller: The Science of language. Founded on lectures delivered at the Royal Institution in 1861 and 1863. 2 Bde New York 1978 [ND 1891], Bd. 2, S. 73–78 und 403–406, hingewiesen hat und der etwa Joseph Vendryes: Les tâches de l'onomastique. In: ders.: Choix d'études linguistiques et celtiques. Paris 1952 [= Collection Linguistique publiée par la Société de Linguistique de Paris 55], S. 68, entschieden widerspricht), daß zum Zeitpunkt ihrer Bildung alle Eigennamen eine (appellativische) Bedeutung besaßen, die sodann beim Namengebrauch zurücktritt, um allenfalls – selbst bei sprechenden Namen – nur noch gelegentlich, etwa zum Scherzen, Necken, Spotten, aktualisiert zu werden, wird unten S. 86 ff. noch einmal zur Sprache kommen.

Zum Gegensatz von Charakterisierung und Identifizierung vgl. etwa Ammann 1962 (der Eigenname als ”einzieliges Demonstrativum”); Peter von Polenz: Name und Wort. Bemerkungen zur Methodik der Namendeutung. In: Mitteilungen für Namenkunde 8, 1960/61, S. 1–11, bes. S. 6f., 9f.; Vincent Blanár: Das spezifisch Onomastische. In: Der Name in Sprache und Gesellschaft S. 31–51, bes. S. 32–36; Berger 1976, S. 381–385. Zu den Namen als ”Informationsschlüssel” vgl. John R. Searle: Proper names. In: Mind 67, 1958, S. 166–173, bes. S. 172: Eigennamen ”function not as descriptions, but as pegs on which to hang descriptions”; ders. 1971, S. 140; Fleischer 1964, S. 370.

1.2.4.1

Beispiele und Argumentation nach Droste 1975; vgl. dazu insbesondere Campbell 1968.

S. 35 Daß Monosemantika (Unika) kontingente Kategorien darstellen, ergibt sich bereits daraus, daß sowohl beim Mond wie bei der Sonne die Erweiterung unserer astronomischen Kenntnisse die Aufhebung des unikalen Charakters bewirkt hat: jedem Leser illustrierter Zeitschriften etwa ist es inzwischen geläufig, daß verschiedene Weltsysteme sich um verschiedene Sonnen lagern und daß andere Planeten ebenfalls Monde besitzen. An dergleichen Stellen zeigt sich die Abhängigkeit der semantischen Füllung unserer Sprachzeichen von gesellschaftlichen Bedingungen besonders deutlich; vgl. Sørensen 1963, S. 102–106; Lorenz/Wotjak: Verhältnis von Abbild und Bedeutung, aaO., S. 159–217.

Zur Unterscheidung von Thema und Kommentar (topic und comment) vgl. etwa Linguistisches Wb. S. 770f., 774f., 771f.; Petr Sgall/Eva Hajičová/Eva Benešová: Topic, focus and generative semantics. Kronberg/Taunus 1973 (= Forschungen Linguistik und Kommunikationswissenschaft 1).

Schwierig ist die Messung des Informationsgehalts. Die in der Informations- und Nachrichtentechnik übliche Meßeinheit bit (vgl. Georg Klaus [Hrsg.]: Wörterbuch der Kybernetik. 2 Bde Frankfurt/Hamburg 1969 [= Fischer Handbücher 1073 und 1074], S. 106; Frank: Kybernetische Grundlagen der Pädagogik, aaO., Bd. 1, S. 112–116) nützt hier nichts; man wird auf komponentialanalytische Methoden der Sem- bzw. Noemgewinnung zurückgreifen müssen; vgl. hierzu etwa Gustav H. Blanke: Einführung in die semantische Analyse. München 1973 (= Hueber Hochschulreihe 15); Lorenz/Wotjak: Verhältnis von Abbild und Bedeutung, aaO., S. 272–399. Damit aber ist die Frage aufgeworfen, was Bedeutung eigentlich sei. Siehe dazu etwa Linguistisches Wb. S. 89–93; Moderne Linguistik S. 86–98; C.K. Ogden/I.A. Richards: Die Bedeutung von Bedeutung. Frankfurt 1974 (= Theorie); Willard van Ormond Quine: The problem of meaning in linguistics. In: ders.: From a logical point of view. Cambridge, Mass. ²1961, S. 47–64; William P. Alston: Philosophy of language. Englewood Cliffs, N.J. 1964, S. 10–31; Adam Schaff: Einführung in die Semantik. Reinbek bei Hamburg 1973 (= Rororo Studium 31), S. 196–284; Lorenz/Wotjak: Verhältnis von Abbild und Bedeutung, aaO.; Hilary Putnam: Die Bedeutung von ’Bedeutung’. Frankfurt 1979 (= Klostermann Texte Philosophie). Es leuchtet ein, daß jede Erörterung der Frage nach der Semantik von Eigennamen dem Verdacht der Spekulation ausgesetzt ist, solange über die Bedeutung von ”Bedeutung” kein Einvernehmen besteht.

Die logische Symbolsprache wechselt von Autor zu Autor. Die im Text verwendeten Termini sind die folgenden: Operatoren sind logische Zeichen, mit deren

Hilfe aus Formeln oder Termen (komplizierten Ausdrücken) weitere Formeln oder Terme gebildet werden – der Konjunktor ⌃, der zwei oder mehr Formeln bzw. Terme durch "und" verbindet; der Existenzoperator E 1x, der ausdrückt, daß es genau ein x gibt, für welches gilt, daß [...] Propositionen sind Aussagen, denen die Wahrheitswerte wahr oder falsch zukommen können. Vgl. etwa Schupp: Elemente der Logik, aaO.; Wilhelm Kamlah/Paul Lorenzen: Logische Propädeutik oder Vorschule des vernünftigen Redens. Mannheim/Wien/Zürich ²1973 (= B. I. Hochschultaschenbücher 227/227a); Eike von Savigny: Grundkurs im logischen Schließen. Übungen zum Selbststudium. München 1976 (= dtv Wissenschaftliche Reihe 4173); Helmut Seiffert: Einführung in die Logik. Logische Propädeutik und formale Logik. München 1973 (= Beck'sche Elementarbücher).

Zur Unterscheidung von semantischer Basis und Diskursebene vgl. etwa Helmut Henne/Herbert Ernst Wiegand: Geometrische Modelle und das Problem der Bedeutung. In: ZfDL 36, 1969, S. 129–173.

S. 36   Zur Frage der Präsuppositionen vgl. Linguistisches Wb. S. 549–551; Dorothea Franck/Janos S. Petöfi (Hrsg.): Präsuppositionen in Philosophie und Linguistik. Frankfurt 1973 (= Linguistische Forschungen 7).

1.2.4.2

S. 37 Zur Frage der Merkmalinventare für Eigennamen vgl. van Langendonck 1973; Hilgemann 1974; Droste 1975; Rudolf Šrámek: Das onymische Merkmal. In: Linguistische Studien. Reihe A: Arbeitsberichte 30, 1976, S. 123–128; Vincent Blanár: Gesellschaftliche Aspekte der Personennamen. In: ebd., S. 129–134. Gegen den Ansatz von Bedeutungsmerkmalen bei Eigennamen äußert sich entschieden Sciarone 1967, S. 84.

Zur Unterscheidung von Klasse und Vorkommen (type – token) vgl. etwa Gustav Herdan: Type-token mathematics. 's-Gravenhage 1960; Campbell 1968, S. 340–343; A. R. Meetham/R. A. Hudson (Hrsg.): Encyclopaedia of linguistics, information and control. Oxford/London/Edinburgh/New York/Toronto/Sydney/Paris/Braunschweig 1969, S. 274f., 568f.; Algeo 1973, S. 51.

Der Mehrfachgebrauch desselben Namens wird vielfach als Homonymie (siehe Linguistisches Wb. S. 261–263) interpretiert; vgl. Leys 1965, S. 5–7; Katalin Jávor Soltész: Homonymie, Polysemie und Synonymie der Eigennamen. In: Acta Linguistica Academie Scientiarum Hungaricae 22, 1972, S. 107–117; Algeo 1973, S. 34f.; van Langendonck 1974, S. 341–344; Debus 1977, S. 15.

1.2.5

Kalverkämper 1978, S. 386. Die interessante Arbeit (vgl. dazu die Besprechung durch G. Graustein in: NI 34, 1978, S. 58–61) geht von der Einsicht aus, daß Eigennamen nur im Rahmen konkreter Kommunikationssituationen untersucht werden können, d. h.: im Rahmen der Äußerung von Texten. Dabei zeigt sich bald, daß die Unterscheidung von Eigennamen und Gattungsbezeichnungen kein semantisches, sondern ein pragmatisches Problem ist. Vgl. damit etwa Campell 1968, S. 345 ("naming is something people do"); Berger 1976, S. 387 (Wichtigkeit der "Rolle im Kontext"); Leys 1979; ja schon Otto Jespersen: The philosophy of grammar. London ⁶1951 (¹1924), S. 65–71. Siehe auch Sciarone 1967, S. 74 und seine Kritik am strukturalistischen Vorgehen.

Die Beschreibung des Eigennamens vornehmlich im Anschluß an Walther 1973, S. 14–21. Auch hier spielt die oben S. 29 genannte kontraklassifikatorische Funktion des Propriums eine wichtige Rolle.

1.2.7 Literatur zu Kapitel 1.2

Zum Zeichen- und Kommunikationsmodell

Karl Bühler (1978): Sprachtheorie. Die Darstellungsfunktion der Sprache. Frankfurt/Berlin/Wien (= Ullstein Buch 3392) [¹1934, ²1975].

Ferdinand de Saussure (1967): Grundfragen der allgemeinen Sprachwissenschaft. Übersetzt von Herman Lommel. 2. Auflage Berlin.

Ders. (1969): Cours de linguistique générale. 3. Auflage Paris (= Etudes et Documents Payot) [¹1916].

Logisch-philosophische Definitionsversuche

*John Algeo (1973): On defining the proper name. Gainesville, Florida (= University of Florida Humanities Monograph 41).

Hermann Ammann (1962): Die menschliche Rede. Sprachphilosophische Untersuchungen. 2 Teile. 2. Auflage Darmstadt [¹1925/1928].

Alfred J. Ayer (1963): Names and descriptions. New York.

Richard Campbell (1968): Proper names. In: Mind 77, S. 326–350.

Stewart Candlish (1974): Existenz und der Gebrauch von Eigennamen. In: Matthias Schirn (Hrsg.): Sprachhandlung – Existenz – Wahrheit. Hauptthemen der sprachanalytischen Philosophie. Stuttgart-Bad Cannstatt (= Problemata 18), S. 139–147.

Keith S. Donnellan (1970): Proper names and identifying descriptions. In: Synthese 21, S. 335–358.

Richard T. Garner (1970/71): Nonreferring uses of proper names. In: Philosophy and Phenomenological Research 31, S. 358–368.

Peter T. Geach (1975): Names and identity. In: Samuel Guttenplan (Hrsg.): Mind and language. Wolfson College Lectures 1974. Oxford. S. 139–158.

Christopher Kirwan (1968): On the connotation and sense of proper names. In: Mind 77, S. 500–511.

Saul A. Kripke (1972): Naming and necessity. In: Donald Davidson/Gilbert Harman (Hrsg.): Semantics of natural language. Dordrecht (= Synthese Library), S. 253–355 und 763–769.

Wolfgang Künne (1971): Beschreiben und Benennen. Untersuchungen zu einer Kontroverse zwischen logischer Analysis und linguistischer Phänomenologie. In: Neue Hefte für Philosophie 1, S. 33–50.

Benson Mates (1975): On the semantics of proper names. In: Werner Abraham (Hrsg.): Ut videam. Contributions to an understanding of linguistics. For Pieter Verburg on the occasion of his 70th birthday. Lisse/Netherlands. S. 191–209.

David Schwarz (1979): Naming and referring. The semantics and pragmatics of singular terms. Berlin/New York (= Foundations of Communication).

*John R. Searle (1969): Eigennamen. In: Eike von Savigny (Hrsg.): Philosophie und normale Sprache. Texte der Ordinary Language Philosophy. Freiburg/München. S. 180–190.

Ders. (1971): The problem of proper names. In: Danny D. Steinberg/Leon A. Jakobovits (Hrsg.): Semantics. An interdisciplinary reader in philosophy, linguistics, and psychology. Cambridge. S. 134–141.

Paul D. Wienpahl (1964): Wittgenstein and the naming relation. In: Inquiry 7, S. 329–347.

*Farhang Zabeeh (1968): What is in a name? An inquiry into the semantics and pragmatics of proper names. The Hague.

Sidney Zink (1963): The meaning of proper names. In: Mind 72, S. 481–499.

Linguistisch-onomastische Definitionsversuche
*John Algeo (1973): siehe oben.

Jean Balázs (1962): Le nom propre dans le système de signes linguistiques. In: 7. ICOS, Bd. 1. Florenz. S. 153–159.

Erhard Barth (1969): Zur Theorie der Struktur des Namens. In: Naamkunde 1, S. 41–44.

*Dieter Berger (1976): Zur Abgrenzung der Eigennamen von den Appellativen. In: BzN NF 11, S. 375–387.

*Ders. (1966): Name, Titel, Terminus. Gedanken zu ihrer Abgrenzung. In: Die Wissenschaftliche Redaktion 3, S. 76–78.

*Friedhelm Debus (1977): Aspekte zum Verhältnis Name – Wort. In: Probleme der Namenforschung. Darmstadt. S. 3–25 [zuerst Groningen 1966].

Ders. (1980): Onomastik. In: Lexikon der Germanistischen Linguistik. Hrsg. von Hans Peter Althaus/Helmut Henne/Herbert Ernst Wiegand. 2. Aufl. Tübingen. S. 187–198.

**F. G. Droste (1975): On proper names. In: Leuvense Bijdragen 64, S. 1–14.

*Wolfgang Fleischer (1964): Zum Verhältnis von Namen und Appellativum im Deutschen. In: WZKMUL 13, Heft 2, S. 369–378.

**Otto Funke (1925): Zur Definition des Begriffes 'Eigenname'. In: Wolfgang Keller (Hrsg.): Probleme der englischen Sprache und Kultur. Festschrift Johannes Hoops zum 60. Geburtstag überreicht von Freunden und Kollegen. Heidelberg (= Germanische Bibliothek. 2. Abt.: Untersuchungen und Texte 20), S. 72–79.

**Alan Gardiner (1954): The theory of proper names. A controversial essay. 2. Auflage Oxford/London/New York/Toronto.

**Dietrich Gerhardt (1949/50): Über die Stellung der Namen im lexikalischen System. In: BzN 1, S. 1–24.

Peter Hartmann (1958): Das Wort als Name. Köln/Opladen (= Wissenschaftliche Abhandlungen der Arbeitsgemeinschaft für Forschung des Landes Nordrhein-Westfalen 6).

**Klaus Hilgemann (1974): Eigennamen und semantische Strukturen. In: BzN NF 9, S. 371–385.

*Hartwig Kalverkämper (1978): Textlinguistik der Eigennamen. Stuttgart.

Willy van Langendonck (1973): Zur semantischen Syntax des Eigennamens. In: NI 23, S. 14–24.

Ders. (1971): Über die Theorie des Eigennamens. In: Onoma 16, S. 87–91.

Ders. (1974): Über das Wesen des Eigennamens. Zu zwei nicht-generativen Theorien des Eigennamens. In: Onoma 18, S. 337–361.

**Odo Leys (1965): De eigennaam als linguïstisch teken. In: Mededelingen 41, S. 1–81.

*Ders. (1977): Der Eigenname in seinem formalen Verhältnis zum Appellativ. In: Probleme der Namenforschung. Darmstadt. S. 26–38 [zuerst in: BzN NF 1, 1966, S. 113–123].

Dieter Metzing (1968): Eigennamen und die Regeln ihrer Generalisierung in der sprachlichen Kommunikation. Bonn (= IPK-Forschungsbericht 68, 3).

Wilhelm F. H. Nicolaisen (1978): Are there connotative names? In: Names 26, S. 40–47.

*Ders. (1976): Words as names. In: Onoma 20, S. 142–163.

**Ernst Pulgram (1954): Theory of names. In: BzN 5, S. 149–196.

Hubert Schleichert (1971): Identifikation und die Semantik von Eigennamen. In: Linguistische Berichte 15, S. 12–19.

Bondi Sciarone (1967): Proper names and meaning. In: Studia Linguistica 21, S. 73–86.

**Holger Steen Sørensen (1963): The meaning of proper names. With a definiens formula for proper names in modern English. Copenhagen.

**Karl Sornig (1975): Jack and Jill reconsidered. Zur Verwendung von Eigennamen (EN) in der Funktion von Gattungsnamen (GN). In: Grazer Linguistische Studien 2, S. 146–192.

Pavel Trost (1958): Zur Theorie des Eigennamens. In: Omagiu lui Iorgu Iordan cu prilejul implinirii a 70 de ani. Bucuresti. S. 867–869.

Ders. (1979): Unika und Eigennamen. In: NI 35, S. 1–4.

*Heinz Vater (1965): Eigennamen und Gattungsbezeichnungen. Versuch einer Abgrenzung. In: Muttersprache, S. 207–213.

*Ernest Weekly (1932): Words and names. London.

**Otmar Werner (1972): Appellativa – nomina propria. Wie kann man mit einem begrenzten Vokabular über unbegrenzt viele Gegenstände sprechen? In: 11. ILC, Bd. 2, Bologna/Florenz. S. 171–187.

Rainer Wimmer (1978): Die Bedeutung des Eigennamens. In: Semasia 5, S. 1–22.

Ders. (1972): Zur Theorie der Eigennamen. In: Linguistische Berichte 17, S. 70–75.

**Gerd Wotjak (1976): Zum Problem der Eigennamen aus der Sicht der Semantiktheorie. In: Linguistische Studien, Reihe A: Arbeitsberichte 30, S. 32–37.

*Zabeeh (1968): siehe oben.

Pragmatische Definitionsversuche
**Edeltraud Dobnig-Jülch (1977): Pragmatik und Eigennamen. Untersuchungen zur Theorie und Praxis der Kommunikation mit Eigennamen, besonders von Zuchttieren. Tübingen (= Reihe Germanistische Linguistik 9).

*Kalverkämper (1978): siehe oben.

**Odo Leys (1979): Was ist ein Eigenname? Ein pragmatisch orientierter Standpunkt. In: Leuvense Bijdragen 68, S. 61–86.

**Sørensen (1963): siehe oben.

**Hans Walther (1973): Zu den gesellschaftswissenschaftlichen Grundpositionen der Namenforschung. In: Der Name in Sprache und Gesellschaft S. 13–20.

**Rainer Wimmer (1973): Der Eigenname im Deutschen. Ein Beitrag zu seiner linguistischen Beschreibung. Tübingen (= Linguistische Arbeiten 11).

1.3 Eigennamenkategorien und namenkundliche Terminologie

1.3.1 Prinzipien der Einteilung

Auch die Versuche, Eigennamen zu kategorisieren, das heißt: eine Systematik der Propriaklassen zu entwerfen, leiden an den Schwierigkeiten, die sich einer eindeutigen Definition des Eigennamens entgegengestellt haben: auf allzu vielen Ebenen der Unterscheidung läßt sich operieren. Die Liste oft diskutierter Kategorien erweckt den Anschein einer "sehr heterogene[n] Gemeinschaft"*:

Anthroponyme	Toponyme
Herkunfts-, Bei- (Über-, Spitz-, Schimpf-), Völker-, Berufs-, Kurz-, Satz-, Ruf-, Familien-, Doppel-, Schiffs-, Glocken-, Tier-, Geschütz- usw. -namen	Städte-, Flur-, Gewässer-, Straßen-, Häuser-, Gebirgs- usw. -namen

Eine angemessene Systematik wird auf einer einheitlichen Klassifizierungsebene zu verfahren haben. Deren drei bieten sich an: die formal-linguistische, die semantische und die pragmatische. Eine Einteilung nach formal-linguistischen Gesichtspunkten unterscheidet etwa Satz-, Kurz-, Doppel-, Vor- oder Nachnamen voneinander. Eine Systematik unter semantischen Aspekten (die synchronisch nur bei noch verständlichen, "sprechenden" Namen möglich ist, bei unverständlichen dagegen die vorherige Deutung nötig macht) wird zur Unterscheidung von Imperativ-, Bei-, Eigenschafts-, Herkunfts- oder Berufsnamen führen. Auf der pragmatischen Ebene werden die Eigennamen nach ihnen zugrunde liegenden außersprachlichen Sachverhalten und deren "ontologischer" Hierarchisierung klassifiziert: Personen-, Orts-, Gewässer-, Tier-, Hotel-, Schiffsnamen usw. Da die formal-linguistischen Besonderheiten der Namen ebenso wie deren Semantik in besonderen Kapiteln zur Sprache kommen werden (unten S. 118 ff. und 124 ff.), liegt der Einteilung der Eigennamen, wie sie in den folgenden Abschnitten besprochen wird, die pragmatische Funktion der Namen zugrunde, die ohnehin bei der Definition des Namens eine besondere Rolle gespielt hat.

Die Besonderheit der Eigennamen im Vergleich mit den übrigen Sprachzeichen des Appellativbereichs liegt insbesondere in der Tatsache, daß die Beziehung des Zeichens nicht über den Durchschnitt von Merkmalen als kleinsten gemeinsamen Nenner einer Abbildklasse zur bezeichneten Sache hin verläuft, sondern daß der Eigenname als onomastisches Zeichen das Phänomen der objektiven Wirklichkeit bzw. sein Abbild in seiner je besonderen, individuellen Ausprägung meint. Damit vermag offensichtlich die Beschaffenheit dieser objektiven Wirklichkeit als geeignetes Kriterium für die Einteilung von Namen zu dienen, wobei allerdings nicht vergessen werden darf, daß die Abbildung dieser objektiven Realität im erkennenden Subjekt keine absolute ist, sondern von sozialen, politischen, ökonomischen, historischen und weiteren Faktoren abhängt*, so sehr, daß jede Einteilung nach derlei Gesichtspunkten notwendig offen und jederzeit revidierbar sein muß. Andererseits ist nicht zu verkennen, daß unter je besonderen gesellschaftlichen Voraussetzungen bestimmte Faktoren der Umwelt von vordringlichem Interesse sind, so daß sich durchaus – mit Bezug auf die gesellschaftlichen Verhältnisse der Bundesrepublik Deutschland im Jahre 1984 – eine Hierarchisierung* vornehmen läßt, die zumindest durch den Hinweis auf die ihr zugrunde liegenden gesellschaftlichen Strukturen gestützt werden kann.

Die Einteilung* der Eigennamen richtet sich nach der Bewertung der den Namen als Referenten* zugrunde liegenden Bestandteile der objektiven Realität und gelangt so zu der folgenden Hierarchie:

a) der Mensch als Referent – Personennamen (Anthroponyme)
b) der Lebensraum des Menschen als Referent – Örtlichkeitsnamen (Toponyme)
c) vom Menschen verfertigte Objekte als Referenten – Objektnamen (Ergonyme)
d) vom Menschen getragene Aktivitäten als Referenten – Ereignisnamen (Praxonyme)
e) vom Menschen unabhängige Ereignisse als Referenten – Phänomennamen (Phänonyme)

1.3.2 Referentenorientierte Kategorien des Eigennamens

1.3.2.1 Personennamen (Anthroponyme zu griech. *ánthrōpos* 'Mensch') bilden in den meisten Gesellschaften die wichtigste und womöglich umfangreichste Klasse der Eigennamen. Aus allen Kulturkreisen und aus allen Zeiten sind sie überliefert. Da Personen als Individuen, aber auch als Kollektive (als kleinstes Kollektiv kann das Paar*, die Gruppe aus zwei Individuen, gelten) Gegenstand der Benennung sein können, läßt sich die Kategorie der Personennamen weiter in die Klassen der Individualnamen und der Kollektivnamen spalten. Alle weiteren Unterscheidungen sind, da auf die Funktion der Namen im Rahmen der jeweiligen Gesellschaftsstruktur abhebend, sekundär und verändern sich je nach dem Stand der gesellschaftlichen Entwicklung. Daß ein Personenname als Ruf- oder Vorname gilt, wird erst in einer Gesellschaft möglich, die demselben Individuum wenigstens zwei Namen zuordnet. Solange der Rufname als Unterscheidungszeichen genügt, ist es nicht nur sinnlos, ihn als Vornamen zu betrachten (dieser Terminus erhält erst Sinn, nachdem Doppelnamen wie ›Klaus Müller‹ oder ›Anneliese Rothenberger‹ üblich geworden sind); es erübrigt sich sogar die Subkategorisierung der Individualnamen, die in jenem Falle ja stets Rufnamen sind. Auch die Bezeichnung des Rufnamens als Taufname ist kultur- bzw. gesellschaftsabhängig: sie ist offenbar an eine christliche Gesellschaftsform gebunden, in welcher der Akt der Taufe eine Rolle spielt. Auch der Terminus Familienname, oft gleichbedeutend mit Nachname, ist allein in einer Gesellschaft angebracht, die der Institution Familie gesellschaftliche Bedeutung und den Mitgliedern derselben Familie zugleich dieselbe Benennung zulegt. In der griechisch-römischen Antike stand an der Stelle von Vor- und Nach- bzw. Tauf- und Familienname die Dreiheit* Vorname (lat. *praenomen*), Gentilname (Bezeichnung der Zugehörigkeit zu einer Großfamilie oder Sippe, lat. *gens*) und Beiname (*cognomen*): ›Marcus Tullius Cicero‹, ›Gaius Iulius Caesar‹, ›Publius Terentius Afer‹, ›Quintus Curtius Rufus‹. Beinamen können Spitz-, Schimpf-, aber auch charakterisierende Namen sein: ›Publius Ovidius Naso‹ 'der Langnasige', ›Notker Labeo‹ 'der Dicklippige'. Ebenfalls als Beinamen können Herkunftsnamen betrachtet werden, die entweder den Ort der Abstammung (›Johannes Duns Scotus‹ 'der Schotte, aus Schottland', ›Wolfram von Eschenbach‹, ›Konrad von Megenberg‹, ›Karl Weißenburger‹, ›Hans Elsässer‹) oder die Abstammung von einem bestimmten Elternteil bezeichnen – vom Vater (Patronymika:

52

›Jakobson‹, ›Sørensen‹), aber auch von der Mutter (Metro- oder Matro-
nymika: der ›Niobide‹ = einer der zehn Söhne der ›Niobe‹, ›Nicolaus
Gredenkint‹, ›Vernaleken‹ 'der Frauen ›Aleke‹ = ›Adelheid‹ (Sohn)').
Eine wichtige Klasse von Individualnamen sind die Hypokoristika: Kose-
namen, die meist durch eine besondere Art der expressiven Laut- oder
Formveränderung von Namen oder Appellativen abgeleitet sind (›Metzli‹
'›Mechthild‹lein', ›Fritz‹ 〈 ›Friedrich‹, ›Utz‹ 〈 ›Ulrich‹, ›Lutz‹ 〈 ›Ludwig‹;
›Spätzli‹, ›Butzli‹, ›Mutzerli‹, ›Bubi‹). Auch Künstlernamen gehören
hierher, die Decknamen (Pseudonyme) sind: ›Mark Twain‹ statt ›Samuel
Langhorne Clemens‹, ›Thaddäus Troll‹ statt ›Hans Bayer‹. Es zeigt sich,
daß innerhalb der Kategorie der Individualnamen weitere Unterteilungen
nach sehr verschiedenen Gesichtspunkten möglich sind. Dabei lassen sich
Kreuzklassifikationen* nicht immer vermeiden.

Auch die Namen für Personenkollektive sind nicht in ein einfaches
Schema zu bringen. Überschneidungen sind nicht vermeidbar. Schon die
Frage, ob der Familienname nicht eher hierher gehört, ist nicht leicht zu
beantworten. Die Antwort läßt sich wohl immer nur im Einzelfall geben,
da die Verwendung eines Sprachzeichens als Eigenname ebenso wie seine
Funktion weitgehend von der Intention der Zeichenbenutzer abhängt.
Sieht man die Familie als Kollektiv verwandtschaftlich zusammengehöriger
Individuen, so ist der Familienname ein Kollektivname. Fungiert er kom-
munikativ als Bezeichnung eines einzelnen Mitglieds einer bestimmten
Familie, dann wird der Familienname als Individualname zu werten sein.
Man vergleiche die folgenden Gebrauchsweisen: ”(›die‹) ›Müllers‹ von
nebenan fahren mal wieder in Ferien” neben ”›Müller‹, setzen Sie sich!”
Als Kollektivnamen haben jedenfalls berücksichtigt zu werden: a) Völker-
und Stammesnamen (Ethnonyme): ›die Germanen‹, ›die Franken‹, ›die
Franzosen‹, ›die Russen‹; b) Namen für Parteien und Massenorganisa-
tionen: ›die CDU/CSU‹, ›die Sozialdemokratische Partei Deutschlands‹,
›der Deutsche Gewerkschaftsbund‹, ›die Sozialistische Internationale‹;
c) Namen für Sport- und Kulturverbände, internationale Gremien usw.:
›der MERC‹, ›der 1. FCK‹, ›der Deutsche Fußballbund‹; ›die FIFA‹, ›die
Vereinten Nationen‹, ›die UNESCO‹; d) Namen künstlerischer Ensem-
bles: ›die Rolling Stones‹, ›das Saarländische Kammerorchester‹, ›das
Amadeus-Quartett‹. Da infolge gesellschaftlicher Veränderungen und
Notwendigkeiten jederzeit neue Institutionen, Parteien, Vereine, Gruppen
usw. entstehen können, muß die Liste der Möglichkeiten wie der Beispiele
unvollständig bleiben.

1.3.2.2 Die Kategorie der Örtlichkeitsnamen (Toponyme zu griech. *tópos*
'Ort, Stelle, Raum'), öfter Ortsnamen genannt, steht den Personennamen
an Bedeutung wie an Umfang nicht nach. Beispiele dafür sind ebenfalls
aus allen Kulturkreisen und Zeiten überliefert. Wieder ist eine Unter-
gliederung nach allgemein verbindlichen Ordnungskriterien nicht möglich:
in der Art der Einteilung spiegelt sich die Weltansicht des Klassifizierenden. So läßt sich auch hier allenfalls eine Aufzählung möglicher Unter-
gruppen geben, denn schon die erste grobe Aufspaltung in Makro- und

Mikrotoponyme (etwa: Raum- und Punktnamen) erweist sich als relativ, sobald man die Subkategorien a) Gewässernamen (Hydronyme) – wozu Meer-, See-, Fluß- und Bachnamen zählen: ›der Atlantik‹, ›die Nordsee‹, ›der Bodensee‹, ›der Rhein‹, ›die Elbe‹, ›der Mühlbach‹, ›die Alsbach‹ –, b) Gebirgsnamen (Oronyme) – wozu auch die Namen einzelner Berge gehören: ›die Alpen‹, ›die Hardt‹, ›das Matterhorn‹, ›der Schaumberg‹ – und c) Gemarkungs- oder Flurnamen (Mikrotoponyme im eigentlichen Sinne) – ›Neckarplatt‹, ›Sellweiden‹, ›Tiefhumes‹, ›Marlach‹ – im System sinnvoll unterzubringen versucht*. Auch die Gliederung in Namen für naturbedingte Sachverhalte (Naturnamen) und Namen für durch den Zugriff des Menschen zustande gekommene Gegebenheiten der Natur (Kulturnamen) ist letztlich willkürlich, weil vom Standpunkt einer bestimmten menschlichen Entwicklungsstufe aus getroffen. Die Problematik wird deutlich, wenn man sich überlegt, daß nicht nur Namen wie ›Öhlmühle‹, ›Hohe Straße‹, ›Bildstöckel‹ oder ›Brückentor‹ als Kulturnamen zu gelten hätten, sondern zweifellos auch a) die Ländernamen: ›Deutschland‹, ›Frankreich‹, ›die Schweiz‹, ›die Niederlande‹; b) die Landschafts- und Gebietsnamen: ›das Elsaß‹, ›die Pfalz‹, ›die Baar‹, ›der Pfaffenwinkel‹ – und c) sämtliche Siedlungsnamen: ›München‹, ›Mannheim‹, ›Dresden‹, ›Albersbach‹, ›Fechingen‹.

Die Einteilung läßt sich natürlich auch anders treffen, durch Einführung einer Vielzahl weiterer Sachkategorien etwa: Bezirksnamen, Straßennamen, Häusernamen, Burgennamen, Wüstungsnamen* usw. Hier zeigt sich erneut die Abhängigkeit der Klassifizierung vom Interesse des Klassifizierenden. Daß eine allgemeine Zustimmung findende Systematik unter solchen Umständen unmöglich sein dürfte, leuchtet wohl ein. Da die zuletzt genannten Kategorien sich leicht den oben angeführten Sachgruppen unterordnen lassen (Bezirks-, Straßen- und Wüstungsnamen den Makrotoponymen; Häuser- und Burgennamen den Mikrotoponymen), erübrigt sich das nähere Eingehen darauf. Schwieriger ist es, wenn es um die Klassifizierung bestimmter Flurnamen geht. Durch Namen wie ›Kappesgärten‹, ›Zollstock‹, ›Tabaksweiher‹ werden Örtlichkeiten benannt, die vom Menschen verändert wurden; ein Name wie ›Schützenwiese‹ spannt eine Örtlichkeit in ein System ordnender Bezüge ein. Man würde also statt von Naturnamen in beiden Fällen mit demselben Recht auch von Kulturnamen sprechen können. Das Problem der Kreuzklassifikation mithin auch hier. Ein einziger terminologischer Hinweis ist noch angebracht: oft findet sich in der Literatur die Unterscheidung "Flurname" gegen "Ortsname"*, wobei jenem der Terminus "Naturname", diesem der Terminus "Siedlungsname" im oben besprochenen Sinne entspricht. Auch hierbei wird die Unterbringung der Kategorien Länder- sowie Landschafts- und Gebietsnamen schwierig. Da solche Art der Gliederung ihre Kategorien auf verschiedenen Ebenen sucht, sollte sie aufgegeben und durch eine ausgewogenere Klassifizierung ersetzt werden.

1.3.2.3 Die Kategorie der Objektnamen* (Ergonyme zu griech. *érgon* 'Werk, Erzeugnis') zählt zu den weniger geläufigen Namenklassen; in manchen Arbeiten über Namenkunde fehlt sie völlig. Es läßt sich unter dieser Bezeichnung zusammenfassen, was als Namen für vom Menschen geschaffene Objekte und Produkte gelten kann, ohne daß indessen ordnende Eingriffe des Menschen in die Natur in der Art der Gliederung des Raums durch administrative Einheiten usw. hier berücksichtigt würden. Bedenkt man auch hier wieder, daß je nach der Welterfahrung des Systematikers sein Klassifikationsschema sehr verschieden ausfallen muß, so läßt sich an Subkategorien der Objektnamenklasse etwa folgendes nennen: a) Namen für vom Menschen geschaffene, der Produktion dienende Einrichtungen – 1) Fabriknamen: ›die BASF‹, ›die Mannheimer Verkehrsbetriebe‹, ›Maschinenfabrik Erhardt und Sehmer‹; 2) Genossenschaftsnamen: ›Winzergenossenschaft Bad Dürkheim‹, ›LPG Frohe Zukunft‹; 3) Namen für Kultur- und Bildungseinrichtungen: ›die Geschwister-Scholl-Schule‹, ›das Elisabeth-Gymnasium‹, ›die Volkshochschule Schwetzingen‹, ›die Abendakademie Mannheim‹, ›die Freie Universität Berlin‹; 4) Namen für militärische Objekte: ›die Rommel-Kaserne‹, ›das Fort Douaumont‹, ›die Maginot-Linie‹, ›der Westwall‹ – b) Namen für vom Menschen geschaffene Produkte – 1) Erzeugnisnamen: ›Portland-Zement‹, ›Acryl‹, ›Nylon‹ (Warennamen); ›Braunsche Röhre‹, ›Faradayscher Käfig‹, ›Bessemerbirne‹ (Namen für Produktionsmittel und dergleichen); ›die grüne Minna‹, ›Do X‹, ›der Volkswagen‹ (Namen für Verkehrs- und Transportmittel); ›die dicke Berta‹ (Waffennamen); ›Apollo II‹, ›Eagle‹, ›Sojus‹ (Namen für Weltraumflugkörper); 2) Namen für geistige Erzeugnisse: ›So weit die Füße tragen‹, ›Germanische Stammbildungslehre‹, ›Der Butt‹ (Büchertitel); ›der Spiegel‹, ›die Times‹, ›das Allgemeine Deutsche Sonntagsblatt‹ (Zeitungs- und Zeitschriftennamen); ›die Venus von Milo‹, ›der Parthenon‹, ›die Mona Lisa‹, ›die Unvollendete‹, ›die Waldstein-Sonate‹ (Namen von Kunstwerken).

1.3.2.4 Zur Klasse der Ereignisnamen (Praxonyme zu griech. *práxis* 'Tat, Handlung') zählen alle Namen, die zur Bezeichnung von Ereignissen und Geschehnissen benutzt werden, als deren Auslöser, Träger, Teilnehmer und Betroffene Menschen gelten können. Es handelt sich also insbesondere um "Namen von historischen, gesellschaftlichen, politischen, ökonomischen, kulturellen, sportlichen und militärischen Ereignissen". Die bloße Aufzählung von Beispielen wird genügen, diese Namenklasse zu illustrieren: ›der Dreißigjährige Krieg‹, ›die Rosenkriege‹, ›die Völkerschlacht bei Leipzig‹, ›die Kesselschlacht von Smolensk‹, ›der Vertrag von Rapallo‹, ›der Versailler Vertrag‹, ›der Westfälische Friede‹, ›das Potsdamer Abkommen‹, ›die Französische Revolution‹, ›die Völkerwanderung‹, ›die Olympiade‹, ›die Spartakiade‹, ›das Biedermeier‹, ›der Barock‹, ›der Sturm-und-Drang‹, ›die konzertierte Aktion‹, ›der Weltwirtschaftsgipfel von Tokyo‹*. Hier noch stärker als im Falle der im vorhergehenden Abschnitt dargestellten Sachverhalte zeigen sich die Auswirkungen der extra-linguistischen Natur der Einteilungskriterien: jederzeit kann durch das Auftreten eines neuen Referenten oder durch die Veränderung eines bestehenden die damit zugleich sich ändernde Welterfahrung ihren Niederschlag in einer Modifikation des Kategoriensystems finden. Die Einteilung ist eine pragmatische, damit aber nicht absolut, sondern völlig von den Intentionen der Zeichenbenutzer abhängig.

1.3.2.5 Weniger variabel, doch zweifellos ebenfalls völlig von der Weltkenntnis der Sprachbenutzer abhängig* ist die Kategorie der Phänomennamen (Phänonyme zu griech. *phainómenon* 'Erscheinung'). Zu ihr gehören Namen, die Phänomene der Umwelt bezeichnen, welche sich dem Zugriff des Menschen entziehen, denen er vielmehr (zumindest noch immer) hilflos ausgeliefert ist oder doch ohnmächtig gegenübersteht. Namen von Naturkatastrophen gehören hierher: Taifune (›Flora‹, ›David‹), Sturmfluten (›der blanke Hans‹), Feuersbrünste (›der rote Hahn‹)*. Doch auch die große Zahl von Planeten-, Kometen-, Stern- und Sternbildnamen sind hier einzuordnen (›Venus‹, ›Mars‹, ›Cassiopeia‹, ›Beteigeuze‹, ›der große Wagen‹, ›der Orion‹, ›die Milchstraße‹). Es steht zu vermuten, daß die Fortschritte der Wissenschaft auch in dieser Kategorie zu einer allmählichen Vermehrung ihrer Elemente führen werden.

1.3.3 Probleme der Kategorisierung

Die Durchmusterung der hier gegebenen Einteilungsvorschläge wird deutlich gemacht haben, daß das darin zum Ausdruck kommende Namenverständnis erheblich weiter ist als das des normalen Sprachbenutzers. Fragt man den "Mann auf der Straße", was er als Namen ansehe, so wird er in der Regel anführen, was oben unter den Kategorien Anthroponyme und Toponyme behandelt worden ist. Daß es sich bei Büchertiteln ebenfalls um Namen handelt, wird meist entschieden bestritten*. Tatsächlich ist die Frage, welche der genannten Klassen noch zu den Eigennamen zu zählen sind und welche nicht mehr, auch unter Namenkundlern kontrovers. So wendet sich Heinz Vater gegen Gardiners Vorschlag, die Völkernamen als Eigennamen zu betrachten: für ihn sind Völkernamen Gattungsbezeichnungen, ebenso "die Namen von Erzeugnissen aller Art". Schwierig wird die Entscheidung bei attributiven Fügungen* des Typs "die heilige Taufe", "der heilige Geist", "die technische Hochschule", "die technische Hochschule Stuttgart". In all diesen Fällen hilft nur die Entscheidung auf einer eindeutigen definitorischen Ebene. Da jedoch formallinguistische Kriterien auf den verschiedensten Ebenen anwendbar sind, ohne daß sie einander eindeutig entsprächen, bleibt nur der Rückgriff auf die semantisch-pragmatische Ebene: was von Sprecher und Hörer in gleicher Weise durch eine spezifizierende Präsupposition auf denselben Referenten bezogen wird, der semantisch als einmaliges, eindeutig zu identifizierendes Individuum bestimmt wird, hat als Eigenname zu gelten. Im Falle der eben genannten Beispiele: ›der Heilige Geist‹, ›die Technische Hochschule Stuttgart‹ sind Eigennamen; "die heilige Taufe", "die technische Hochschule" sind Appellative. Besonders im Falle von Produktnamen kann die Interpretation von Sprechakt zu Sprechakt wechseln: "für jeden VW Variant übernehmen wir Garantie" – Appellativ; ">der VW Variant< ist das Fahrzeug für die große Familie" – Eigenname. Auch für Völkernamen* gilt dies: als Eigenname hat jeder Völker- oder Stammesname im Plural zu gelten (>die Deutschen<, >die Germanen<, >die Skandinavier<); als Appellative gelten die entsprechenden Sprachzeichen, sobald sie, mit dem singularischen Artikel "ein" verbunden, zwar ein Individuum, doch nur in seiner Eigenschaft als Mitglied der so benannten Klasse bezeichnen ("ein Deutscher", "ein Germane", "ein Skandinavier"). Ernst Pulgram hat vorgeschlagen, diese Schwierigkeit dadurch aus dem Wege zu schaffen, daß die so merkwürdig sich verhaltende Gruppe von Namen als Klassennamen gegen Eigennamen und Appellative abzugrenzen sei. Klassennamen sind nach ihm sozusagen an der Nahtstelle von Propria und Appellativa angesiedelt. Eine solche Unterscheidung wird kaum nötig sein, sofern man sich stets der grundlegenden Tatsache bewußt bleibt, daß die Interpretation eines Sprachzeichens als Eigenname von der kommunikativen Intention der Sprachbenutzer abhängt und somit ein pragmatischer Sachverhalt ist.

Wie leicht der Übergang vom einen zum andern Bereich vonstatten geht, zeigt die große Zahl von zu Appellativen gewordenen Eigennamen*. Daß "Baedeker", "Casanova", "Duden", "Krösus", "Pompadour" oder "röntgen" als Gattungsbezeichnungen mit bestimmten Personen zu verbinden sind, denen in Geschichte oder Mythos einmal diese Eigennamen zukamen, ist zumindest dem Gebildeten noch bekannt. Nur wenigen wird dagegen geläufig sein, daß dies auch für Wörter wie "Algorithmus", "Atlas", "Boykott", "Fiaker" und "Mansarde" gilt*, von "Kaiser", "Juli", "Dahlie" ganz abgesehen. Das Problem, wie aus einem Eigennamen mit minimalem semantischem Merkmalkatalog ein Appellativ zur Klassenbezeichnung vermittels eines hoch strukturierten Komplexes inhaltlicher Merkmale werden konnte, ist systemlinguistisch/semantisch kaum zu lösen. Auch hier hilft nur die pragmatische Betrachtungsweise weiter.

1.3.4 Hinweise zu Kapitel 1.3

1.3.1

S. 50 Die Liste der "heterogenen Gemeinschaft" bei Kalverkämper 1978 (*1.2.7), S. 116f. Vgl. auch die Aufzählung von Kategorien bei Holger Steen Sørensen: Wordclasses in modern English, Copenhagen 1958 (*1.2.2.5), S. 166–173. Zu den Termini siehe jeweils Witkowski 1964.

S. 51 Zur pragmatischen Bedingtheit jeder derartigen Klassifizierung vgl. etwa Kalverkämper 1978, aaO., S. 119. Die Vorgehensweise ist hier offensichtlich onomasiologisch (siehe oben S. 19); vgl. Kalverkämper, ebd. S. 120.

Die Hierarchie spiegelt die Wertskala der mitteleuropäischen Gesellschaft wider, insofern sie den Menschen ins Zentrum stellt. Es sind Gesellschaften denkbar (und in der Tat vorhanden), die dem Menschen eine weniger wichtige Rolle zugestehen. Dort muß eine andere Hierarchie gelten. Vgl. etwa Hans Walther: Zu den kulturgeschichtlichen Grundlagen des deutschen Namenschatzes. In: Linguistische Studien, Reihe A: Arbeitsberichte 30, 1976, S. 38–47.

Die Termini "Ergo-", "Praxo-" und "Phänonym" habe ich eingeführt, da nicht einzusehen ist, warum die Systematik zwar Personen- und Örtlichkeitsnamen besondere Termini zuspricht, den sonstigen Proprialklassen dagegen nicht. Allenfalls reflektiert dies die weitgehende Vernachlässigung alles Namenmaterials, das nicht den beiden erstgenannten Kategorien angehört. Vgl. allerdings die Vielzahl der Termini bei Gerhardt 1977, S. 398–418, und Greule 1978, S. 327.

"Referent" meint hier dasjenige Umweltobjekt, worauf vermittels des Sprachzeichens verwiesen wird, also den Bezug des Eigennamens. Zum Unterschied zwischen Bezug und Bedeutung vgl. etwa Linguistisches Wb. S. 569–572; Franz von Kutschera: Sprachphilosophie. München [2]1975 (= Uni-Taschenbücher 80), S. 38–51. Siehe auch Funk-Kolleg Sprache 2, S. 102–112.

1.3.2.1

S. 52 Zur Wichtigkeit der Namenbildung und des Namengebrauchs innerhalb einer Zweierbeziehung siehe Ernst Leisi: Paar und Sprache. Linguistische Aspekte der Zweierbeziehung. Heidelberg 1978 (= Uni-Taschenbücher 824), S. 17–33.

Zur Namengebung im griechischen und römischen Raum vgl. etwa Theodor Mommsen: Römische Forschungen. Bd. 1 Berlin [2]1864, S. 1–68 ("Die römischen Eigennamen der republikanischen und augusteischen Zeit"); August Fick: Die griechischen Personennamen nach ihrer Bildung erklärt, mit den Namensystemen verwandter Sprachen verglichen und systematisch geordnet. Göttingen 1874; August Fick/Fritz Bechtel: Die griechischen Personennamen nach ihrer Bildung erklärt. Göttingen 1894 (2. Auflage des Buches von 1874); George Davis Chase: The origin of Roman praenomina. In: Harvard Studies in Classical Philology 8, 1897, S. 103–184; Fritz Bechtel: Die attischen Frauennamen nach ihrem System dargestellt. Göttingen 1902; A. Oxé: Zur älteren Nomenklatur der römischen Sklaven. In: Rheinisches Museum für Philologie NF 59, 1904, S. 108–140; Max Lambertz: Die griechischen Sklavennamen. 2 Teile, Wien 1907 und 1908 (= Jahres-Berichte über das k. k. Staatsgymnasium im VIII. Bezirke Wiens 57, S. 3–49, und 58, S. 3–42); Karl Meister: Lateinisch-griechische Eigennamen. Heft 1: Altitalische und römische Eigennamen. Leipzig/Berlin 1916, S. 81–112 ("Zur Geschichte des römischen Gentilnomens"); Fritz Bechtel: Die historischen Personennamen der Griechen bis zur Kaiserzeit. Halle 1917; Solmsen/Fraenkel, S. 112–153; Ernst Fraenkel, Artikel "Namenwesen" in: Realencyclopädie 32, 1935, Sp. 1611–1670; Bruno Doer: Die römische Namengebung. Ein historischer Versuch. Stuttgart 1937; Albert Dauzat: Les noms de personnes. Paris [7]1946 [[1]1925] (= Bibliothèque des Chercheurs et des Curieux), S. 20–26; Wilhelm Schulze: Zur Geschichte lateinischer Eigennamen. Berlin/Zürich/Dublin [2]1966. Siehe auch unten S. 137. Zur Problematisierung vgl. Mieczysław Karaś: Vornamen, Familiennamen, Beinamen = Personennamen? In: Linguistische Studien. Reihe A: Arbeitsberichte 30, 1976, S. 135–152.

S. 53 Zur Kreuzklassifikation vgl. Linguistische Grundbegriffe S. 114; Linguistisches Wb. S. 360; Moderne Linguistik S. 245 f. Auch Namen können mehreren Subkategorien angehören: ein charakteristischer Beiname kann zugleich Spitz- wie Schimpfname (›Käskätt‹ für eine stinkende ›Käthe‹), ein Kosename zugleich Pseudonym sein (›Fritzi Massary‹ alias ›Friederike Masareck‹).

1.3.2.2

S. 54 Die Unterscheidung von Natur- und Kulturnamen ist durchaus nicht allgemein akzeptiert; sie läßt sich nicht einmal problemlos anwenden. Daher sind andere Einteilungen vorgenommen worden. Roelandts/Schönfeld 1954 unterscheiden

(S. 21–23) "Veldnamen" (nhd. Flurnamen) von "Plaatsnamen" (nhd. Siedlungs-namen); Naumann 1972, S. 7 führt die Dreiteilung Makrotoponyme (Landschafts-, Länder-, Erdteilnamen), Oikematonyme (Siedlungsnamen) und Mikrotoponyme ("innerhalb einer Gemarkung gebräuchliche⟨.⟩ Benennungen für geographisch genau fixierte Örtlichkeiten außerhalb von Haus und Hof", ebd.) ein. Dem scheint die Dreiteilung Raum- : Siedlungs- : Flurname bei von Polenz 1961, S. 24 f. zu entsprechen. Doch findet sich ebd. der Hinweis, daß "eigentlich auch Forst-namen, Gebirgsnamen, Sumpfnamen, Seenamen, Meeresnamen zur Obergruppe der 'RN'" (Raumnamen = Makrotoponyme) gehören; so wird die Eindeutigkeit dieser Subkategorisierung sogleich wieder aufgehoben. Die alte Zweiteilung wird genügen: neben Makrotoponymen, die mehr oder weniger ausgedehnte Räume bezeichnen (Landschafts-, Länder-, Erdteil-, aber auch Forst-, Gebirgs-, Meeres-namen usw.), stehen Mikrotoponyme, die entweder Flur- oder Siedlungsnamen sind. In sämtlichen Klassen könnte sodann die Differenzierung von Natur- und Kulturnamen zur weiteren Unterteilung dienen. Vgl. aber Horst Naumann: Zur Entwicklung der Mikrotoponymie in der sozialistischen Landwirtschaft der DDR. In: Linguistische Studien. Reihe A: Arbeitsberichte 30, 1976, S. 116: "Eine abschließende Frage besteht darin, ob die Benennungen für die [...] die 100-Hektar-Grenze überschreitenden Flächen noch als Mikrotoponyme bezeichnet werden können".

Zur wichtigen Kategorie der Wüstungsnamen siehe unten S. 101. Vgl. auch Heinz Pohlendt: Die Verbreitung der mittelalterlichen Wüstungen in Deutschland. Göttingen 1950 (= Göttinger Geographische Abhandlungen 3); Wilhelm Abel: Die Wüstungen des ausgehenden Mittelalters. Frankfurt ²1976; Hans Walther: Wüstungsnamen und ihre Wandlungen. In: WZKMUL 13, 1964, S. 383–385. Hans Kuhn: Wüstungsnamen. In: BzN 15, 1964, S. 156–179, vertritt demgegen-über einen engen Wüstungsnamenbegriff, der nur solche Namen für aufgelassene Siedlungen meint, die "an Siedlungsstätten erst dann gegeben worden sind, wenn sie wüst geworden waren" (S. 156).

Zur Unterscheidung von Flur- und Ortsnamen vgl. etwa Namenforschung heute S. 19. Als Beispiel für diesen Gebrauch können etwa dienen Ernst Förstemann: Die deutschen Ortsnamen. Nordhausen 1863; Walther Keinath: Orts- und Flur-namen in Württemberg. Hrsg. vom Schwäbischen Albverein E. V. Stuttgart 1951.

1.3.2.3

Ergonyme fehlen völlig bei Bach (Teil I: Personennamen, Teil II: Ortsnamen) und Schwarz (Bd. I: Ruf- und Familiennamen, Bd. II: Orts- und Flurnamen). Vgl. ihre Erwähnung als legitime Objekte der Onomatologie bei George R. Stewart: The field of the American Name Society. In: Names 1, 1953, S. 73–78, und die Ablehnung dieser Auffassung durch Roelandts/Schönfeld 1954, S. 19: "Wij vrezen dat deze opvatting al te zeer tot versnippering zal leiden en blijven de term naamkunde reserveren vóór de studie van de plaats- en persoonsnamen, die samen een welbegrensde eenheid vormen". Insbesondere die Warennamen sind mehrfach behandelt worden; siehe etwa Jean Praninskas: Trade name creation. Processes and patterns. The Hague 1968; Wolfgang Raible: Das Warenzeichen aus der Sicht des Sprachwissenschaftlers. Hinweise für die Benutzung und Gestaltung von Wortzeichen. In: Der Markenartikel 30, 1968, S. 598–604; W. W. Schuh-macher: Zur Typologie der Markenartikelnamen. In: Linguistics 48, 1969, S. 68–72; Victor Sialm-Bossard: Sprachliche Untersuchungen zu den Chemiefaser-Namen. Bern/Frankfurt 1975 (= Europäische Hochschulschriften. Reihe 1, 96); Rosemarie Gläser: Zur Motivation und Form von Warennamen (im britischen und amerikanischen Englisch). In: NI 22, 1973, S. 22–30; dies.: Zur Namengebung in der Wirtschaftswerbung: Warenzeichen im Britischen und Amerikanischen Englisch. In: Der Name in Sprache und Gesellschaft S. 220–238; Victor Sialm-Bossard: Spezifität und Klassifikationsprobleme der Markennamen. In: Onoma 20, 1976, S. 268–276; Gerhard Koß: Eigennamen als Warennamen. In: BzN NF 11, 1976, S. 411–424; Kalverkämper 1978 (*1.2.7), S. 363–384.

1.3.2.4

S. 55 Die Beispiele zeigen, daß auch hier die Unterscheidung zwischen Eigennamen und Appellativ oft schwierig ist. Viele der genannten Namen sind in besonderen Kommunikationssituationen bzw. im Sprachgebrauch bestimmter Sprecher Appellative (vgl. die konzertierte Aktion, die Olympiade). Entscheidend kann auch hier nur die Übereinstimmung von Sprecher und Hörer sein, das Sprachzeichen präsuppositionell auf einen individuellen Referenten zu beziehen: in diesem Fall liegt ein Eigenname vor. Es fällt gerade bei Namen dieser Kategorie auf, daß oft nähere Kennzeichnungen (etwa in der Form präpositionaler Ausdrücke oder Zahlwörter) Bestandteil des Namens sind: ›der Friedensvertrag von …‹, ›die Schlacht bei …‹, ›die Winterolympiade in Sapporo‹, ›der erste Weltkrieg‹, ›der dritte Fünfjahresplan‹ usw. Der Namencharakter wird derart zusätzlich abgesichert. Vgl. dazu Balázs 1962 (*1.2.7), S. 157–159.

1.3.2.5

S. 56 Es ist interessant zu sehen, wie besondere gesellschaftliche Umstände (z. B. die Ausbreitung der Frauenemanzipation) eine Veränderung in der Namengebung bewirken können: während bisher Taifune usw. stets nur weibliche Namen bekommen konnten (›Betty‹, ›Flora‹ etc.), heißen die Hurrikane des Sommers 1979 ›David‹ und ›Frederic‹. Warum zwar Wirbelwinde, dagegen offenbar niemals Erdbeben und Überschwemmungen Namen erhalten, ist eines der merkwürdigen Phänomene im Bereich der Namengebung, die sich kaum rational erklären lassen.

Die Namen ›blanker Hans‹ und ›roter Hahn‹ für Sturmflut(en) und Feuersbrunst sind durchaus auch als Appellative und damit als Synonyme von "Sturmflut" und "Feuer" zu bewerten. Allerdings spricht für ihren Namencharakter, daß sie jeweils nur eine Katastrophe im Rahmen einer je besonderen Kommunikations- und Erfahrungssituation bezeichnen können und ihre Verwendung mit dem unbestimmten Artikel in Sätzen der Art "*Jahr für Jahr sucht ein blanker Hans (ein roter Hahn) die Gemeinden von … heim" ausgeschlossen ist.

1.3.3

Eine (allerdings nicht systematisch durchgeführte) Befragung von 70 Studenten der Universität Mannheim (sämtlich Germanisten) im Winter 1979/80 ergab folgende Resultate. Auf die Frage "Was ist für Sie ein Eigenname?" wurden an Kriterien genannt: Unterscheidungszeichen für Individuelles 77, 14%, eine besondere Beziehung zum Namengeber voraussetzend 24, 29%, Sprachzeichen mit besonderer Bedeutung 20%, arbiträr gegeben 11, 43%, Sprachzeichen ohne Bedeutung 8, 57%. Von den 70 Befragten antworteten auf die Frage "Welche Sachverhalte werden im Deutschen durch Eigennamen bezeichnet?" mit Menschen 84, 29%, Tiere 70%, Autos 44, 29%, Örtlichkeiten 40%, Waren 34, 29%, Personengruppen (Firmen, Institutionen usw.) 25, 72%, Pflanzen 12, 86%, Schiffe 11, 43%, Bücher und Zeitschriften 4, 29%. Aus einer Liste von 50 Wörtern wurden von denselben Versuchspersonen Wörter der folgenden Kategorien in der angegebenen Häufigkeit als Eigennamen bezeichnet: Personennamen 90, 35%, Tiernamen (z. B. ›Waldi‹) 88, 6%, Schiffsnamen (z. B. ›Titanic‹) 87, 1%, Sternnamen 72, 15%, mythologische Namen (z. B. ›Pegasus‹) 70%, Gruppennamen (Firmen, Institutionen usw.) 62, 45%, Kunstwerknamen (z. B. ›Venus von Milo‹) 59, 3%, Toponyme 59, 03%, Warennamen 53, 3%, Tag- und Monatsbezeichnungen (!) 40%, Bücher- und Zeitschriftentitel 32, 4%, Tierbezeichnungen (z. B. Hirschkäfer) 30, 75%, Krankheitsbezeichnungen (z. B. Tuberkulose) 28, 6% sowie Monosemantika 25, 75%.

Zum Status der attributiven Fügungen vgl. Berger 1966 (*1.2.7), S. 73–78. Siehe auch Vater 1965 (*1.2.7), S. 207–213, das Zitat S. 212.

S. 57   Zum Status der Völker- und Stammesnamen vgl. etwa Duden Hauptschwierigkeiten der deutschen Sprache. Mannheim 1965 (= Der Große Duden 9), S. 664f.; Alan H. Gardiner: On proper names. In: Mélanges Van Ginneken. Paris 1937, S. 307–310; Ernst Pulgram: Name, Class name, noun. In: Die Sprache 5, 1959, S. 165–171; Berger 1966 (*1.2.7), S. 72; Dieter Berger: Sind Völkernamen und andere pluralische Personennamen Appellativa? In: 10. ICOS, Bd. 1, Wien 1969, S. 73–80; Uwe Förster: Ländernamen und Einwohnerbezeichnungen. In: Sprachwart 17, 1967, S. 97–99.

Vgl. etwa Fritz C. Müller: Wer steckt dahinter? Namen, die Begriffe wurden. Eltville am Rhein 1978; Wilhelm Wackernagel: Die deutschen Appellativnamen. In: ders.: Kleinere Schriften Bd. 3: Abhandlungen zur Sprachkunde. Leipzig 1874, S. 59–177; Othmar Meisinger: Hinz und Kunz. Deutsche Vornamen in erweiterter Bedeutung. Dortmund 1924; Migliorini 1927; Gerhardt 1949/50 (*1.2.7), S. 13f.; Pulgram 1954 (*1.2.7), S. 167–172; Willberg 1965; Herbert Bruderer: Von Personennamen abgeleitete Verben. In Folia Linguistica 9, 1976, S. 349–365. In diesem Zusammenhang ist auch die Rolle interessant, die Eigennamen bei der Ausbildung des Fachwortschatzes spielen (”›Diesel‹motor”, ”›Gauß‹kurve”, ”›Lambert‹nuß”, ”›Portland‹zement” etc.); siehe Rosemarie Gläser: Der Eigenname als konstitutiver Faktor des Fachwortschatzes. In: Linguistische Studien. Reihe A: Arbeitsberichte 30, 1976, S. 48–59.

Als Etyma gelten die Eigennamen ›Al Chwarismi‹ (arabischer Mathematiker des 9. Jahrhunderts), ›Atlas‹ (Name der antiken Mythologie), ›Charles Boykott‹ (Gutsverwalter in Irland), ›Hl. Fiacrius‹ und ›Jules Hardouin-Mansart‹ (Baumeister des 17. Jahrhunderts); ›Gaius Iulius Caesar‹ und ›Andreas Dahl‹ (schwedischer Botaniker des 18. Jahrhunderts) – siehe Müller, aaO.; Kluge/Götze; Duden Herkunftswörterbuch.

1.3.5 Literatur zu Kapitel 1.3

H. Buitenhuis (1969): Anthroponymische terminologie. In: Naamkunde 1, S. 84–98.

*Wolfgang Fleischer (1966): Zur Terminologie der Namenkunde. In: Forschungen und Fortschritte 40, Heft 12, S. 376–379.

**Dietrich Gerhardt (1977): Zur Theorie der Eigennamen. In: BzN NF 12, S. 398–418.

*Rosemarie Gläser (1976): Zur Übersetzbarkeit von Eigennamen. In: Linguistische Arbeitsberichte 13, S. 12–25, bes. S. 12f.

*Albrecht Greule (1978): Namenkunde im germanistischen Grundstudium. Fragen und Anregungen. In: Name und Geschichte S. 321–330, bes. S. 327.

**Bruno Miglorini (1927): Dal nome proprio al nome comune. Studi semantici sul mutamento dei nomi propri di persona in nomi comuni negl'idiomi romanzi.

Geneve (= Biblioteca dell' "Archivum Romanicum", Serie II Linguistica, Vol. 13).

Horst Naumann (1972): Die bäuerliche deutsche Mikrotoponymie der Meissnischen Sprachlandschaft. Berlin (= Deutsch-slawische Forschungen zur Namenkunde und Siedlungsgeschichte 30), bes. S. 7.

Peter von Polenz (1961): Landschafts- und Bezirksnamen im frühmittelalterlichen Deutschland. Untersuchungen zur sprachlichen Raumerschließung. Bd. 1: Namentypen und Grundwortschatz. Marburg. Bes. S. 23–35.

**Karel Roelandts/Moritz Schönfeld (1954): Naamkundige terminologie. In: Mededelingen 30, S. 18–28.

Walther (1973): siehe *1.2.7, bes. S. 29.

*Max Willberg (1965): Abgewertete Vornamen. Vom erhabenen Augustus zum dummen August – Vom Erzengel Michael zum teutschen Michel – Von der kampfesmächtigen Mechthild zur Metze. In: Muttersprache 75, S. 330–342.

*Teodolius Witkowski (1964): Grundbegriffe der Namenkunde. Berlin (= Deutsche Akademie der Wissenschaften zu Berlin. Vorträge und Schriften 91).

2 Die Methodik der Namenkunde

2.1 Prinzipielle Überlegungen

Bei den Bemühungen um die Definition des Eigennamens wie um die Systematik der Eigennamenklassen hat sich gezeigt, daß neben der pragmatischen Ebene die formal-linguistische und die semantisch-lexikalische bei der Beschäftigung mit Namen zu beachten sind. Sieht man zunächst von der Form, in der der Eigenname als Sprachzeichen sich präsentiert, ab, dann kann bzw. muß die Untersuchung des semantisch-lexikalischen Bereichs sowohl semasiologisch als auch onomasiologisch erfolgen. Das bedeutet: der wissenschaftliche Umgang mit Namen muß über die bloße Form (Lautgestalt und formal-linguistisches Verhalten derselben) hinaus den Nameninhalt (seine Bedeutung), zugleich aber auch den damit verbundenen Sachverhalt (den Referenten, das benannte Objekt als Element der objektiven Wirklichkeit) berücksichtigen, da infolge der geringen semantischen Füllung des Eigennamens die Kenntnis des Namenträgers von größter Wichtigkeit ist. Das wiederum schreibt die methodische Abfolge der Einzelschritte einer Namenanalyse zwingend vor:

1) Namensammlung (lexikologische Registrierung und formal-linguistische Beschreibung der Zeichenformen)

2) Namendeutung (etymologische und semantische Analyse im semasiologischen Sinn)

3) realienkundliche Auswertung (semantische Analyse im onomasiologischen Sinn unter der Devise "Wörter und Sachen")*

Daß beim Vollzug der letzteren wieder linguistische und onomastische Fragestellungen eine Rolle spielen, versteht sich von selbst infolge der bei Eigennamen besonders engen und intensiven Beziehung zwischen Sprachzeichen und Bezeichnetem.

Die folgenden Abschnitte bieten Hinweise und Beispiele zu allen drei Bereichen. Nur die Methoden sollen vorgestellt werden; in den späteren Kapiteln wird über die hier angeführten Beispiele hinaus die systematische Darstellung dessen erfolgen, was die Namenkunde unter Verwendung der genannten Methoden vor allem in den Bereichen der Namendeutung und -auswertung an Ergebnissen hat erzielen können bzw. worin ihre besonderen Probleme und Aufgaben zu sehen sind.

2.2 Die Namensammlung

2.2.1 Quellen für synchronische Untersuchungen

Es gehört zu den selbstverständlichen Voraussetzungen jeder Wissenschaft, daß die Beschäftigung mit einem Problem erfordert, die Objekte und Phänomene, an welchen das Problem studiert werden soll, möglichst vollzählig zur Verfügung des Untersuchenden zu haben. Dies gilt auch für Namen. Selbst wenn das Interesse des Namenkundlers sich nur auf einen einzelnen Namen richten sollte: er wird gezwungen sein, weitere Namen vergleichend heranzuziehen, um die besondere Stellung dieses einen Namens angemessen erfassen zu können. Soll z. B. der Personenname ›Erna‹ richtig durch die semantischen Merkmale [+ N, + Prop, + Belebt, + Human, + Fem]* beschrieben werden, dann kann dies nur im Vergleich mit dem Namen ›Hans‹ oder dergleichen geschehen, dem die Merkmalkombination [+ N, + Prop, + Belebt, + Human, + Mask] zukommt. Merkmalunterschiede ergeben sich allemal einzig im Kontrast*, und Kontrastierung bedeutet Vergleich. Die Materialsammlung hat daher am Anfang jeder namenkundlichen Untersuchung zu stehen, sei diese synchronisch oder diachronisch* angelegt.

Die Quellen, woraus der Namenkundler das Material für seine Namensammlung schöpft, sind sehr verschiedener Art. Bei synchronischen Studien, soweit sie sich mit der Namengebung und dem Namengebrauch unserer Zeit beschäftigen, ist die mündliche oder schriftliche Befragung* von Probanden (Versuchspersonen) einer ausgewählten Grundgesamtheit* oft das einzig mögliche Verfahren. Insbesondere wenn es darum geht zu erkennen, was die Wahl eines bestimmten Namens ausgelöst hat (Motivationsforschung), wird aussagefähiges Material nur durch die Befragung der Namengeber (Eltern, Taufpaten usw.) oder Namenbenutzer gewonnen werden können. Auch wo es im Rahmen assoziationspsychologischer Untersuchungen um die Assoziationen und Konnotationen* geht, die Versuchspersonen beim Hören oder Lesen bestimmter Namen haben (siehe unten S. 171ff.), ist eine Befragung, mündlich oder unter Verwendung entsprechend entworfener Fragebogen, nötig. Sollen jedoch nur die heutigentags üblichen, geläufigen oder beliebten Vor- und/oder Nachnamen gesichtet und (eventuell nach formalen Gesichtspunkten) geordnet werden, dann wird die Durchsicht von Texten genügen, die solche Namen enthalten. In Adreßbüchern, Telefonbüchern, aber auch in Tageszeitungen (Geburts-, Verlobungs-, Vermählungs-, Todesanzeigen) und in fiktionalen Texten (Romanen, Erzählungen, Dramen usw.) finden sich zumeist zahlreiche Beispiele. Handelt es sich um die Beschäftigung mit Toponymen, so lassen sich Orts- und Städtebücher* zu Rate ziehen. Landkarten verzeichnen nicht nur Fluß-, Berg- und Siedlungsnamen, sondern auch zahlreiche Flurnamen, vor allem die Karten im Maßstab 1:100 000 (die früher sogenannte Generalstabskarte) und 1:25 000 (das sogenannte Meßtischblatt). Die eingehende Untersuchung von Mikrotoponymen setzt allerdings voraus, daß man sich vornehmlich auf das bei den Vermessungs- und Katasterämtern befindliche Material stützt. Dies sind a) Kataster und Grundstückverzeichnisse in Listenform sowie b) Kataster- und Grundstückkarten in Maßstäben, die jede Einzelheit genau erkennen lassen — etwa die Blätter der topographischen Grundkarte des deutschen Reiches 1:5000, die württembergischen Flurkarten 1:2500 oder die badischen Gemarkungspläne 1:10 000. Im Falle der Untersuchung von Objekt-, Ereignis- oder Phänomennamen kann es schwer werden, geeignete

Unterlagen zu finden. Infrage kommen etwa Adreßbücher sowie die Branchenverzeichnisse der Amtlichen Fernsprechbücher (für Fabrik-, Genossenschafts-, Schul-, Kasernen- und dergleichen Namen), das Konversationslexikon (für Waren-, Produktionsmittel-, Verkehrsmittel-, Waffen- und Ereignisnamen usw.), Kataloge von Versand- und Warenhäusern (für Warennamen), Titellexika (für Büchertitel etc.), aber auch Zeitungen und Zeitschriften (wie überhaupt alle Medien), soweit sie Werbung betreiben.

2.2.2 Quellen für diachronische Untersuchungen

Erheblich komplizierter gestaltet sich die Materialsammlung bei diachronisch angelegten Untersuchungen. Zwar gibt es eine ganze Reihe von Namenbüchern, die – nach sehr verschiedenen Gesichtspunkten auswählend und ordnend – Personen- und/oder Örtlichkeitsnamen aus historischen Quellen zusammenstellen und oft auch erklären.* Doch wird für Einzeluntersuchungen immer wieder auf die originalen Quellen* zurückgegriffen werden müssen, die leider nicht immer, ja wohl nur in den seltensten Fällen gedruckt vorliegen. Soweit es sich um erzählende Texte handelt (wozu Kompendien, Chroniken, Annalen und Jahrbücher, Gesten, Genealogien, Historien, Biographien und Autobiographien, Reise- und Pilgerberichte, Tagebücher und Memoiren zu rechnen sind), liegt eine Vielzahl von Editionen – von größerem oder geringerem wissenschaftlichen Wert – vor. Dies gilt auch für viele Briefwechsel, Lehr- und Streitschriften, Rechtsbücher sowie für den Urkundenbestand aus bestimmten Zeiten oder bestimmten Gegenden. Was jedoch die gerade für Personen- und Örtlichkeitsnamenforschungen wichtigen Urkunden- und Aktenbestände angeht (Heberegister, Steuerbücher, Totenbücher oder Nekrologien, Lehn-, Bürger-, Zunft-, Kirchenbücher und Universitätsmatrikel usw.), so sind sie mehrheitlich noch immer in Bibliotheken* und Archiven* verwahrt, ohne auch nur (etwa im Falle weitaus der meisten Archivbestände) über gedruckte Bibliotheks- bzw. Archivkataloge zugänglich zu sein. Für jeden Namenkundler, der sich mit dergleichen Namenkategorien diachronisch zu beschäftigen gedenkt, ist daher die Arbeit "vor Ort", das heißt: in Bibliotheken und Archiven, unerläßlich.

Die Beschaffenheit der zu konsultierenden Quellen hängt durchaus von der zu untersuchenden Epoche und ihren gesellschaftlichen Strukturen ab, so daß sich in der besonderen Beschaffenheit der Dokumente jeweils sehr verschiedene historische Entwicklungszustände widerspiegeln. Hier kann nur auf einige wenige Quellenformen hingewiesen werden. Die Urkunde*, ein "schriftliches, in bestimmten Formen gehaltenes Zeugnis über eine Willensäußerung rechtlicher Natur", erscheint in germanischer Zeit im Anschluß an römische Rechtsbräuche und wird im hohen Mittelalter zur wichtigsten Dokumentation rechtsverbindlicher Abmachungen. Besonders als Kaiser- und Königsurkunde unterliegt sie bestimmten formalen Vorschriften; Formularien (Formelbücher) illustrieren, wie die rechtsgültige Urkunde aufgebaut zu sein hat. Ihre Sprache ist zunächst ausschließlich das Latein: nur schriftkundige Geistliche waren in der Lage, Urkunden auszufertigen. Erst im 12./13. Jahrhundert ändert sich dies; das Deutsche wird immer häufiger in Urkunden verwendet. Darin spiegelt sich die Veränderung des Bildungswesens, das Heraufkommen einer nicht länger auf Geistliche beschränkten Schreibkultur. In diesem Augenblick greift die in den Urkunden sich ausdrückende Privilegierung auf weitere Kreise über: Geistliche, Kaufleute, Handwerker beginnen in ständig steigendem Ausmaß, ebenfalls Urkunden auszustellen – ein Privileg, das ursprünglich den Herrschenden vorbehalten war, wird zum Instrumentarium auch der übrigen Stände.

Ähnliche Entwicklungen sind auch an anderen Quellenformen aufweisbar. Nachdem Traditionsbücher (Salbücher) etwa vom 9. Jahrhundert an besonders in größeren geistlichen Grundherrschaften dazu benutzt wurden, die getätigten Schenkungen und Verleihungen durch Kopieren der betreffenden Urkunden in einem Gesamtverzeichnis (das also eine Art Kopialbuch darstellt) festzuhalten, entwickelte sich daraus das Urbar* als Verzeichnis aller Grundstücke einer Grundherrschaft, samt allen darauf ruhenden Lasten und Rechten, Abgaben und Einkünften. In dem Augenblick, wo in den Urbaren der Landesherren auch Einkünfte öffentlichrechtlicher Natur, etwa Steuern, verzeichnet wurden, gingen die Urbare schließlich in Grundbücher und Kataster über, wie sie noch heute in den kommunalen Katasterämtern als ergiebige Grundlage für mikrotoponymische Forschungen eingesehen werden können. Die im Mittelalter im bäuerlichen Bereich wichtigen Weistümer*, von rechtskundigen Männern abgegebene Aussagen über das am betreffenden Ort geltende altherkömmliche Gewohnheitsrecht, sind in dem Augenblick, wo die Ausbildung der Territorialstaaten zur Durchsetzung einheitlicher Rechtsverhältnisse innerhalb des gesamten Territoriums einer Herrschaft geführt hatte, zu bloßen Grenzbegehungsprotokollen geworden (Markbeschreibungen)*, während die Bestimmung der Gemarkungsgrenzen zuvor nur ein Bestandteil der erheblich mehr enthaltenden Weistümer gewesen war.

2.2.3 Probleme des Umgangs mit Archivalien

2.2.3.1 Natürlich erfordert die Beschäftigung mit Archivalien jeder Art gewisse Kenntnisse und Fähigkeiten, als grundlegende und wichtigste zweifellos die des Lesens und Verstehens der zu berücksichtigenden historischen Zeugnisse. Dem stellt sich sowohl die oft schwer entzifferbare Schrift als auch die manchmal nicht eben leicht verständliche Sprache der Dokumente entgegen. Kenntnisse der Paläographie* (Handschriftenkunde) sind mithin für jeden Archivbenutzer unbedingte Voraussetzung. Meistens dürfte es nicht allzu schwierig sein, sich allmählich in eine bestimmte Handschrift einzulesen und sich so an den je besonderen Duktus ihres Schreibers zu gewöhnen. In Zweifelsfällen wird man die gleiche Graphie an einer anderen Stelle desselben Textes aufsuchen, um die eigene Lesung zu bestätigen oder zu verwerfen. Dabei muß man darauf achten, daß die Form eines Buchstabens sich ändern kann, je nachdem mit welchem anderen Buchstaben er verbunden ist bzw. ob er am Anfang, innerhalb oder am Ende eines Wortes auftritt. Es sind also stets Buchstabenverbindungen zu vergleichen, nicht Einzelbuchstaben. Sehr schwierig ist in der Regel die richtige Auflösung der meist häufig verwandten Abkürzungen (Abbreviaturen oder Kürzel)*. Auch die Verwendung eines Abbreviaturenlexikons wird das zumindest gelegentliche Zuratezeihen eines Fachmanns nicht überflüssig werden lassen.

Nicht immer sind die Zeugnisse datiert. Da aber gerade die Kenntnis wenigstens der ungefähren Entstehungszeit des Dokuments wie bei allen historischen, so auch bei namenkundlichen Forschungen von größter Wichtigkeit ist, muß gelegentlich die Paläographie dazu dienen, eine einigermaßen zuverlässige zeitliche Einordnung der Quelle zu ermöglichen. Ein kurzer Überblick über die Entwicklung der Handschrift wenigstens innerhalb des Zeitraums, woraus die Quellen des Namenkundlers gemeinhin stammen, kann dazu verhelfen, immerhin eine erste, grobe chronologische Bestimmung vorzunehmen. Im allgemeinen verläuft die Schriftentwicklung* von der guten Lesbarkeit hin zur Unentzifferbarkeit: die Aktenschrift des 18. Jahrhunderts etwa zählt zum Kompliziertesten, womit der Namenkundler sich jemals wird zu beschäftigen haben. Die folgenden Auszüge aus chronologisch geordneten Quellentexten sollen die Schriftentwicklung illustrieren und können einen ersten Eindruck von den besonderen Kennformen der jeweiligen Schrifttypen vermitteln. Die Texte, die den verschiedensten Quellenformen entnommen sind, enthalten sämtlich Namenbelege. Ihre Bearbeitung (am Ende des Kapitels findet sich eine Transkription, worin alle Kürzel aufgelöst sind) kann mithin einen guten Eindruck der praktischen Probleme vermitteln, mit denen der Namensammler im Verlauf seiner Bibliotheks- und Archivarbeit zu tun haben wird.

Der erste Text, eine Pergamenturkunde aus dem Jahre 1274, ist ein Beispiel für einen zwar stark abkürzenden, doch gut lesbaren Schreibstil, der, obwohl er gegen Ende des 13. Jahrhunderts zweifellos bereits altmodisch anmutet, das typische Kennzeichen der gotischen Schriftarten gut erkennen läßt: die stark ausgezogenen Längen und die Brechung der Buchstaben, nach der die gotische Fraktur den Namen trägt.

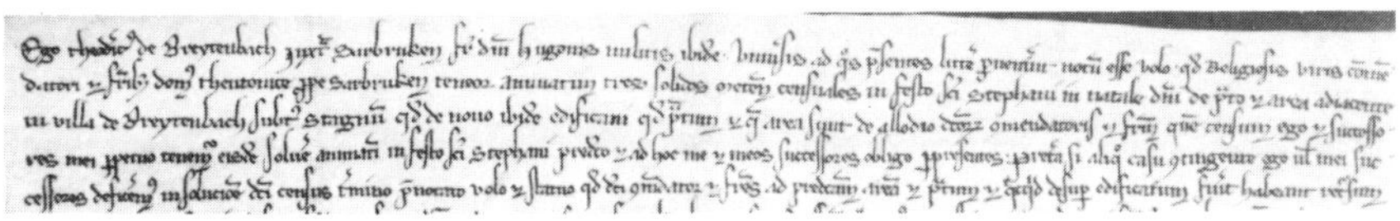

Abb. 2   Pergamenturkunde von 1274

Die Schrift des Zinsverzeichnisses vom Jahre 1470 aus dem Oppauer Dorfgerichtsbuch ist eine Mischung aus Antiqua und Fraktur: die sogenannte Bastarda (Mischschrift), die bis ins 16. Jahrhundert die in handschriftlichen Dokumenten wohl am häufigsten auftauchende Stilform darstellt.

67

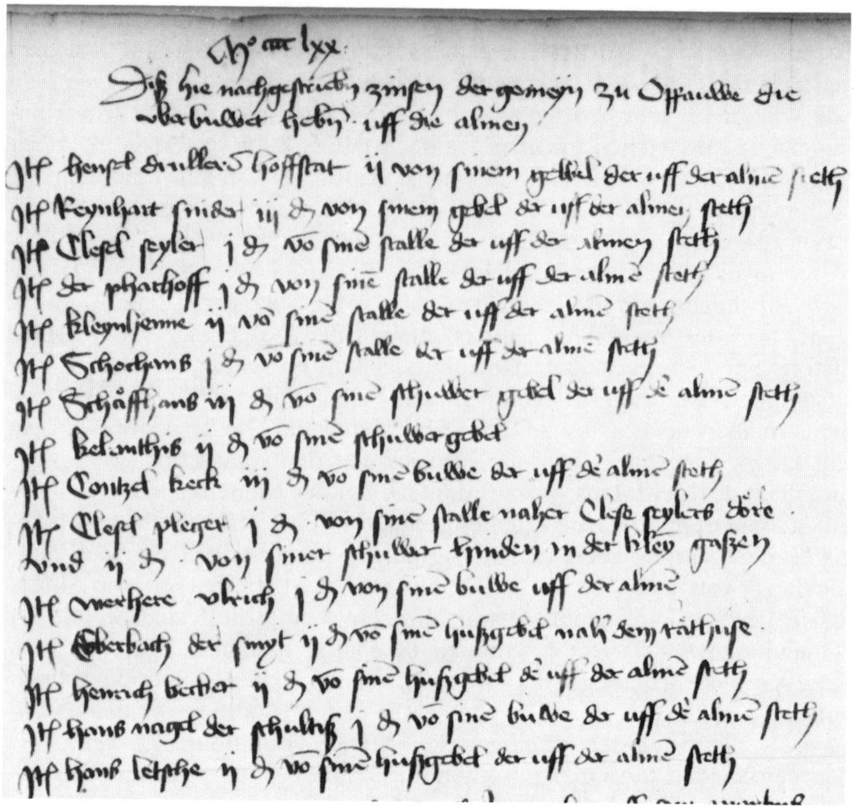

Abb. 3   Oppauer Dorfgerichtsbuch, Eintragung des Jahres 1470

In derselben Art ist auch der Eintrag vom Jahre 1530 gehalten, der aus dem Maudacher Gerichtsbuch stammt und zeigt, wie die langgezogenen Buchstabenschäfte (etwa bei s und f) die Formen vorbereiten, die dann für die Schriftstile des 18. und 19. Jahrhunderts kennzeichnend sind.

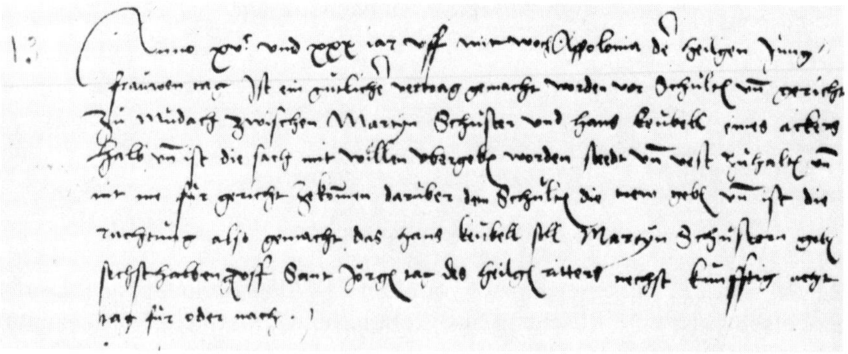

Abb. 4   Verkaufseintrag im Maudacher Dorfgerichtsbuch von 1530

68

Der ebenfalls aus einem Maudacher Gerichtsbuch stammende Verkaufseintrag des Jahres 1705 weist, obschon weniger eckig, alle Besonderheiten
auf, die schließlich auch die Aktenschrift des 19. Jahrhunderts charakterisieren.

Abb. 5   Verkaufseintrag von 1705 aus dem Maudacher Dorfgerichtsbuch

Das Stadtratsprotokoll vom 28. Mai 1820 aus Oggersheim führt konse-
quent weiter, was im Beispieltext des Jahres 1705 zu erkennen war. Die
Länge der Schäfte ist gleich geblieben; die Buchstaben haben jedoch viel
an Rundung verloren, so daß die Schrift steil und eckig wirkt.

Dies ist die Schrift, die bis zum Ende des Nationalsozialismus als
Sütterlinschrift in den Schulen gelehrt wurde – noch zu der Zeit, als die
deutsche Fraktur in Zeitung und Buch bereits von der Antiqua abgelöst
worden war.

69

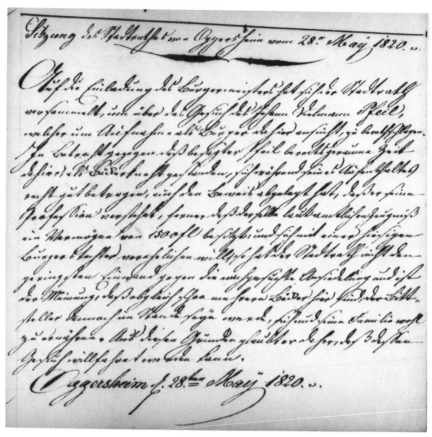

Abb. 6   Stadtratsprotokoll Oggersheim vom 28. Mai 1820

2.2.3.2 Erhebliche Schwierigkeiten bereitet, wie die Durchsicht der obigen Texte gezeigt haben dürfte, oft auch die Sprache der Quellen. Die im Verlauf des Germanistikstudiums zumeist erworbenen Kenntnisse des Alt- und Mittelhochdeutschen* sind zwar nützlich, doch im allgemeinen deswegen nicht ausreichend, weil die zur Erlernung benutzten Textausgaben kritische Editionen sind und in der Regel ins klassische Mittelhochdeutsch umgesetzte Sprach- bzw. Schreibformen bieten. Die zur Aufzeichnung von Gebrauchstexten verwandte Sprache ist demgegenüber meist sehr stark mundartlich gefärbt. Arbeiten, die sich mit den mundartlichen Verhältnissen bestimmter Großräume oder Landschaften im Mittelalter* beschäftigen, werden in vielen Fällen zu Rate gezogen werden müssen, desgleichen Wörterbücher*, die mundartliche Formen allerdings recht spärlich verzeichnen. Der folgende Überblick über die heutige Gliederung der deutschen Mundarten*, der zugleich einige wesentliche Besonderheiten der Hauptdialekte verzeichnet, kann, auf die oben vorgestellten Text- und

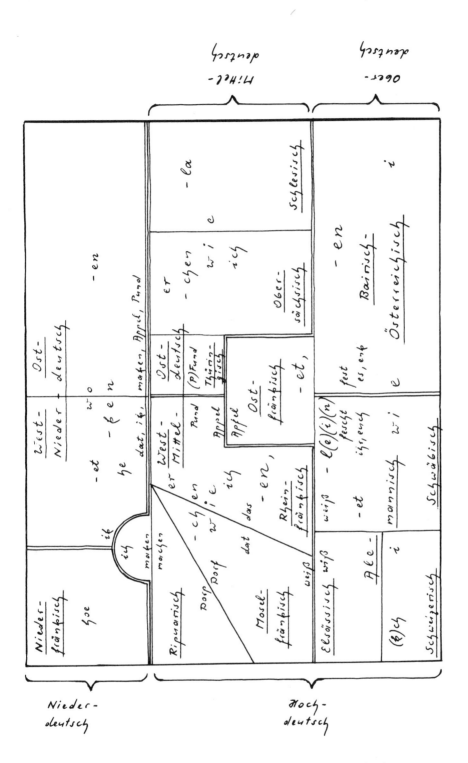

Abb. 7   Systematik einiger Besonderheiten deutscher Dialekte

Schriftbeispiele angewandt, zumindest deren grobe Lokalisierung ermöglichen. Allerdings muß dabei berücksichtigt werden, daß sich die Mundarträume vom Mittelalter bis heute teilweise erheblich verändert haben –
doch kann eine Darstellung der mittelalterlichen Dialekte hier unmöglich
geleistet werden. Schließlich ist zu bedenken, daß die Mehrzahl der Quellen
in Anbetracht ihres mehr oder weniger offiziellen Charakters aus Kanz-
leien* und Schreibstuben stammen, die sich eines von der jeweiligen Orts-
mundart teilweise stark abweichenden Schreibgebrauchs bedienten. Die
Kenntnis der mittelalterlichen und frühneuzeitlichen Schreiblandschaften*
ist daher zum angemessenen Umgang mit den Sprach- und Schriftformen
der Quellentexte erforderlich. Auch darüber kann an dieser Stelle leider
nichts gesagt werden.

Da die Karte wenigstens die ungefähre Lokalisierung der Mundarten erlaubt, ist es möglich, die Übersicht über mundartliche Besonderheiten in
schematisierter Form zu geben. Da in das Schema* nochmals die Bezeichnungen der verschiedenen Dialekte eingetragen sind, wird es leichtfallen,
die Sachverhalte der Systematik an den richtigen Ort des Kartenbildes zu
übertragen.

2.2.3.3 Die für ein exaktes historisches Vorgehen so wichtige Datierung*
der Quellen ist zum einen dadurch erschwert, daß viele Zeugnisse keinerlei
Datumsangaben enthalten. In solchem Falle lassen sich, soweit nicht der
Inhalt der Dokumente Rückschlüsse auf die Entstehungszeit erlaubt, allein
aus der äußeren Beschaffenheit der Quelle Indizien für die zeitliche Einordnung entnehmen. Zunächst aus dem Schriftduktus; als Beispiele können
die oben vorgeführten Schriftproben dienen (S. 67–70, Abb. 2–6). Auch
die Beschaffenheit des beschriebenen Materials kann von Bedeutung sein:
Pergament ist in der Regel älter als Papier. Sehr wichtig ist die Berücksichtigung der Wasserzeichen*, wenn es sich um auf Papier geschriebene
Quellen handelt – die Datierung von Beschreibstoffen nach derlei Kriterien ist allerdings in der Hauptsache das Geschäft des Spezialisten. Der
Namenkundler wird es in den meisten Fällen diesem überlassen müssen.
   Doch auch wenn die Quellen Datumsvermerke tragen, ist es nicht
immer leicht, das vom Schreiber intendierte Datum zu erkennen – einmal,
weil auch in deutsch geschriebenen Texten das Datum lateinisch formuliert wird: *Datum Zinstags nach Philip vnnd Jacobj Anno xxv*[to], zu lesen:
Anno vicesimo quinto, das heißt: im 25. Jahre; zum andern, weil, wie
dasselbe Beispiel zeigt, die ersten beiden Stellen der Jahreszahl weggelassen
werden: hier ist z. B. 15(00) zu ergänzen zur gemeinten Jahreszahl 1525.
Und schließlich, weil die Schreiber sich zumeist nicht der uns geläufigen
Tageszählung bedienen, sondern die Beziehung eines bestimmten Wochen-
tages zu einem davor oder danach gelegenen Heiligen- oder Kirchenfest*
feststellen: das Fest der Heiligen Philipp und Jacobus ist der 1. Mai, der
1525 darauf folgende Dienstag war mithin der 2. Die Datierung *vff
dornstag zunacht nach Jnuencionis Crucis Anno vicesimo quinto* bezieht
sich dagegen auf das Fest der Kreuzauffindung am 3. Mai. Der 1525

darauf folgende Donnerstag war der 4. Das erste der obigen Beispiele hat zudem gezeigt, daß offenbar die Bezeichnung der Wochentage* nicht in allen Teilen Deutschlands dieselbe ist. Die Wahl von *Zi(n)stag* statt "Dienstag" verweist das Denkmal, woraus diese Datierungszeile stammt, eindeutig ins Alemannisch-Schwäbische.

Von besonderer Wichtigkeit ist gerade für den Namenforscher die strenge Unterscheidung von originaler und kopialer Überlieferung der von ihm benutzten Quellentexte. Es leuchtet ein, daß im allgemeinen eine Originalaufzeichnung aus einer bestimmten Zeit in ihrer Aussagefähigkeit als zuverlässiger bewertet werden kann als eine spätere Kopie (Abschrift) desselben Texts. Wenn somit frühe Namensformen eines Siedlungsnamens nur in Abschriften aus später Zeit, eine abweichende Namensform dagegen in einem spät datierten Original überliefert sind, gebührt der spät auftretenden Überlieferung sehr oft der Vorrang gegenüber den kopialen Formen (siehe dazu unten S. 88). Dieser Grundsatz gilt indessen nicht ausnahmslos. Einmal sind Fälschungen stets mit besonderer Vorsicht zu beurteilen; ihre Aussagefähigkeit muß von Fall zu Fall geprüft werden. Zum andern ist es durchaus möglich, daß eine späte Kopie eine richtige Namenform bewahrt bzw. wiederherstellt, die im Original fehlerhaft war. Da in der Mehrzahl der Fälle das Original, welches der Abschrift zugrunde gelegen hat, nicht mehr zur Verfügung steht, ist eine strenge Quellenkritik* nötig, die den Wert der Abschrift festzustellen sucht. Erst dann lassen sich die aus solch kopialer Überlieferung erhobenen Namenzeugnisse vom Namenkundler mit einigem Vertrauen in seinen Untersuchungen verwenden.

2.2.4 Die Technik* der Namensammlung

2.2.4.1 Bei der praktischen Arbeit zeigt sich immer wieder, wie sehr die Anlegung einer Namenkartei das Vorgehen erleichtert. Dabei ist die Verwendung von Karteikarten im Format DIN A 5 anzuraten. Sie bieten genügend Platz, um mehrere Belege desselben Namens, Angaben zu seiner Herkunft, Bedeutung oder Verwendung sowie Literaturhinweise unterzubringen. Beim Umgang mit historischen Quellen darf beim Notieren einer aufgefundenen Namenform keinesfalls vergessen werden, den genauen Fundort zu vermerken. In der Regel wird es genügen, Signatur und Datum der Quelle sowie Folien- oder Seitenzahl zu notieren. Im Falle von Blattzählung (Foliierung) wird die Vorderseite durch r (lat. *recto* 'vorn'), die Rückseite durch v (lat. *verso* 'hinten') bezeichnet. Sollten Seite oder Blatt mehrspaltig beschrieben sein, können die Spalten durch Kleinbuchstaben gekennzeichnet werden, z.B.: Fol. 7 vc = Blatt 7, Rückseite, 3. Spalte (von links gezählt).

Ob die Ordnung der Karteikarten im Kasten nach Anfangsbuchstaben der Namen (im Falle der Untersuchung von Personennamen zweifellos das übliche Verfahren) oder (im Falle von toponymischen Untersuchungen manchmal gebräuchlich) nach räumlicher Verteilung (etwa innerhalb der Gewanne oder mit Bezug auf einen Richtpunkt) erfolgt, ist ganz vom Ziel abhängig, dem die Arbeit zustrebt. Am einfachsten zu handhaben ist wohl immer eine alphabetisch geordnete Kartei. Bei ihrer Anlegung sollte man allerdings darauf achten, die Verzettelung nach einem einheitlichen Prinzip vorzunehmen: als maßgebend für die Einordnung der Karte könnte etwa der Anfangsbuchstabe des ersten Substantivs jedes Namens gewählt werden: der ›Hohberg‹ wäre demnach unter H, die ›Hohe Loog‹ dagegen unter L unterzubringen. Wesentlich ist nicht so sehr die Art des gewählten Verfahrens, als vielmehr dessen strikte Durchführung. Der Vorteil des Umgangs mit Karteikarten liegt vor allem darin, daß sich die Anordnung der Karten je nach Arbeitsziel jederzeit, etwa durch die Verwendung farblich und größenmäßig deutlich abgesetzter Leit- und Trennkarten, beliebig modifizieren läßt.

Schwierigkeiten werden sowohl bei der Materialsammlung wie bei ihrer Übertragung auf Karteikarten immer wieder auftreten. Es rät sich daher, von Anfang an ein besonderes Kartenfach für Problemfälle bereitzuhalten, in das alles eingeordnet wird, was sich der sofortigen Bearbeitung entzieht. Dabei sollte man darauf achten, gerade diese Fälle so exakt zu kennzeichnen, daß ihr Fundort jederzeit wieder aufgefunden und überprüft werden kann. Vor allem bei Arbeiten mit Örtlichkeitsnamen wird immer wieder die Frage entstehen, ob ein in den Quellen auftauchendes Sprachzeichen wirklich als Toponym zu interpretieren ist. Da diese Frage nur im Rahmen einer Namengeschichte (siehe dazu unten S. 88) zu lösen ist, sollten in die Namensammlung zunächst auch solche Fälle aufgenommen werden, die womöglich Appellative sind und in der Quelle nur *ad hoc* zur kennzeichnenden Beschreibung einer bestimmten Örtlichkeit Verwendung gefunden haben. Sollte sich bei der Durchsicht weiterer Quellen zeigen, daß die entsprechende Wendung denselben Sachverhalt auch noch zu späterer Zeit bezeichnet, so ist damit ihr Namencharakter erwiesen. Die Ausscheidung einmaliger appellativischer Stellenbezeichnungen, die zunächst auf Verdacht in die Kartei aufgenommen wurden, läßt sich jedenfalls leichter durchführen, als einen erst einmal wegen des Verdachts der attributiven Fügung ausgesparten Namen später nachzutragen.

2.2.4.2 Da es beim Versuch, Näheres über die Herkunft und Bedeutung eines Namens zu erkennen, immer wieder insbesondere darauf ankommt, etwas über die Beschaffenheit des Namenträgers in Erfahrung zu bringen, ist (vornehmlich bei toponymischen Arbeiten) darauf zu achten, alles in die Namensammlung aufzunehmen, was sich den Quellen an Hinweisen auf Lage, Beschaffenheit, Benutzung oder Nichtverwendbarkeit der benannten Örtlichkeit entnehmen läßt. Wenn möglich, sollte alles in die Kartei aufgenommen werden, was der exakten Lokalisierung dienen kann. Am einfachsten erfolgt diese durch Einzeichnung der benannten Örtlichkeit in eine Karte; bei der Archivarbeit sollte mithin alten Lageplänen, Flurkarten usw. besondere Aufmerksamkeit gezollt werden. Sind sie nicht zu kopieren, so sollten die in ihnen verzeichneten Örtlichkeiten samt deren Namen zumindest in eine moderne Karte des betreffenden Raumes (Stadtplan etc.) übertragen werden. Weitere Hinweise auf die Lage benannter Örtlichkeiten ist deren Nennung in Zusammenhang mit anderen benannten Lokalitäten (Nachbarfluren, charakteristische Naturphänomene [Berge, Gewässer, Bäume], menschliche Anlagen [Häuser, Mauern, Tore, Straßen und Wege, Wegekreuze, Grenzsteine]). Niemals sollte der einzelne Name allein verzettelt werden. Die Berücksichtigung des Kontexts empfiehlt sich auch aus linguistischen Gründen: nur er erlaubt Rückschlüsse auf das morphologische und/oder syntaktische Verhalten von Namen, das schließlich (vgl. oben S. 32 ff.) ebenfalls zu den vom Namenkundler zu berücksichtigenden Phänomenen rechnet.

Das folgende Beispiel soll illustrieren, wie ein Karteiblatt einer Namensammlung aussehen könnte. Es entstammt der Arbeit des Verfassers an den Örtlichkeitsnamen der Gemarkung der Stadtgemeinde Ludwigshafen am Rhein und bezieht sich auf einen Flurteil innerhalb der Gemarkung von Mundenheim, einem bis zur Eingemeindung im Jahre 1853 selbständigen Ort.

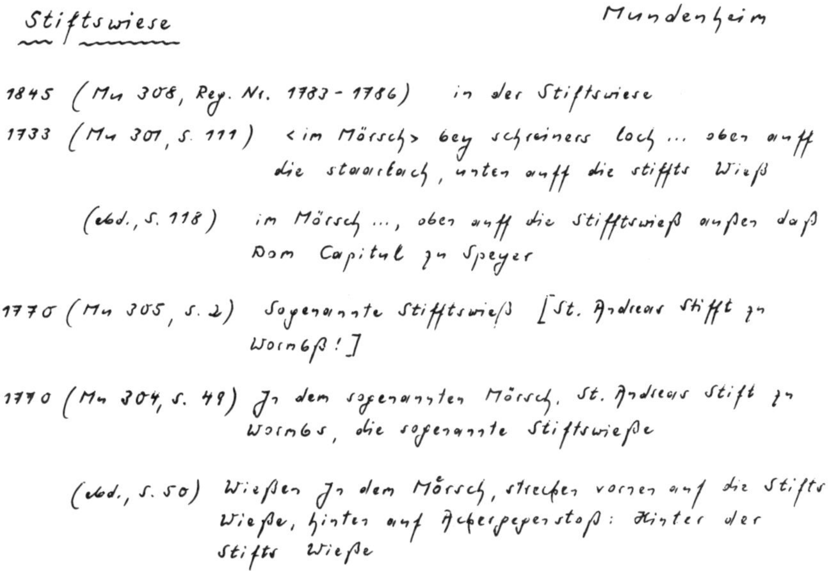

Stiftswiese   Mundenheim

1845 (Mu 308, Reg. Nr. 1783 - 1786) in der Stiftswiese

1733 (Mu 307, S. 111) < im Mörsch> bey schreiners loch ... oder auff die staarlach, unter auff die stiffts Wieß

(ebd., S. 118) im Mörsch ..., oder auff die stifftswieß außer daß Dom Capitul zu Speyer

1770 (Mu 305, S. 2) Sogenannte Stiftswieß [St. Andreas Stifft zu Worms!]

1770 (Mu 304, S. 49) In dem sogenanten Mörsch, St. Andreas Stift zu Worms, die sogenannte Stiftswiese

(ebd., S. 50) Wiesen In dem Mörsch, stießen voren auf die Stifts Wiese, hinter auf Ackerpeyerstoß: Hinter der Stifts Wiese

Abb. 8 Karteikarte einer Flurnamensammlung (Mundenheim/Ludwigshafen)

Obwohl die abgebildete Karteikarte aus einer toponymischen Untersuchung stammt, läßt sie die Prinzipien erkennen, deren Anwendung auch bei der Sammlung anderer Eigennamenkategorien die namenkundliche Arbeit erleichtern kann.

2.2.5 Transkriptionen zu den Beispielen in Kapitel 2.2.3.1*

Abb. 2 Ego theodericus de Breytenbach juxta Sarbruken frater domini Hugonis militis ibidem . Vniuersis ad quos presentes littere peruenerint notum esse volo . quod Religiosis viris commendatori et fratribus domus theutonice prope Sarbruken teneor annuatim tres solidos metenses censuales in festo sancti Stephani in natale domini de prato et area adiacente in villa de Breytenbach subter stagnum quod de nouo ibidem edificaui quod pratum et igitur area sunt de allodio dominorum commendatoris et fratrum quem censum ego et successores mei perpetuo tenemur eisdcm soluere annuatim in festo sancti Stephani predicto et ad hoc me et meos successores obligo per presentes . preterea si aliquo casu contingente ego uel mei successores deficeremus in solucione dicti census termino prenotato volo et statuo quod dicti commendator et fratres ad predictam aream et pratum et quicquid desuper edificatum fuerit habeant recursum

Abb. 3 M° cccc lxx . Diß hie nachgescrieben zinsen der gemeyn zu Oppauwe die vberbuwet heben uff die almen
Jtem hensel drullers hoffstat ij von sinem gewel der uff der almen steth
Jtem Reynhart snider iij ϑ von sinem gebel der uff der almen steth
Jtem Clesel seyler j ϑ von sinem stalle der uff der almen steth
Jtem der pharhoff j ϑ von sinem stalle der uff der almen steth
Jtem kleynhenne ij von sinem stalle der uff der almen steth
Jtem Schochans j ϑ von sinem stalle der uff der almen steth
Jtem Schåffhans iij ϑ von sinem schuwer gebel der uff der almen steth
Jtem bel anthis ij ϑ von sinem schuwer gebel
Jtem Contzel keck iij ϑ von sinem buwe der uff der almen steth

Abb. 4 Anno xv^c vnd xxx iar vff mitwoch Appolonia der heilgen Jungfrauwen tag Jst ein gutlicher vertrag gemacht worden vor Schultheißen vnd gericht zu Mudach zwischen Martyn Schuster vnd hans keubell eines ackers halb vnd ist die sach mit willen vbergeben worden steedt vnd vest zuhalten vnd nit me fur gericht zekommen daruber den Schultheißen die trew geben vnd ist die rachtung also gemacht das hans keukell soll Martyn Schustern geben sechsthalben gulden vff Sant Jorgen tag des heilgen ritters nechst kunfftig acht tag fur oder nach.

Abb. 5 Hanß Volß Seelinger burger hat Vor 5 Jahren Von hanß davidt Steinkönig Von Mutterstatt folgende Neün Morgen äcker, undt Einen halben Morgen Wießen Vor frey ledig undt Eigen in beysein Schultheißen undt Gerichts Vor dreyßig undt Vier guldten sage 34 floridi aberkaufft Erstlich drey Viertheil Vor der Steinernen Brucken Jnwendtig der Mutterstatter graben, außwendtig ohnbewußt, OberEndt die holen, VnterEndt die Steinerne brucken. Ein Morgen zeücht über den Mutterstatter weeg, Jnwendig Cuntz-heimans Erben, Von Neckeraw, außwendig Gellheimer guth, OberEndt der Mutterstatter weeg, VnterEndt der breite weeg. Ein Morgen zeücht uff die Speyerer landtstraßen, Jnwendtig daß teütschherrenguth, außwendig allerheylligen Stifftsguth in

Abb. 6 Sitzung des Stadtrathes von Oggersheim vom 28^r May 1820.
Auf die Einladung des Burgermeisters hat sich der Stadtrath versammelt, um über das Gesuch des Johann Dielmann Pfeil, welcher um Aufnahme als Burger dahier ansucht, zu berathschlagen. Jn Betracht gezogen daß besagter Pfeil bereits geraume Zeit dahier, als Bäckerknecht gestanden, sich während seines Aufenthaltes recht gut betragen, auch den Beweis

76

abgelegt hat, daß er seine Profession verstehet, ferner daß derselbe laut amtlichen Zeugnüß ein Vermögen von 1500 floridi besitzt, und sich mit einer hiesigen Burgerstochter verehelichen will, so hat der Stadtrath nicht den geringsten Einwand gegen die nachgesuchte Ansiedelung und ist der Meinung, daß obgleich schon mehrere Bäcker hier sind, der Bittsteller dennoch im Stande seyn werde, sich und seine Familie wohl zu ernähren. Aus diesen Gründen glaubt er daher, daß dessen Gesuch willfahret werden kann.

Oggersheim datum 28ten May 1820.

2.2.6 Hinweise zu Kapitel 2.1/2

2.1

S. 63 ”Wörter und Sachen” ist der Titel einer Zeitschrift, deren erster Jahrgang 1910 erschien. Die ”Kulturhistorische Zeitschrift für Sprach- und Sachforschung” enthält vieles für die Namenkunde Relevante. Ihr Herausgeber Rudolf Meringer hat sich ”Zur Aufgabe und zum Namen unserer Zeitschrift” geäußert in: WuS 3, 1912, S. 22–56. Der enge Zusammenhang von Namen und Sachen ist auch heute noch unbestritten; vgl. etwa Bruno Boesch: Die Auswertung der Flurnamen. In: Mitteilungen für Namenkunde 7, 1959/60, S. 7: ”der Name gehört in den Kreis der Sachen, die er bezeichnet”; Ernst Eichler: Ausblicke auf Linguistik, Ethnographie und Onomastik. In: NI 26, 1975, S. 1–8, bes. S. 2: ”die enge Verknüpfung des Wortes in seinem Inhalt, seiner Bedeutung und seiner Funktion mit den Realien drängt zur Bearbeitung in methodologischer Einheitlichkeit, die das frühere Programm 'Wörter und Sachen' auf eine neue Stufe hebt”.

2.2.1

S. 64 Die abgekürzten Merkmale sind N = Substantiv, Prop = Eigenname (Proprium), Fem = Femininum (weiblich), Mask = Maskulinum (männlich). Das Verfahren, die Bedeutung eines Wortes in kleinere Bedeutungseinheiten zu zerlegen, ist die Komponentialanalyse oder Semanalyse. Vgl. dazu etwa Funk-Kolleg Sprache 2, S. 13–80; Linguistische Grundbegriffe S. 60; Linguistisches Wb. S. 339–341; Moderne Linguistik S. 271–278; Franz Hundsnurscher: Neuere Methoden der Semantik. Eine Einführung anhand deutscher Beispiele. Tübingen ^{2}1971 (= Germanistische Arbeitshefte 2); Herbert E. Brekle: Semantik. Eine Einführung in die sprachwissenschaftliche Bedeutungslehre. München ^{2}1974 (= Uni-Taschenbücher 102); Gustav H. Blanke: Einführung in die semantische Analyse. München 1974 (= Hueber Hochschulreihe 15).

Die Unterscheidung von Kontrast und Opposition geht auf Ferdinand de Saussure: Cours de linguistique générale (*1.2.7) zurück, wo sowohl (S. 167) ”différence” und ”opposition” als auch (S. 170–175) ”syntagmatique” und ”associatif” unterschieden werden. Der in der Linguistik wesentliche Sachverhalt bezeichnet die Unterscheidbarkeit von in einer sprachlichen Äußerung aufeinander folgenden Sprachelementen (Kontrast = différence; Ausdruck der syntagmatischen Beziehung) und, im Gegensatz dazu, die Veränderung (des Inhalts) einer sprachlichen Äußerung durch Ersetzen eines Teiles durch einen anderen (Opposition; Ausdruck der paradigmatischen Beziehung [Saussures ”associatif”]). Vgl. Linguistische Grundbegriffe S. 66 und 83f.; Linguistisches Wb. S. 355 und 491–493; Moderne Linguistik S. 428f.

Auch die Unterscheidung von Synchronie und Diachronie basiert auf Ferdinand de Saussure; siehe ebd., S. 114–140. Gemeint ist damit die Untersuchung der Sprache auf e i n e r zeitlichen Ebene (Synchronie) im Gegensatz zur vergleichend-historischen Beschäftigung mit Sprache bzw. Sprachentwicklung und -geschichte (Diachronie). Siehe dazu Linguistische Grundbegriffe S. 26 und 116; Linguistisches Wb. S. 144–146 und 707 f.

Eine eingehende Darstellung aller bei Befragungen und ihrer Auswertung anzuwendenden Methoden gibt Kurt Holm (Hrsg.): Die Befragung. Bd. 1–6 Bern/München 1975–1979 (= Uni-Taschenbücher 372, 373, 433–436).

Der Terminus der Statistik wird ausführlich erläutert bei W. Allen Wallis/Harry V. Roberts: Methoden der Statistik. Ein neuer Weg zu ihrem Verständnis. Reinbek bei Hamburg 1969 (= Rororo Taschenbuch 6091–6095). Zur Einführung in die Statistik siehe auch Arthur Linder/Willi Berchtold: Elementare statistische Methoden. Basel/Boston/Stuttgart 1979 (= Uni-Taschenbücher 796); Pantelis Nikitopoulos: Statistik für Linguisten. Eine methodische Darstellung. Tübingen 1973 (= Forschungsberichte des Instituts für deutsche Sprache 13).

Zu Assoziation und Konnotation (wie zu allen sonstigen psychologischen Sachverhalten) vgl. das Lexikon der Psychologie. Hrsg. von Wilhelm Arnold/Hans Jürgen Eysenck/Richard Meili. 6 Bde Freiburg [4]1978 (= Herderbücherei 581–586), bes. Bd. I, 1, Sp. 160–167 und Bd. II, 1, Sp. 325. Siehe aber auch Hans Hörmann: Psychologie der Sprache. Berlin/Heidelberg/New York [2]1977, S. 116 f., 136, 144–150.

Die meisten Orts- und Städtebücher sind historisch angelegt, enthalten also Hinweise auf die Orts- und Stadtgeschichte sowie auf deren Quellen; siehe unten *2.2.2. Rein synchronische Namenverzeichnisse dagegen sind die amtlichen Fernsprechbücher sowie das amtliche Verzeichnis der Postleitzahlen. Ein umfassendes Verzeichnis heutiger Siedlungsnamen ist Friedrich Müller: Großes deutsches Ortsbuch. Wuppertal [15]1965. Zahlreiche amtliche Ortsnamenverzeichnisse, in denen die Gebietsreformen der letzten Jahre berücksichtigt sind, nennt Irmgard Frank: Namengebung und Namenschwund im Zuge der Gebietsreform. In: Onoma 21, 1977, S. 323–337.

2.2.2

S. 65 Da die entsprechenden Personennamen-Lexika an anderer Stelle zu nennen sind (siehe unten *3.2.2.1 und *4.1.1.8), genügt hier die Aufzählung einiger wichtiger Lexika aus dem Bereich der Toponymie. Außer Erich Keyser (Hrsg.): Deutsches Städtebuch. Handbuch städtischer Geschichte. Bd. 1–5 Stuttgart [4]1954–1974, und dem Handbuch der historischen Stätten Deutschlands. Bd. 1–12 Stuttgart [3]1976–1977 (mit reichen Literaturangaben) vgl. etwa Ernst Förstemann: Altdeutsches Namenbuch. Bd. 2: Orts- und sonstige geographische Namen (Völker-, Länder-, Siedlungs-, Gewässer-, Gebirgs-, Berg-, Wald-, Flurnamen und dgl.). Nachdruck der 3., völlig neu bearbeiteten, um 100 Jahre (1100–1200) erweiterten Auflage, hrsg. von Hermann Jellinghaus. 2 Bde München/Hildesheim 1967; Hermann Oesterley: Historisch-geographisches Wörterbuch des deutschen Mittelalters. Aalen 1962 (ND Gotha 1883); Rudolf Fischer/Ernst Eichler/Horst Naumann/Hans Walther: Namen deutscher Städte. Berlin 1963 (= Wissenschaftliche Taschenbücher. Reihe Sprachwissenschaft 10); Albert Krieger: Topographisches Wörterbuch des Großherzogtums Baden. 2 Bde Heidelberg [2]1904–1905; Historisches Ortsnamenbuch von Bayern. In Verbindung mit dem Institut für fränkische Landesforschung hrsg. von der Kommission für Bayerische Landesgeschichte bei der Bayerischen Akademie der Wissenschaften. Bd. 1–7 München 1963–1974;

Joseph Kehrein: Nassauisches Namenbuch. Bonn ²1872 (= ders.: Volkssprache und Volkssitte in Nassau. Bd. 3); Wilhelm Müller: Hessisches Ortsnamenbuch. Bd. 1: Starkenburg. Darmstadt 1937; Heinrich Reimer: Historisches Ortslexikon für Kurhessen. Marburg 1926 (= Veröffentlichungen der Historischen Kommission für Hessen und Waldeck 14); Henning Kaufmann: Rheinhessische Ortsnamen. Die Städte, Dörfer, Wüstungen, Gewässer und Berge der ehemaligen Provinz Rheinhessen... München 1976; ders.: Die Namen der rheinischen Städte. München 1973; Wolfgang Jungandreas: Historisches Lexikon der Siedlungs- und Flurnamen des Mosellandes. Trier 1962–1963 (= Schriftenreihe zur Trierischen Landesgeschichte und Volkskunde 8); Ernst Christmann: Die Siedlungsnamen der Pfalz. 3 Bde Speyer 1952–1964 (= Veröffentlichungen der Pfälzischen Gesellschaft zur Förderung der Wissenschaften 29, 37 und 47) [Bd. 3 enthält eine Siedlungsgeschichte der Pfalz anhand der Siedlungsnamen]; Henning Kaufmann: Pfälzische Ortsnamen. Berichtigungen und Ergänzungen zu Ernst Christmann, "Die Siedlungsnamen der Pfalz". München 1971; Gemeinde- und Ortslexikon. Hrsg. vom Statistischen Amt des Saarlandes. Lieferung 1–3 Saarbrücken 1955–1957 (= Einzelschriften zur Statistik des Saarlandes 15, 18, 20); Wolfgang Laur: Historisches Ortsnamenlexikon von Schleswig-Holstein. Schleswig 1967 (= Gottorfer Schriften zur Landeskunde Schleswig-Holsteins 8); Maurits Gysseling: Toponymisch woordenboek van België, Nederland, Luxemburg, Noord-Frankrijk en West-Duitsland (vóór 1226). 2 Bde Tongeren 1960 (= Bouwstoffen en studiën vóór de geschiedenis en de lexicografie van het Nederlands 6); Kurt Tillmann: Lexikon der deutschen Burgen und Schlösser. 3 Bde und ein Atlasband Stuttgart 1958–1961; Michael Richard Buck: Oberdeutsches Flurnamenbuch. Ein alphabetisch geordneter Handweiser für Freunde deutscher Sprach- und Kulturgeschichte. Bayreuth ²1931; Theodor Zink: Pfälzische Flurnamen. Gesammelt und erläutert. Kaiserslautern 1923 (= Beiträge zur Landeskunde der Rheinpfalz [Veröffentlichungen der Naturwissenschaftlichen Abteilung des Pfälzerwald-Vereins] 4); Rheinische Flurnamen... bearbeitet von Heinrich Dittmaier. Bonn 1963. Ortsnamenbücher der DDR in: Namenforschung heute, S. 117–122.

Als Einführungen in die Quellenkunde sowie in die Methoden der Geschichtsforschung sind zu empfehlen Egon Boshof/Kurt Düwell/Hans Kloft: Grundlagen des Studiums der Geschichte. Eine Einführung. Köln/Wien 1973 (= Böhlau-Studien-Bücher. Grundlagen des Studiums); Hermann Kellenbenz: Grundlagen des Studiums der Wirtschaftsgeschichte. Eine Einführung. Unter Benutzung des Werkes von Ludwig Beutin völlig neu bearbeitet. Köln/Wien 1973 (= Böhlau-Studien-Bücher. Grundlagen des Studiums); Matthias Zender: Quellenkunde zur volkskundlichen Kulturraumforschung. In: Zs. für Volkskunde 55, 1959, S. 104–114; R. C. van Caenegem: Kurze Quellenkunde des Westeuropäischen Mittelalters. Eine typologische, historische und bibliographische Einführung. Unter Mitarbeit von F. L. Ganshof. Göttingen 1964; Ahasver von Brandt: Werkzeug des Historikers. Eine Einführung in die Historischen Hilfswissenschaften. Stuttgart/Berlin/Köln/Mainz ⁹1980 (= Kohlhammer Urban-Taschenbücher 33); Ulysse Chevalier: Repertoire des sources historiques du moyen âge. Bio-bibliographie. 2 Bde New York 1960 (ND Paris ²1905–1907); Topo-bibliographie. 2 Bde New York 1959 (ND Montbéliard 1894–1903).

Zur Geschichte des Bibliothekswesens vgl. etwa van Caenegem: Kurze Quellenkunde, aaO., S. 121–133; Ladislaus Buzas: Deutsche Bibliotheksgeschichte des Mittelalters. Wiesbaden 1975 (= Elemente des Buch- und Bibliothekswesens 1); Karl-Heinz Weimann: Bibliotheksgeschichte. Lehrbuch zur Entwicklung und Topographie des Bibliothekswesens. München 1975. Ein Verzeichnis der wichtigsten europäischen Bibliotheken und ihrer gedruckten Handschriftenkataloge bietet Johannes Hansel: Bücherkunde für Germanisten. Wie sammelt man das Schrifttum nach dem neuesten Forschungsstand? Berlin 1959, S. 185–219.

Zur Geschichte des Archivwesens vgl. van Caenegem: Kurze Quellenkunde, aaO., S. 134–143; von Brandt: Werkzeug des Historikers, aaO., S. 111–116; Adolf Brenneke/Wolfgang Leesch: Archivkunde. Ein Beitrag zur Theorie und Geschichte des europäischen Archivwesens. Leipzig 1953; Eckhart G. Franz: Einführung in die Archivkunde. Darmstadt ²1977 (= Die Geschichtswissenschaft). Ein Verzeichnis der Archive vieler europäischer Länder einschließlich Deutschlands bietet das Handbuch der Archive. Bd. 1 hrsg. von Paul Wentzcke/Gerhard Lüdtke. Berlin/Leipzig 1932 (= Minerva-Handbücher. Abt. II).

Zur Urkunde vgl. etwa von Brandt: Werkzeug des Historikers, aaO., S. 82–103; van Caenegem: Kurze Quellenkunde, aaO., S. 55–66; Karl Kroeschell: Deutsche Rechtsgeschichte. 2 Bde Reinbek bei Hamburg 1972 und 1973 (= Rororo Studium 8 und 9), bes. Bd. 1, S. 56–64; Leo Santifaller: Urkundenforschung. Methoden, Ziele, Ergebnisse. Darmstadt 1967 (= Libelli 162); Oswald Redlich: Die Privaturkunden des Mittelalters. Darmstadt 1969 [ND München/Berlin 1911] (= Handbuch der mittelalterlichen und neueren Geschichte, Abt. 4, 3). Zur Terminologie hier wie im folgenden Eugen Haberkern/Joseph Friedrich Wallach: Hilfswörterbuch für Historiker. Mittelalter und Neuzeit. 2 Bde München ³1972 (= Uni-Taschenbücher 119 und 120). Das Zitat ebd., S. 632.

S. 66   Zu Traditionsbuch und Urbar vgl. Kroeschell: Deutsche Rechtsgeschichte, aaO., Bd. 1, S. 106–116; van Caenegem: Kurze Quellenkunde, aaO., S. 84–89; Otto Herding: Das Urbar als orts- und zeitgeschichtliche Quelle. In: Zs. für Württembergische Landesgeschichte 10, 1951, S. 72–108.

Zu den Weistümern vgl. Kroeschell: Deutsche Rechtsgeschichte, aaO., Bd. 2, S. 127–139; Dieter Werkmüller: Über Aufkommen und Verbreitung der Weistümer. Nach der Sammlung von Jacob Grimm. Berlin/Bielefeld/München 1973. Die Texte in der Sammlung von Jacob Grimm: Die deutschen Weistümer. Bd. 1–4 Göttingen 1840–1863, fortgesetzt von Richard Schröder, Bd. 5–7 Darmstadt 1868–1878; die ganze Ausgabe in 7 Bänden als Nachdruck Darmstadt 1957.

Die ältesten Markbeschreibungen, die Hamelburger (9. Jh.) und die Würzburger (nach 955 kopiert), mit vielen ahd. Namen in: Althochdeutsches Lesebuch. Zusammengestellt... von Wilhelm Braune. Fortgeführt von Karl Helm, 16. Auflage bearbeitet von Ernst A. Ebbinghaus. Tübingen 1979, S. 6–8. Siehe dazu Norbert Wagner: Chistesbrunno und Huohhobura. Zu den althochdeutschen Würzburger Markbeschreibungen. In: BzN NF 12, 1977, S. 372–397.

2.2.3.1

Zur Paläographie vgl. etwa von Brandt: Werkzeug des Historikers, aaO., S. 65–80; Wilhelm Wattenbach: Das Schriftwesen im Mittelalter. Graz 1958 (ND Leipzig ³1896); Bernhard Bischoff: Paläographie. Mit besonderer Berücksichtigung des deutschen Kulturgebietes. In: Wolfgang Stammler (Hrsg.): Deutsche Philologie im Aufriß. Berlin ²1966, Bd. 1, Sp. 379–452; ders.: Paläographie des römischen Altertums und des abendländischen Mittelalters. Berlin 1979 (= Grundlagen der Germanistik 24). Allgemeiner Charles Higounet: L'Écriture. Paris ⁵1976 (= Que sais-je? 653). Zur Kodikologie (Handschriftenkunde) vgl. etwa A. Dain: Les manuscrits. Paris ³1975 (= Collection d'Études Anciennes); Joachim Kirchner: Germanistische Handschriftenpraxis. Ein Lehrbuch für Studierende der deutschen Philologie. München ²1967.

S. 67 Bei der Auflösung der Abbreviaturen ist hilfreich Adriano Cappelli: Dizionario di abbreviature latine ed italiane. Mailand [7]1973 (= Manuali Hoepli); deutsche Fassung ders.: Lexikon abbreviaturarum. Wörterbuch lateinischer und italienischer Abkürzungen. Leipzig [2]1928; Auguste Pelzer: Abbréviations Latines Médiévales. Louvain/Paris [2]1966 (= Centre de Wulf-Mansion: Recherches de Philosophie Ancienne et Médiévale); Kurt Dülfer: Gebräuchliche Abkürzungen des 16. bis 20. Jahrhunderts. Marburg 1966 (= Veröffentlichungen der Archivschule Marburg, Institut für Archivwissenschaft 1).

Zur Entwicklung der Schrift in Deutschland vgl. etwa Boshof/Düwell/Kloft: Grundlagen, aaO., S. 153–160 und 274–282; Heribert Sturm: Einführung in die Schriftkunde. München-Pasing 1955 (= Bayerische Heimatforschung 10); Gerhard Eis: Altdeutsche Handschriften. 41 Texte und Tafeln mit einer Einleitung und Erläuterungen. München 1949; Hermann Degering: Die Schrift. Atlas der Schriftformen des Abendlandes vom Altertum bis zum Ausgang des 18. Jahrhunderts. Tübingen [4]1969; Erich Petzet/Otto Glauning: Deutsche Schrifttafeln des IX. bis XVI. Jahrhunderts aus Handschriften der Bayerischen Staatsbibliothek München. 5 Teile in 1 Bd. Hildesheim/New York 1975 (ND München/Leipzig 1910–1930).

Die Abbildungen geben Archivalien des Staatsarchivs Koblenz (Abb. 2: SK Abt. 55 A 4 Nr. 274) und des Stadtarchivs Ludwigshafen (Abb. 3: Op 38, fol. 7r; Abb. 4: Mau 490, fol. 6r; Abb. 5: Mau 490a, S. 37; Abb. 6: Ogg 14, S. 87) wieder. Die Anfertigung der Reproduktionen für die Abbildungen 3 bis 6 erfolgte in der Fotostelle des Stadtarchivs. Allen daran Beteiligten, insbesondere dem Leiter des Archivs, Herrn Stadtarchivar Dr. Willy Breunig, bin ich zu Dank verpflichtet.

2.2.3.2

S. 70 An für den Namenkundler nützlicher Literatur zu älteren Sprachzuständen ist zu nennen Werner König: dtv-Atlas zur deutschen Sprache. Tafeln und Texte. München 1978 (= dtv-Taschenbuch 3025); Adolf Bach: Geschichte der deutschen Sprache. Heidelberg [9]1970 (= Hochschulwissen in Einzeldarstellungen); Hans Eggers: Deutsche Sprachgeschichte. 4 Bde Reinbek bei Hamburg 1963–1977 (= Rowohlts deutsche Enzyklopädie 185/186, 191/192, 270/271 und 375); Geschichte der deutschen Sprache. Mit Texten und Übersetzungshilfen. Verfaßt von einem Autorenkollektiv unter Leitung von Wilhelm Schmidt. Berlin [3]1980; Erhard Agricola/Wolfgang Fleischer/Helmut Protze/Wolfgang Ebert (Hrsg.): Die deutsche Sprache. Kleine Enzyklopädie in zwei Bänden. Leipzig 1970; Hugo Moser: Deutsche Sprachgeschichte. Tübingen [6]1969; Peter von Polenz: Geschichte der deutschen Sprache. Erweiterte Neubearbeitung der früheren Darstellung von Hans Sperber. Berlin/New York [9]1978 (= Sammlung Göschen 2206) – Stefan Sonderegger: Althochdeutsche Sprache und Literatur. Eine Einführung in das älteste Deutsch. Darstellung und Grammatik. Berlin/New York 1974 (= Sammlung Göschen 8005); Wilhelm Braune: Althochdeutsche Grammatik. 13. Auflage bearbeitet von Hans Eggers. Tübingen 1975 (= Sammlung kurzer Grammatiken germanischer Dialekte. A: Hauptreihe 5); Rudolf Schützeichel: Althochdeutsches Wörterbuch. Tübingen 1969 – Helmut de Boor/Roswitha Wisniewski: Mittelhochdeutsche Grammatik. Berlin/New York [8]1978 (= Sammlung Göschen 1108); Victor Michels: Mittelhochdeutsche Grammatik. ... hrsg. von Hugo Stopp. Heidelberg [5]1979 (= Germanische Bibliothek. 1. Reihe: Grammatiken); Hermann Paul: Mittelhochdeutsche Grammatik. 21. Auflage von Hugo Moser/Ingeborg Schröbler. Tübingen 1975 (= Sammlung kurzer Grammatiken germanischer Dialekte. A: Hauptreihe 2); Matthias Lexers Mittelhochdeutsches Taschenwörterbuch. Stuttgart [35]1979 – Herbert Penzl: Frühneuhochdeutsch. Eine Einführung. Bern 1984

(= Germanistische Lehrbuchsammlung 9); Gerhard Philipp: Einführung in das Frühneuhochdeutsche. Geschichte – Grammatik – Texte. Heidelberg 1979 (= Uni-Taschenbücher 822); Virgil Moser: Frühneuhochdeutsche Grammatik. Bd. I, 1 und I, 3 Heidelberg 1929–1951 (= Germanische Bibliothek. 1. Reihe: Grammatiken 17); Hugo Moser/Hugo Stopp (Hrsg.): Grammatik des Frühneuhochdeutschen. Beiträge zur Laut- und Formenlehre. Bd. I, 1–I, 3 Heidelberg 1970–1978 (= Germanische Bibliothek. 1. Reihe: Sprachwissenschaftliche Lehr- und Elementarbücher); Alfred Götze: Frühneuhochdeutsches Glossar. Berlin/New York [7]1967 (= Kleine Texte für Vorlesungen und Übungen 101).

Zu den Mundarten des Mittelalters vgl. etwa Josef Schatz: Altbairische Grammatik. Laut- und Flexionslehre. Göttingen 1907 (= Grammatiken der althochdeutschen Dialekte 1); Johannes Franck: Altfränkische Grammatik. Laut- und Flexionslehre. Göttingen 1909, 2. Auflage hrsg. von Rudolf Schützeichel 1971 (= Grammatiken der althochdeutschen Dialekte 2); Karl Weinhold: Alemannische Grammatik. Amsterdam 1967 (ND Berlin 1863); Josef Schatz: Althochdeutsche Grammatik. Göttingen 1927 (= Göttinger Sammlung indogermanischer Grammatiken und Wörterbücher) [für das Altalemannische]; Ferdinand Holthausen: Altsächsisches Elementarbuch. Heidelberg [2]1921 (= Germanische Bibliothek. 1: Sammlung germanischer Elementarbücher. 1. Reihe: Grammatiken 5); Agathe Lasch: Mittelniederdeutsche Grammatik. Halle 1914 (= Sammlung kurzer Grammatiken germanischer Dialekte 9); Wolfgang Kleiber/Konrad Kunze/Heinrich Löffler (Hrsg.): Historischer Südwestdeutscher Sprachatlas. Aufgrund von Urbaren des 13. bis 15. Jahrhunderts. 2 Bde Bern/München 1980 (= Bibliotheca Germanica 22).

Hier sind die großen Wörterbücher des Alt- und Mittelhochdeutschen zu nennen, soweit sie abgeschlossen sind und für A bis Z zur Verfügung stehen – Eberhard Gottlieb Graff: Althochdeutscher Sprachschatz oder Wörterbuch der althochdeutschen Sprache. 6 Bde und ein Indexbd. von Hans Ferdinand Massmann. Hildesheim 1963 (ND Berlin 1834–1846); Oskar Schade: Altdeutsches Wörterbuch. 2 Bde Hildesheim 1969 (ND Halle [2]1882); Wilhelm Müller/Friedrich Zarncke: Mittelhochdeutsches Wörterbuch. Mit Benutzung des Nachlasses von Georg Friedrich Benecke ausgearbeitet. 4 Bde Hildesheim 1963 (ND Leipzig 1854–1866); Matthias Lexer: Mittelhochdeutsches Handwörterbuch. Zugleich als Supplement und alphabetischer Index zum Mittelhochdeutschen Wörterbuch von Benecke/Müller/Zarncke. 3 Bde Stuttgart 1965 (ND Leipzig 1872–1878). Vgl. im übrigen Peter Kühn: Deutsche Wörterbücher. Eine systematische Bibliographie. Tübingen 1978 (= Germanistische Linguistik 15).

Zu den heutigen deutschen Mundarten vgl. etwa Adolf Bach: Deutsche Mundartforschung. Ihre Wege, Ergebnisse und Aufgaben. Heidelberg [3]1969; Viktor M. Schirmunski: Deutsche Mundartkunde. Vergleichende Laut- und Formenlehre der deutschen Mundarten. Aus dem Russischen übersetzt und wissenschaftlich bearbeitet von Wolfgang Fleischer. Berlin 1962; Kurt Wagner: Deutsche Sprachlandschaften. Niederwalluf 1974 [ND Marburg 1927] (= Deutsche Dialektgeographie 23); Bernhard Martin: Die deutschen Mundarten. Marburg [2]1959; Gerhard Hard: Zur Mundartgeographie. Ergebnisse, Methoden, Perspektiven. Düsseldorf 1966 (= WW, Beihefte 17); Heinrich Löffler: Probleme der Dialektologie. Eine Einführung. Darmstadt [2]1980; Jan Goossens: Deutsche Dialektologie. Berlin/New York 1977 (= Sammlung Göschen 2205). Instruktiv sind die Karten und Erläuterungen des dtv-Atlas zur deutschen Sprache, aaO., S. 138–229.

S. 72   Zu Kanzlei, Schreibstube und Kanzleisprachen vgl. etwa Bach: Geschichte der deutschen Sprache, aaO., § 121–128; Walter Henzen: Schriftsprache und Mundarten. Ein Überblick über ihr Verhältnis und ihre Zwischenstufen im Deutschen. Bern ²1954 (= Bibliotheca Germanica 5), S. 69–92; Gerhard Burger: Die südwestdeutschen Stadtschreiber im Mittelalter. Böblingen 1960 (= Beiträge zur Schwäbischen Geschichte 1–5).

Zu den mittelalterlichen Schreiblandschaften vgl. insbesondere Werner Besch: Sprachlandschaften und Sprachausgleich im 15. Jahrhundert. Studien zur Erforschung der spätmittelhochdeutschen Schreibdialekte und zur Entstehung der neuhochdeutschen Schriftsprache. München 1967 (= Bibliotheca Germanica 11).

Die schematische Darstellung, die nur Allerwichtigstes verzeichnen kann, beruht im wesentlichen auf Schirmunski: Deutsche Mundartkunde, aaO., und den Karten des Deutschen Sprachatlas. Auf Grund des von Georg Wenker begründeten Sprachatlas des Deutschen Reichs in vereinfachter Form begonnen von Ferdinand Wrede, fortgesetzt von Walther Mitzka und Bernhard Martin. Marburg 1927–1956. Vgl. auch den Anhang "Zusammenstellung der wichtigsten Mundartzüge" bei Henzen: Schriftsprache und Mundarten, aaO., S. 234–279.

2.2.3.3
Zur Datierung vgl. etwa von Brandt: Werkzeug des Historikers, aaO., S. 29–38; Boshof/Düwell/Kloft: Grundlagen, aaO., S. 163–167; Taschenbuch der Zeitrechnung des deutschen Mittelalters und der Neuzeit. Entworfen von Dr. H. Grotefend †. 10. Auflage hrsg. von Th. Ulrich. Hannover 1960 (der sogenannte Kleine Grotefend, der für die Praxis des Namenkundlers im allgemeinen genügen wird).

Zu den Wasserzeichen als Hilfsmittel der Datierung vgl. Theodor Gerardy: Datieren mit Hilfe von Wasserzeichen. Bückeburg 1964; die klassische Sammlung von Wasserzeichen ist Charles-Moïse Briquet: Les filigranes. 4 Bde Leipzig ²1923.

Zu den Tagesbezeichnungen nach Heiligen- oder Kirchenfesten siehe das alphabetische Verzeichnis bei Grotefend: Taschenbuch, aaO., S. 30–110.

S. 73 Zur Bezeichnung der Wochentage in den Mundarten vgl. den dtv-Atlas zur deutschen Sprache, aaO., S. 186–189; Arthur D. Avedisian: Zur Wortgeographie und Geschichte von 'Samstag'/'Sonnabend'. In: Ludwig Erich Schmitt (Hrsg.): Deutsche Wortforschung in europäischen Bezügen. Bd. 2 Gießen 1958, S. 231–264; Theodor Frings/Johannes Nießen: Zur Geographie und Geschichte von 'Ostern', 'Samstag', 'Mittwoch' im Westgermanischen. In: IF 45, 1927, S. 276–306; Eberhard Kranzmayer: Die Namen der Wochentage in den Mundarten von Bayern und Österreich. Wien/München 1929 (= Arbeiten zur Bayerisch-Österreichischen Dialektgeographie 1).

Zur Quellenkritik vgl. etwa Rudolf Schützeichel: Historische Treue bei historischer Wort- und Namenforschung. In: Günter Bellmann/Günter Eifler/Wolfgang Kleiber (Hrsg.): Festschrift für Karl Bischoff zum 70. Geburtstag. Köln/Wien 1975, S. 217–231; ders.: Zur Bedeutung der Quellenkritik für die Namenforschung. In: BzN 13, 1962, S. 227–234 = Probleme der Namenforschung S. 117–125; Henning von Gadow: Rheinische Ortsnamen und Quellenkritik. In: BzN NF 10, 1975, S. 46–63; Friedhelm Debus: Zur Methodik der Namendeutung. In: Hessische Blätter für Volkskunde 58, 1967, S. 114f.; Albrecht Greule: Namenforschung und Graphematik. In: Onoma 21, 1977, S. 399–406. Hierher gehört auch das Problem der Identifizierung in den Quellen erwähnter Namen. Vgl. dazu Rudolf Schützeichel: Probleme der Identifizierung urkundlicher Ortsnamen. In: 6. ICOS, Bd. 3, München 1961, S. 692–703; Gisela von Preradovic-von Boehm: Zur Identifizierung urkundlicher Ortsnamen. In: BzN NF 1, 1966, S. 291–322.

2.2.4

Allgemein zur Technik des wissenschaftlichen Arbeitens etwa Horst Kliemann: Anleitung zum wissenschaftlichen Arbeiten. Freiburg [8]1973 (= Rombach Hochschul Paperback 15); Walter Kröber: Kunst und Technik der geistigen Arbeit. Heidelberg [7]1971; Ewald Standop: Die Form der wissenschaftlichen Arbeit. Heidelberg [8]1979 (= Uni-Taschenbücher 272); Georg Bangen: Die schriftliche Form germanistischer Arbeiten. Empfehlungen für die Anlage und die äußere Gestaltung wissenschaftlicher Manuskripte unter besonderer Berücksichtigung der Titelangaben von Schrifttum. Stuttgart [8]1981 (= Sammlung Metzler 13).

2.2.5

S. 76 Die Transkription der oben abgebildeten Quellenausschnitte löst die Abbreviaturen auf und bemüht sich darüber hinaus, besondere Graphien beizubehalten. Dies ist jedoch drucktechnisch nicht immer möglich. Vor allem sind die gleitenden Übergänge zwischen ů und ü nicht sämtlich eindeutig transkribierbar. Es war daher nötig, sie entweder durch ů oder durch ü wiederzugeben. Unberücksichtigt bleibt zudem die Unterscheidung von s und ʃ: die Transkription verwendet für beides ausschließlich s.

2.2.7 Literatur zu Kapitel 2.1/2

Zur Methode
*Remigius Vollmann (1926): Flurnamensammlung. 4. Auflage München.

Namensammlungen
Anthroponyme: siehe unten *3.2.2.1 (Rufnamen) und *4.1.1.8 (Rufnamen und Familiennamen).
Toponyme: siehe unten *2.2.2.

Bibliographien
Jahresbericht über die Erscheinungen auf dem Gebiete der germanischen Philologie. Jg. 1 (1879)–42 (1920), NF 1 [43] (1921)–16/19 [58/61] (1936/1939). Berlin.
Jahresbericht für deutsche Sprache und Literatur (Fortsetzung des vorstehenden Titels). Bd. 1 (1940/1945)–2 (1946/1950). Berlin.
Bibliographie linguistique. Bd. 1 (1939/1947) ff. Utrecht.
Germanistik. Internationales Referatenorgan mit bibliographischen Hinweisen. Jg. 1 (1960) ff. Tübingen.
CCL Current Contents Linguistik. Inhaltsverzeichnisse linguistischer Fachzeitschriften. Jg. 1973 ff. Frankfurt.
Bibliographie unselbständiger Literatur – Linguistik. Bd. 1 (1971/1975) ff. Frankfurt.
Bibliographia onomastica. In: Onoma. Bibliographical and Information Bulletin. Bd. 1 (1950) ff. Leuven.

Zeitschriften
**Beiträge zur Namenforschung. Bd. 1 (1949/50)–16 (1965), NF 1 (1966) ff. Heidelberg.
Blätter für oberdeutsche Namenforschung. Bd. 1 (1958)–4 (1961). München.

84

Informationen der Leipziger Namenkundlichen Arbeitsgruppe an der Karl-Marx-Universität. Bd. 1 (1964)–14 (1969). Leipzig.

Mededelingen uitgegeven door de Vlaamse Toponymische Vereniging te Leuven. Bd. 1 (1925)–22 (1946). Leuven. Fortgesetzt als:

Mededelingen van de Vereniging voor Naamkunde te Leuven en de Commissie voor Naamkunde te Amsterdam. Bd. 23 (1947)–44 (1968). Leuven. (Fortgesetzt als Naamkunde).

Mitteilungen für Namenkunde. Bd. 1 (1957)–10 (1962). Aachen.

Mitteilungen des Verbands für Flurnamenforschung in Bayern. Bd. 1 (1953)–5 (1957) und Bd. 10 (1962)ff. München. (Die Bde 6–9 als Blätter für oberdeutsche Namenforschung).

Naamkunde. Mededelingen van het Instituut voor Naamkunde te Leuven en de Commissie voor Naamkunde en Nederzettingsgeschiedenis te Amsterdam. Bd. 1 (1969)ff. Leuven.

Namenkundliche Informationen. Bd. 15 (1969)ff. (Fortsetzung der Informationen der Leipziger Namenkundlichen Arbeitsgruppe). Leipzig.

Names. Journal of the American Name Society. Bd. 1 (1953)ff. Potsdam, N.Y.

Namn och Bygd. Bd. 1 (1913)ff. Uppsala.

Österreichische Namenforschung. Zeitschrift der Österreichischen Gesellschaft für Namenforschung. Bd. 1 (1973)ff. Wien.

**Onoma. Bibliographical and Information Bulletin. Bd. 1 (1950)ff. Leuven.

Onomastica. Revue Internationale de Toponymie et d'Anthroponymie. Bd. 1 (1947)–2 (1948). Lyon.

Onomastica. Pismo poswięcone nazewnictwu geograficznemu i osobowemu. Bd. 1 (1955). Wrocław.

Revue Internationale d'Onomastique. Bd. 1 (1949)ff. Paris.

Sächsischer Flurnamensammler. Beiblatt der Mitteldeutschen Blätter für Volkskunde. Bd. 1 (1930)–17 (1943).

Vierteljahrsblätter für luxemburgische Sprachwissenschaft, Volks- und Ortsnamenkunde. Bd. 1 (1935)–4 (1938). Luxembourg.

Zeitschrift für Namenforschung. Bd. 13, 2 (1937)–18 (1942). Berlin.

Zeitschrift für Ortsnamenforschung. Bd. 1 (1925)–13, 1 (1937). München. (Fortgesetzt von der Zs. f. Namenforschung).

2.3 Die Namendeutung

2.3.1 Namengebung und Namengebrauch

Daß Eigennamen infolge ihrer geringen semantischen Füllung erst bedeutsam werden, indem durch einen pragmatischen Akt ihre Referenz auf ein bestimmtes, einmaliges Individuum oder Objekt präsupponiert wird, erklärt, warum zumindest im Falle von Anthroponymen selten die Frage danach gestellt wird, was der Name einer bestimmten Person eigentlich bedeute. Insbesondere dort, wo der Familienname mit einem dem Sprecher geläufigen Appellativ lautgleich ist, kann das Nachdenken über die Namenbedeutung* einsetzen, wenn die Diskrepanz zwischen der Appellativbedeutung und der Beschaffenheit des Namenträgers auffällig groß ist:

wenn es sich beim Träger des Namens ›Löwe‹ z. B. um ein schwächliches Männchen handelt oder sich der Träger des Namens ›Schwarzkopf‹ durch hellblondes Haar auszeichnet. Nach der Bedeutung von Namen wie ›Peter‹, ›Hans‹ oder ›Gabi‹ zu fragen, wird kaum jemandem einfallen. Wesentlich häufiger erhebt sich die Frage nach der Bedeutung von Toponymen, auch hier wieder besonders dann, wenn zumindest ein Teil des Namens als auch dem Appellativwortschatz zugehörig erkannt wird: ›Rimbach‹, ›Alsweiler‹, ›Mannheim‹ usw. Sehr intensiv drängt sich die Frage nach der Örtlichkeitsnamenbedeutung meist erst auf, wenn eine Lokalität einen auch appellativisch bedeutsamen Namen trägt, der mit der derzeit erkennbaren Beschaffenheit des Ortes nicht übereinstimmt: wenn beispielsweise fruchtbares Ackerland ›im Hasenbusch‹ genannt wird, die Villen reicher Hausbesitzer ›in der Sauweide‹ liegen oder eine ›Rebenstraße‹ durch ein Gebiet verläuft, wo seit Menschengedenken kein Wein angebaut worden ist. In solchen Fällen wird selbst für den Laien die Kluft deutlich, die sich zwischen dem Namengebrauch, der Funktion bestimmter Namen im Kommunikationsverhalten einer Sprach- und Lebensgemeinschaft, und der Namengebung* aufgetan hat: denn Namengebung heißt zunächst einmal Wahl eines sinnvollen oder bedeutsamen Namens. Dies hat man bereits am Anfang der wissenschaftlichen Beschäftigung mit Eigennamen erkannt. Jacob Grimm hat es 1840 so formuliert*:

> Alle eigennamen sind in ihrem ursprung sinnlich und bedeutsam: wenn etwas benannt wird, muß ein grund da sein, warum es so und nicht anders heißt.

So ist es nicht nur verständlich, sondern unbedingt erforderlich, daß die wissenschaftliche Beschäftigung mit Eigennamen, soweit sie diachronisch vorgeht, der ursprünglichen Bedeutung des Namens zum Zeitpunkt seiner Entstehung Aufmerksamkeit zuwendet. Diachronischer Umgang mit Eigennamen bedeutet zunächst und vordringlich Namendeutung.

2.3.2 Namenetymologie, Namenbedeutung und Namendeutung

Geht man davon aus, daß jeder Name zum Zeitpunkt seiner Bildung eine ganz bestimmte Bedeutung hatte, dann wird man berücksichtigen müssen, daß bei Appellativen mindestens zwei verschiedene Formen der Bedeutung unterscheidbar sind: die potentielle – die Bedeutung, die ein Appellativ haben kann – und die aktuelle* – die Bedeutung, die ein Appellativ im Falle seiner Verwendung durch den Sprachbenutzer nach dessen Intention im Kommunikationsakt tatsächlich hat, die mithin immer Ergebnis einer Auswahl aus den verschiedenen zur Verfügung stehenden potentiellen Bedeutungen darstellt. Die Bedeutung eines Eigennamens im Sinne seiner intendierten Verwendung bei der Namengebung läßt sich folglich definieren als

> die mit sprachlichen Mitteln (Wörtern, Wortstämmen, Wurzeln, Affixen, Kasusendungen, Akzenten) zum Zeitpunkt der Namenbildung [unter gewissen Bedingungen auch der Namengebung] ausgedrückte aktuelle Bedeutung des sprachlichen Zeichens Name.*

Namendeutung heißt also: die Erschließung dieser Namenbedeutung, und diese hat wiederum zur Voraussetzung die vorgängige Erschließung der "aktuelle[n] Bedeutung der bei der Namenbildung verwendeten sprachlichen Mittel". Es leuchtet ein, daß solches nur möglich ist, wenn man zuvor bestimmt hat, welche sprachlichen Mittel (Wörter, Stämme, Wurzeln, Formen usw.) zur Namenbildung verwandt worden sind: das zu tun ist Aufgabe der Namenetymologie. Aus dieser resultiert die Namenbedeutung, welche wieder, soweit sich die pragmatischen Faktoren der Namengebung rekonstruieren lassen, die eigentliche Namendeutung ermöglicht.

Witkowski, auf den die oben vorgeführte Abfolge Namenetymologie – Namenbedeutung – Namendeutung* zurückgeht, hat für die unterschiedlichen Vorgehensstufen ein illustratives Beispiel gegeben. Der Name der Stadt ›Weißenfels‹ bei Leipzig läßt sich etymologisch in die Bestandteile "weiß" und "Fels" (besser: in die mhd. Entsprechungen der nhd. Wörter, da die Namengebung ja in mhd. Zeit fällt) zerlegen. Als Bedeutung des Namens ließe sich in Anbetracht der Adjektivendung -en 'am, beim, unterm weißen Felsen' erschließen. Zur Namendeutung führt erst das Wissen, daß am so benannten Ort eine Burg existiert hat, sowie die Erkenntnis, daß zahlreiche Burgennamen als Grundwort das Substantiv ›Fels‹ enthalten. Daraus läßt sich erst die Namendeutung (die sich auf die Besonderheiten der örtlichen Verhältnisse [Realprobe*] stützt) ableiten, nach welcher die aktuelle Bedeutung des Toponyms zum Zeitpunkt der Namengebung wohl 'Burg auf dem helleuchtenden Felsen' gewesen sein dürfte.

Das Beispiel läßt Verschiedenes erkennen. Jeder Versuch, einen Namen lediglich aufgrund seiner heutigen (womöglich allein geschriebenen) Namenform zu deuten, ist verfehlt, und zwar aus zwei Gründen: 1) weil – dies die linguistische Begründung – nicht feststeht, ob der Name zum Zeitpunkt seiner Bildung tatsächlich bereits die heutige Form gehabt hat, ja weil in der Mehrzahl der Fälle mit Sicherheit angenommen werden kann, daß die Form des Namens im Augenblick der Namengebung eine teilweise erheblich andere war; 2) weil – dies die historische Begründung – zum heutigen Zeitpunkt wesentliche Motivationsfaktoren, die den Namengeber zur Wahl eben dieser Sprachzeichen veranlaßten, nicht mehr vorhanden und damit nicht länger erkennbar sind. Namenetymologie, Erschließung der Namenbedeutung und schließlich Namendeutung sind mithin Aufgaben, die eingehende Kenntnis a) der Sprachgeschichte und b) der allgemeinen Geschichte der Lokalität voraussetzen, woher das zu deutende Namenmaterial stammt. Namendeutung ist tatsächlich nur auf der Grundlage von Namengeschichte* möglich – ein Grundsatz, auf den bereits Edward Schröder mit aller Eindringlichkeit hingewiesen hat. Als oberstes Prinzip kann schließlich noch dieses aus dem Beispiel abgeleitet werden: Namendeutung sollte nur dann betrieben werden, wenn "die Voraussetzungen der Deutbarkeit gegeben sind". Diese zu erkennen, setzt umfassende Kenntnisse auch der Prinzipien der Namengebung voraus.

2.3.3 Namengeschichte

Namengeschichte bedeutet zunächst, daß der Namenkundler eine möglichst lückenlose Dokumentation aller Belege des zu deutenden Namens zusammenstellt. Das extensive Studium der historischen Quellen ist dazu unerläßlich. Namengeschichte bedeutet sodann, daß der Namenkundler sich mit den historischen Verhältnissen des betreffenden Namenträgers vertraut macht. Die Realgeschichte* gehört zu den wichtigsten Arbeitsgebieten jedes Namenkundlers. Zu den Realien zählen schließlich auch alle Hinweise auf die Aussprache* des zu deutenden Namens im Volksmund. Bei der Auswertung der Quellen ergeben sich für die namenetymologische Analyse häufig bestimmte Schwierigkeiten. Zum Beispiel liefert die Zusammenstellung der urkundlichen Belege des Namens der Stadt ›Flensburg‹ die folgende Liste*:

31. März 1196	de Flensborgh	1251	Flensaborgh
Erwähnungen zwischen 1196 und 1284		29. Dezember 1284	in Flensaaburgh
	Flens(s)borg(h), Flens(s)burg(h), Flænsborgh, Flænsburgh		

Daraus wird man zunächst den Schluß zu ziehen geneigt sein, als Ausgangsform des Namens sei *Flensborgh* bzw. *-burgh* anzusehen; die Formen mit *Flensa(a)-*, sämtlich spät belegt, sind offenbar sekundär und können für die Deutung außer acht bleiben. In Wahrheit ist gerade das Gegenteil der Fall: die quellenkritische Bewertung der urkundlichen Überlieferung (siehe oben S. 73) macht klar, daß alle in der linken Spalte aufgeführten Formen aus Kopien von Originalurkunden stammen. Die einzige originale Urkunde ist die vom 29. Dezember 1284; die darin genannte Namensform (die auch in einer Kopie des 14. Jahrhunderts einer Originalurkunde von 1251 auftaucht) wird also als älteste zuverlässige Form des Stadtnamens gelten können. Auf sie läßt sich die Behauptung stützen, das Bestimmungswort des Namens sei der Bachname *›Flensaa‹. Das Beispiel zeigt, daß keineswegs immer die erste urkundliche Nennung eines Namens Grundlage der Deutung sein kann, daß vielmehr sehr genau zwischen Originalurkunden und späteren Abschriften unterschieden werden muß.

Unbedingt zu verwerfen ist ein Verfahren des Etymologisierens* und Deutens, das – bei Laien sehr beliebt – lediglich mit Lautanklängen arbeitet und damit dem oben (S. 17) skizzierten Vorgehen der mittelalterlichen Etymologie ähnelt. Es wird dabei versucht, die zu erklärenden Namen in Bestandteile zu zerlegen, die mit gleichlautenden Wörtern bzw. Namen der verschiedensten Sprachen übereinstimmen, sofern deren Bedeutungen, die den nur eben zugänglichen Lexika und Wörterbüchern entnommen werden, im entferntesten etwas hergeben, was mit dem Namenträger in Verbindung gebracht werden kann. Daß zahlreiche Siedlungen mit dem Grundwort -›bach‹ im Namen nicht länger an einem (erkennbaren) Bach liegen,

88

gibt Anlaß, eine andere Erklärung für das vermeintlich sinnlose -›bach‹ zu suchen. Bestimmte Nachschlagewerke bieten "für 'Hügel, Rücken' [...] altisl. *bakki,* altengl. *bacca,* norweg. *bakke.* 'Berg' heißt keltisch *buac* und *buach.* Das Grundwort findet sich weiter in türkisch *bag* 'Weinberg' und griech. *pag-os* 'Hügel, Felsspitze'." Dazu stellen sich Bergnamen, als deren Bestimmungswörter diejenigen vieler ›bach‹-Namen vorkommen: man vergleiche ›Hausbach‹ und ›Hausberg‹, ›Kostenbach‹ und ›Kostberg‹, ›Khost‹ in Ost-Afghanistan und ›Koschtan-tau‹ (*tau* = Berg) im mittleren Kaukasus. Das derart unbekümmerte Jonglieren mit Formen und Lauten, die oft einander nur wenig ähnlich sind, und das Zurückgreifen auf Sprachen und Sachverhalte, die nie in irgendeinem realen Zusammenhang mit den Sprachen und Phänomenen gestanden haben, aus deren Umkreis das zu Etymologisierende stammt, ist zumindest leichtfertig, ganz bestimmt jedoch nicht wissenschaftlich.

Nach Adolf Bach* ist "Ortsnamen-Kunde [...] in erster Linie Philologenwerk". Der Satz ist zu verallgemeinern; er gilt für die wissenschaftliche Beschäftigung mit allen Namen, denn: Namen sind in jeder Weise Sprachzeichen und damit Gegenstände der sprachwissenschaftlichen Untersuchung. Ihre Etymologisierung und Deutung setzt zunächst die Erhellung der Namengeschichte voraus. Beispielhaft läßt sich dies am Namen eines Saarbrücker Flurteils ›im Wittumhof‹* zeigen. Der Name ist als 'Witwengut' gedeutet worden; es soll sich um den Witwensitz der Saarbrücker Gräfin Eleonore Klara (gestorben 1709) handeln. Die Interpretation schien durch die Tatsache gestützt zu werden, daß der Name ›Wittumhof‹ erstmals 1737, also ungefähr zur Zeit des Todes der Gräfin, in den Quellen auftauchte. Das Studium weiterer Zeugnisse ergab jedoch, daß der Name schon erheblich früher überliefert ist: 1682 *hinter dem Widdumb Hoff,* 1665 *undten ahn dem wietthumbs hoff,* 1635 *bey dem Wiedemhoff,* 1608 *wider den widdumbhoff.* Somit liegt eine andere Interpretation nahe: das mhd. Wort *wittuom* bezeichnet auch "die zur Dotation einer Pfarrkirche gestifteten Grundstücke und Gebäude, besonders den Pfarrhof". Leider sind an der betreffenden Stelle keinerlei Gebäude nachweisbar; ein Pfarrhof hätte in den vom Hochwasser der Saar ständig bedrohten Wiesen am Flußufer keinen sehr günstigen Standort gehabt. Eine Urkunde von 1489 ermöglicht schließlich eine andere und diesmal zutreffende Auslegung: der älteste Beleg – *by der wiedemhube* – beweist, daß vielmehr von mhd. *widemhuobe* 'Wittumhufe, pfarreigener Grundbesitz' auszugehen ist. Das dem Alltagssprachgebrauch fremd gewordene Wort *huobe* 'Hufe' ist offenbar einmal durch das lautlich ähnliche und der Mundart bis heute geläufige Wort "Hof" ersetzt worden. Die Namengeschichte allein hat die Namendeutung ermöglicht.

2.3.4 Prinzipien der Etymologie

2.3.4.1 Der Namenkundler hat beim Versuch, unverständliche Namen zu etymologisieren*, bestimmte Grundsätze zu beachten. Zu den wichtigsten gehört: da wie alle Bestandteile der Sprache auch Namen eine Geschichte haben, ist stets damit zu rechnen, daß die moderne Namenform nicht die ursprüngliche ist. Wieder wird die Forderung, die gesamte Überlieferung des Namens bereitzustellen, d. h.: Namengeschichte zu betreiben, als wesentliche Konsequenz deutlich. Die Veränderung der Ausgangsform des Namens kann durch Lautwandlungen zustande gekommen sein (vgl. unten S. 91 f.); sie kann sich indessen auch, wie im ›Wittumhof‹-Beispiel, durch das Bemühen der Sprachgenossen ergeben haben, einen vom normalen Sprachgebrauch abweichenden und damit unverständlichen Namen durch einen leichter verständlichen zu ersetzen bzw. die unverständliche Namenform in eine verständliche abzuwandeln. Dieser Vorgang, der im allgemeinen mit dem Versuch einer Bedeutungsinterpretation verbunden ist, wird Volksetymologie* genannt. Zahlreiche moderne Namen, die oft leicht deutbar zu sein scheinen, sind das Resultat solcher Volksetymologie. Das ›Sauerland‹ ist eigentlich ein ›Suderland‹, ein nach Süden gelegener Landstrich; der ›Löwenberg‹ ist volksetymologisch aus ahd. *hlêwir* ’Grabhügel’, der Siedlungsname ›Haushausen‹ aus dem Personennamen ahd. *Ouwigôz* abgeleitet. Sehr häufig sind dergleichen Umdeutungen in Gebieten, wo Namen verwendet werden, die aus einer anderen Sprache zu erklären sind. Die tschechischen Namen ›Vlčice‹ (zum Personennamen ›Vlk‹ ’Wolf’) und ›Vrbice‹ (zu *vrba* ’Weide’) sind auf diese Art zu ›Wildschütz‹ und ›Fürwitz‹ geworden, wobei in beiden Fällen allerdings die Angleichung der slawischen Lautfolgen an die Bedingungen der deutschen Phonologie mitgewirkt hat.

Ein weiteres Prinzip des Etymologisierens verlangt, keinesfalls irgendwelche Bestandteile des Namens, soweit sie durch die Überlieferung gesichert sind, als unbedeutend oder nicht aussagekräftig zu vernachlässigen. Ebenso unzulässig ist es, in Namenbelegen vorkommende Laute durch ähnlich klingende zu ersetzen, falls diese zu einer Wortform führen, die eine scheinbar bessere Bedeutung ergibt. Genauso wenig darf, nur um die Deutung zu erleichtern, ein Laut eingeschoben werden, den der Name und seine Überlieferung nicht enthalten. Einige Beispiele* sollen dies verdeutlichen:

a) Einschieben eines nicht vorhandenen Lauts: Der Berg ›Spiemont‹ bei Ottweiler/St. Wendel im Saarland wird von Max Müller als ›Spielmont‹ verstanden (wobei er sich immerhin auf die mundartliche Aussprache berufen kann) und mit lat. *specula* ’Warte, Platz zum Ausspähen’ in Verbindung gebracht. Die Überlieferung, die nirgends ein l aufweist (1237, 1238, 1337, 1355 *Spiemont*), zeigt, daß diese Deutung unangebracht ist. Ernst Christmann schlägt daher ein ahd. Verb *spiohôn* ’spähen’ als Etymon vor, das mit lat. *mons* ’Berg’ eine Verbindung eingegangen ist. Die Bedeutung ist also ’Spähberg’; die etymologische Herleitung aus lat. *specula* allerdings unrichtig.

b) Weglassen eines durch die Überlieferung gesicherten Lauts: Hier kann das oben S. 88 bereits erörterte Beispiel des Stadtnamens ›Flensburg‹ noch einmal herangezogen werden.

c) Ersetzung eines überlieferten Lauts durch einen ähnlichen: Die ›Geißbacher Mühle‹ bei Hassel (Kreis St. Ingbert) hat nichts mit dem pfälzischen Appellativ "Geiß" für "Ziege" zu tun, sondern entspricht mit ihrem Namen der Lage am 1564 so belegten ›Gauchsbach‹ 'Kuckuks-bach'. Da in der Nähe eine Kapelle steht, benannte man einen dabei er-richteten Hof ›Geistkircher Hof‹ – eine weitere Modifizierung, die in die oben unter a) behandelte Kategorie gehört.

Etymologisieren setzt offensichtlich ein erhebliches Maß an sprachwis-senschaftlich-sprachgeschichtlichem Wissen voraus. Da beim Versuch, die Ausgangsformen der Namenbildung und ihre Bedeutungen zu erreichen, vielfach der Umkreis der eigenen Sprache verlassen und Vergleichsma-terial aus verwandten Sprachen herangezogen wird, ist vorsichtiges Han-tieren mit dem anderssprachigen Material dringend geboten. Dabei kann als Arbeitsprinzip* gelten, daß "etymologische Verbindungen zwischen Wörtern, deren einziger gemeinsamer Bestand die Wurzel ist, [...] schwä-cher [sind] als Verbindungen, bei denen mehr Laute als nur die drei Laute der Wurzel beteiligt sind". Lat. *vellere* 'rupfen' und nhd. "Wald" haben nur die idg. Wurzel *wel- gemeinsam; bei griech. *kládos* und nhd. "Holz" sind dagegen Wurzel (idg. *qel-) und Bildungssuffix (-[e]d-) sowie Thema-vokal (idg. -o-) gemeinsam. Es zeigt sich, daß die Parallelisierung von Formen sehr verschiedene Aussagekraft haben kann. Laien und Dilettan-ten haben bei solcher Sachlage selten die Chance, das Richtige zu treffen. Namenetymologie und -deutung sind zweifellos in erster Linie Philologen-werk.

Oft genug ist bei der Namenetymologie der Wunsch Vater des Gedan-kens. Viele Namendeutungen ziehen etymologisches Material heran, das zum Zwecke der Deutung erfunden worden ist. So erklärt Max Müller den Siedlungsnamen ›Limbach‹* im Kreis Saarlouis mit Hilfe eines ahd. *limo,* mhd. *lime* 'Schlamm, Lehm'. Kein Wörterbuch verzeichnet eine solche Form; der Autor hat sie allenfalls aus ahd. *lîm* 'Leim' gebildet. Der Name ist vielmehr, wie Christmann überzeugend dargelegt hat, als mhd. *lintbach* 'Lindenbach' zu erklären. Der Flurname ›Sitters‹* mit den Nebenformen ›Sittert‹, ›Seiters‹ und ›Seitersch‹ ist lang mit mhd. *sîtwertes* 'seitwärts' verbunden worden, obwohl es eine solche Form nicht gegeben hat. Erst Heinrich Dittmaier hat zeigen können, daß als Etymon mlat. *secretarium,* das ahd. zu *sigitari, sigituri* geworden ist, in der Bedeutung 'Sakristei, Buchkammer, abgesonderter Raum' zu gelten hat, das dem Flurnamen die Bedeutung 'mit Sonderrechten belegte, der Allgemeinnutzung ent-zogene Örtlichkeit' zuzusprechen erlaubt. Insbesondere bei Namen, die nicht ohne weiteres mit deutschem Sprachgut zu verbinden sind, ist immer wieder außerdeutsches Vergleichsmaterial zur Etymologisierung herange-zogen worden, das Keltische beispielsweise. Der Bergname ›Belchen‹* (bei Basel, in den Vogesen und im Schwarzwald) wird etwa von Michael Buck mit der kelt. Wurzel *bel* 'glänzend, leuchtend, hell' und dem Son-nengottnamen ›Belinus‹ 'der Leuchtende' verbunden. Tatsächlich liegt ein mhd. *belche,* das als Bezeichnung des Wasserhuhns noch immer zum Appellativbestand des Deutschen gehört, zugrunde. Bergname und Tier-bezeichnung beziehen sich gleichermaßen auf die Bedeutung 'Blöße, hel-ler Fleck, Blesse' und weisen den Örtlichkeitsnamen als Bezeichnung einer auffällig hellen Stelle in der Natur aus. Der Wunsch, vor- oder frühgeschichtliche Denkmäler, womöglich gar Heiligtümer für die eigene Heimat nachzuweisen, mag Anlaß für Bucks Etymologie gewesen sein. Das Bestreben, germanische Weihestätten zu entdecken, erklärt oft genug unhaltbare Etymologien. Der scheinbar so selbstverständliche Name ›Odinstal‹* bei Wachenheim an der Weinstraße, in dem der germanische Göttername vermutet werden könnte (obwohl die Tatsache, daß Odin aus der nordischen Mythologie stammt, während der entsprechende Gott im deutschsprachigen Raum ›Wotan‹ hieß, zu denken geben müßte), ist in Wirklichkeit das Resultat einer in diesem Fall amtsctymologischen Umdeutung aus 1768 belegtem *Otters Thal* – wie ein Beleg von 1244 (*Otolfesdal*) beweist, handelt es sich um das 'Tal des ›Otolf‹/›Odolf‹'.

2.3.4.2 Wieder und wieder erweist sich die Notwendigkeit der Namengeschichte. Sie allein kann zu einer angemessenen Namendeutung verhelfen. Ihre Voraussetzung ist die möglichst vollständige Sammlung des Namenmaterials, wie es in der Überlieferung aufscheint. Doch selbst diese genügt nicht: eine große Zahl sprachwissenschaftlicher Voraussetzungen müssen gegeben sein, wenn das Bemühen um ein erfolgreiches Etymologisieren des Namens gelingen soll. Auf einige der zu berücksichtigenden sprachwissenschaftlichen Phänomene wird im folgenden hingewiesen; da jedoch die sprachlichen Besonderheiten der verschiedenen Namenräume zu zahlreich sind, als daß sie hier vollständig behandelt werden könnten, handelt es sich bei den Beispielen lediglich um exemplarische Fälle, die zeigen sollen, in welcher Hinsicht die Berücksichtigung sprachwissenschaftlicher Fakten von Bedeutung ist.

In vielen Fällen läßt die heutige Namenform nicht erkennen, mit welchen Bestandteilen der Name in Verbindung zu bringen bzw. in welche Segmente* er zu zerlegen ist. Ein Flurname wie ›Hommerich‹ legt allenfalls eine Aufspaltung in ›Homm‹- und -›rich‹ (das bekanntlich in Personennamen öfter vorkommt) nahe: was aber soll deren Bedeutung sein? Die urkundliche Überlieferung zeigt, daß von einem "hohen Berg" auszugehen ist. Die Veränderung der Lautgestalt des Namens ist hier Ergebnis von Assimilationsvorgängen: Assimilation und Dissimilation*, Angleichung und Entgleichung von Lauten sind vielfach der Grund für das Unverständlichwerden der Namengestalt. Folgende Beispiele illustrieren die Wirkung dieser beiden Phänomene:

a) Assimilation: ›Limbach‹ ⟨ ›Lintbach‹ 'Lindenbach'; ›Bremerich‹ ⟨ mhd. *brâmberrech* oder *brâmberahhi* 'Brombeerhang' bzw. 'Brombeerdickicht'; ›Dannstadt‹ ⟨ ›Dandistat‹ 'Stätte, Stelle des ›Dandi‹'; ›Dimbach‹ ⟨ ›Dindenbach‹ 'Bach des ›Dindo‹'; ›Gommersheim‹ ⟨ ›Gummaresheim‹ 'Heim des ›Gundmâr‹'; ›Hohenöllen‹ ⟨ ›Hohenhelde‹, ›Hölle‹ ⟨ ›Helde‹ 'Halde, Abhang'; ›in den Fillchen‹ ⟨ ›in den Fildchen‹ 'Feldchen'; ›Ruppert‹ ⟨ *Hruodber(a)ht;* ›Benno‹ ⟨ ›Bernhard‹; ›Geppa‹ ⟨ *Gêrbirga* usw.

b) Dissimilation: ›Figelsdorf‹ ⟨ ›Vitalesdorf‹; ›Iffland‹ ⟨ ›Liffland‹; ›Aleschwanden‹ ⟨ *Waleswanton;* ›Ebersweier‹ ⟨ *Weffersweyer;* die

92

›Fahner Höhe‹ ⟨ die ›Fahnerer Höhe‹; *Gêrland* ⟨ *Gêrnand*; ›Roland‹ ⟨ *Hrôdnand* usw.

Zahlreich sind Zusammenziehungen (Kontraktionen)*, durch die aus längeren und damit in ihrer Bildung relativ leicht erkennbaren Namen Kurzformen werden, bei welchen in vielen Fällen nicht entscheidbar ist, auf welche zugrunde liegende Langform sie zurückzuführen sind: ›Albert‹ ⟨ *Adalber(a)ht,* ›Bertolf‹ ⟨ *Ber(a)htolf,* ›Budershusen‹ (A.D. 1315) ⟨ *Bodohari/Buthari, Bodofrid/Butfrit* + -›hausen‹ usw. Die Kurzformen stehen in einem so vagen Verhältnis zur Langform, daß die Kurzform für sehr verschiedene Langformen eintreten kann: *Râzo* ⟨ *Râdbert, -bald, -olf; Finno* ⟨ *Fingast, Finnolf, Finnold; Bero* ⟨ *Berwalt, -wart, -wig, -win; Ero* ⟨ *Erinbald, -bert, -frid, -hart; Geilo* ⟨ *Geilbrecht, -hart; Ginno* ⟨ *Ginheri, -bert, -bald* usw. Es handelt sich um Kosenamen (Hypokoristika)*, die entweder in einer lautgesetzlich geregelten Beziehung zum Ausgangsnamen stehen (vgl. etwa "Knabe"/"Knappe" mit ›Eberhard‹/ ›Eppo‹, ›Odo‹/›Otto‹, ›Abo‹/›Appo‹, ›Bado‹/›Batto‹, ›Bodo‹/›Botto‹, ›Babo‹/›Boppo‹, ›Eginhard‹/›Ecko‹, ›Dago‹/›Dacko‹, ›Hedo‹/›Hetto‹, ›Hudo‹/›Hutto‹, ›Mago‹/›Macko‹, ›Uso‹/›Usso‹, ›Wado‹/›Watto‹ usw.) oder aber als Lallformen*, ursprünglich der Kindersprache eignend, zu interpretieren sind (vgl. etwa ›Benno‹ ⟨ ›Bernhard‹, ›Geppa‹ ⟨ *Gêrbirga,* ›Poppo‹ ⟨ *Folkmâr,* ›Ludo‹/›Dudo‹ ⟨ *Liudulf,* ›Tammo‹ ⟨ *Tankmâr,* ›Timmo‹ ⟨ *Dietmâr,* ›Sîbo‹ ⟨ *Sigiber(a)ht,* ›Mammo‹, ›Nanno‹, ›Atto‹ usw.). Daß es sich bei dergleichen Namenumbildungen zumindest häufig um wirklich hypokoristische Umformungen gehandelt hat, ergibt sich teilweise aus der Überlieferung selbst – so, wenn im 10. Jahrhundert eine Quelle* berichtet, daß "jener *Uodalrich* […] kosend *Uozo* gerufen" wurde. Es liegen hier bestimmte Gesetzmäßigkeiten der Namenbildung vor, die unten (S. 119) systematisch dargestellt werden sollen.

Auch die Zusammenstellung der gesamten Überlieferung nützt nichts, wenn ihre sprachliche Interpretation fehlerhaft erfolgt. Wo die 1320 und 1294 belegten Formen* *in den widen* und *zu den weiden* aus Saarbrücken bzw. Liesdorf, Kreis Saarlouis, gleichermaßen mit nhd. "Weide" zusammengebracht und unterschiedslos als 'Weideland, Weidstrich' verstanden werden, übersieht man, daß die gemeinsame ei-Lautung erst im Nhd. auftritt. Die dem Lexem nhd. "Weide" zukommenden Inhalte a) 'Weidenbaum (*salix*)' und b) 'Weideland, Weidstrich' sind im 13./14. Jahrhundert auch phonologisch noch deutlich getrennt, wie die Belege beweisen, von denen folglich derjenige von 1320 nur als 'in den Weidenbäumen', der von 1294 nur als 'zu den (bei den) Weidstrichen' gedeutet werden kann. Wenn der Siedlungsname ›Fürstenhausen‹* im Kreis Saarbrücken trotz eines Belegs von 1422, der *Forstenhusen* bietet, mit mhd. *virst* 'Dachfirst, Kammlinie eines Berges' verbunden wird, dann bleibt unbeachtet, daß a) das betreffende Wort als sicher noch in der Sprache gebräuchliches wohl kaum mit o geschrieben worden sein kann, und daß b) das Bestimmungswort im Namen die Endung -en aufweist, also schwach flektiert, während das maskuline Substantiv mhd. *virst* der starken Flexion zugehört, also (wie noch heute) ein Genitiv-s bzw. -e aufgewiesen haben müßte. Das Bestimmungswort des bis ins 15. Jahrhundert noch ›Hermannshausen‹ genannten Orts ist somit entweder nhd. ”Fürst” oder, wie Max Müller und Ernst Christmann meinen, mhd. *vürster* ’Förster’. Nicht nur die Beobachtung der Lautverhältnisse, auch die Berücksichtigung der Flexion ist mithin nötig, wenn die Namenetymologie erfolgreich sein soll.

Daß die Kenntnis der gesamten Sprachgeschichte eines Raumes erforderlich ist, um Namen angemessen zu etymologisieren, kann auch das letzte hier anzuführende Beispiel* lehren. Der Saarbrücker Flurname ›auf der Rahmsaar‹ wurde als volksetymologische Umdeutung des erstmals im 16. Jahrhundert erwähnten Namens einer Saarbrücker Befestigungsanlage, der sogenannten ›Rümes-Serre‹, erklärt: als dieser Name nicht mehr verstanden wurde, habe man ihn umgedeutet, so daß das zumindest in seinem zweiten Bestandteil einleuchtendere ›Rahmsaar‹ entstanden sei. Volksetymologie setzt in der Tat voraus, daß das umzudeutende Wort nicht länger verständlich ist; nur an solche Namen knüpfen sich volkstümliche Erklärungsversuche, die den Zusammenhang mit der lebendigen Sprache des Alltags verloren haben. Aus den Quellen, die noch im 18. Jahrhundert das Wort ”Serre”, das etymologisch auf lat. *sera* ’Riegel’ zurückgeht, als gebräuchliches Appellativ in der Bedeutung ’als Sperre dienende Befestigungsanlage’ verzeichnen, geht indessen hervor, daß das vermeintlich unverstandene Wort durchaus zum Wortbestand der Umgangssprache gehörte. Es kann also nicht volksetymologisch umgedeutet worden sein. Vielmehr zeigen andere Belege, daß der Name ›Rahmsaar‹ mit dem mhd. *ram, rame* ’Gestell der Tuchweber und -färber’ zu verbinden ist. Dies wird zweifelsfrei dadurch bewiesen, daß der vermeintlich durch volksetymologische Umdeutung aus ›Rümes-Serre‹ entstandene Name etwa zur gleichen Zeit als *Ram-Sar* dokumentarisch belegt ist (1598), zu welcher ›Rümes-Serre‹ durchaus noch gebräuchlich war (1540, 1587). Beide Namen haben also nichts miteinander zu tun.

Da auf die besondere sprachliche Form der Namen noch genauer einzugehen sein wird, genügt es, an dieser Stelle noch einmal das oberste Prinzip jeder Namenetymologie und -deutung in Erinnerung zu bringen: die Erklärung von Namen nach ihrer Bildung und Bedeutung ist nur möglich aufgrund der genauen Kenntnis der älteren Sprachzustände sowie der Sprachgeschichte des besonderen Raumes, aus welchem der zu erklärende Eigenname stammt.

2.3.5 Hinweise zu Kapitel 2.3

2.3.1

S. 85 Zum Einsetzen des Nachdenkens über die Namenbedeutung vgl. Fleischer 1964 (*1.2.7), S. 371; Nicolaisen 1976 (*1.2.7), S. 144. Darauf verweist schon Rudolf Kleinpaul: Die deutschen Personennamen. Ihre Entstehung und Bedeutung. Leipzig 1909 (= Sammlung Göschen 422) im Anschluß an folgendes Beispiel (S. 98): ”Es kann vorkommen, daß der Schriftsteller Becker sein Brot beim Bäcker Steinmetz und der General von Steinmetz sein Geld beim Bankier Becker holen läßt.”

S. 86   Zur Unterscheidung von Namengebung oder -prägung und Namengebrauch vgl. etwa von Polenz 1960/61, S. 9f.; Fleischer 1964 (*1.2.7), S. 371f.; Bela Büky: Namengebrauch – Namengebung. Funktionsparallelismus zwischen Eigennamen und Appellativen. In: BzN NF 11, 1976, S. 361–374; Debus 1977 (*1.2.7), S. 12f. Siehe auch Funke 1925 (*1.2.7), S. 73, wo allerdings "Namenprägung" das bezeichnet, was bei den übrigen Autoren "Namengebrauch" genannt wird. Worum es geht, ist in allen Fällen klar: "zu scheiden zwischen Motiven, die überhaupt dazu führen, einem Individuum ein besonderes Sprachzeichen zu verleihen [...], und zwischen jenen, welche die Wahl gerade dieses Zeichens bestimmen" (Funke, ebd.): die Unterscheidung der "genetischen" von der "deskriptiven" Seite des Problems (ebd.).

Das Zitat aus Jacob Grimm: Bemerkungen über hessische Ortsnamen. In: Zs. des Vereins für hessische Geschichte und Landeskunde 2, 1840, S. 132–154.

2.3.2

Zur Unterscheidung von potentieller und aktueller Bedeutung vgl. etwa Wilhelm Schmidt: Lexikalische und aktuelle Bedeutung. Ein Beitrag zur Theorie der Wortbedeutung. Berlin 1963; Moderne Linguistik S. 91f. Hermann Paul: Prinzipien der Sprachgeschichte. Tübingen ⁹1975 [¹1880] (= Konzepte der Sprach- und Literaturwissenschaft 6), S. 75–87 pass. unterscheidet zwischen usueller und okkasioneller Bedeutung, allerdings in einem etwas anderen Sinne. Siehe auch Witkowski 1974, S. 320f.

Das Zitat aus Witkowski 1974, S. 322.

S. 87   Zur Abfolge Namenetymologie – Namenbedeutung – Namendeutung siehe etwa Witkowski 1973, S. 104–117; ders. 1974, S. 323f.; Bruno Boesch: Die Auswertung der Flurnamen. In: Mitteilungen für Namenkunde 7, 1959/60, S. 1–9, bes. S. 1–5; von Polenz 1960/61, S. 2f.; Wolfgang Laur: Namenetymologie und Namenbedeutung. Einige Besonderheiten im Verhältnis von Namenetymologie und Namenbedeutung, aufgezeigt an niederdeutschen Beispielen. In: Jahrbuch des Vereins für niederdeutsche Sprachforschung 98/99, 1975/76, S. 154–163.

Zur Realprobe siehe Bach II, § 283 (S. 248f.): "Bei jeglicher Namendeutung hat die Realprobe das letzte Wort". Vgl. auch Witkowski 1973, S. 113–115; ders. 1974, S. 325–327 und 330f.; von Polenz 1960/61, S. 7f.; Debus 1967, S. 115f.; Schwarz II, § 10 (S. 22–24).

Zur Forderung nach einer Namengeschichte vgl. etwa Bach II, § 283 (S. 250); Schröder S. 4f.; Witkowski 1973, S. 115f.; ders. 1974, S. 328. Das Zitat über die Voraussetzungen der Deutbarkeit nach Alfred Götze: Familiennamen im badischen Oberland. Heidelberg 1918, S. 3 (zitiert nach Witkowski 1974, S. 328).

2.3.3

S. 88   Zur Realgeschichte bzw. Realienkunde zählen neben den Tatsachen der Historiographie (politische, Sozial- und Wirtschaftsgeschichte, Kirchengeschichte etc.) alle Fakten (Daten, Institutionen, kulturgeschichtliche Sachverhalte usw.), soweit sie in Reallexika oder -enzyklopädien gesammelt und verzeichnet sind. An für den Namenkundler wichtigen Titeln sind hier zu nennen etwa Johannes Hoops (Hrsg.): Reallexicon der germanischen Altertumskunde. 4 Bde Straßburg 1911–1919 (2. Auflage in Lieferungen ab 1968); Hanns Bächtold-Stäubli/Eduard Hofmann-Krayer (Hrsg.): Handwörterbuch des deutschen Aberglaubens. 9 Bde und Indexbd. Berlin 1927–1942 (= Handwörterbücher zur deutschen Volkskunde. 1. Abt.); Adalbert Erler/Ekkehard Kaufmann (Hrsg.): Handwörterbuch zur deutschen Rechtsgeschichte. Bd. 1ff. Berlin/Bielefeld/München 1964ff.; Hellmut

Rössler/Günther Franz (Hrsg.): Sachwörterbuch zur deutschen Geschichte. München 1958; Erich Bayer (Hrsg.): Wörterbuch zur Geschichte. Begriffe und Fachausdrücke. Stuttgart ²1965 (= Kröners Taschenausgabe 289); Friedrich Kauffmann: Deutsche Altertumskunde. 2 Bde München 1913–1923 (= Handbuch des Deutschen Unterrichts an Höheren Schulen Bd. 5, 1 und 2); Volkmar Kellermann: Germanische Altertumskunde. Einführung in das Studium einer Kulturgeschichte der Vor- und Frühzeit. Berlin 1966 (= Grundlagen der Germanistik 1); Dietrich W. H. Schwarz: Sachgüter und Lebensformen. Einführung in die materielle Kulturgeschichte des Mittelalters und der Neuzeit. Berlin 1970 (= Grundlagen der Germanistik 11); Jacob Grimm: Deutsche Rechtsalterthümer. 2 Bde Darmstadt 1974 (ND ⁴1899); Herder-Lexikon Geschichte. Sachwörterbuch. Bearbeitet von Winfried Hagenmaier. Freiburg 1977; Günter Wiegelmann/Matthias Zender/Gerhard Heilfurth: Volkskunde. Eine Einführung. Berlin 1977 (= Grundlagen der Germanistik 12).

Zur Wichtigkeit der mundartlichen Aussprache von Namen vgl. etwa Boesch: Auswertung der Flurnamen, aaO., S. 4; Ernst Christmann: Mundart- und Namenforschung Hand in Hand. In: ZfMaF 26, 1958, S. 31–41 = ders.: Flurnamen zwischen Rhein und Saar S. 15–23; Henning Kaufmann: Bildungsweise und Betonung der deutschen Ortsnamen. München ²1977 (= Grundfragen der Namenkunde 1), S. 110–114.

Das ›Flensburg‹-Beispiel bei Laur 1961/62, S. 1f.

Zum laienhaften Etymologisieren, das sich oft auf zufällige lautliche Anklänge von sprachwissenschaftlich nicht Zusammengehörigem stützt, vgl. etwa Schröder S. 126f.; Bach II, § 16 (S. 18–20) und § 281 (S. 146f.); Wolfgang Laur: Ortsnamen und Geschichte. Einige grundsätzliche Erwägungen. In: Name und Geschichte S. 241–253. Das ›bach‹-Beispiel nach Leo Griebler: Vorsicht bei Namendeutungen! Die Endsilbe '-›bach‹' in saarländischen Ortsnamen kann irreführen. In: Saarbrücker Zeitung Nr. 186 vom 14. August 1958. Äußerst dubios ist auch, was Richard Fester im Rahmen der von ihm begründeten "Paläolinguistik" an etymologischen Parallelen bereitstellt; vgl. etwa: ders., Das Protokoll der Sprache. In: ders./Marie E. P. König/Doris F. Jonas/A. David Jonas: Weib und Macht. Fünf Millionen Jahre Urgeschichte der Frau. Frankfurt 1980 (= Fischer Taschenbuch 3716), S. 79–106. Spekulationen solcher Art führen zwar häufig zu scheinbar eindrucksvollen Resultaten; wissenschaftlicher Wert kann ihnen jedoch nicht zugesprochen werden, da sie sich jeder Nachprüfung entziehen. Siehe auch die kritischen Äußerungen zu den vergleichbaren Arbeiten von Bahlow (*4.1.2.1.1).

S. 89   Das Zitat bei Adolf Bach: Probleme deutscher Ortsnamenforschung. In: Rheinische Vierteljahrsblätter 15/16, 1950/51, S. 372 = Studien S. 662.

Das ›Wittumhof‹-Beispiel bei Ger[har]d Bauer: Zur Geschichte der Stadt Saarbrücken im Spiegel der Flurnamen. In: Saarbrücker Hefte 5, 1957, S. 38–40; ders.: Die Flurnamen der Stadt Saarbrücken. Bonn 1957, S. 170.

2.3.4.1

Als Hilfen bei der Etymologisierung deutscher Namen dienen die oben *2.2.3.2 genannten alt-, mittel- und frühneuhochdeutschen Wörterbücher sowie August Fick: Vergleichendes Wörterbuch der Indogermanischen Sprachen. Teil 3: Wortschatz der germanischen Spracheinheit. Unter Mitwirkung von Hjalmar Falk gänzlich umgearbeitet von Alf Torp. Göttingen ⁴1909; Julius Pokorny: Indogermanisches etymologisches Wörterbuch. 2 Bde Bern/München 1959–1969; Elmar Seebold: Vergleichendes und etymologisches Wörterbuch der germanischen starken

Verben. The Hague/Paris 1970 (= Janua Linguarum. Series practica 85); Friedrich Kluge/Alfred Götze (Hrsg.): Etymologisches Wörterbuch der deutschen Sprache. Berlin ²¹1975; Duden Etymologie. Herkunftswörterbuch der deutschen Sprache. Bearbeitet von Günther Drosdowski/Paul Grebe. Mannheim 1963 (= Der Große Duden 7), sowie Gerhard Köbler: Germanisches Wörterbuch. Gießen 1980 (= Arbeiten zur Rechts- und Sprachwissenschaft 12). Hier sind auch die zahlreichen Mundartwörterbücher des deutschen Sprachgebiets zu nennen; zu ihnen vgl. Hans Friebertshäuser (Hrsg.): Dialektlexikographie. Berichte über Stand und Methoden deutscher Dialektwörterbücher. Festgabe für Luise Berthold zum 85. Geburtstag am 27. 1. 1976. Wiesbaden 1976 (= ZfDL, Beihefte NF 17), und Peter Kühn: Deutsche Wörterbücher. Tübingen 1978 (= Germanistische Linguistik 15), S. 111–141.

S. 90   Zur Volksetymologie vgl. etwa Linguistische Grundbegriffe S. 131; Linguistisches Wb. S. 804; Karl Gustaf Andresen: Über deutsche Volksetymologie. Leipzig ⁷1919; Walther von Wartburg: Zur Frage der Volksetymologie. In: Homenaje ofrecido a Ramon Menéndez Pidal. Bd. 1 Madrid 1925, S. 17–27; Ernst Christmann: Zur Frage der Volksetymologie. In: ZfMaF 13, 1937, S. 1–8; Max Koch: Volksetymologie und ihre Zusammenhänge. In: BzN 14, 1963, S. 162–168. Auch das Gegenteil kommt vor, wofür Koch die Bezeichnung "Beamtenetymologie" geprägt hat; ein Beispiel dafür (›Odinstal‹) unten S. 92.

Das ›Spiemont‹-Beispiel bei Max Müller: Die Ortsnamen im Regierungsbezirk Trier. In: Jahres-Bericht der Gesellschaft für nützliche Forschungen zu Trier von 1900 bis 1905, Trier 1906, S. 68; anders Ernst Christmann: Beiträge zur Ortsnamen-Forschung im Saar-Nahe-Raum. In: Saarbrücker Hefte 5, 1957, S. 54; ders.: Flurnamen-Deutung an Hand historischer Belege. In: Saarbrücker Zeitung, Heimatbeilage "Geschichte und Landschaft" 1962, Nr. 28 = ders.: Flurnamen zwischen Rhein und Saar S. 33. Das ›Geißbach‹-Beispiel ebd., S. 37f.

S. 91   Das Arbeitsprinzip des Etymologisierens bei Jost Trier, Artikel "Etymologie" in: Historisches Wb. 2, Sp. 817; zur Methode vgl. V. Pisani: L'etimologia. Storia, questioni, metodo. Mailand/Turin 1947; Seebold 1981; Helmut Birkhan: Etymologie des Deutschen. Bern 1984 (= Germanistische Lehrbuchsammlung 15).

Zur Deutung von ›Limbach‹ siehe Max Müller: Die Ortsnamen im Regierungsbezirk Trier. In: Jahres-Bericht der Gesellschaft für nützliche Forschung zu Trier von 1909, Trier 1910, S. 30; anders Ernst Christmann: Die Siedlungsnamen der Pfalz. Bd. 1 Speyer 1952/53 (= Veröffentlichungen der Pfälzischen Gesellschaft zur Förderung der Wissenschaften 29), S. 358; ders.: Beiträge zur Ortsnamen-Forschung, aaO., S. 58f.

Zum ›Sitters‹-Beispiel siehe Theodor Zink; Pfälzische Flurnamen. Kaiserslautern 1923 (= Beiträge zur Landeskunde der Rheinpfalz [Veröffentlichungen der Naturwissenschaftlichen Abteilung des Pfälzerwald-Vereins] 4), S. 37f.; Ernst Christmann: Beiträge zur Flurnamenforschung im Gau Saarpfalz. München/Berlin 1938 (= Die Flurnamen Bayerns. Reihe IX: Untersuchungen 1), S. 12; Bauer: Flurnamen der Stadt Saarbrücken, aaO., S. 115f.; Heinrich Dittmaier: Rheinische Flurnamenstudien. In: Rheinische Vierteljahrsblätter 23, 1958, S. 115–127; ders.: Rheinische Flurnamen. Bonn 1963, S. 287–289; Ernst Christmann: Die Pfalz in der Germania Romana. In: ZfMaF 33, 1966, S. 278–281.

Zum ›Belchen‹-Beispiel siehe Michael R. Buck: Oberdeutsches Flurnamenbuch. Bayreuth ²1931, S. 23; Schröder S. 14–19; Boesch: Auswertung der Flurnamen, aaO., S. 7.

S. 92   Zum ›Odinstal‹-Beispiel siehe Christmann: Flurnamen zwischen Rhein und Saar S. 25; Debus 1967, S. 114.

2.3.4.2

Zur Segmentierung als linguistischer Grundoperation vgl. Linguistische Grundbegriffe S. 103; Linguistisches Wb. S. 585; Funk-Kolleg Sprache 1, S. 122–124. Vgl. auch ebd., S. 160 f. zur Analyse blockierter oder unikaler Morpheme (Typ "Him-, Brom-beere"). Die Anwendung des synchronischen Analyseverfahrens führt, wie die Fälle ›Rim-bach‹, ›Ham-bach‹, ›Grum-bach‹, ›Als-bach‹ zeigen können, zu einer inakzeptabel hohen Zahl solcher unikaler Morpheme und ist mithin auf Namen nicht zu beziehen. Vgl. aber etwa Wolfgang Fleischer: Zur morphematischen Struktur deutscher Eigennamen. In: Informationen 1968, S. 2–6.

Zu Assimilation und Dissimilation vgl. etwa Linguistische Grundbegriffe S. 16 und 28; Linguistisches Wb. S. 69 f. und 154 f.; Otto Heilig: Assimilation und Dissimilation in badischen Ortsnamen. In: ZfhdMa 2, 1901, S. 241–244; Henning Kaufmann: Grundfragen der Namenkunde. Bd. 2 München 1972 ("2. Entgleichung [Dissimilation], besonders in Ortsnamen").

S. 93 Zur Kontraktion vgl. Linguistische Grundbegriffe S. 66. Um eine Art Zusammenziehung durch Auslassung (Ausklammerung) eines Namenbestandteils handelt es sich auch bei den Klammer- oder Lückenformen des Typs ›Alsbach‹ ‹ ›Als(weiler)bach‹; vgl. etwa Julius Miedel: Eine unbeachtete elliptische Ortsnamengattung. In: ZfdMa 14, 1919, S. 54–65 (als Terminus wird "Schrumpfname" vorgeschlagen); Max Koch: 'Lückenform' statt 'Klammerform'. In: BzN 15, 1964, S. 22–26.

Zur Lautgestalt der Kosenamen vgl. etwa Bach I, § 93 (S. 99–101); Solmsen/Fraenkel S. 170–178; Fleischer 6.2.1.1 (S. 650 f.).

Zu den Lallformen vgl. etwa Bach I, § 94 (S. 102 f.); Solmsen/Fraenkel S. 3 f.; zur Funktion der Lallformen beim kindlichen Spracherwerb Hans Ramge: Spracherwerb. Grundzüge der Sprachentwicklung des Kindes. Tübingen ²1975 (= Germanistische Arbeitshefte 14), S. 59–68.

Der Quellenbeleg aus dem 10. Jahrhundert in MGH SS 20, S. 629; zitiert bei Bach I, § 89 (S. 95); Schwarz I, § 6 (S. 17). Vgl. zur Kurznamenbildung im Ahd. auch Henning Kaufmann: Untersuchungen zu altdeutschen Rufnamen. München 1965 (= ders.: Grundfragen der Namenkunde 3).

Das *widen/weiden*-Beispiel bei Christmann: Flurnamen zwischen Rhein und Saar S. 37. Zu ›Fürstenhausen‹ siehe Ernst Christmann: Siedlungs- und Flurnamenbezeichnung. Eine kritische Stellungnahme. In: Saarbrücker Zeitung, Heimatbeilage "Geschichte und Landschaft" 1960, Nr. 2.

S. 94 Das ›Rahmsaar‹-Beispiel bei Bauer: Zur Geschichte der Stadt Saarbrücken, aaO., S. 41–43; ders.: Flurnamen der Stadt Saarbrücken, aaO., S. 155.

2.3.6 Literatur zu Kapitel 2.3

Bach II, § 278–283 (S. 244–250).

*Friedhelm Debus (1967): Zur Methodik der Namendeutung. In: Hessische Blätter für Volkskunde 58, S. 105–120.

Dietrich Freydank (1971): Ortsnamenkunde als philologische Disziplin. In: Forschungen zur slawischen und deutschen Namenkunde. Berlin (= Veröffentlichungen des Instituts für Slawistik der Deutschen Akademie der Wissenschaften zu Berlin 55), S. 1–7.

*Wolfgang Kleiber (1957): Vom Sinn der Flurnamenforschung. Methoden und Ergebnisse. In: DU 9, Heft 5, S. 91–101.

*Wolfgang Laur (1959/60): Methodische Bemerkungen zur Deutung von Orts-
und Flurnamen. In: Mitteilungen für Namenkunde 6, S. 6–11.
*ders. (1961/62): Weitere methodische Bemerkungen zur Deutung von Ortsna-
men. In: Mitteilungen für Namenkunde 10, S. 1–6.
*Namenforschung heute S. 75–87.
*Peter von Polenz (1960/61): Name und Wort. Bemerkungen zur Methodik der
Namendeutung. In: Mitteilungen für Namenkunde 8, S. 1–11.
**Rüdiger Schmitt (Hrsg.) (1977): Etymologie. Darmstadt (= Wege der For-
schung 373).
Schwarz II, § 6–14 (S. 14–31).
*Elmar Seebold (1981): Etymologie. Eine Einführung am Beispiel der deutschen
Sprache. München (= Beck'sche Elementarbücher).
*Hans Walther (1965): Zur Namenforschung als Gesellschaftswissenschaft. In:
WZKMUL 14, S. 111–115.
*Witkowski (1964): siehe *1.3.5.
Ders. (1973): Zum Problem der Bedeutungserschließung bei Namen. In: Der
Name in Sprache und Gesellschaft S. 104–117.
Ders. (1974): Zu einigen Problemen der Bedeutungserschließung bei Namen. In:
Onoma 18, S. 319–336.

2.4 Die Auswertung

2.4.1 Möglichkeiten der Auswertung

Die Auswertung des sprachlich gedeuteten Namenmaterials kann unter
so vielerlei Gesichtspunkten erfolgen, daß es schwerfällt, alle denkbaren
Aspekte vorzuführen und die dabei anzuwendenden Methoden darzustellen. Die folgenden Abschnitte werden sich darauf beschränken, einige
Möglichkeiten zu skizzieren, die sich für die Auswertung von Eigennamen ergeben. Eine gewisse Systematik der Darstellung kommt dabei insofern zur Anwendung, als zunächst Auswertungsalternativen besprochen
werden, die nur einen kleinen Kreis von Interessenten betreffen – die Bewohner der Örtlichkeiten etwa, deren Namen behandelt werden (Natur-
freunde, Lehrer, Heimatforscher, aber auch Behörden und Ämter, die
nach Namen für Straßen oder Stadtviertel suchen, usw.): die regionale
Auswertung. Ein zweiter Abschnitt soll darstellen, was die Namenauswer-
tung an Erkenntnissen beitragen kann, die, über ein begrenztes Lokal-
interesse hinaus, für die Erhellung der Struktur und Geschichte größerer
Räume (Landschaften, Provinzen, Regionen, ”Kulturräume”) von
Bedeutung sind: die areale Auswertung. Ein letzter Abschnitt schließlich
wird versuchen zu umreißen, was an überregional Wichtigem aus Namen
herauszulesen ist. Dabei sollen vorzüglich solche Sachverhalte besprochen
werden, die für eine allgemeine Namenkunde von Bedeutung sind: die
globale Auswertung.*

2.4.2 Die regionale Auswertung

2.4.2.1 Bereits die bisher gebotenen Beispiele dürften gezeigt haben, daß infolge des unauflöslichen Zusammenhangs zwischen Namendeutung und Namengeschichte – der wiederum in der im Falle der Eigennamen besonders engen Bindung eines Sprachzeichens an einen einmaligen und individuell bestimmten Referenten begründet liegt – die Beschäftigung mit Namen und ihrer Bedeutung den fortwährenden Einbezug realgeschichtlicher Fakten erfordert. So ist es verständlich, daß die Auswertung von Namen zunächst und besonders häufig darauf abhebt, für die Realgeschichte der Lokalität, welcher der Name entstammt, relevante Aussagen zu gewinnen*. Gemäß der inhaltlichen Struktur der Eigennamen, wovon unten (S. 124ff.) zu handeln sein wird, lassen sich die Sachgebiete*, worüber z. B. aus Toponymen Aufschlüsse gewonnen werden können, etwa wie folgt bestimmen und jeweils durch Beispiele erläutern:

a) natürliche Sachverhalte

I) natürliche Eigenart der Örtlichkeit – 1) Bodengestalt: ›Au(e)‹ 'Land am oder im Wasser, Insel, Halbinsel, Uferland', ›Dell(e)‹ 'kleine Bodensenkung, Mulde', ›Gracht‹/›Grät‹ 'Einsenkung mit Wasserlauf', ›Grund‹ 'Niederung', ›Wert‹ 'Flußinsel, Halbinsel'; ›Büh(e)l‹ 'Hügel, kleine Anhöhe', ›Donk‹ 'Hügel im Überschwemmungsgebiet', ›Klopp‹ 'Fels(stück, -hügel)', ›Noll‹ 'rundliche Erhebung'; ›Gleich(t)‹ 'Ebene, Hochfläche', ›Schlecht‹ 'Ebene, Hochfläche'. – 2) Bodenbeschaffenheit: ›Bruch‹ 'Sumpf, Moorland', ›Gau‹ 'lehm- und kalkhaltiger Boden', ›Lei‹ 'Schiefer, -felsen', ›Märsch‹ 'nasses, zum Versumpfen geneigtes Gelände', ›Seifen‹/›Siefen‹ 'feuchte Stelle, Schlucht mit Rinnsal', ›Sod(e)‹ 'Wassergraben im Feld, feuchtes Land', ›Wühl‹/›Wiel‹ 'Wasserstrudel'. – 3) Bewachsung: ›Biese(n)‹ 'Binse', ›Bram‹/›Brem‹ 'Ginster; Brombeere', ›Hard(t)‹ 'Wald, Bergwald', ›Heister(t)‹ 'junge Baumstämme, besonders von Buchen und Eichen', ›Horst‹ 'mit Gestrüpp bewachsener Platz', ›Liesch‹ 'Rohr, Schilf', ›Schache(n)‹ 'zungenförmiges Waldstück', ›Stockig‹ 'Unterholz, Gestrüpp'. – 4) Form: ›Bettzieche‹ 'Federbettbezug', ›Ger(en)‹ 'keilförmiges Eckstück', ›Kolben‹ 'kolbenförmige Örtlichkeit', ›Läng(d)e‹ 'langgezogenes Flurstück', ›Scheibe‹ 'runde, freie Fläche', ›Schild‹ 'schildförmige Erhebung', ›Schlüssel‹ 'Flurzipfel in Schlüsselform', ›Staffel‹, 'stufenartig ansteigendes Gelände', ›Winkel‹ 'winkelförmiger Flurteil'.

II) Benutzung der Örtlichkeit – 1) durch Menschen: ›Bungert‹ 'Baumgarten', ›Betzen‹/›Bitze‹ 'gute Wiese, gutes Feld in Dorfnähe', ›Brühl‹ 'grundherrliche Wiesen in Dorfnähe', ›Hargarten‹ 'Flachsgarten', ›Humes‹ 'zur Heugewinnung geeignete Wiesen', ›Plänzer‹ 'Rebschule, Neuwingert', ›Rod‹/›Röt‹ 'Rodung', ›Schiffel‹ 'Nutzung durch Brandwirtschaft'. – 2) durch Tiere: ›Berlach‹ 'Eberwälze bzw. -pferch', ›Hühnerschär(re)‹ 'Stelle, wo Wildhühner scharren', ›Nachtweide‹ 'Übernachtungsplatz für Vieh', ›Trift‹ 'Weg zur Weide, Weideplatz', ›Unter‹ 'Mittagsrastplatz des Weideviehs', ›Weed‹ 'Tränke, Schwemme'.

b) kultürliche Sachverhalte

I) menschliche Anlagen – 1) Siedlungen: hier ist die Wüstungsforschung zu nennen, der es zumeist allein aus Toponymen auf die Existenz längst verschwundener Orte zu schließen gelingt. – 2) Gebäude: ›Burstel‹/›Borstel‹ 'Stelle einer Burg', ›Kaule‹/›Kaute‹ 'Grube', ›Kotten‹ 'kleine Bauernstelle, Schmiedewerkstatt, Siechen- bzw. Leprosenhaus', ›Spielberg‹ 'Berg mit Warte zum Ausschauen', ›Ziegelhütte‹. – 3) Objekte: ›Bild(stock)‹, ›Etter‹ 'Dorfzaun', ›Gebück‹ 'Grenzhag, -verhau', ›Lochbaum‹ 'als Grenzzeichen markierter Baum', ›Pütz‹ 'Schöpf- und Ziehbrunnen', ›Rast‹ 'Raststelle mit Gestell zum Abstellen der Traglasten', ›Steil‹ 'Vorrichtung zum Übersteigen eines Zauns'. – 4) Wege und Straßen: ›Heerstraße‹, ›Hochstraße‹, ›Kem(mel)‹ 'Weg', ›Schlittweg‹ 'grundloser Feldweg'.

II) Rechtsverhältnisse: ›Allmende‹ 'Gemeindeland, -weide', ›Beunde‹/›Beinde‹ 'dem Gemeinderecht entzogenes Privateigentum', ›Kappenäcker‹ 'Äcker, für die Kapaune als Abgaben festgesetzt waren', ›Mönchswiesen‹ 'Wiesen im Besitz einer Ordensgemeinschaft', ›St. Germansacker‹ 'Acker im Besitz des Stifts St. German zu Speyer', ›Deutschherrnmühle‹ 'Mühle im Besitz des Deutschherren-Ordens'. Hierher gehören die zahlreichen Besitzernamen der Typen ›Königsäcker‹, ›Zentmaiershardt‹; ›Keßler‹, ›Singer‹, ›Berner‹.

III) Volksglaube und -brauch: ›Drachenfels‹ (nicht der Burgname, wo der Drache als heraldischer Drache zu verstehen ist!), ›Kinderbaum‹ 'woher die Kinder kommen', ›Milchborn‹ 'Kinderbrunnen', ›Teufelskalle‹ 'Römerkanal, vom Teufel erbaut', ›Wolfsgalgen‹ 'Galgen zum Erhängen von (Wer)wölfen'; ›Pfingstborn‹ 'Quelle zum Schöpfen des heilsamen Pfingstwassers', ›Rosengarten‹ 'Versammlungs- und Festplatz, aber auch verrufene Stätte', ›Schieß‹/›Schuß‹/›Schutzbahn‹, -›graben‹, -›haus‹ 'für die Schießübungen der Schützengesellschaften bestimmte Anlagen', ›Vogelstang‹ 'wo die Vogelstange der Schützengesellschaft steht'.

Wie die realienkundliche Auswertung im einzelnen vorgeht, sollen die folgenden Fälle exemplarisch verdeutlichen. Die auf die Blätter 6616 (Speyer), 6617 (Schwetzingen) und 6517 (Ladenburg) der Topographischen Karte 1:25000 zurückgehende Abbildung 9 (S. 102) verzeichnet den heutigen Lauf des Rheins etwa zwischen Speyer und Mannheim. Er ist das Ergebnis der von 1817 bis 1870 nach den Plänen des badischen Obersten und Bauingenieurs Johann Gottfried Tulla (1770–1828) durchgeführten Flußregulierung, durch die der fortwährenden Verlagerung der Rheinläufe endgültig Einhalt geboten wurde. Die eingezeichneten Flurnamen, die alle aus den genannten Meßtischblättern stammen, erlauben, den früheren Verlauf des Flusses* zu rekonstruieren. Von Süden nach Norden lassen sich rechts- wie linksrheinisch folgende Linien ablesen: ›Steinlache‹, ›Silz‹(-›gewann‹, -›wiesen‹), ›Bruchgewann‹, ›Marlach‹, ›Kothlach(graben)‹, ›Rohrlach‹/›Rübsamen‹-, ›Schlangen‹-, ›Fuchs‹-, ›Nonnenwühl‹/ ›Mörsch‹ (›Unter‹-, ›Ober‹-,), ›Herrenteich‹, ›Ketschau‹, ›Karl-Ludwig-See‹, ›Seeäcker‹, ›Bruch‹, ›Pfalzwörth‹/›Kammerwörth‹, ›Böllenwörth‹, ›Auriegel‹/›Riedäcker‹, ›Rohrwiesen‹, ›Torfgraben‹, ›Spraulach‹, ›Entenfang‹/ ›Riedwiesen‹, ›Rheinau‹, ›Sporwört‹, ›Mallau‹, ›Mörch‹, ›Rohrlach‹. Da die topographischen Verhältnisse im Gelände teilweise noch deutlich zu erkennen sind (man vergleiche die Höhenlinien der Meßtischblätter), wird die Auswertung der Namen durch die Realprobe aufs beste ergänzt und bestätigt.

Das folgende Beispiel, das die Bedeutung der Toponyme für die Wüstungsforschung zeigt, stammt aus Karlsruhe. Die 1715 gegründete Stadt hat sich im Laufe ihrer Entwicklung zur Großstadt die Gemarkungen vieler Einzelgemeinden einverleibt. Eine derselben, Beiertheim, ist aufgrund einer Quellennotiz (1484 *Wynden id est Beyrten*) mit dem mehr-

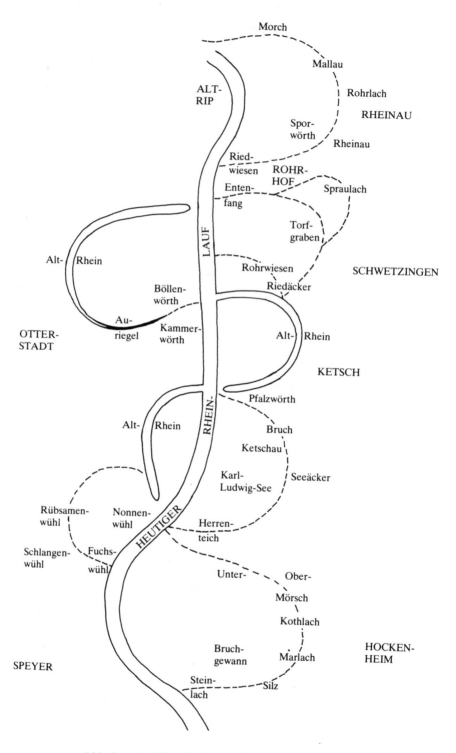

Abb. 9   Alte Rheinläufe, aus Flurnamen zu erschließen

fach belegten ›Winden‹* gleichgesetzt worden. Die Untersuchung der Karlsruher Flurnamen durch Ernst Schneider hat jedoch gezeigt, daß eine Reihe von Mikrotoponymen den Namen der Siedlung enthalten: 1532 *inn der wynnerlachen,* 1567 *vor der Winderlachen;* 1555 *im Winderfeld;* 1555 *vff der Winderwisenn,* 1746 *in denen Winterwiesen;* 1551 *die winder hoffleüt,* 1699 *Winterhof zu Au.* Zeigt bereits die letzte Erwähnung, daß die genannten Flurteile nicht in Beiertheim, sondern in Aue zu suchen sind, so erweist die Gruppierung der Flurnamen in einem engeren Raum, der von Beiertheim erheblich entfernt liegt, die Unrichtigkeit der früheren Lokalisierung. Die Wüstung ›Winden‹, die 1699 noch als Hof existierte, ist keinesfalls mit Beiertheim identisch bzw. in diesem aufgegangen, sondern hat in der Gemarkung von Aue gelegen.

Eine Abbildung, die auf die Forschungen von Ernst Christmann zurückgeht, kann zeigen, wie Toponyme dazu benutzt werden können, den Verlauf von Römerstraßen* zu erforschen. Neben Flurnamen wie ›Kem‹, ›Kiem‹, ›Kemmel‹, ›Kemmen‹, ›Kimmel‹, ›Kümmel‹ und ›Tümmel‹, die auf kelt.-lat. *camminus* 'Straße' zurückgehen, sind es besonders diejenigen Mikrotoponyme, die die lat. Bezeichnung des Wart- und Wachturms, *specula,* enthalten, der, wie entlang dem Limes, auch am Rande der römischen Straßen zu finden war. Aus dem lateinischen Appellativ hat sich die eingedeutschte Form ›Spiegel‹ bzw. ›Spiel‹ ergeben, die als Grundwort, vor allem aber als Bestimmungswort in Namen von Örtlichkeiten vorkommt, welche, aneinandergereiht, sehr klar den ursprünglichen Verlauf römischer Straßen widerspiegeln. Die Karte zeigt beispielsweise die Trasse einer solchen Straße von Altrip (lat. *alta ripa* 'hohes Ufer') bis Neustadt an der Hardt, wie sie durch die Abfolge der Flurnamen ›Spiegel‹- bzw. ›Spielberg‹ bezeichnet wird.

Daß die Kenntnis solcher Sachverhalte und Möglichkeiten gerade den Lehrer in die Lage versetzt, seinen Geschichtsunterricht, der oft genug an Unanschaulichkeit kranken dürfte und eben deswegen wenig Interesse beim Schüler erregt, lebendig und durch die Anknüpfung an selbst erfahrene Phänomene anziehend zu gestalten, wird sich den Beispielen sicherlich leicht entnehmen lassen. Es sollte dabei berücksichtigt werden, in welch starkem Maße etwa in der Deutschen Demokratischen Republik die Namenkunde im Bildungswesen* Verwendung findet. Das Schulsystem der Bundesrepublik hat hier ohne Zweifel noch viel zu tun.

2.4.2.2 Von besonderer Bedeutung sind Toponyme, wenn es darum geht, die früheren Sprachzustände eines bestimmten Ortes, die sich infolge der fortschreitenden Sprachentwicklung längst erheblich verändert haben, zu rekonstruieren. Da der Namengebrauch, wie sich gezeigt hat, den Namen weitgehend ohne Rücksicht auf seine Bedeutung zum Zeitpunkt der Namengebung bzw. -bildung kommunikativ verwendet, sind die Eigennamen den im Appellativbereich wirksamen modifizierenden Einflüssen nur in geringem Maße unterworfen, so daß alte Lautungen und Formen sich unverändert bis in unsere Zeit hinein erhalten haben. Laut-, formen- und wortgeographische Untersuchungen* haben sich seit langem der Namen bedient, wenn es darum ging, die Geschichte der heutigen Mundartgrenzen zu erhellen. Auch hierfür können nur wenige Beispiele gegeben werden.

Wie die Karte 74 des Deutschen Sprachatlas ausweist, liegt die Stadt Saarbrücken* heute in einem Gebiet, dessen Mundart (das Rheinfränkische) die Diphthongierung der mhd. Längen î, û und iu durchgeführt hat. Den Flurnamen ›Schieb‹, ›Spicherer Berg‹, ›Willerbach‹, ›Witz‹ (entsprechend mhd. î), ›Seilersstuden‹ (entsprechend mhd. û) und ›Willhißchen‹, ›Großmuttershißchen‹ (entsprechend mhd. iu) läßt sich jedoch entnehmen, daß zum Zeitpunkt ihrer Bildung in der Saarbrücker Mundart die Diphthongierung noch nicht durchgeführt war. Ganz ähnlich beweisen die Namen ›Nauenfelder‹, ›Naugarten‹ und ›Nauwiese‹, daß in dem Raum, der heute einzig die (entrundete) Form [nai] (= neu) aus mhd. *niuwe* kennt, Lautverhältnisse üblich waren, die auch in den Reliktformen ›Naumburg‹, ›Naunheim‹, ›Naunstadt‹ (vergleiche damit ›Neuenburg‹, ›Neuenstadt‹, ›Neustadt‹) vorliegen. Der heutigen Mundart desselben Raumes fremd sind auch zwei Erscheinungen, die vielmehr insbesondere dem Niederdeutschen und Niederfränkischen eignen: der Nasalschwund vor s und der Wandel von ft zu cht. Die Flurnamen ›Gaschbach‹ (aus ›Gansbach‹) und ›Gret‹ (zu *›Grecht‹ aus *›Greft‹ – einem ti-Abstractum zum Verb "graben") beweisen, daß die entsprechenden Lautverhältnisse früher auch in einem Gebiet zu Hause waren, das sie nicht länger kennt.

Auch die Formenlehre kann von der Auswertung der Toponyme profitieren. Flurnamen wie ›Bühlhofen‹ und ›Malhofen‹ zeigen noch heute die alte unumgelautete Form des Dativ Plural, die insbesondere im Siedlungsnamenbereich häufig auftritt (›Etzenhofen‹, ›Walpershofen‹, ›Hofen‹). Der s-Genitiv im Namen ›Lerchesflur‹ stellt neben das schwach flektierende Appellativ mhd. *lerche*, ahd. *lêrihha* ein den Vogelnamen "Kranich" und "Habicht" vergleichbares starkes Masculinum. Überhaupt zählen Genusverschiedenheiten zu den in diesem Bereich besonders häufig belegten altertümlichen Sachverhalten, wie sie sich in Toponymen bewahrt haben.

2.4.3 Die areale Auswertung

2.4.3.1 Es versteht sich, daß das Interesse des Namenkundlers sich nicht auf eng begrenzte Lokalitäten und deren je eigene Verhältnisse sprach- und realgeschichtlicher Natur beschränkt. Namenkundliches Material eignet sich darüber hinaus hervorragend zu großräumlicher Betrachtung und Auswertung, wobei als Erkenntnisziel das Herausarbeiten sogenannter Kulturräume* angestrebt wird: einheitlich strukturierter Räume also, die sich zumindest onomastisch als durch dieselben Kräfte geprägt darstellen. Oft stützen sich Sprach- und Wortgeographie auf der einen, die Namenkunde auf der andern Seite gegenseitig. Oft indessen gliedert die onomastische Methode Räume bestimmter Namengebung aus, die sich mit dialekt- und wortgeographisch bestimmten Räumen nicht decken. Daß auch bei der arealen Auswertung von Namen sachkundliche Aussagen von großer Bedeutung gewonnen werden können, versteht sich von selbst.

104

2.4.3.2 Betrachtet man eine Karte der Verteilung der im antiken Schrifttum überlieferten sicher keltischen Toponyme im Gegensatz zu den ebenso sicher germanischen*, so erkennt man mit großer Genauigkeit den Verlauf der Grenze zwischen den ursprünglichen Siedelgebieten der beiden Völker. Daß Ausgrabungsbefunde dies stützen, liefert eine erfreuliche Bestätigung.

Die Karte läßt sich mit einer Übersicht über das Vorkommen der Siedlungsnamen auf -›leben‹ bzw. -›lev‹* kombinieren: nirgendwo überschreiten diese Namen den genannten Grenzgürtel. Zwei Gebiete dichten Vorkommens sind zu erkennen: dasjenige im thüringischen und das zweite im skandinavischen Raum. Dazwischen finden sich vereinzelte Belege, die weit nach Osten reichen. Hans Kuhn hat daraus den Schluß gezogen, daß womöglich der gesamte von Norden bis Mitteldeutschland und in den Osten reichende Ausdehnungsraum als ›leben‹/›lev‹-Gebiet anzusehen sei, das erst durch einen Siedlungskeil nach Westen vordringender slawischer Stämme gespalten wurde. Bis in die Vor- und Frühzeit Europas also vermag die areale Interpretation von Namenbefunden zu führen. Sie ermöglicht Einsichten, die auf andere Weise kaum zu gewinnen wären. Nicht weniger interessant ist die großräumliche Auswertung neuerer Namen: aus einer Karte des Vorkommens von Flurnamen, die durch ›Wingert‹* als Grund- oder Bestimmungswort eindeutig die Existenz einer früheren Weinbaukultur beweisen, läßt sich erkennen, daß diejenigen Gebiete Deutschlands, worin noch heute Weinbau betrieben wird, letzte Rückzugsräume darstellen.

2.4.3.3 Natürlich sind auch mit Bezug auf alle übrigen Namenkategorien areale Untersuchungen möglich. Die räumliche Verteilung der heute üblichen Herkunftsnamen als Familiennamen* stellt sich so dar: Im Süden des deutschen Sprachgebiets ist die Ableitung vermittels des Suffixes -›er‹ üblich (›Augsburger‹, ›Augspurger‹ [mit typisch obd. Schreibung], ›Baldenecker‹, ›Bernecker‹, ›Berliner‹, ›Bingener‹, ›Bonner‹, ›Dillinger‹, ›Edinger‹, ›Elsasser‹, ›Freiberger‹, ›Helfensdörfer‹, ›Hamburger‹, ›Illinger‹, ›Köllner‹, ›Lambacher‹, ›Nürnberger‹, ›Prager‹, ›Reichensperger‹,[!], ›Riegelsberger‹, ›Schweizer‹, ›Sulzbacher‹, ›Zwingenberger‹). Im Norden ist dagegen der bloße Ortsname (ohne Suffix) als Herkunftsbezeichnung üblich (›Alsleben‹, ›Altenbach‹, ›Altendorf‹, ›Basel‹, ›Berlingen‹, ›Bonn‹, ›Elsaß‹, ›Falkenberg‹, ›Falkenburg‹, ›Grombach‹, ›Hambach‹, ›Kronberg‹, ›Landau‹, ›Merseburg‹, ›Odenwald‹, ›Ratzeburg‹, ›Steinbach‹, ›Ulm‹). In und um Westfalen, dabei bis Bremen und ins Mecklenburgische ausstrahlend, sind Bildungen auf -›mann‹ geläufig (›Angermann‹, ›Aumann‹, ›Bachmann‹, ›Bremermann‹, ›Brinkmann‹, ›Buchmann‹, ›Deutschmann‹ – daneben die zuvor genannten Typen ›Anger‹, ›Au‹ bzw. ›Auer‹, ›Bach‹ bzw. ›Bacher‹, ›Bremer‹, ›Buch‹ bzw. ›Bucher‹, ›Deutsch‹ bzw. ›Deutscher‹). Damit stimmen zumindest zum Teil Familiennamen überein, die von Rufnamen abgeleitet sind*. So entspricht dem Bildungstyp ›Augsburger‹ in dieser Kategorie etwa ›Wilhelmer‹ (›Hanser‹, ›Klauser‹, ›Michler‹, ›Pauler‹, ›Wenzler‹). Dem Typ ›Bremermann‹ kommt bildungsmäßig etwa ›Wilhelmsen‹ gleich (›Andresen‹, ›Christiansen‹, ›Christophersen‹, ›Danielsen‹, ›Erichsen‹, ›Hansen‹, ›Jacobsen‹, ›Jochimsen‹ usw.). In der Mitte liegt ein breiter Gürtel von suffixlosen Bildungen des Typs ›Augsburg‹: der Personennamentyp ›Wilhelm‹ als Familienname (›Arbogast‹, ›Anders‹, ›Arndt‹, ›Arnold‹, ›Bartel‹, ›Bastian‹, ›Bernhardt‹, ›Berthold‹, ›Casper‹, ›Christian‹, ›Christoph‹, ›Conrad‹, ›Daniel‹, ›Diederich‹, ›Eckart‹, ›Erich‹, ›Franz‹, ›Friedrich‹, ›Hans‹, ›Heinrich‹, ›Jacob‹, ›Joachim‹ usw.). Auch der Typ ›Wilhelms‹ entspricht dem Herkunftsnamentyp auf -›mann‹ (›Arndtz‹, ›Bartels‹, ›Bastians‹, ›Caspers‹, ›Conrads‹, ›Diederichs‹, ›Eckartz‹, ›Friedrichs‹, ›Heinrichs‹, ›Jacobs‹, ›Joachims‹ usw.), mit dem er sogar verbreitungsmäßig vieles gemein hat, während die Namen des Typs ›Wilhelmsen‹ in ihrer Verbreitung eher dem Herkunftsnamentyp ›Augsburg‹ entsprechen. Jedenfalls wird es möglich, bestimmten Namen bei Kenntnis solcher Verteilungsverhältnisse Hinweise auf die Herkunft ihrer Träger zu entnehmen. Auch die aufgrund der Mundartverschiedenheiten unterschiedlichen Formen von Namen* (›Voss‹/›Voß‹ im Norden, ›Fuchs‹ im Süden; ›Möller‹ im Norden, ›Miller‹ im Süden mit einem breiten ›Müller‹-Gürtel zwischen beiden Räumen) oder die durch mundartliche Besonderheiten mitbedingten Sonderschreibungen bestimmter Gebiete (›Augspurger‹ neben ›Augsburger‹, ›Mayer‹ oder ›Mayr‹ gegen ›Meier‹ usw.) lassen dergleichen Schlüsse zu. In den zuletzt genannten Namen wirkt sich noch heute die Schreibtradition einer spätmittelalterlichen Kanzleisprache, der "Gemeinen Teutsch" der Habsburger zu Wien*, aus, die einmal den gesamten süd- und südostdeutschen Raum beherrschte.

2.4.3.4 Eine vergleichende Betrachtung, die Gebiete, in denen eine bestimmte Art der Namengebung vorherrscht, von anderen Gebieten abgrenzt, deren Namengebung von anderen Prinzipien bestimmt ist, bedarf nicht immer der kartographischen Darstellung. Adolf Bach hat ein Verfahren entwickelt, das eine statistische Darstellungsart* benutzt, um Namenräume gegeneinander abzugrenzen. Alle einer Gemarkung entstammenden Namen (die nur urkundlich zu belegenden wie die noch lebenden) werden dabei in einer nach namenkundlichen Gesichtspunkten aufgegliederten Tabelle zahlenmäßig erfaßt, so daß sowohl die formallinguistische als auch die semantisch-inhaltliche Seite der Namen berücksichtigt wird. Liegen nach demselben Schema angeordnete Übersichten aus anderen Gegenden vor, so wird ein Vergleich möglich, der ebenfalls die Besonderheiten bestimmter Räume abzulesen erlaubt. Statt einer ausführlichen Erläuterung der namenstatistischen Methode werden (S. 107f.) die Tabellen zweier aus verschiedenen Räumen stammender Flurnamenuntersuchungen einander gegenübergestellt: Offenbach am Main-Bieber und Saarbrücken.* Der Vergleich der beiden Tabellen gibt Anlaß, die Namenbildungsprinzipien der beiden Räume als stark voneinander abweichend zu beurteilen. Während in Bieber 70,4% aller Namen einfache Namen und 28,21% zusammengesetzte Namen mit einem Substantiv als

106

Der Bildung nach sind die deutbaren FlN. vom Standpunkt der Namenlehre aus betrachtet:	Der Bedeutung (ihres Grundwortes) nach bezeichnen die Flurnamen die Örtlichkeiten:									Summe
	1. nach ihrer natürl. Eigenart	2. als Quellen und Wasserläufe	3. nach der Flora	4. nach Tieren	5. nach Benutzung und Kultur	6. als menschl. Anlagen	7. als Wege und Straßen	8. nach Maß oder Gestalt	9. nach Personen	
I. einfach	20	12	21	2	58	62	21	15	3	214 = 70,4%
II. abgeleitet			3			2				5 = 1,6%
III. zusammengesetzt aus:										
A. Numerale u. Subst.										
B. Adjektiv u. Subst.										
a. Subst. ist Appell., das Adjektiv										
1. nicht von EN. abgeleitet u. steht unterm Hochton					2					2 = 0,65%
C. Subst. u. Subst.										
a. BW. = Appell. u. bezeichnet die Örtlichkeit										
1. nach ihrer nat. Eigenart						3				3 = 0,98%
3. nach der Flora		3				3				6 = 1,97%
4. nach Tieren			1		7	1	1			11 = 3,6%
5. nach Benutzg. u. Kultur					4	6	1			11 = 3,6%
6. als menschl. Anlagen			1		3	1				6 = 1,97%
8. nach Maß oder Gestalt								1		1 = 0,33%
b. BW. ist EN., und zwar										
1. ein PN.	2	1	1		4	11 (1×fraglich)	2			21 = 6,9%
2. ein (vollständ.) LokalN.	1		1		2	5	14			23 = 7,56%
D. aus Verbalstamm u. Subst.	1		1							2 = 0,65%
Summe	26	16	29	2	80	93	39	16	3	304

Abb. 10 Flurnamenstatistik von Offenbach am Main-Bieber

Grundwort sind, ist das Verhältnis derselben Bildungstypen in Saarbrücken 30,52% zu 69,48%, also genau umgekehrt. Der Anteil der mit einem Personen- oder einem Lokalnamen gebildeten zusammengesetzten Namen ist in beiden Orten etwa derselbe (14,46% in Bieber, 19,16% in Saarbrücken). Erheblich ist dagegen der Unterschied im Bestand zusammen-

Der Bedeutung ihres Grundworts nach bezeichnen die Namen

Ihrer Bildung nach sind die deutbaren Namen vom Standpunkt der Namenlehre aus	natürl. Eigenart	Lage	Quellen u. Wasserläufe	Flora	Tiere	Benutzung u. Kultur	menschl. Anlagen	Wege u. Straßen	Maß oder Gestalt	Rechtsverhältnis	Personen	Volksglaube	Vordeutscher Name	Summa
einfach	19	2	1	7	1	10	38	2	6	1	3	(3)	1	94 = 30,52 %
abgeleitet														
Numerale + Subst.	3													3 = 0,98 %
Adj. = Appell. (Adj. + S., Subst. = App.)	10					10	6	2						28 }
Adj. = Name	5		2	4		4	10	15	1					41 } 69 = 22,4 %
natürl. Eigenart	3		2			2	2							9 = 2,92 %
Lage														
Quellen u. Wasserläufe			1			2								3 = 0,98 %
Flora	1		3			3								7 = 2,27 %
Tiere						1								1 = 0,32 %
Benutzung u. Kultur	5					2	4	4						15 = 4,87 % } 80 = 25,97 %
Menschl. Anlagen	1					8	4						1	14 = 4,55 %
Wege u. Straßen	2					9	9	2	2					24 = 7,79 %
Maß oder Gestalt	1					2	1	1		1				6 = 1,95 %
Rechtsverhältnis										1				1 = 0,32 %
Personen														
Volksglaube														
Vordeutscher Name														
Personenname	9		2			3	16		1					31 = 10,06 %
vollständ. Lokalname	2		3	1		1	10							17 }
gekürzt. Lokalname	3		1	1		2	3		1					11 } 28 = 9,1 %
Verbalstamm + Subst.	1			1		1								3 = 0,98 %
Summa	65	2	15	14	1	60	103	26	11	3	3	3	2	308
%	21,1	0,65	4,87	4,54	0,32	19,48	33,44	8,44	3,57	0,98	0,98	0,98	0,65	

(Zusammengesetzt, und zwar: aus Subst. + Subst., Bestimmungswort = Appell. = 80 = 25,97 %; BW = Name = 59 = 19,16 %; zusammen 139 = 45,13 %)

Abb. 11   Flurnamenstatistik von (Alt-)Saarbrücken

gesetzter Namen mit einem appellativischen Bestimmungswort: in Bieber nur 12,45%, in Saarbrücken dagegen 25,97%. Von Interesse ist auch, daß in dieser Rubrik in Bieber die Bestimmungswörter vorherrschen, die die Örtlichkeit nach Tieren sowie nach ihrer Benutzung und Kultur bezeichnen (7,2%), während in Saarbrücken Namen dieser Kategorie spärlich sind (2,6%), wohingegen Namen mit Bestimmungswörtern, die die Örtlichkeit nach menschlichen Anlagen, ihrem Rechtsverhältnis oder nach Personen bezeichnen, überwiegen (17,21%).

2.4.4 Die globale Auswertung

2.4.4.1 Die Regionen übergreifende und integrierende, also globale Auswertung von Namen ist bislang zweifellos am seltensten praktiziert worden. Zu sehr haftet der Namenkunde immer noch der Charakter einer Hilfswissenschaft an, die lediglich anderen Wissenschaftszweigen Material bereitstellt oder diesen Disziplinen ihre mit anderen Methoden (Ausgrabung usw.) erworbenen Erkenntnisse bestätigt. Das alles ist legitim und sollte auch in Zukunft nicht vernachlässigt werden. Doch wenn die Namenkunde als eigenständige Wissenschaftsdisziplin gelten will, muß endlich mehr Gewicht auf spezifisch onomastische Sachverhalte gelegt werden, die nicht so sehr die Besonderheiten eines lokal begrenzten Raumes als die Prinzipien der Namengebung* und die Verfahren der Namenbildung schlechthin betreffen.

Natürlich hat es dergleichen Untersuchungen schon immer einmal gegeben. Edward Schröder* hat beispielsweise beschrieben, nach welchen Prinzipien man in anderen Gegenden der Welt Örtlichkeiten benennt —wobei sich gezeigt hat, daß die Mittel der Namengebung in Sibirien sich nicht wesentlich von denen Mitteleuropas unterscheiden. Ernst Pulgram* hat die in indogermanischen Personennamen erkennbaren Verfahren der Benennung von Menschen untersucht und auch dabei festgestellt, daß die Gesichtspunkte der Namengebung im Altindischen etwa durchaus mit denen des Germanischen übereinstimmen. Auch die Chronologie der Namenbildung und -gebung* ist behandelt worden. Als Ergebnis steht fest, daß keineswegs die Fähigkeit des Menschen, onomastisch kreativ zu sein, zur Moderne hin abnimmt. Heute wie vor zweitausend Jahren vermag der Mensch Namen zu bilden. Allein die wechselnde Stärke seiner Bindung an den ihn umgebenden Raum und die ihn umgebenden Menschen reguliert die Intensität der Namenbildung, die sich mithin einzig nach politischen, sozialen und ökonomischen Bedingungen richtet. Dergleichen Untersuchungen bewegen sich sicherlich im Bereich des Überregionalen und sind folglich Beiträge zu einer allgemeinen Namenkunde oder doch Vorarbeiten dazu.

2.4.4.2 Am wenigsten intensiv ist bis heute die synchronische Namenkunde* überregional betrieben worden. Das ist insofern verwunderlich, als das rege Interesse der vergangenen Jahre an einer weniger auf die Erhellung grammatikalischer Einzelheiten als auf die Erkenntnis der sie bestimmenden grammatischen Strukturen gerichteten strukturalistischen Linguistik* eine solche Forschungsrichtung innerhalb der Onomastik hätte fördern können. Das Gegenteil scheint dagegen der Fall gewesen zu sein. Nur wenige Arbeiten beschäftigen sich z. B. mit der Personennamengebung schlechthin und untersuchen – wie Guido Gómez de Silva* – die Etymologie und Semantik der Ruf- und Familiennamen von Einwohnern aller Städte der Erde mit mehr als einer Million Bewohnern. Die vergleichenden Listen zeigen etwa die am häufigsten vorkommenden Familiennamen in:

Berlin (Ost und West): ›Hoffmann‹, ›Krüger‹, ›Müller‹ (1), ›Schmidt‹, ›Schul(t)z‹

München: ›Bauer‹, ›Fischer‹, ›Huber‹, ›Maier‹ (1), ›Müller‹, ›Schmidt‹

Wien: ›Bauer‹, ›Fischer‹, ›Mayer‹, ›Müller‹ (1), ›Schneider‹, ›Wagner‹

Amsterdam: ›Bakker‹, ›Jans(s)en‹, ›de Jong‹, ›Meijer‹/›Meyer‹, ›de Vries‹ (1)

Rotterdam: ›van den Berg‹, ›van Dijk‹, ›Jans(s)en‹, ›de Jong‹ (1), ›Visser‹

Luxemburg: ›Hoffmann‹, ›Muller‹, ›Schmit‹ (1), ›Wagner‹, ›Weber‹

Paris: ›Bernard‹, ›Levy‹, ›Martin‹ (1), ›Petit‹, ›Richard‹

Marseille: ›Arnaud‹, ›Blanc‹ (1), ›Fabre‹, ›Martin‹, ›Michel‹, ›Roux‹

Bereits aus solchen bloß statistischen Aufstellungen ergeben sich bevorzugte Namengebungsverfahren: wenn Deutschland, Österreich und Luxemburg darin übereinstimmen, daß die gebräuchlichsten Familiennamen ehemalige Berufsbezeichnungen sind, so weicht die Namengebung der Niederlande davon durchaus ab. In Frankreich sind die am häufigsten vorkommenden Familiennamen ehemalige Ruf- und Beinamen, die sich auf Besonderheiten des Aussehens ihrer Träger (›Petit‹, ›Blanc‹, ›Roux‹) beziehen; an ehemaligen Berufsbezeichnungen taucht nur der *faber* (›Fabre‹) 'Schmied' auf.

2.4.4.3 Jede synchronisch-strukturalistische Behandlung von Eigennamen unter überregionalen Gesichtspunkten wird zu berücksichtigen haben, daß auch Namen Elemente eines Systems* sind. Wie die Elemente in allen linguistischen Systemen stehen auch die Eigennamen in Opposition zueinander. Nach Jurij A. Karpenko gilt im System der Namen zunächst die Opposition Toponym : Nicht-Toponym. Innerhalb der Toponyme etwa sind die Oppositionen Toponym einer Klasse : Typonym einer anderen Klasse und Toponym derselben Klasse : anderes Toponym derselben Klasse möglich. Diese Teilung spiegelt sich im Gegeneinander der phonologisch-lexikalisch verschiedenen Namen ›Dresden‹ : ›Leipzig‹, ›Schwetzingen‹ : ›Hokkenheim‹ neben dem Gebrauch unterscheidender Bestimmungswörter bei Namen mit demselben Grundwort: ›Nieder‹-X : ›Ober‹-X, ›Klein‹-Y : ›Groß‹-Y. Sobald weitere Unterscheidungen nötig werden, zwingt die Opposition zur Verwendung weiterer unterscheidender Zusätze: ›Klein-Nieder‹-X : ›Groß-Nieder‹-X; ›Nieder-Klein‹-Y : ›Ober-Klein‹-Y usw. Warum die Namengebung einmal nach diesem, im andern Fall nach jenem Oppositionsschema verfährt, läßt sich bisher nicht einleuchtend begründen – ja es ist zu vermuten, daß die Motive für die unterschiedliche Prinzipienauswahl niemals aufgedeckt werden können. Immerhin wird die überregionale Untersuchung solcher Baugesetzlichkeiten Verfahrensweisen der Namengebung zu erkennen erlauben, die für eine allgemeine Theorie der Namengebung von großer Bedeutung sind.

2.4.4.4 Modelltheoretische Überlegungen* allgemeiner Art sind ebenfalls Aufgabe einer allgemeinen Namenkunde. Rudolf Šrámek* hat sich damit beschäftigt. Er unterscheidet (wobei fürs erste nur Toponyme ins Auge gefaßt werden) ein Ausgangsstellungs-Modell, welches die Beziehung des Namengebers zur durch den Namen zu identifizierenden objektiven Realität darstellt und daher auch Beziehungsmodell heißen könnte, von einem wortbildenden Modell, welches die Möglichkeiten der Wortbildung von Namen abbildet. Das erstere umfaßt weitgehend nichtlinguistische Phänomene. Es beinhaltet z. B., daß von den vielfältigen Erscheinungsformen der Realität nur diejenigen als für die Namengebung relevant ausgewählt werden, die sich durch die Fragen a) wo?, b) was? wer?, c) was für ein(e)? welcher, welche, welches? und d) wessen? wem gehörend? umschreiben lassen. Mit den so bestimmten Kategorien überschneidet sich die kategoriale Unterscheidung von Belebt- und Unbelebtheit. Das wortbildende Modell dagegen liefert die Regeln für die Übersetzung solcher Auffassungs- und Bestimmungsweisen in die sprachliche Form der Namen. Beide bilden zusammen ein typisches Benennungsmodell, das "je nach dem Anteil und Charakter der AM [Ausgangsstellungsmodelle] und WM [Wortbildungsmodelle] für die einzelne Sprache (Mundart, für die Sprache des Forschungsgebietes) und für eine bestimmte Zeitstufe typisch und unwiederholbar ist". So kann Šrámek die für eine allgemeine Onomastik wichtige Formel bilden:

$$O N = S \frac{A M + W M}{Z + L}$$

in der S, Z und L Sprache, Zeit und geographische Lage bedeuten.

Hierher gehören natürlich im Grunde auch alle Versuche, das Wesen des Eigennamens universal zu definieren. Auch die Formel, die Klaus Hilgemann* "für die Bedeutung der spezifischen Sprachform des Eigennamens" aufgestellt hat, ist Bestandteil einer allgemeinen Onomastik:

$$B_{FN} = \frac{I_s}{T_{ident}} (\Sigma K (g + i) (r + e))$$

Die Bedeutung eines Eigennamens [B_N] ist die auf die Identifikation des Namenträgers [T_{ident}] ausgerichtete Assoziation der Form des Namens [F] mit seinem Träger (= situationsabhängiger Inhalt), verbunden mit den durch die Nennung des Namens hervorgerufenen Konnotationen [ΣK], die sowohl aus Momenten der Sprachgemeinschaft (soziolektisch/dialektisch) [g] als auch aus individuellen Momenten (idiolektisch) [i] rationaler [r] oder emotionaler [e] Art resultieren.

2.4.5 Hinweise zu Kapitel 2.4

2.4.1

S. 99 Die Einteilung der Onomastik in eine regionale, areale und globale übernimmt im Anschluß an Aleksandra Vasil'evna Superanskaja auch Gerhardt 1977 (*1.3.5), S. 401. Vgl. auch Boesch 1959/60, S. 1–9. Zum arealen Aspekt vgl. Ernst Eichler: Ausblicke auf Linguistik, Ethnographie und Onomastik. In: NI 26, 1975, S. 1–8.

2.4.2.1

S. 100 Die Namenkunde wird damit zur Hilfswissenschaft, was Richard M. Meyer: Zur Syntax der Eigennamen. In: Beiträge 40, 1914/15, S. 501 klar formuliert hat: "die namenkunde hat sich, soweit sie überhaupt wissenschaftlich betrieben wird, fast zu einer selbständigen hilfswissenschaft, wie etwa münz- und wappenkunde es für die geschichtsforschung sind, entwickelt". Dies äußert sich z. B. bei R.C. van Caenegem: Kurze Quellenkunde des Westeuropäischen Mittelalters. Göttingen 1964, in der Einordnung von Personennamen- und Ortsnamenkunde in das Kapitel "Hilfswerke zum Studium der mittelalterlichen Texte". Vgl. auch Namenforschung heute S. 50f. Nach Balázs 1962 (*1.2.7), S. 154 hat insbesondere Kuryłowicz darauf hingewiesen, daß "les considérations d'ordre non-linguistique tendent à occuper le premier plan dans les recherches onomastiques", während nach der Meinung von Balázs vielmehr "le linguiste doit chercher et définir la position linguistique du nom propre dans le système des signes linguistiques mêmes".

Die Sachgebiete von regionalem Interesse, worüber aus Toponymen Aufschlüsse zu gewinnen sind, richten sich natürlich, wie ein Vergleich der Listen unten S. 126ff. zeigen kann, ganz nach den Kategorien des semantischen Gehalts der Namen. Vgl. dazu etwa Bach II, § 286–403 (S. 254–424); Naumann 1972 (*1.3.5), S. 35f.

S. 101 Siehe hierzu Ernst Brauch: Hockenheim. Stadt im Auf- und Umbruch. Schwetzingen 1965, S. 20–24 sowie die Abb. 1–3 ebd. Die Flurnamen deuten sämtlich auf tiefgelegenes wasser- bzw. sumpfreiches Gelände: ›Lache‹ 'feuchte Niederung', ›Bruch‹ 'Sumpfgebiet', ›Au‹ 'feuchte Niederung', ›Wühl‹ 'Wasserstrudel bzw. dadurch entstandene Vertiefung', ›Mörsch‹ 'Moorgebiet', ›Wörth‹ 'Insel, Halbinsel', ›Ried‹, ›Rohr‹ 'Sumpfgrasgewächse'.

S. 103 Das ›Winden‹-Beispiel bei Ernst Schneider: Die Stadtgemarkung Karlsruhe im Spiegel der Flurnamen. Karlsruhe 1965 (= Veröffentlichungen des Karlsruher Stadtarchivs 1), S. 164, 158 und Karte nach S. 20.

Zur Altstraßenforschung siehe Ernst Christmann: Siedlungs- und Flurnamen der Pfalz als Geschichtsquelle. In: 6. ICOS, Bd. 2, München 1961, S. 229–231, die Karte ebd., Abb. 4; ders./Werner Kaiser: Beiträge der Flurnamenforschung zur Römerstraßenforschung in der Pfalz. In: BzN NF 1, 1966, S. 179–213; ders.: 'Kem, Kim, Kümmel' als Benennung für Römerstraßen von Luxemburg-Metz bis Speyer-Lauterburg. In: Germania. Anzeiger der römisch-germanischen Kommission des deutschen archäologischen Instituts 27, 1943/44, S. 72–79 = ders.: Flurnamen zwischen Rhein und Saar S. 113–121; ders.: Die Bedeutung der 'Spiegel'- und 'Spielberge' für die Römerstraßenforschung in Südwestdeutschland. In: Pfälzer Heimat 1, 1950, S. 43–48; Dieter Berger: Alte Wege und Straßen zwischen Mosel, Rhein und Fulda. In: Rheinische Vierteljahrsblätter 22, 1957, S. 176–191; Anton Oeller: Flurnamen als Hilfsmittel der Altstraßenforschung an unterfränkischen Beispielen. In: 6. ICOS, Bd. 3, München 1961, S. 579–584; Bach II, § 390 (S. 418–421).

Vgl. etwa Namenforschung heute S. 59–70. Über die stark ideologisch gefärbte Darstellung von "Namenkunde und Namengebrauch in westdeutschen Schulen" (S. 63–66) und das ebenso ausgerichtete Kapitel "Namenkunde und Geschichtsbild" (S. 68–70) wird man hinweglesen. Die meinungsmanipulierende Tendenz dieser Partien wird unübersehbar, wenn selbst die negative Kritik an einem in der Bundesrepublik erschienenen "reaktionären" namenkundlichen Buch (Walther Steller: Name und Begriff der Wenden [Sclavi]. Kiel 1959 [= Mitteilungen der Landsmannschaft Schlesien, Landesgruppe Schleswig-Holstein 15]), wie sie von den Rezensenten wissenschaftlicher Zeitschriften der Bundesrepublik geübt wurde, als unzureichend und wirkungslos bezeichnet wird. Siehe daneben die Kritik, die Witkowski 1973 (*2.3.6), S. 107 Anm. 17, am namenkundlichen Unterricht in den Schulen der DDR übt. Zu bedauern ist allerdings, daß die Beschäftigung mit (deutscher) Namenkunde in den Curricula der Schulen der Bundesrepublik genauso wenig vorgesehen ist wie in den Studienplänen für das Fach Germanistik bzw. Deutsch der meisten westdeutschen Universitäten. Bei der Befragung von Germanistikstudenten an der Universität Mannheim (siehe oben *1.3.3) beantworteten von 70 Befragten die Frage "Haben Sie sich jemals mit Namenkunde beschäftigt?" positiv 0, negativ 100%. Siehe hierzu Greule 1978 (*1.3.5) und seinen Hinweis auf die Aussparung des Stichworts "Onomastik" im Lexikon der Germanistischen Linguistik von H. P. Althaus/H. Henne/H. E. Wiegand, Tübingen 1973, die insbesondere H. H. Munske: Was fehlt im Lexikon der Germanistischen Linguistik? In: Werner H. Veith/Joachim Göschel (Hrsg.): Neuere Forschungen in Linguistik und Philologie. Aus dem Kreise seiner Schüler Ludwig Erich Schmitt zum 65. Geburtstag gewidmet. Wiesbaden 1975 (= ZfDL, Beihefte NF 13), S. 7–16, bemängelt hat. Immerhin hat dies dazu geführt, daß die neue Auflage des Lexikons (Tübingen 1980) das Stichwort "Onomastik" enthält. Zur Notwendigkeit der Behandlung namenkundlicher Themen in der Schule siehe besonders Karlheinz Daniels: Namenforschung im Deutschunterricht. In: Otto Schober (Hrsg.): Sprachbetrachtung und Kommunikationsanalyse. Kronberg 1980, S. 163–177 (mit Beispielen aus der Unterrichtspraxis).

2.4.2.2

Vgl. die Hinweise auf dialektologische Arbeiten oben *2.2.3.2 sowie die Angaben zu *5.1.1. Einen guten Überblick verschafft Hans Peter Althaus: Ergebnisse der Dialektologie. Bibliographie der Aufsätze in den deutschen Zeitschriften für Mundartforschung 1854–1968. Wiesbaden 1970 (= ZfDL, Beihefte NF 7).

S. 104   Die Beispiele aus Saarbrücken bei Bauer: Flurnamen der Stadt Saarbrücken. Bonn 1957, S. 255, 265f. und 259. Vgl. auch Erich Kuntze: Studien zur Mundart der Stadt Saarbrücken (Lautlehre). Marburg 1932 (= Deutsche Dialektgeographie 31); Boesch 1959/60, S. 2.

2.4.3.1

Zur Kulturraumforschung vgl. etwa Hermann Aubin/Theodor Frings/Josef Müller: Kulturströmungen und Kulturprovinzen in den Rheinlanden. Bonn 1926; Elisabeth Westphal: Flurnamen und Kulturkreisforschung. In: Rheinische Vierteljahrsblätter 4, 1934, S. 129–178; Heinrich Höhn: Wege und Ziele der Flurnamenforschung. Gießen 1935 (= Gießener Beiträge zur deutschen Philologie 43); Adolf Bach: Familiennamen und Kulturkreisforschung. In: Rheinische Vierteljahrsblätter 5, 1935, S. 324–329 = Studien S. 778–782; ders.: Familiennamen und Kulturraumforschung. Eine Erwiderung auf BzN 3, 92ff. In: BzN 3, 1951/52, S. 196–208; Peter Schöller: Kulturraumforschung und Sozialgeographie.

In: Aus Geschichte und Landeskunde. Forschungen und Darstellungen. Franz Steinbach zum 65. Geburtstag gewidmet von seinen Freunden und Schülern. Bonn 1960, S. 672–685; Bach II, § 657–663 (S. 428–445).

2.4.3.2

S. 105 Zur Verteilung der keltischen Namen vgl. Bach II, § 425 f. (S. 37–40) und die Karte ebd., S. 40; die germanischen Namen der antiken Überlieferung ebd., § 454–464 (S. 89–108) und die Karte ebd., S. 95; beide Karten sind kombiniert in der Karte S. 128 oben des dtv-Atlas zur deutschen Sprache. Die Darstellung der Ausgrabungsbefunde in den Karten auf S. 4 und 5 bei Bach II zu § 416. Anders beurteilt Hans Kuhn: Grenzen vor- und frühgeschichtlicher Ortsnamentypen. Wiesbaden 1963 (= Akademie der Wissenschaften und der Literatur. Abhandlungen der Geistes- und sozialwissenschaftlichen Klasse 1963, Nr. 4); ders.: Die Nordgrenze der keltischen Ortsnamen in Westdeutschland. In: BzN NF 3, 1968, S. 311–334, die Verteilung: für ihn schiebt sich zwischen den Bereich der wirklich keltischen und der germanischen Namen ein Raum, dessen Namengebung auf nicht-indogermanische Bewohner schließen läßt.

Zu den ›leben‹/›lev‹-Namen vgl. Bach II, § 586–588 (S. 330–338), eine Verteilungskarte ebd. S. 334; Kuhn: Grenzen, aaO., S. 4–7 pass.; ders.: Besprechung von Bach II. In: AfdA 68, 1955/56, S. 163–165 (zur Frage der Ausdehnung des Thüringerreiches).

Das ›Wingert‹-Beispiel bei Bach II, § 766 (S. 583f.); Heinrich Dittmaier: Rheinische Flurnamen. Bonn 1963, S. 346. Danach die Karte S. 130 rechts unten im dtv-Atlas zur deutschen Sprache.

2.4.3.3

Zu den Herkunftsnamen als Familiennamen vgl. etwa Schwarz I, § 61–69 (S. 91–106) und die Karte ebd., S. 105; Bach 1957, S. 10–12; Bach I, § 226–234 (S. 235–263) und die Karte ebd., S. 173; Rudolf Fischer: Familiennamen – Herkunftsnamen. In: Beiträge. Sonderband 82, Elisabeth Karg-Gasterstädt zum 75. Geburtstag am 9.2.1961 gewidmet, Halle 1961, S. 353–362; Wolfgang Fleischer: Die deutschen Personennamen. Geschichte, Bildung und Bedeutung. Berlin [2]1968 (= Wissenschaftliche Taschenbücher. Reihe Sprachwissenschaft 20), S. 107–111; Fleischer 6.3.2.2 (S. 668f.) und die Karte ebd., S. 670; dtv-Atlas zur deutschen Sprache S. 126.

Zu den Rufnamen als Familiennamen vgl. etwa Schwarz I, § 50–60 (S. 74–91) und die Karte ebd., S. 83; Bach 1957, S. 12–14; Bach I, § 221–225 (S. 245–253); Fleischer: Personennamen, aaO., S. 98–107; Fleischer 6.3.2.1 (S. 666–668) und die Karte ebd., S. 670; dtv-Atlas zur deutschen Sprache S. 126.

S. 106 Zur dialekt- bzw. wortgeographisch bedingten Verschiedenheit der Namen vgl. etwa Schwarz I, § 111 (S. 179–184); Bach I, § 14f. (S. 24–26); Fleischer: Personennamen, aaO., S. 167–179.

Zur "Gemeinen Teutsch" vgl. etwa Adolf Bach: Geschichte der deutschen Sprache. Heidelberg [9]1970 (= Hochschulwissen in Einzeldarstellungen), § 123 (S. 198f.); Hans Eggers: Deutsche Sprachgeschichte III. Das Frühneuhochdeutsche. Reinbek bei Hamburg 1969 (= Rowohlts deutsche Enzyklopädie 270), S. 152–154; Stanley N. Werbow: 'Die gemeine Teutsch'. Ausdruck und Begriff. In: ZfdPh 82, 1963, S. 44–63; Hans Moser: Zur Kanzlei Kaiser Maximilians I.: Graphematik eines Schreibusus. In: Beiträge 99, Halle 1978, S. 32–56.

2.4.3.4

Zur namenstatistischen Auswertung vgl. Adolf Bach: Die alten Namen der Gemarkungen von Bad Ems und Kemmenau. In: Nassauische Annalen 46, 1920/25, S. 189–282 = Studien S. 46–133; ders.: Die Siedlungsnamen des Taunusgebiets in ihrer Bedeutung für die Besiedlungsgeschichte. Bonn 1927 (= Rheinische Siedlungsgeschichte 1); ders.: Deutsche Herkunftsnamen in sachlicher Auswertung. In: Rheinische Vierteljahrsblätter 1, 1931, S. 358–377 = Studien S. 375–392. Eine eingehende Begründung der Anwendung statistischer Verfahren zusammen mit der Auswertung von Mikrotoponymen bietet Naumann 1972 (*1.3.5). Vgl. auch ders.: Methoden der quantitativen Analyse in mikrotoponymischer Sicht. In: 10. ICOS, Bd. 2, Wien 1969, S. 545–550.

Die Statistik von Offenbach/Main-Bieber nach Werner Schwarz: Flurnamenstudien anhand einer Sammlung der alten Namen von Offenbach/M.-Bieber. Phil. Diss. Frankfurt am Main. München 1967, S. 126f.; von Saarbrücken (nur die Gemarkung von Alt-Saarbrücken) nach Bauer: Flurnamen der Stadt Saarbrücken, aaO., S. 337.

2.4.4.1

S. 109 Bereits 1950 hat Smith (Smith 1950; vgl. etwa die Kriterien für "almost all given names selected by parents, either civilized or barbarian", S. 20–22) den Versuch gemacht, die Prinzipien der Namengebung schlechthin zusammenzustellen. De Vincenz 1961, S. 387–393, bes. S. 387 und 392; Eichler 1966, S. 151–162; ders. 1970, S. 4–8; Nicolaisen 1976 (*1.2.7), S. 142–163 haben dieselben Forderungen erhoben, die auf der anderen Seite etwa Witold Mańczak: Onomastik und Strukturalismus. In: BzN NF 3, 1968, S. 52–60 (in Auseinandersetzung mit Eichler 1966) ablehnt: "man kann sich kaum des Eindrucks erwehren, daß die meisten in dem besprochenen Aufsatz ausgedrückten Ideen ziemlich vage sind" (S. 52). Odo Leys 1965 (*1.2.7), S. 1f., hat ebenfalls bemängelt, "dat, sedert het begin van deze eeuw in Duitsland en elders, de naamgeving zeer vaak van extralinguïstisch standpunt werd bestudeerd", und beklagt, daß "de linguïstische resultaten van het naamkundig oderzoek zijn bovendien in verregaande mate als hulpmiddel gebruikt bij de studie van de nederzettingsgeschiedenis, de historsche geografie, het volksgeloof enz." (ebd.); siehe oben *2.4.2.1. Gerhardt 1977 (*1.3.5), S. 418 stellt jedenfalls noch 1977 lapidar fest: "eine allgemeine Theorie der Eigennamen steht als eigene Leistung [...] noch aus".

Edward Schröder: Sibirische Lesefrüchte. In: Schröder S. 128–133.

Pulgram 1954 (*1.2.7), S. 155–162.

Zur zeitlichen Schichtung vgl. Will 1931, S. 250–299; Bauer 1959, S. 58–73.

2.4.4.2

Zur synchronischen Namenkunde vgl. etwa de Vincenz 1961; Eichler 1966; ders. 1970; Nicolaisen 1976 (*1.2.7). Vgl. auch Balázs 1962 (*1.2.7), S. 153–159, bes. S. 154: "le linguiste doit chercher et définir la position linguistique du nom propre dans le système des signes linguistiques même".

S. 110 Zu Strukturalismus und strukturalistischer Linguistik vgl. etwa Hans Naumann (Hrsg.): Der moderne Strukturbegriff. Materialien zu seiner Entwicklung. Darmstadt 1973 (= Wege der Forschung 155); Dieter Wunderlich: Terminologie des Strukturbegriffs. In: Jens Ihwe (Hrsg.): Literaturwissenschaft und Linguistik. Ergebnisse und Perspektiven. Bd. 1: Grundlagen und Voraussetzungen. Frankfurt 1971 (= Ars poetica. Texte 8), S. 91–140 = Jens Ihwe (Hrsg): Literaturwissenschaft und Linguistik. Eine Auswahl. Texte zur Theorie der Literaturwissenschaft.

Bd. 1 Frankfurt 1972 (= Fischer Athenäum Taschenbücher 2015), S. 18–66; Manfred Bierwisch: Strukturalismus. Geschichte, Probleme und Methoden. In: Kursbuch 5, 1966, S. 77–152 = Jens Ihwe (Hrsg.): Literaturwissenschaft und Linguistik 1971, aaO., S. 17–90; Hugo Steger (Hrsg.): Vorschläge für eine strukturale Grammatik des Deutschen. Darmstadt 1970 (= Wege der Forschung 146); sehr knapp in: Funk-Kolleg Sprache 1, S. 115–124.

Guido Gómez de Silva: The linguistics of the personal name. Methodology of their study and sample results. In: Onoma 17, 1972/73, S. 92–136. Vgl. weiterhin Smith 1950; Vroonen 1967. Zu letzterem die Besprechungen durch R. Sindou in: RIO 23, 1971, S. 67, und J. Untermann in: BzN NF 3, 1968, S. 104, die den wissenschaftlichen Wert des Buchs gering einschätzen.

2.4.4.3

Zum Systembegriff vgl. etwa Georg Klaus (Hrsg.): Wörterbuch der Kybernetik. 2 Bde Frankfurt/Hamburg 1969 (= Fischer Handbücher 1073 und 1074), S. 634–637; Georg Klaus/Manfred Buhr (Hrsg.): Marxistisch-leninistisches Wörterbuch der Philosophie. 3 Bde Reinbek bei Hamburg 1972 (= Rowohlt Handbuch 6155–6157), S. 1059–1064; Rainer Prewo/Jürgen Ritsert/Elmar Stracke: Systemtheoretische Ansätze in der Soziologie. Eine kritische Analyse. Reinbek bei Hamburg 1973 (= Rororo Studium 38), S. 11–35. Zu seiner Anwendung in der Namenkunde siehe die Arbeiten von de Vincenz 1961, Balázs 1962 (*1.2.7), Eichler 1966 und 1970, Nicolaisen 1976 (*1.2.7) sowie Vincent Blanár: Das spezifisch Onomastische. In: 10. ICOS, Bd. 1, Wien 1969, S. 81–87; ders.: Das spezifisch Onomastische. In: Der Name in Sprache und Gesellschaft S. 31–51; ders.: The problem of a system of personal names. In: Onomastica 15, 1970, S. 163–171. Die einschlägigen Arbeiten der russischen Onomastik, die sich intensiv mit der Systemhaftigkeit der Namen beschäftigt hat, sind leider nur spärlich ins Deutsche übersetzt worden; Titelangaben und inhaltliche Hinweise, etwa auf V.N. Toporov und J.A. Karpenko, finden sich insbesondere bei Blanár: Das spezifisch Onomastische 1973, aaO., und Eichler 1970, S. 6–8.

2.4.4.4

S. 111 Zur Modelltheorie vgl. etwa Funk-Kolleg Sprache 1, S. 84–93; Klaus: Wörterbuch der Kybernetik, aaO., S. 411–426; Klaus/Buhr: Wörterbuch der Philosophie, aaO., S. 729–734; Peter Hartmann: Modellbildungen in der Sprachwissenschaft. In: Studium Generale 18, 1965, S. 364–379; Herbert Stachowiak: Gedanken zu einer allgemeinen Theorie der Modelle. In: ebd., S. 432–463.

Rudolf Šrámek: Zum Begriff 'Modell' und 'System' in der Toponomastik. In: Onoma 17, 1972/73, S. 55–75. Das Zitat ebd., S. 62.

Hilgemann 1974 (*1.2.7). Formel und Erklärung dazu ebd., S. 383. Zu Hilgemann vgl. auch Wotjak 1976 (*1.2.7), Anm. 36.

2.4.6 Literatur zu Kapitel 2.4

*Adolf Bach (1957): Deutsche Namen in historisch-geographischer Sicht. In: DU 9, Heft 5, S. 5–31.

**Gerhard Bauer (1959): Zur Frage der 'schöpferischen Produktivität' in der Flurnamengebung. In: Rheinische Vierteljahrsblätter 24, S. 58–73.

Bruno Boesch (1959/60): Die Auswertung der Flurnamen. In: Mitteilungen für Namenkunde 7, S. 1–9.

116

Reeder H. Carsten (1958): Flurnamen als Geschichtsquellen. In: 5. ICOS, Bd. 1, Salamanca, S. 70–77.

Ernst Eichler (1970): Zur synchronen Namenforschung. In: NI 16, S. 4–8.

Ders. (1966): Strukturelle Versuche in der Onomastik. In: Slavica Pragensia 8, Prag (= Acta Universitatis Carolinae – Philologica 1–3), S. 151–162.

*Wolfgang Kleiber (1957): Vom Sinn der Flurnamenforschung. Methoden und Ergebnisse. In: DU 9, Heft 5, S. 91–101.

Friedrich Knöpp (1959): Wert der Fiurnamenkunde als Erkenntnisquelle für die Beschaffenheit der Altlandschaft. Darmstadt (= Schriftenreihe der Naturschutzstelle Darmstadt 5, 1).

Eberhard Freiherr von Künßberg (1936): Flurnamen und Rechtsgeschichte. Weimar.

Karl Friedrich Müller (1972): Die Bedeutung der Flurnamenforschung. In: Die Ortenau. Veröffentlichungen des historischen Vereins für Mittelbaden 52, Offenburg, S. 44–45.

*Josef Schnetz (1952): Flurnamenkunde. München (= Bayerische Heimatforschung 5).

Elsdon C. Smith (1950): The story of our names. New York.

George R. Stewart (1975): Names on the globe. New York.

**André de Vincenz (1961): Structuralisme et onomastique. Les problemes et méthodes d'une étude structurale en onomastique. In: Orbis 10, S. 387–393.

Eugène Vroonen (1967): Les noms des personnes dans le monde. Anthroponymie universelle comparée. Bruxelles.

Hans Walther (1962): Zur Auswertung namenkundlichen Materials für die Siedlungsgeschichte. In: WZKMUL 11, S. 313–318.

Ders. (1965): Bedeutung und Methodik namenkundlich-siedlungsgeschichtlicher Forschungen. In: Zs. für Geschichtswissenschaft 13, S. 770–784.

**Wilhelm Will (1931): Die zeitliche Schichtung der Flurnamen. In: Rheinische Vierteljahrsblätter 1, S. 250–299.

3 Namen als Sprachzeichen

3.1 Die Formenbildung der Namen

3.1.1 Synchronische Darstellung der formalen Möglichkeiten

Ein Blick in Eigennamenverzeichnisse jedweder Art vermag zu zeigen, daß die formalen Besonderheiten, die Eigennamen auszeichnen, auch dem Nicht-Fachmann schnell auffallen. Ein paar zufällig ausgewählte Beispiele aus dem Mannheimer Telefonbuch von 1975/76 sollen dies illustrieren. Die Namen ›Braatz‹, ›Fehr‹, ›Hug‹; ›Braun‹, ›Faul‹, ›Klein‹; ›Dentler‹, ›Ginkel‹, ›Longin‹; ›Feilhauer‹, ›Feldmann‹, ›Hufnagel‹ als Familiennamen sowie die Rufnamen ›Gerd‹, ›Hans‹, ›Max‹; ›Horst‹, ›Ernst‹, ›Heide‹; ›Hannelore‹, ›Hanspeter‹, ›Margarete‹; ›Gottlieb‹, ›Gerhard‹, ›Siegfried‹ lassen sich offenbar in die folgenden Klassen* einteilen:

a) einfache lexikalische Einheiten, die als Namen fungieren, ohne daß ihre Bildung oder eine bestimmte Bedeutung erkennbar würde: ›Braatz‹, ›Fehr‹, ›Hug‹; ›Gerd‹, ›Hans‹, ›Max‹.

b) zusammengesetzte oder abgeleitete Einheiten, die ebenfalls etymologisch-semantisch undurchsichtig, zumindest nur teilweise durchsichtig sind: ›Hannelore‹, ›Hanspeter‹, ›Margarete‹; ›Dentler‹, ›Ginkel‹, ›Longin‹.

c) einfache lexikalische Einheiten, die (zumindest äußerlich-formal) mit appellativischen Wortschatzelementen identisch sind (ohne daß sofort entscheidbar wäre, ob die Appellativbedeutung auch diejenige des Namens ist bzw. sein kann): ›Braun‹, ›Faul‹, ›Klein‹; ›Horst‹, ›Ernst‹, ›Heide‹.

d) zusammengesetzte oder abgeleitete Einheiten mit (formal-etymologischen und/oder semantischen) Beziehungen zum Appellativbestand: ›Gottlieb‹, ›Gerhard‹, ›Siegfried‹; ›Feilhauer‹, ›Feldmann‹, ›Hufnagel‹.

Daß dasselbe für Örtlichkeitsnamen gilt, läßt sich den folgenden Beispielen entnehmen, die sämtlich dem amtlichen Verzeichnis der Postleitzahlen der Deutschen Bundespost entstammen:

Kategorie a): ›Aach‹, ›Bilm‹, ›Laer‹ usw.
Kategorie b): ›Lembeck‹, ›Mellrich‹, ›Otting‹ usw.
Kategorie c): ›Bach‹, ›Berg‹, ›Moos‹, ›Sand‹ usw.
Kategorie d): ›Buchdorf‹, ›Eichholz‹, ›Neustadt‹, ›Ochsenhausen‹, ›Steinbach‹, ›Weinheim‹, ›Wiesenfeld‹, ›Zweibrücken‹ usw.

Natürlich erschöpfen diese Bildungsweisen nicht alle Möglichkeiten. Aus der eigenen Umgebung, dem Alltag oder der Literatur sind jedem Namen wie ›Kehrdichannichts‹, ›Murrmirnichtviel‹, ›Schaudichnichtum‹; ›Überhuppdendeibel‹, ›d'r Doof‹, ›d'r Dumm‹, ›et Mets‹; ›Susummse Brummsel‹, ›Ambrosius Dauerspeck‹, ›Karlchen Krake‹, ›Longinus Schlüpfrig‹ geläufig. Dergleichen Bildungen* müssen mithin in einer Systematik der formalen Möglichkeiten der Namenbildung ebenfalls berücksichtigt werden.

3.1.2 Einfache Namen

3.1.2.1 Als erste Klasse sollen die einfachen Namen* betrachtet werden, die nicht immer nur aus einer Silbe bestehen (›Ernst‹, ›Karl‹, ›Max‹, ›Urs‹), sondern entweder noch einen auslautenden Vokal aufweisen (›Erna‹, ›Otto‹, ›Fritzi‹, ›Rudi‹, ›Ulla‹) oder sogar mehrere Silben umfassen, die sich allerdings nicht als zusammengesetzt oder abgeleitet erkennen und entsprechend segmentieren lassen (›Margot‹, ›Michael‹, ›Sibylle‹, ›Thomas‹, ›Tobias‹, ›Walter‹). Sehr viele davon sind Übernahmen aus fremden Sprachen: Hebräisch (›Adam‹, ›David‹, ›Emanuel‹, ›Joachim‹), Griechisch (›Alexander‹, ›Peter‹), Latein (›Julius‹, ›August‹, ›Titus‹), Französisch (›Claude‹, ›René‹), Englisch (›Fred‹, ›Mike‹), Russisch (›Boris‹, ›Olga‹) usw. Die aus deutschem oder germanischem Sprachmaterial gebildeten Namen sind aus abgeleiteten oder zusammengesetzten Ausgangsformen durch Kontraktion und Assimilation* entstanden (›Adolf‹ ‹ *Adal(w)olf,* ›Albert‹ ‹ *Adalber(a)ht,* ›Bernd‹ ‹ ›Bernhard‹, ›Gerd‹ ‹ ›Gerhard‹, ›Berta‹ ‹ *Ber(a)hta)* oder nach bestimmten Regeln gebildete Kosenamen* (Hypokoristika): ›Benno‹ ‹ ›Bern-‹, ›Kuno‹ ‹ *Kuon-,* ›Heino‹ ‹ ›Hein-‹, ›Otto‹ ‹ *Odo(-),* ›Hugo‹ ‹ *Huoc-,* aber auch ›Fritz‹ ‹ ›Frid-‹, ›Utz‹ ‹ *Uod-,* ›Lutz‹ ‹ *(H)lu(o)d-* usw. Wie die Beispiele zeigen, trat bei hypokoristischen Bildungen oft entweder eine Konsonantenverdoppelung (Gemination) oder die emphatische Verstärkung* eines Konsonanten zu einer Konsonantengruppe (tz) ein. Konsonantengemination deutet in vielen Namen allerdings auch auf Lallformen*, die ihren Ursprung in der Kindersprache haben: ›Poppo‹ ‹ ›Folkmar‹, ›Tammo‹ ‹ ›Tankmar‹. Bezeichnend sind dafür insbesondere die Wiederholungen derselben Silbe: ›Mama‹/›Mamma‹, ›Papi‹/›Pappi‹, ›Lulu‹ ‹ ›Ludwig‹, ›Dodo‹ ‹ ›Dorothea‹, ›Didi‹ ‹ ›Dietrich‹. Verkleinerung* (Diminuierung) war früher durch Anhängung von Suffixen (Suffigierung) möglich, von denen sich bis heute nur -chen und -lein gehalten haben. Das ahd. Verkleinerungssuffix *-în** (vgl. etwa mhd. *vole* mit mhd. *vüllîn* 'Fohlen' bzw. 'Füllen') erscheint im Oberdeutschen im Nominativ als *-î* in Namen wie *Kuonî, Ruodî;* das noch heute in Hypokoristika des Typs ›Rudi‹, ›Hansi‹, ›Heini‹, ›Sigi‹, ›Gabi‹ auftretende -i entspricht jener alten Bildungssilbe. Oft erscheinen gerade in Kosenamen die mundartlich abgewandelten Formen der Diminutivsuffixe -chen und -lein, die in der Hochsprache allein zur Kosenamenbildung dienen: ›Hänschen‹, ›Karlchen‹; ›Mimeli‹, ›Hudel‹, ›Schorschle‹ usw. Bedeutungsvoll waren und sind innerhalb dieses Bildungstyps allein solche Formen, die nicht durch Kürzung oder Diminuierung entstanden sind, sondern von Anbeginn an selbständige Namen waren: ›Wolf‹, ›Welf‹ 'junger Hund', ›Karl‹ 'freier Mann', ›Frank‹ 'freier Mann', ahd. *Hraban* 'Rabe'. Nur hier ist die Übernahme aus dem Appellativbestand noch semantisch wirksam. Alle anderen Kurznamen sind bereits unmotiviert, das heißt: weil eigens zur Namengebung gebildet, appellativisch nicht mehr zu erklären.

3.1.2.2 Für Örtlichkeitsnamen gelten weitgehend dieselben Regeln. Problematisch wird es allerdings hier, wo es darum geht, die Stelle zu bezeichnen, an der der appellativische Gebrauch in den Namengebrauch übergeht. Soweit die appellativische Herkunft der Namen klar ist, brauchen die entsprechenden Wörter nicht weiter behandelt zu werden, gilt doch für sie, was für die sprachliche Herkunft, Bedeutung und Entwicklung der entsprechenden Appellative gilt, die in jedem etymologischen Wörterbuch nachzuschlagen sind (vgl. etwa Namen wie ›Abtei‹, ›Au(e)‹, ›Bach‹, ›Bann‹, ›Berg‹, ›Boden‹, ›Bruch‹, ›Brück(e)‹, ›Brunn(en)‹, ›Burg‹, ›Dorf‹, ›Einöd‹, ›Esche‹, ›Forst‹, ›Furth‹, ›Graben‹, ›Grube‹, ›Hammer‹, ›Haus‹, ›Heide‹, ›Höfchen‹, ›Holz‹, ›Hütte‹, ›Klause‹, ›Kohlgrub(e)‹, ›Kreuz‹, ›Linde‹, ›Moos‹, ›Münster‹, ›Norden‹, ›Osten‹, ›Ried‹, ›Rohr‹, ›Salz‹, ›Sand‹, ›Scheid(e)‹, ›Stein‹, ›Tann‹, ›Thal‹, ›Vogelsang‹, ›Wald‹, ›Weiler‹, ›Weingarten‹, ›Westen‹, ›Winkel‹, ›Wolf‹, ›Zell(e)‹ usw.) Doch fallen schon hier zum Teil ungewöhnliche, weil veraltete Schreibungen* (›Furth‹, ›Thal‹ mit th statt t in appellativischem "Furt" und "Tal") auf. Berücksichtigt man Flexionsformen derselben Wörter, so kann der Bestand noch vermehrt werden: ›Auen‹, ›Bergen‹ (!), ›Brücken‹, ›Burgen‹, ›Buchen‹, ›Eichen‹, ›Erden‹, ›Essen‹, ›Franken‹, ›Hagen‹ (!), ›Hausen‹ (!), ›Heiden‹, ›Hofen‹ (!), ›Holzen‹ (!), ›Hütten‹, ›Kapellen‹, ›Kirchen‹, ›Lachen‹, ›Linden‹, ›Mauern‹, ›Moosen‹ (!), ›Mühlen‹, ›Rieden‹ (!), ›Rohren‹ (!), ›Sachsen‹, ›Scheiden‹, ›Steinen‹ (!), ›Ulmen‹, ›Weiden‹, ›Winden‹ (!) usw. Die nicht gekennzeichneten Namen dieser Liste könnten als Nominativformen des Plurals verstanden werden. Dagegen zeigen die hervorgehobenen Formen, daß dies nur scheinbar zutrifft. Vielmehr handelt es sich um Dative des Plurals. Sie vertreten als letzte Reste den alten Ortskasus* (Lokativ), der in der Regel mit einer Präposition zusammen auftrat: *›zu‹ (›in‹, ›an‹, ›auf‹) ›den Bergen‹, *›zu‹ (›in‹, ›an‹) ›den Hagen‹, *›zu den Höfen‹, *›zu‹ (›bei‹ ›an‹) ›den Steinen‹ usw. Daß alte Flexionsformen als Ausgangsformen angesetzt werden müssen, zeigen die heute nicht mehr üblichen Pluralformen* ›Hausen‹ (die mhd. Flexion des Neutrums *hûs* übernimmt erst allmählich den andernorts entstandenen er-Plural und flektiert zumeist im Plural noch *diu hûs, der hûs, den hûsen, diu hûs),* ›Holzen‹ (mhd. *diu holz)* bzw. ›Hofen‹ (auch hier ist die mhd. Flexion – Plural *die hove* – von der heutigen verschieden).

Die unverständlichen Namen sind, ganz wie die entsprechenden Personennamen, entweder fremden Ursprungs (›Bonn‹ ‹ *Bonna,* ›Köln‹ ‹ *Colonia,* ›Speyer‹ ‹ *Spira,* ›Trier‹ ‹ *Treveris,* ›Worms‹ ‹ *Wormatia)* oder, soweit aus deutschem Sprachmaterial gebildet, wiederum durch Verschleifungen, Kontraktionen und Assimilationen entstanden. In solchen Fällen vermag nur historische Forschung, Aufrollen der Namengeschichte also, die Etymologie zu gewährleisten. Wenige Beispiele* müssen genügen: ›Tandern‹ ‹ A. D. 843 *Tannara* 'die im Tann Wohnenden', ›Schiltern‹ ‹ A. D. 1091 *Sciltara* 'Schildmacher', ›Fliessem‹ ‹ A. D. 804 *Flaistesheimo marca* 'Gebiet der Siedlung des ›Flaisti‹', ›Bensen‹ ‹ A. D.

1069 *Benninhusin* 'Siedlung des ›Benno‹', Ahlum 〈 A. D. 888 *Odon-hem* 'Siedlung des ›Odo‹', ›Schweben‹ 〈 A. D. 807 *Swabareod* '›Schwa-ben‹ried'.

3.1.3 Zusammengesetzte Namen

3.1.3.1 Erheblich häufiger sind, wie sich aus Telefon- und Adreßbüchern ergibt, die zusammengesetzten Namen. Es läßt sich sagen, daß zumindest die germanischen Personennamen in der Regel zweigliedrig, d. h.: durch Zusammensetzung* (Komposition) gebildet waren. Dabei orientierte man sich an verschiedenen Prinzipien. Als Grund- wie als Bestimmungswörter* konnten zunächst Substantive (›Siegfried‹, ›Ger(w)olf‹, ›Gerbrand‹, ›Hiltburg‹, ›Brünhild‹, ›Gerberga‹) wie Adjektive (›Gerbert‹, ›Hilde-funs‹, ›Gerhoch‹, ›Adalbert‹, *Adal(w)olf*, ›Gertrud‹, ›Dietlind‹) ver-wendet werden. Bestimmte Bildungselemente waren lediglich als Grund-wörter für Männer- (-›bert‹/-›brecht‹, -›mann‹, -›hard‹/-›hart‹, -›rich‹), andere nur als Grundwörter für Frauennamen üblich bzw. zulässig (-›hild‹/-›hilt‹, -›burg‹, -›gard‹, -›traud‹/-›traut‹/-›trud‹, -›lind‹/-›lint‹).* Bestimmte Lautverhältnisse sind ausgeschlossen: im zweiten Glied der Zusammensetzung vermeidet man anlautenden Vokal (›Adalbert‹, nicht *Adalebar; Adalolf* ist nur möglich, weil das zweite Glied ursprünglich mit w- anlautete: *Adalwolf*) und Alliteration* (*Hruodheri, Hruodhôh* kommen nur vor, weil das anlautende H- vor Konsonanten bereits am Schwinden war). Auch endreimende Namen sind verpönt (*Waltbalt, *Nandrant* und ähnliche Namenformen sind nicht überliefert). Während solchermaßen gebildete Männernamen noch immer häufig vorkommen, sind als Frauennamen nur noch wenige solcher Bildungen üblich; in sehr starkem Maße hat gerade hier ausländisches Namengut den Platz der hei-mischen Namen erobert.

Für die Familiennamen, die (siehe darüber unten S. 141 ff.) erheblich später entstanden sind, gelten andere Prinzipien. Unverständliche Namen lassen sich auch hier durch Erhellung der Namengeschichte in vielen Fäl-len auf verständliche Bildungen zurückführen. Es handelt sich im allge-meinen um Familiennamen aus Ruf- (›Christianssohn‹, ›Wilhelmsen‹, ›Arnolds‹) oder Übernamen (Adjektiv und Substantiv: ›Weißhaupt‹, ›Schwarzkopf‹, ›Kraushaar‹; präpositionale Fügungen: ›Ansorge‹, ›An-acker‹, ›Anhuth‹〈 mhd. *âne* 'ohne'; Substantive: ›Kohlhaas‹, ›Haber-stroh‹, ›Holzapfel‹, ›Sonnenschein‹, ›Sonntag‹, ›Tausendmark‹), aus Her-kunftsnamen (›Deutschmann‹, ›Leibnitz‹, ›Adenauer‹), Wohnstättenna-men (›Kerckhoff‹, ›Hasenbrink‹, ›Grothus‹) oder Berufsbezeichnungen (›Felgenhauer‹, ›Deichelbohrer‹).

3.1.3.2 Zusammengesetzte Örtlichkeitsnamen zählen zu den am häufig-sten vorkommenden Namen überhaupt. Allerdings ist die Bestimmung des Verhältnisses der Bestandteile der Zusammensetzung zueinander nicht immer ganz einfach. Oft ist nur schwer zu entscheiden, ob es sich

um eine wirkliche Zusammensetzung oder (nur) um eine Zusammenrük-
kung, d.h.: um eine im Grunde freie syntaktische Fügung handelt.* Die
ahd. Überlieferung, die Namen dieses Typs oft noch getrennt schreibt
(*in thie michilun buochun, in thaz steinina houg, in then lintinon seo,
in theo teofun clingun* der ⟨Hamelburger Markbeschreibung⟩*), läßt die
Entstehung solcher Formen deutlich erkennen. Als echte Zusammensetzungen gelten dagegen diejenigen Bildungen, die in der Kompositionsfuge* keine Flexionsendungen mehr erkennen lassen. Es lassen sich mithin
folgende Formklassen* unterscheiden:

a) attributives Adjektiv (flektiert) oder Substantiv im Genitiv + Substantiv

1) Adjektiv als erstes Glied: ›Nienburg‹ ⟨ A. D. 1073 *Niuwenburc* ’zu
der neuen Burg’, ›Breitenbach‹, ›Weißenburg‹, ›Büchenbach‹ ⟨ A. D. 997
Buochinebach, ›Dörnbach‹ ⟨ A. D. 827 *Dornaginpah,* ›Fallenwasser‹
⟨ ›das fallende Wasser‹, ›Schaumburg‹ ⟨ *ze der schouwenden burc* ’zur
weithin sichtbaren Burg’. Beim oftmals feststellbaren Nebeneinander
von Namen wie ›Weißenbach‹ : ›Weißbach‹ ist die längere Form da-
tivische Stellenbezeichnung (›an dem weißen Bach‹), die kürzere der
Bachname im Nominativ (›der‹/›die weiße Bach‹).

2) Substantiv als erstes Glied: ›Bischofsheim‹, ›Boxberg‹, ›Spessart‹
⟨ A. D. 839 *Spehteshart,* ›Grafenhausen‹, ›Pfaffendorf‹; ›Mannheim‹
⟨ *Manninheim* ’Siedlung des ›Manno‹’, ›Dangolsheim‹ ⟨ A. D. 760
Thancaradesheim, ›Bingerbrück‹ ’Brücke der ›Binger‹’, ›Innsbruck‹,
›St. Goarshausen‹, ›Büchelbach‹ ⟨ A. D. 824 *Puhilesbach* ’Bühlsbach’,
›Kaiserslautern‹, ›Herzogenaurach‹, ›Veitshöchheim‹.

b) Adjektiv oder Substantiv (unflektiert) + Substantiv

1) Adjektiv als erstes Glied: ›Altheim‹, ›Altkirchen‹, ›Hochheim‹, ›Oster-
burken‹, ›Westerengel‹, ›Neustadt‹.

2) Substantiv als erstes Glied: ›Bergheim‹, ›Benediktbeuren‹, ›Bruch-
rohrbach‹, ›Ettenheimmünster‹, ›Erlekom‹ ⟨ A. D. 800 *Adelrichheim*
’Siedlung des ›Adalrich‹’, ›Gaisbach‹, ›Goslar‹ ’Lar an der ›Gose‹’,
›Lauterburg‹, ›Neckarau‹, ›Rheingönheim‹, ›Tauberbischofsheim‹, ›Wid-
dern‹ ⟨ A. D. 775 *Witterheim* ’Siedlung des ›Withari‹’.

Die Beispiele machen deutlich, daß bei genauerem Zugriff erheblich
mehr Subkategorien unterschieden werden könnten, etwa nach der Beurteilung von Bestimmungs- und Grundwörtern als Appellativen, Perso-
nen- oder Örtlichkeitsnamen usw. Dergleichen Differenzierungen sind
den Handbüchern oder Spezialarbeiten zu entnehmen. Hier muß auf ihre
Darstellung verzichtet werden.

3.1.4 Abgeleitete Namen

3.1.4.1 Zahlreich sind auch die durch Ableitung* (Derivation), also unter
Verwendung von Bildungssuffixen, zustande gekommenen Namen. Innerhalb der Kategorie der Anthroponyme sind einige solcher Derivations-
möglichkeiten bereits erwähnt worden. Schon in germanischer Zeit spielt

die Suffigierung bei der Kosenamenbildung eine Rolle; die Endungen -o (Männernamen) und -a (Frauennamen) sind mit Konsonantenhäufungen verbunden (›Benno‹, ›Poppo‹, ›Otto‹; ›Hemma‹, ›Geppa‹), die eben für diesen Namentyp charakteristisch sind. Nicht alle Ableitungssuffixe (vgl. z/tz in den Namen ›Hezelo‹, ›Wezelo‹; ›Fritz‹, ›Utz‹ usw.) sind in ihrer Herkunft erklärbar. Als Derivation hat auch zu gelten, wenn durch Anfügung von -sen, -s oder -er an einen bestehenden Namen ein Herkunftsname gebildet wird (›Michelsen‹, ›Michels‹, ›Böhmer‹, ›Wiener‹). Auch bei der Bildung von Wohnstätten-, Berufsbezeichnungen und Über- oder Beinamen findet sich die Ableitung (›Brinker‹, ›Brunner‹; ›Becker‹, ›Herder‹; ›Schmeling‹ ⟨ "schmal", ›Böcking‹ ⟨ "Bock").

3.1.4.2 Zahlreich sind abgeleitete Örtlichkeitsnamen. Nicht leicht ist es, bei ihnen zu erkennen, wie weit ein ursprünglich zur Komposition benutztes Element seine Selbständigkeit so sehr eingebüßt hat, daß es zum Suffix geworden ist und nunmehr zum Zwecke der Derivation benutzt wird. Bei synchronischer Betrachtung könnten z.B. -›heim‹, -›hausen‹ und -›rod‹ als Kompositionsglieder betrachtet werden, während ihre abgeschliffenen Restformen -›um‹/-›en‹, -›sen‹ und -›ert‹ Suffixcharakter besäßen. Nur die diachronische Methode des Zurückgehens auf die ältesten Belege wird in solchem Fall eine verbindliche Entscheidung erlauben. Hier genügt es, auf einige in Toponymen öfter vorkommende Ableitungssuffixe* hinzuweisen:

-›apa‹/-›af(f)(a)‹: ein zur Bildung von Gewässernamen verwandtes Suffix strittiger Herkunft in Namen wie ›Hunnepe‹, ›Ennepe‹, ›Rospe‹, aber auch ›Aschaff‹, ›Horloff‹, ›Honnef‹, ›Wieslauf‹ ⟨ A. D. 1027 *Wisilaffa.*

-›aha‹: ebenfalls Gewässernamen bildendes Suffix – ›Aschach‹, ›Aiterach‹, ›Goldach‹, ›Fulda‹ ⟨ A. D. 752 *Fuldaha,* ›Gerau‹ ⟨ A. D. 910 *Geraha.*

-›ah(i)‹: Suffix zur Bildung von Stellenbezeichnungen durch Hinweis auf kollektiv vorkommende Sachverhalte – ›Lindach‹, ›Farmach‹ 'Farn', ›Förch‹ ⟨ A. D. 1207 *Forhohe* 'Föhre'; ›Haslach‹, ›Dornach‹, ›Heinig‹ 'Hag(ebuche)', ›Weidich‹.

-›ing‹: ein die Zugehörigkeit ausdrückendes Suffix, das zur Bildung von Insassenbezeichnungen diente und als Siedlungsnamenbestandteil meist im Dativ Plural vorkommt – ›Sigmaringen‹ 'bei den Leuten des *Sigimar*'.

-›(i)âcum‹: galloromanisches Suffix, das, Zugehörigkeit bzw. Besitz ausdrückend, vornehmlich zur Bildung von Siedlungsnamen verwendet wurde: ›Mainz‹ ⟨ *Mogontiacum,* ›Lorch‹ ⟨ *Lauriacum,* ›Kersch‹ ⟨ *Cressiacum.*

3.1.5 Satznamen* und dergleichen

Ebenfalls nur kurz soll auf die besondere Kategorie von Namen hingewiesen werden, von der oben (S. 118) schon einmal durch Nennung einiger Beispiele die Rede war. Es handelt sich bei ihnen um ganze Sätze oder Teile von solchen; der Satzcharakter wird vor allem dann noch deutlich empfunden, wenn eine Verbform vorkommt: ›Spar‹, ›Habe‹, ›Lachnit‹, ›Sorgenicht‹; ›Saufaus‹, ›Pustinthorn‹, ›Südekum‹ 〈 "Sieh dich um". Dies gilt auch für Toponyme (die manchmal auch zu Personennamen geworden sind): ›Luginsland‹, ›Kehrwieder‹, ›Rührmichnichtan‹, ›Schaudichnichtum‹, ›Murrmirnichtviel‹. Besonders im Falle der Anthroponyme dieses Typs (man spricht auch von Imperativnamen) wird die Verwendung als Namen wohl darauf zurückgeführt werden können, daß der Namenträger die betreffende Wendung als Redensart ständig im Munde führte. So vor allem sind auch solche Satznamen zu erklären, die kein Verb enthalten: ›Frischauf‹, ›Jasomirgott‹, ›Kortum‹ "kurzum", ›Mornebesser‹ "morgen besser".

3.2 Die Bedeutungsstruktur der Namen

3.2.1 Schwierigkeiten einer Semantik des Namens

Auch unter dem Gesichtspunkt ihrer Inhalts- oder Bedeutungsstruktur* ist die Untersuchung der Eigennamen insofern problematisch, als bei synchronischem und diachronischem Vorgehen sehr verschiedene Ergebnisse erzielt werden. Da Eigennamen, ob verständlich oder unverständlich, synchronisch dem lexikalischen System des Neuhochdeutschen zuzurechnen sind, muß die Betrachtung ihres Inhalts verständlicherweise in dem Augenblick zu einem sehr besonderen Resultat kommen, wenn beispielsweise das Bestimmungswort des Namens ›Mannheim‹ mit dem nhd. Appellativ "Mann" gleichgesetzt und der Ortsname semantisch entsprechend ausgelegt wird. Ganz anders werden dagegen die Bedeutung des Namens und die Beziehung zwischen Bestimmungs- und Grundwort erfaßt, wenn, bei diachronischer Betrachtung, der erste Namenbestandteil aufgrund seiner Geschichte als Genitiv ›Mannin‹ eines männlichen Rufnamens ›Manno‹ erkannt wird. Sogar bis in die Bestimmung der Wortbildung hinein wirkt sich die unterschiedliche Vorgehensweise aus: ist der Name in synchronischer Interpretation ein echtes Kompositum, in dem "Mann" unflektiert an "Heim" antritt, so wird der Name sich in diachronischer Interpretation als Ergebnis einer Zusammenrückung, also als unechte Zusammensetzung zu erkennen geben (*Manninheim* ›Mannos‹ Siedlung'). In den folgenden Abschnitten wird einzig die diachronische Methode zugrunde gelegt, weil – wie das Beispiel gezeigt hat – auf der semantisch-inhaltlichen Ebene die synchronische Methode notwendigerweise zu kurz greift.

Eine andere Schwierigkeit bietet sich bei den Rufnamen. Zwar ist es nicht allzu kompliziert, im Anschluß an die Namengeschichte die Bestandteile der germanischen Namen nach ihrer Bedeutung aufzuschlüsseln. Andererseits ergibt sich immer wieder, daß die nähere Bestimmung des semantischen Verhältnisses der Elemente mehrgliedriger germanischer Personennamen kaum zu leisten ist. Die schon erwähnten Versuche, ger-

124

manische bzw. ahd. Rufnamen etymologisierend zu übersetzen, demonstrieren die Unmöglichkeit solchen Vorgehens aufs schlagendste. Wenn Smaragdus von St. Mihiel zur Zeit Karls des Großen die Namen ›Friedrich‹, ›Ratmund‹, ›Watmir‹, ›Wilmunt‹ und ›Mainhart‹ durch 'Friedensrächer', 'Mundesrat', 'Gewand mir', 'wollender Mund' und 'harter Stein' wiedergibt, wenn Friedrich Wilhelm Viehbeck 1818 die Namen ›Rudhart‹, ›Rudpert‹, ›Hinkmar‹ und ›Oskar‹ als 'Hundesherz', 'Prachthund', 'Hinkepferd' und 'Ochsensorger' deutet*; wenn moderne Namenbücher die Bedeutung der Namen ›Adolf‹, ›Bertram‹ und ›Gertrud‹ durch 'Edelwolf', 'Glanzrabe' und 'Speerzauberin' umschreiben* – in allen Fällen ergibt sich daraus handgreiflich die Unmöglichkeit, sinnvolle semantische Beziehungen zwischen den Namengliedern herzustellen.

Die Darstellung der Prinzipien der germanischen Personennamengebung (siehe unten S. 137ff.) wird ausreichend verdeutlichen, warum dies so sein muß. In den nachfolgenden Abschnitten soll daher im Falle der germanischen Personennamen lediglich die Bedeutung der Einzelglieder betrachtet werden, ohne daß damit über deren Beziehung zueinander etwa im Sinne des semantischen Verhältnisses von Bestimmungs- zu Grundwort* etwas ausgesagt wird. Wenn dennoch die ersten Namenbestandteile im Abschnitt "Bestimmungswörter", die zweiten im Abschnitt "Grundwörter" behandelt werden, so ist diese Zuordnung im Sinne der soeben erörterten Problematik zu verstehen.

3.2.2 Die Semantik der Grundwörter

3.2.2.1 Als wichtigste Bestandteile mehrteiliger Namen (zumindest, soweit es sich um Zusammensetzungen, Komposita, handelt) haben die Grundwörter zu gelten. Dies sind die jeweils letzten Namenglieder, nach welchen sich – ganz wie bei den Komposita des Appellativbereichs – das Genus und alle sonstigen morphologischen und syntaktischen Besonderheiten des Sprachzeichens richten. Verständlicherweise sind diese Grundwörter (die in den heutigen Namenformen vielfach nicht mehr eindeutig zu erkennen sind; vgl. nur ›Kirchhunden‹, ›Einum‹, ›Ettikon‹ mit ›Euerfeld‹, ›Freudenstadt‹, ›Kattendorf‹) sehr verschieden, sofern es sich um Grundwörter von Rufnamen, Örtlichkeitsnamen oder anderen Namenkategorien handelt. Im folgenden sollen nur Anthroponyme und Toponyme in dieser Reihenfolge behandelt werden.

a) Grundwörter von Anthroponymen

I) Eingliedrige Namen: es handelt sich um Adjektive oder Substantive, deren Bedeutung kategorisiert werden kann* als 1) auf die Zeit bezogen: *Sumar, Wintar*; 2) auf Charakter- oder Körpereigenschaften: *Swarzo*, ›Bruno‹, *Ernest, Snella, Kraft, Wuotan*; 3) auf Tiere: *Fugal, Hraban, Falko, Hengist, Horsa*; 4) auf Alter und Stellung: ›Karl‹, *Erbo, Wigant,* ›Wielant‹, *Demuot*; 5) auf Stammeszugehörigkeit: ›Franko‹, *During,* ›Hasso‹, *Sahso, Swabo, Wiking* und dergleichen.
II) Mehrgliedrige Namen: 1) Nur in Männernamen vorkommende Grund-

wörter – Bezeichnungen für Waffen: *brant* 'Feuerbrand, Schwert' (›Fride-brant‹, ›Hildebrant‹, ›Hadubrant‹), *ger* 'Wurfspeer' (›Swabger‹, ›Winiger‹), *rant* 'Schild' (›Berhtrant‹, ›Herirant‹); für Kampf und Sieg: *wîg* 'Kampf' (›Baldwig‹, ›Nantwig‹), *hadu* 'Kampf' (›Gundhad‹, ›Sigihad‹, ›Willehad‹), *badu* 'Kampf' (›Sigibad‹, ›Wolfbad‹); für Krieger und deren Eigenschaften: *hari* 'Heer' (›Gisilher‹, ›Walther‹, ›Werinher‹), *hart* 'stark, kühn' (›Adal-hart‹, ›Berinhart‹, ›Nidhart‹), *bald* 'kühn, tapfer' (›Werinbald‹, ›Drud-bald‹, ›Hucbald‹, *wald* 'herrschend' (›Answald‹, ›Sigiwald‹, ›Arnwald‹), *mâri* 'berühmt' (›Adalmar‹, ›Folcmar‹, ›Sigimar‹), *rîchi* 'Herrscher' (›Ellanrich‹, ›Odalrich‹, ›Winirich‹), *fridu* 'Schutz, Sicherheit' (›Helm-frid‹, ›Odalfrid‹), *munt* 'Schutz, Beschützer' (›Baldmunt‹, ›Berhtmunt‹, ›Ratmunt‹, ›Sigimunt‹), *muot* 'Geist, Sinn' (›Germut‹, ›Hartmut‹), *beraht* 'hell, glänzend' (›Folcbert‹, ›Hildibert‹, ›Sigibert‹), *rât* 'Rat' (›Kuonrat‹, ›Adalrat‹); für Tiere: *wolf* 'Wolf' (›Adalwolf‹, ›Arnulf‹, ›Ludolf‹, ›Ru-dolf‹), *hraban/ram* 'Rabe' (›Wolfram‹, ›Guntram‹, ›Bertram‹); für emo-tionale Beziehungen: *wini* 'Freund, Geliebter' (›Hartwin‹, ›Ortwin‹), *gast* 'Gastfreund' (›Arbogast‹, ›Herigast‹, ›Hiltigast‹). Beispiele aus den zuletzt behandelten Kategorien machen deutlich, daß die Klassifizierung unzureichend ist, da oftmals die sichere Bestimmung der Namenbedeutung nicht möglich wird. – 2) Nur in Frauennamen vorkommende Grund-wörter – Bezeichnungen für Zauber und Kult: *rûn(a)* 'Geheimnis' (›Frid-run‹, ›Sigirun‹, ›Wolfrun‹), *wîh* 'heilig' (›Hadwih‹); für geistige, sittliche oder körperliche Eigenschaften: *drûd* 'Kraft', später mit *trût* 'traut, lieb' zusammengefallen (›Gertrud‹), *frîd* 'schön', später mit *fridu* 'Schutz, Sicherheit' zusammengefallen (›Engilfrit‹, ›Ermenfrid‹, ›Raganfrid‹), *lindi* 'weich, zart' (›Adallind‹, ›Bernlind‹, ›Godelint‹, ›Sigilind‹), *flât* 'Schönheit' (›Drutflat‹, ›Gerflat‹); für Kampf: *hilt(i)* 'Kampf' (›Brünhild‹, ›Kriem-hild‹, ›Mechthild‹, ›Sighilt‹), *gunt* 'Kampf' (›Adalgund‹, ›Fridegund‹, ›Rihgund‹); für Verhalten im Kampf: *swind* 'stark, kühn, listig' (›Adal-swind‹, ›Hildiswind‹), *burg* 'Schutz, Beschützerin' (›Gerburg‹, ›Hildeburg‹, ›Walburg‹). Das sehr häufige Namengrundwort ›gard‹, das wohl zu ahd. *garta* 'Gerte' gehört*, läßt sich schwer einordnen; es zeigt sich auch hier, daß die Klassifizierung unzureichend ist.

3.2.2.2 Grundwörter von Örtlichkeitsnamen sind vollzählig unmöglich zu verzeichnen. Ist allein die Zahl der historisch zu belegenden Fälle dazu bereits zu hoch, so ist darüber hinaus zu bedenken, daß durch jederzeit mögliche Neubildungen weitere, derzeit nur appellativisch gebrauchte Lexeme zu Namen (Grundwörtern) werden können. Der folgende Über-blick deutet mithin nur die Bedeutungskategorien* an, denen die in Topo-nymen auftretenden Grundwörter zugehören, und bietet ansonsten aus jeder Kategorie nur wenige zufällig ausgewählte Beispiele.

b) Grundwörter von Örtlichkeitsnamen

Die derart benannten Örtlichkeiten werden bezeichnet:
I) nach ihrer Gestalt – 1) Täler und sonstige Vertiefungen: ›Telle‹/ ›Delle‹ 'Tal', ›Klamm‹ 'Bergspalte', ›Klinge‹ 'enges Tal mit Wasserlauf';

2) Berge und sonstige Erhöhungen: ›Bühl‹ 'Hügel', ›Brink‹ 'grasbewachsener Hügel', ›Donk‹ 'im Überschwemmungsgebiet liegende Erhebung', ›First‹ 'Bergrücken', ›Kapf‹, 'Aussichtsberg'; 3) ebenes oder unebenes Gelände: ›Schlecht‹ 'Ebene', ›Scheibe‹ 'runde Fläche', ›Halde‹/›Helde‹ 'Hang', ›Rech‹ 'Abhang', ›Rutze‹/›Rütsche‹ 'Felshang mit Steingeröll'; 4) Form des Geländes oder Flurstücks: ›Gehren‹ 'keilförmiges Stück', ›Schlüssel‹ 'schlüsselförmiges Stück', ›Zagel‹ 'schwanzförmiges Stück' usw.

II) nach der Bodenbeschaffenheit – 1) Geologie: ›Fels‹, ›Lehm‹, ›Sand‹, ›Stein‹; 2) Beurteilung der Beschaffenheit: ›Elend‹, ›Himmel‹(›reich‹), ›Paradies‹; 3) Bodenschätze: ›Erz‹, ›Salz‹ usw.

III) nach ihren Bewässerungsverhältnissen – 1) fließende Gewässer: ›Bach‹/›Beck‹/›Beke‹, ›Floß‹ 'Wasserlauf', ›Seifen‹/›Siefen‹/›Siepen‹ '(Schlucht mit) Rinnsal'; 2) Quellen: ›Brunnen‹/›Born‹, ›Sod(e)‹ 'Quelle', ›Spring‹/›Sprung‹ 'Quelle'; 3) stehende Gewässer: ›Lache‹, ›Maar‹, ›Pfuhl‹/›Puhl‹, ›Waag‹ 'See, Lache'; 4) sumpfiges Gelände: ›Bruch‹, ›Marsch‹/›Mersch‹ 'Weideland am Ufer, Sumpfland', ›Suhl(e)‹ 'Kotlache, Wälzlache des Wildes'; 5) Land am oder im Wasser: ›Aue‹, ›Grien‹ 'Sandinsel im Fluß', ›Staden‹ 'Gelände am Flußufer', ›Wert(h)‹ 'Insel, Halbinsel' usw.

IV) nach ihrer Lage – ›Boden‹, ›Fuß‹, ›Himmel‹; ›Wind‹, ›Sonne‹, ›Schatten‹; ›Osten‹, ›Westen‹, ›Abend‹ usw.

V) nach ihrer Bewachsung – 1) Bäume: ›Erle‹/›Eller‹, ›Heister‹ 'junger Baum', ›Ulme‹/›Elme‹, ›Weide‹; 2) Sträucher: ›Brame‹/›Breme‹ 'Besenginster', ›Dorn‹, ›Hüls‹ 'Ilex'; 3) Pflanzen: ›Binse‹/›Biese‹, ›Liesch‹ 'Riedgras', ›Ried‹ usw.

VI) nach Tieren – 1) Tierbezeichnungen: ›Flunder‹, ›Hengst‹, ›Kamel‹, ›Katze‹; 2) Benutzung durch Tiere oder tierische Anlagen: ›Fuchsbau‹, ›Hühnerscherre‹, ›Muckensturm‹, ›Vogelsang‹ usw.

VII) nach Menschen, Göttern, Heiligen usw.: ›Bettelfrau‹, ›Einsiedel‹, ›Mauter‹ 'Zöllner'; ›Bartel‹, ›Götz‹, ›Rosenblat‹; ›St. Ingbert‹, ›St. Wendel‹ usw.

VIII) nach ihrer Benutzung durch den Menschen – 1) Wald und Waldwirtschaft: ›Busch‹, ›Hagen‹, ›Holz‹, ›Horst‹ 'Gestrüppwald', ›Strut‹, 'sumpfiger Wald', ›Schachen‹ 'kleines Waldstück'; 2) Wiesen und Weidewirtschaft: ›Brühl‹ 'Herrschaftswiesen dicht beim Hof', ›Espan‹ 'als Weide gebannte Wiese im Esch', ›Lahr‹ 'Weideplatz', ›Unter‹ 'Mittagsweide', ›Wünne‹ 'Weideland'; 3) Acker und Ackerwirtschaft: ›Brand‹ 'Rodung durch Feuer', ›Driesch‹ 'unbebautes Ödland', ›Esch‹ 'Ackerfeld der Gemarkung', ›Rod‹/›Reut‹/›Ried‹ 'Rodung', ›Wüste‹; 4) technische Anlagen: ›Bleiche‹, ›Breche‹ 'Stelle zum Brechen von Flachs', ›Hall‹ 'Saline', ›Mühle‹, ›Röste‹ 'Stelle zum Rösten von Flachs' (die Pflanzenstengel werden in Wasser zum Faulen gebracht); 5) Schutz- und Grenzanlagen: ›Beunde‹ 'durch Einzäunung der Gemeindenutzung entzogenes Privatgrundstück', ›Bitze‹/›Betzen‹ 'eingezäuntes Grundstück', ›Burg‹/›Berg‹, ›Gebück‹ 'verflochtene Hecke als Schutzwehr', ›Hamm‹ 'durch Gräben eingefriedigtes Landstück', ›Kamp‹ 'wallumhegtes Stück

Land', ›Stiegel‹ 'Tritt zum Übersteigen von Zäunen'; 6) Verwaltung und Rechtspflege: ›Amt‹, ›Ding‹ 'Gerichtsstelle', ›Galgen‹, ›Mark‹; 7) Kultplätze und -bezirke: ›Kapelle‹, ›Kirche‹, ›Klause‹, ›Kreuz‹, ›Stock‹ 'Bildstock'; 8) Handelsanlagen: ›Hafen‹, ›Markt‹, ›Ring‹ 'Marktplatz'; 9) Plätze und Anlagen für Sport und Spiel: ›Festwiese‹, ›Kegelbahn‹, ›Schaub‹ 'Ort zum Anzünden des Feuers am 1. Sonntag nach Fastnacht'; 10) Siedlungen und entsprechende Bauten: ›Heim‹, ›Hof‹, ›Dorf‹, ›Haus‹; ›Herberge‹, ›Saß‹/›Gesäß‹ 'Ort, wo etwas sitzt', ›Kasten‹ 'Kornscheuer', ›Speicher‹; 11) Wege und Straßen: ›Fahr‹/›Fuhr‹ 'Furt', ›Grede‹ 'Stufe, Treppe', ›Kaderich‹ 'steiler Pfad', ›Rast‹ 'Ruheplatz', ›Spicke‹ 'Knüppeldamm', ›Stich‹ 'steiler Weg'; 12) nach Rechts- und Besitzverhältnissen: ›Allmende‹ 'Gemeindebesitz', ›Kirche‹, ›Zoll‹; 13) nach Größe und Ausmaßen: ›Hufe‹/›Hube‹, ›Morgen‹, ›Ruten‹; 14) nach Volksglauben und -brauch: ›Brautsteine‹, ›Jungfernsprung‹, ›Umgang‹ usw.

3.2.3 Die Semantik der Bestimmungswörter

3.2.3.1 Die Problematik der Bestimmungswörter, die darin zu sehen ist, daß im Falle von Rufnamen die Beziehung zwischen erstem und zweitem Namenglied oft eben nicht die der Bestimmung des zweiten durch das erste sein kann, so daß der Terminus Bestimmungswort nicht semantisch, sondern allein formal-linguistisch verstanden werden kann, ist schon angesprochen worden (oben S. 124f.). Dazu kommt (als eher technisches Problem dieses Buches), daß die Alternativen der Kombinierbarkeit bestimmter Bestimmungswörter mit Grundwörtern je besonderer Klassen nicht näher behandelt werden können. Auch hier wieder muß die bloße Nennung von Bedeutungskategorien und das Hinzufügen weniger Beispiele genügen.

a) Bestimmungswörter von Rufnamen
Da das Verhältnis von Bestimmungs- zu Grundwort nur innerhalb zusammengesetzter Namen sinnvoll sein kann, brauchen im folgenden eingliedrige Namen nicht mehr berücksichtigt zu werden. Da desweitern im Bereich der Bestimmungswörter Männer- und Frauennamen sich nicht unterscheiden, kann hier auch auf die getrennte Behandlung dieser beiden Kategorien verzichtet werden. Die Bestimmungswörter der alten Rufnamen lassen sich somit ordnen*:
1) nach mythologischen Gestalten*: *ans* 'Gott' (›Ansger‹, ›Anshelm‹, ›Anshild‹), *got* 'Gott' (›Gotfrid‹, ›Gothard‹, ›Gotwald‹, ›Gothild‹), *Ing(o)* vgl. die ›Ingaevonen‹ (›Ingofrid‹, ›Ingberht‹), *Irmin/Ermin* vgl. die ›Erminonen‹ (›Irminfrid‹, ›Irmingard‹, ›Irminberht‹) usw.;
2) nach Tieren*: *wolf* (›Wolfger‹, ›Wolfram‹), *ebur* 'Eber' (›Eberhard‹, ›Ebernand‹), *bero* 'Bär' (›Bernhard‹, ›Bernward‹, ›Bernhild‹), *aro* 'Adler' (›Arnfrid‹, ›Arnhelm‹, ›Arnhild‹), *swan* 'Schwan' (›Swanburg‹, ›Swanhild‹) usw.;
3) nach Waffen: *helm* (›Helmfrid‹, ›Helmtrud‹), *gêr* (›Gerhard‹, ›Gerhild‹), *ort* 'Spitze von Schwert oder Speer' (›Ortnit‹, ›Ortwin‹, ›Ortlieb‹) usw.;

4) nach Kampf und Sieg: *hilt(i)* (›Hiltibrand‹, ›Hildeger‹, ›Hildegund‹, ›Hildburg‹), *gunt* 'Kampf' (›Gunther‹, ›Guntram‹, ›Gundolf‹), *sigi* 'Sieg' (›Sigfrid‹, ›Sighelm‹, ›Sigmund‹, ›Siglind‹, ›Sigtrud‹) usw.;

5) nach dem Krieger und seinen Eigenschaften: *hari/heri* 'Heer' (›Heribrand‹, ›Heribert‹, ›Herward‹, ›Herwig‹), *folc* 'Heerhaufe' (›Folker‹, ›Folkbert‹, ›Folkmar‹), *hart* (›Hartfrid‹, ›Hartmut‹, ›Hartwig‹), *kuoni* 'kühn' (›Konrad‹), *adal* 'edles Geschlecht' (›Adalbert‹, ›Adolf‹), *ôd* 'Reichtum, Besitz' (›Otfrid‹, ›Other‹, ›Otbert‹), *fridu* (›Fridubrand‹, ›Fridurich‹, ›Fridgund‹, ›Fridhild‹, ›Fridbert‹), *rîchi* (›Richmuot‹, ›Richhild‹, ›Richolf‹), *hrôd/hruod* 'Ruhm' (›Hrodger‹, ›Ruodolf‹, ›Ruodlieb‹), *rât* (›Ratbod‹, ›Rathild‹) usw.;

6) nach emotionalen Beziehungen: *win(i)* (›Winfrid‹, ›Winibald‹, ›Winibert‹), *trut* (›Trudhelm‹, ›Trutbert‹, ›Truthild‹) usw.;

7) nach Völkern und Stämmen*: die ›Warnen‹ (›Werinher‹, ›Werinfrid‹), die ›Schwaben‹ (›Swabolf‹, ›Swabgast‹), die ›Angeln‹ (›Engelbert‹, ›Engelmar‹), die ›Welschen‹ (›Walahfrid‹) usw.

3.2.3.2 Die Bestimmungswörter von Toponymen lassen sich in zwei große Kategorien einteilen: die entsprechenden Grundwörter können einmal durch einen Namen, zum andern durch ein Appellativ modifiziert werden. Da Eigennamen als Bestimmungswörter semantisch wenig hergeben, man führte sie denn ebenfalls wiederum auf ihre Bestandteile zurück, wird diese Kategorie im folgenden nicht berücksichtigt. Die Bestimmungswörter von Toponymen, soweit sie Appellative darstellen, lassen sich denselben Bedeutungsklassen* zuordnen wie die Grundwörter. Tatsächlich finden sich viele der bereits besprochenen Grundwörter unverändert als Bestimmungswörter wieder. Nur als Bestimmungswörter treten in der Regel Adjektive auf; die folgende Übersicht wird also insbesondere Adjektive enthalten. Daß sie in allen Teilen ergänzungsbedürftig ist, braucht kaum wiederholt zu werden.

b) Bestimmungswörter von Örtlichkeitsnamen

I) Gestalt – 1) Vertiefungen: ›tief‹, ›hohl‹ usw.; 2) Erhöhungen: ›hoch‹, ›scharf‹ usw.; 3) Ebene/Unebene: ›flach‹, ›schlimm‹ 'abschüssig', ›gäh‹ 'steil' usw.; 4) Form: ›breit‹, ›lang‹, ›kurz‹, ›krumm‹, ›eng‹ usw.

II) Bodenbeschaffenheit – 1) Geologie: ›Grieß‹ 'Sand', ›Letten‹ 'Lehm', ›Kiesel‹ usw.; 2) Beurteilung: ›feist‹, ›fett‹, ›quat‹ 'verderbt' usw.; 3) Bodenschätze: ›Erz‹, ›Eisen‹, ›Blei‹, ›Silber‹, ›Kupfer‹, ›Gold‹, ›Kohle‹ usw.

III) Bewässerung – 1) fließende Gewässer: ›lauter‹, ›trüb‹, ›faul‹, ›sauer‹, ›warm‹, ›kalt‹, mhd. *diezende* 'rauschend', *michel* 'groß', *lützel* 'klein', ›breit‹, ›krumm‹ usw.; 2) Quellen: ›Hunger‹, ›teuer‹, ›selten‹, ›quick‹ 'lebendig' usw.; 3) stehende Gewässer: ›See‹, ›Teich‹, ›Weiher‹ usw.; 4) Sumpf: ahd. *horo* 'Sumpf', ›Moos‹/›Mies‹/›Müsse‹ 'Sumpf(wiese)', ›nass‹, ›sauer‹ usw.; 5) Land am Wasser: ›Auel‹ 'wasserdurchflossenes Wiesenland', ›Graf‹ 'Sandinsel', ›Lau‹ 'Flußwiese' usw.

IV) Lage – ›hoch‹, ›tief‹, ›rauh‹, ›Sonne‹, ›Winter‹, ›heimlich‹, ›schön‹ usw.

V) Bewachsung – sämtliche vorkommenden Baum-, Strauch- und Pflanzenbezeichnungen.

VI) Tiere – sämtliche vorkommenden Tierbezeichnungen.

VII) Menschen, Götter, Heilige – hierher zählen alle den Besitzer, Gründer, Erbauer, Patron usw. bezeichnenden Bestimmungswörter, vorzüglich also Eigennamen, aber auch Standes- oder Berufsbezeichnungen wie ›Kaiser‹, ›König‹, ›Herzog‹, ›Meier‹, ›Vogt‹, ›Schulze‹, ›Hunno‹/›Hund‹ 'Hundertschaftsrichter, Gerichtsbote', ›Enke‹ 'Viehknecht, Hütejunge', ›Pfaffe‹, ›Mönch‹, ›Nonne‹ usw.

VIII) Benutzung durch Menschen – sämtliche unter den Grundwörtern genannte Kategorien sind auch im Bereich der Bestimmungswörter vertreten; fast alle Grundwörter können ebenso gut als Bestimmungswörter fungieren. Lediglich unter 13) Benennung nach Größe und Ausmaß sind Adjektive und Zahlwörter aufzuführen, die im Grundwortbereich nicht auftauchen: ›michel‹, ›groß‹, ›lützel‹, ›klein‹, ›drei‹, ›zwölf‹ usw. Darüber hinaus sind zwei auf Grundwörter nicht anwendbare Inhaltskategorien einzuführen: innerhalb der Klasse VIII) Benutzung durch Menschen läßt sich als Subkategorie 15) Bezeichnungen nach dem Alter und der Zeit einfügen; unter sie fallen vor allem Adjektive wie ›alt‹, ›jung‹ und ›neu‹, aber auch Substantive wie ›Oster(n)‹, soweit sie Örtlichkeiten nach dem Zeitpunkt ihrer Entdeckung benennen. Als besondere Kategorie ist schließlich die dicht besetzte Klasse IX) der Bezeichnung nach Farbe oder Beleuchtung anzusetzen, die nur Adjektive enthält: ›schwarz‹, ›weiß‹, ›blau‹, ›grün‹, ›blank‹, ›schön‹ 'strahlend', ›schier‹ 'lauter, rein' usw.

3.3 Hinweise zu Kapitel 3

3.1.1

S. 118 Zur synchronisch orientierten Einteilung vgl. Namenforschung heute S. 12–14; Fleischer 1969, S. 7–12; ders.: Wortbildung 2.1.25–28 und 2.2.42–44. Da aus mehrfach genannten Gründen (siehe S. 87, 91 sowie unten S. 124) die Beschäftigung mit Eigennamen auf der synchronischen Ebene erheblichen Beschränkungen unterliegt, ist zu beachten, daß die hier wie in den genannten Arbeiten gebotene Einteilung einen ersten Versuch der Klassifizierung darstellt, der mit aller Vorsicht aufzunehmen ist und zweifellos erheblich modifiziert werden kann. Vgl. auch Fleischer 1969, S. 12: "es handelt sich bei unseren Bemerkungen um erste Hinweise". Zur synchronischen Typologie im Bereich der Wortbildung siehe auch Fleischer 1968 a.

Es handelt sich teilweise um Satznamen (siehe unten S. 123 f.), teilweise um redende Namen (siehe unten S. 218). Die Beispiele bei Bruno Boesch: Die Eigennamen in ihrer geistigen und seelischen Bedeutung für den Menschen. In: DU 9, 1957, Heft 5, S. 32–50, bes. S. 49 f.; Fleischer 1969, S. 8; Kalverkämper 1978 (*1.2.7), S. 148–156.

3.1.2.1

S. 119 Zu den einfachen Namen im Sinne der Namenkunde vgl. Bach II, § 156 (S. 120); ders.: Die alten Namen der Gemarkungen von Bad Ems und Kemmenau. In:

130

Nassauische Annalen 46, 1920/25 = Studien S. 117 Anm. 111; Naumann 1972 (*1.2.7), S. 39–46. Zu Silbenzahl und Lautkombinationsmöglichkeiten vgl. Fleischer 1968, S. 21f.

Zu Kontraktion und Assimilation vgl. etwa Bach I, § 93 (S. 101); Fleischer 1968, S. 41f.; Ahd. Grammatik § 99 und Anm. 3.

Zur Kosenamenbildung vgl. oben S. 53 und 93 und Bach I, § 89 (S. 95f.); Fleischer 1968 a, S. 3; ders. 1968, S. 23–30; Stark 1868; Jerzy Kuryłowicz: Esquisses linguistiques 1. München ²1973 (= Internationale Bibliothek für Allgemeine Linguistik 16, 1), S. 188; Kaufmann 1965.

Zu Gemination und emphatischer Konsonantenverstärkung vgl. etwa Schwarz I, § 7 (S. 19f.); Bach I, § 93 (S. 99f.) und § 100f. (S. 114–119); Solmsen/Fraenkel S. 176f.; André Martinet: La gémination consonantique d'origine expressive. Kopenhagen/Paris 1937; Jerzy Kuryłowicz: La gémination consonantique dans les noms propres. In: Bulletin de la Société de Linguistique de Paris 62, 1967, S. 1–8; Fleischer 1968 a, S. 3; Ahd. Grammatik § 95.

Zu den Lallformen vgl. etwa Schwarz I, § 6 (S. 17f.); Bach I, § 74 (S. 82) und § 94f. (S. 102f.); Solmsen/Fraenkel S. 3f.; Kuryłowicz: Esquisses, aaO., S. 188f.

Zur Verkleinerung vgl. etwa Schwarz I, § 7 (S. 19); Solmsen/Fraenkel S. 170–178; Fleischer 1968 a, S. 3; ders. 1968, S. 27–30; Kuryłowicz: Esquisses, aaO., S. 189.

Zum ahd. Suffix -*in* vgl. etwa Kluge: Stammbildungslehre § 57f.; Ahd. Grammatik § 196 Anm. 3; Schatz: Ahd. Grammatik § 318–320; Solmsen/Fraenkel S. 174; Fleischer 1968, S. 23f.; Bach I, § 97 (S. 105–111).

3.1.2.2

S. 120 Zur Bewahrung veralteter Schreibungen in Namen vgl. etwa Bach II, § 30 (S. 34); Fleischer 1968, S. 9f. Leys 1966 (*1.2.7), S. 34–38, spricht von "Versteinerung", Hans Krahe: Ortsnamen als Geschichtsquelle. Heidelberg 1949 (= Vorträge und Studien zur indogermanischen Sprachwissenschaft, Namenforschung und Altertumskunde), S. 9f., desgleichen; Debus 1967 (*2.3.6), S. 110, von "Fossilien".

Zum Ortskasus vgl. etwa Herman Hirt: Die Hauptprobleme der indogermanischen Sprachwissenschaft. Hrsg. und bearbeitet von Helmut Arntz. Halle 1939 (= Sammlung kurzer Grammatiken germanischer Dialekte. B: Ergänzungsreihe 4), S. 58–67, bes. S. 61f.; Ahd. Grammatik § 193 Anm. 8 und 9 und § 220 c Anm. 3; Bach II, § 87–88 a (S. 74f.), § 106–114 (S. 88–93), § 117–122 (S. 95–98), § 125 (S. 99), § 127 (S. 101) und § 132 (S. 103f.).

Zu den mhd. Flexionsformen vgl. etwa Mhd. Grammatik § 120 Anm. 2 und § 123 Anm. 2 und 5.

Die Beispiele und Belege sämtlich nach Bach II, § 92 (S. 78), § 99 (S. 82), § 105 (S. 87), § 108 (S. 90) und § 126,3 (S. 100).

3.1.3.1

S. 121 Zur Zweigliedrigkeit der germanischen Personennamen siehe unten S. 137f.; zur Komposition als Wortbildungsverfahren vgl. etwa Duden Grammatik 1010–1068; Henzen: Wortbildung § 13–56; Fleischer: Wortbildung 2.1; Anton Scherer: Zum Sinngehalt der germanischen Personennamen. In: BzN 4, 1953, S. 1–37.

Zu Grund- und Bestimmungswort siehe Henzen: Wortbildung § 19–21; Fleischer: Wortbildung 2.1.2; Scherer: Sinngehalt, aaO. Wichtig ist der Hinweis von Otto Höfler: Über die Grenzen semasiologischer Personennamenforschung. In: Festschrift für Dietrich Kralik. Dargebracht von Freunden, Kollegen und Schülern.

Horn 1954, S. 31, daß im Falle von Personennamen die semantische Relation zwischen Bestimmungs- und Grundwort aufgehoben ist (siehe auch unten S. 124 f.).

Zur Verteilung der Bildungselemente auf Männer- bzw. Frauennamen vgl. Schwarz I, § 3 (S. 15); Bach I, § 84 (S. 90 f.); zur Bedeutung der Elemente siehe unten S. 125 und 128 f.

Zur Vermeidung von Alliteration, Endreim usw. in Namen vgl. Schwarz I, § 3 (S. 15); Bach I, § 85 (S. 91); Schröder S. 1–11; Fleischer 1968, S. 17 f. Vgl. aber Hans Kuhn: Stabreim in Ortsnamen. In: Niederdeutsches Jahrbuch 82, 1959, S. 11–16.

3.1.3.2

S. 122 Zur Zusammensetzung vgl. Bach II, § 79 f. (S. 69–71), § 159–161 (S. 122–127) und § 162–172 (S. 127–142); Fleischer: Wortbildung 2.1.25–28, 1.4.6 und 2.1.22; Henzen: Wortbildung § 13 f.

Die ahd. Beispiele (Richtungsangaben mit den Bedeutungen 'bis zur großen Buche', 'bis zum steinernen Hügel', 'bis zum linden(bestanden)en See', 'bis in die tiefe Bachschlucht') aus der ⟨Hamelburger Markbeschreibung⟩ in: Althochdeutsches Lesebuch. Zusammengestellt... von Wilhelm Braune, fortgeführt von Karl Helm. 15. Auflage bearbeitet von Ernst A. Ebbinghaus. Tübingen 1969, Nr. II, 3. Vgl. etwa Oskar Bethge: Zu den karolingischen Grenzbeschreibungen von Heppenheim und Michelstadt im Odenwald. In: Vierteljahrsschrift für Sozial- und Wirtschaftsgeschichte 12, 1914, S. 71–91; Stefan Sonderegger: Das Alter der Flurnamen und die germanische Überlieferung. In: Jahrbuch für Fränkische Landesforschung 20, 1960, S. 181–201; Fleischer 6.6.4.2 (S. 725 f.); Norbert Wagner: 'Chistesbrunno' und 'Huohhobura'. Zu den althochdeutschen Würzburger Markbeschreibungen. In: BzN NF 12, 1977, S. 372–397.

Zur Gestalt der Kompositionsfuge vgl. etwa Duden Grammatik 1064–1068; Bach II, § 79 f. (S. 69–71); Fleischer: Wortbildung 2.1.29–36; Henzen: Wortbildung § 25–27.

Gliederung, Beispiele und Belege nach Bach II, § 163–180 (S. 127–150).

3.1.4.1

Zur Derivation als Wortbildungsverfahren vgl. etwa Duden Grammatik 957–996; Fleischer: Wortbildung 1.4.7–12; Henzen: Wortbildung § 69–159. Zu abgeleiteten Personennamen vgl. Bach I, § 96–113 (S. 103–130); Fleischer 1968, S. 23–30; Fleischer: Wortbildung 2.2.42.

3.1.4.2

S. 123 Zu den toponymischen Ableitungssuffixen (Beispiele und Belege) siehe Bach II, § 182–260 (S. 150–231); Fleischer: Wortbildung 2.2.43 f.; ders. 1968 a; Erik Eremätsä: Über die Ländernamen auf -îe und -ien im Kontinentalgermanischen. In: Neuphilologische Mitteilungen 57, 1956, S. 224–227.

Zu den Satznamen vgl. etwa Schröder S. 109; Karl Loy: Die Satznamen unter den deutschen Familiennamen. In: 6. ICOS, Bd. 3. München 1961, S. 531–538; Boesch: Eigennamen in ihrer Bedeutung für den Menschen, aaO., S. 49 f.; Bach I, § 126 (S. 141–144), § 128–155 (S. 148–174) und II, § 159–161 (S. 122–127); Dittmaier 1956. Weitere formale Besonderheiten aufweisende Namenkategorien sind die Klammerformen, auch elliptische Namen, Schrumpfnamen oder Lückenformen genannt, sowie die genitivischen Namen. Bei Klammerformen (siehe *2.3.4.2) wird der mittlere Namenbestandteil ausgelassen, so daß Anfangs- und

Endglied eine Klammer bilden: "Kirschgarten" ⟨ "Kirschbaumgarten", "Straßenbahnhof" ⟨ "Straßenbahnbahnhof" im Appellativbereich; ›Feldsee‹ ⟨ ›Feldbergsee‹, ›Heukirchen‹ ⟨ ›Heuwiesenkirchen‹ im Namenbereich. Auch andere Formen elliptischer Namen kommen vor; insbesondere wird der letzte Bestandteil häufig weggelassen: ›der Alex‹ ⟨ ›der Alexanderplatz‹, ›St. Gallen‹ ⟨ *St. Gallen hûs* 'Haus, Behausung, Kloster' usw. Vgl. Schwarz II, § 14 (S. 31); Bach II, § 261 f. (S. 231–234); Fleischer: Wortbildung 2.1.15 und Anm. 267. Genitivische Namen sind zumindest teilweise ebenfalls elliptisch insofern, als auf das Bestimmungswort im Genitiv kein Grundwort mehr folgt: ›Eisenharz‹ ⟨ *Isinhartis,* ›Burkharts‹ ⟨ *Burkhardes,* ›Sterbfritz‹ ⟨ *Starcfrides,* ›Götzen‹ (Genitiv zum Kurznamen ›Götz‹) usw. Vgl. Schwarz II, § 12 (S. 27–29) und § 49 (S. 162 f.); Bach II, § 623–634 (S. 388–402); Adolf Bach: Probleme deutscher Ortsnamenforschung. In: Rheinische Vierteljahrsblätter 15/16, 1950/51, 371–416 = Studien S. 683–691; Fritz Langenbeck: Die genitivischen Ortsnamen, meist unmittelbare Namensschöpfungen, nur selten Ellipsen. In: 6. ICOS, Bd. 3, München 1961, S. 490–495; Henning Kaufmann: Genetivische Ortsnamen. Tübingen 1961 (= ders.: Grundfragen der Namenkunde 2); Debus 1967 (*2.3.6), S. 112.

3.2.1

S. 124 Da, wie bereits ausgeführt (siehe S. 87 und 92), die semantische Untersuchung der Namen auf synchronischer Ebene weithin sinnlos bleiben muß, bezieht sich alles Folgende daher allein auf die Bedeutung von Namen zum Zeitpunkt der Namengebung bzw. -schöpfung. Da dieser, etwa bei den germanischen Personennamen, sehr weit zurückliegt, wird verständlich, warum in manchen Fällen eine überzeugende etymologisch-semantische Deutung nicht zu erreichen ist. So kommen die zahlreichen Deutungskreuzungen (Konkurrenzen) zustande, die allerdings auch im weniger alten toponymischen Bereich nicht auszuschließen sind. Vgl. etwa Fleischer 1968, S. 164–167.

S. 125 Siehe auch oben S. 17 f. Die Deutungen des Smaragdus bei Ferdinand Massmann: Gothica minora 11. In: ZfdA 1, 1841, S. 388–393. Friedrich Wilhelm Viehbeck: Die Namen der alten Deutschen als Bild sittlichen und bürgerlichen Lebens dargestellt. Erlangen 1818 (›Alfons‹ 'alberner, läppischer Mensch', ›Eberhard‹ 'Eberherz', ›Gisbert‹ 'Prachtbock', ›Rüdiger‹ 'Räudiger' sind weitere Beispiele seiner Namendeutung) ist mit Martin Johann Christian Dolz: Die Moden in den Taufnamen mit Angabe der Wortbedeutung. Leipzig 1825, zu vergleichen, dessen Deutungen denen Viehbecks nicht nachstehen: ›Alwine‹ 'die Allgewinnende, die Eroberin aller Herzen', ›Bernhilde‹ 'die Schöne, Liebe und Getreue', ›Gertrud‹ 'die Vielgeliebte', ›Hildebrand‹ 'Kecker Jüngling'. Siehe dazu u. a. Robert Franz Arnold: Die deutschen Vornamen. Wien ²1901, S. 10–34; Theo Herrle: Die Mode in den Vornamen. In: Muttersprache 1956, S. 18–21.

Diese Deutungen durch Hellmut Rosenfeld in: Heimerans Vornamenbuch. Geschichte und Deutung. Passau 1968. Ebd. etwa auch folgende Deutungen: ›Adelgard‹ 'adlige Zauberin', ›Brunhild‹ 'Kämpferin im Panzergewand', ›Irmgard‹ 'Zauberin mit Hilfe des Himmelsgotts' usw. Die in dergleichen Bedeutungsumschreibungen zum Ausdruck kommenden Annahmen über die semantische Relation zwischen den Namenbestandteilen sind spekulativ und sprachwissenschaftlich nicht zu belegen.

Zur Ungültigkeit der im Appellativbereich feststellbaren Beziehungen zwischen Bestimmungs- und Grundwörtern im Umkreis der Anthroponyme vgl. Otto Höfler: Grenzen semasiologischer Personennamenforschung, aaO.

3.2.2.1

Zur Einteilung vgl. Schwarz I, § 9–12 (S. 22–28); Bach I, § 188–211 (S. 206–231); Schröder S. 8–11; Alfred Bähnisch: Die deutschen Personennamen. Leipzig/Berlin ³1920 (= Aus Natur und Geisteswelt 296), S. 33–39; Solmsen/Fraenkel S. 154–166; Fleischer 6.2.1.2 (S. 651–653). Vgl. auch die zahlreichen Vornamenbücher, von denen hier nur einige neuere genannt seien, etwa Günther Drosdowski: Lexikon der Vornamen. Herkunft, Bedeutung und Gebrauch von mehr als 3000 Vornamen. Mannheim/Wien/Zürich 1968 (= Duden-Taschenbücher 4); Bernd-Ulrich Hergemöller: Vornamen. Herkunft, Deutung, Namenfest. Münster ⁵1978; Lutz Mackensen: Vornamen. Herkunft. Ableitungen und Koseformen. Verbreitung. Berühmte Namensträger. Gedenk- und Namenstage. München ⁴1978; Horst Naumann/Gerhard Schlimpert/Johannes Schultheis: Das kleine Vornamenbuch. Leipzig ²1979; dies.: Vornamen heute. Fragen und Antworten zur Vornamengebung. Leipzig 1977; Karl Paul: Das kleine Vornamenbuch. Leipzig ³1969; Hellmut Rosenfeld: Heimerans Vornamenbuch. Geschichte und Deutung. Passau 1968; Wilfried Seibicke: Wie nennen wir unser Kind? Ein Vornamenbuch. Hrsg. von der Gesellschaft für deutsche Sprache. Lüneburg 1962; ders.: Vornamen. Wiesbaden 1977 (= Muttersprache. Beihefte NF 2); August Steiger/Rudolf J. Ramseyer: Wie soll unser Kind heißen? Frauenfeld 1968 (= Schriften des Deutschschweizerischen Sprachvereins 4); Friedrich Wilhelm Weitershaus: Das neue Vornamenbuch. Herkunft und Erklärung von über 8000 Vornamen. München 1978. Zu den historisch belegbaren Formen vgl. etwa Ernst Förstemann: Altdeutsches Namenbuch. Bd. 1: Personennamen. Hildesheim/München 1966 (ND Bonn ²1900); Henning Kaufmann: Ergänzungsband zu Ernst Förstemann, Altdeutsche Personennamen. München/Hildesheim 1968; Moritz Schönfeld: Wörterbuch der altgermanischen Personen- und Völkernamen. Nach der Überlieferung des Klassischen Altertums bearbeitet. Heidelberg 1911 (= Germanische Bibliothek. 1: Sammlung germanischer Elementar- und Handbücher, 4. Reihe: Wörterbücher 2); Adolf Socin: Mittelhochdeutsches Namenbuch. Nach oberrheinischen Quellen des zwölften und dreizehnten Jahrhunderts. Hildesheim 1966 (ND Basel 1903) – Die Bedeutung der unter I angeführten Namen ist: 1) ’Sommer’, ’Winter’; 2) ’Schwarzer’, ’Brauner’, ’Ernster’, ’Schnelle’, ’Kräftiger’, ’Wütender’; 3) ’Vogel’, ’Rabe’, ’Falke’, ’Hengst’, ’Pferd’ (zu diesen sogenannten theriophoren Namen vgl. unten *3.2.3.1); 4) ’Kerl’, ’Erbe’, ’Kämpfer’, ’kunstfertiger Handwerker’ (vgl. Bach I, § 73 [S. 81 f.], die ebd. genannte Literatur und bes. Schröder S. 48–53), ’Dienstbereitschaft’; 5) ’Franke’, ’Thüringer’, ’Hesse’, ’Sachse’, ’Schwabe’, ’Wikinger’: es sind dies die sogenannten ethnophoren Namen (siehe unten *3.2.3.1).

S. 126 Zum Namengrundwort -›gard‹ und seiner Deutung vgl. etwa Edward Schröder: Die Pflanzen- und Tierwelt in den deutschen Frauennamen. In: ZfNF 14, 1938, S. 102–112, bes. S. 103 f. Dagegen Rosenfeld: Heimerans Vornamenbuch, aaO., S. 135, 176 pass., der im Namenbestandteil die Bedeutung ’Zauberin’ sehen zu dürfen glaubt; Scherer: Sinngehalt, aaO., S. 19 f.

3.2.2.2

Zu den Bedeutungskategorien der Toponyme vgl. etwa Studien S. 117–125; Bach II, § 285–404 (S. 251–439); Heinrich Dittmaier: Rheinische Flurnamen. Bonn 1963, S. 363–378. Unsere Einteilung folgt weitgehend Bach.

3.2.3.1

S. 128 Vgl. Schwarz I, § 9–12 (S. 22–28); Bach I, § 188–211 (S. 206–231) und die zu *3.2.2.1 genannte Literatur.

134

Zu den theophoren Namen vgl. Bach I, § 189–192 (S. 207–212); Hermann Usener: Götternamen. Bonn 1896 (Frankfurt ³1948).

Zu den theriophoren Namen vgl. Bach I, § 193 (S. 212–214); Edward Schröder: Die Pflanzen- und Tierwelt in den deutschen Männernamen. In: ZfNF 14, 1938, S. 274–282; ders.: Die Pflanzen- und Tierwelt in den deutschen Frauennamen, aaO., S. 102–113; Gunter Müller: Studien zu den theriophoren Personennamen der Germanen. Köln/Wien 1970 (= Niederdeutsche Studien 17).

S. 129 Zu den ethnophoren Namen vgl. Bach I, § 209 (S. 228f.); Friedrich Kluge: Völkernamen als erste Glieder von Personennamen. In: ZfdWF 8, 1906/07, S. 141f. Ein in diesem Zusammenhang bedeutsamer Name ist der der "Welschen"; über ihn bes. Leo Weisgerber: Walhisk. Die geschichtliche Leistung des Wortes welsch. In: ders.: Deutsch als Volksname. Ursprung und Bedeutung. Stuttgart 1953, S. 155–232.

3.2.3.2

Siehe die zu *3.2.2.2 genannte Literatur. Naumann 1972 (*1.3.5) bietet eine Kategorisierung, die, am Grundwort ->berg‹ und den dazu vorkommenden Bestimmungswörtern illustriert, hier vorgestellt sei (S. 35f.): "1) Angabe der natürlichen Beschaffenheit: ›Steinberg‹, ›Sandberg‹ – ›Silberberg‹; 2) Angabe der natürlichen Bewachsung: ›Eichberg‹ – ›Wiesenberg‹; 3) Angabe der allgemeinen oder der besonderen Form: ›Scheibenberg‹, ›Kluftberg‹; 4) Angabe besonderer Naturerscheinungen: ›Windberg‹, ›Nebelberg‹; 5) Angabe spezieller Lageverhältnisse: ›Winterberg‹; 6) Angabe der Lage: ›Angerberg‹ – ›Elbberg‹ – ›Lachtberg‹; 7) Angabe des Aussehens: ›Spornberg‹; 8) Angabe des Teils von einem größeren Ganzen: ›Heideberg‹ – ›Hinterartberg‹; 9) Angabe der vorübergehenden oder der ständigen Nutzung: ›Weinberg‹, ›Hopfenberg‹ – ›Schafberg‹ – ›Spielberg‹ – ›Hutberg‹; 10) Angabe des Besitzes: ›Herrenberg‹ – ›Wechselberg‹; 11) Angabe von Bauten: ›Windmühlenberg‹, ›Gasthofsberg‹; 12) Angabe von Tieren, Fabelwesen und heraldischen Begriffen: ›Lerchenberg‹ – ›Fuchsberg‹ – ›Drachenberg‹; 13) Angabe der besonderen Nutzung: ›Galgenberg‹, ›Burgberg‹, ›Wachtberg‹ – ›Tummelberg‹; 14) Angabe besonderer Ereignisse: ›Kanonenberg‹, ›Schanzenberg‹; 15) Angaben über Aberglauben: ›Teufelsberg‹; 16) Angaben über Verkehr: ›Watberg‹, ›Straßenberg‹; 17) Spottnamen: ›Pfeiferberg‹; 18) Verdeutlichende Angaben: ›Colmberg‹; 19) Tautologien: ›Hügelberg‹."

3.4 Literatur zu Kapitel 3

Zur Formenbildung der Namen
Ahd. Grammatik.
**Bach I und II pass.
Heinrich Dittmaier (1956): Ursprung und Geschichte der deutschen Satznamen. Zugleich ein Beitrag zur vergleichenden Namenkunde. In: Rheinisches Jahrbuch für Volkskunde 7, S. 7–94.
*Fleischer 6.2.1.1 (S. 649–651).
*Wolfgang Fleischer (1968): Die deutschen Personennamen. Geschichte, Bildung und Bedeutung. 2. Auflage Berlin (= Wissenschaftliche Taschenbücher, Reihe Sprachwissenschaft 20).
**Ders. (1968 a): Zur morphematischen Struktur deutscher Eigennamen. In: Informationen, 12. Oktober, S. 2–6.
*Ders. (1969): Zur Struktur des deutschen Namenschatzes. In: NI 15, S. 5–14.

Ders.: Wortbildung.

Henzen: Wortbildung.

**Henning Kaufmann (1965): Untersuchungen zu altdeutschen Rufnamen. München (= ders.: Grundfragen der Namenkunde 3).

**Kluge: Stammbildungslehre.

Mhd. Grammatik.

**Naumann (1972): siehe *1.3.5.

*Horst Naumann (1972): Struktur und Funktion der Elemente in der Mikrotoponymie. In: NI 20, S. 32–39.

Schatz: Ahd. Grammatik.

*Schwarz I und II pass.

**Franz Stark (1868): Die Kosenamen der Germanen. Eine Studie. Wien.

Wilmanns: Grammatik Bd. II, 2, § 136–297 und § 388–424.

Vivian Zinkin (1969): The syntax of place-names. In: Names 17, S. 181–198.

Zur Bedeutungsstruktur der Namen

**Bach I und II pass.

*Fleischer 6.2.1.2 (S. 651–653) und 6.3.3 (S. 671–678).

*Wolfgang Fleischer (1968): Die deutschen Personennamen, aaO.

**Henning Kaufmann (1965): Untersuchungen zu altdeutschen Rufnamen, aaO.

*Walther Keinath (1951): Orts- und Flurnamen in Württemberg. Hrsg. vom Schwäbischen Albverein E. V. Stuttgart.

*Ferdinand Mentz (1936): Deutsche Ortsnamenkunde. 3. Auflage Leipzig (= Deutschkundliche Bücherei).

Schröder pass.

*Schwarz I und II pass.

Solmsen/Fraenkel pass.

Historische Namenbücher

**Ernst Förstemann (1966): siehe *3.2.2.1.

**Henning Kaufmann (1968): siehe *3.2.2.1.

**Moritz Schönfeld (1911): siehe *3.2.2.1.

**Rudolf Schützeichel (1969): Zu Adolf Socins oberrheinischem Namenbuch. In: BzN NF 4, S. 1–52.

**Adolf Socin (1966): siehe *3.2.2.1.

4 Diachronische Aspekte der Namengebung und des Namengebrauchs

4.1 Epochen der Namengebung

4.1.1 Indogermanische und germanische Anthroponyme

Die folgenden Abschnitte gelten der Geschichte der Namengebung im deutschsprachigen Raum. Daß diese vollständig nicht darzustellen ist, braucht kaum ausdrücklich betont zu werden. Anhand von Beispielen sollen vielmehr exemplarisch die Namengebungsweisen verschiedener Zeiten so vorgeführt werden, daß deutlich wird, wie sich der heutige Namenbestand des Deutschen aus Schichten zusammensetzt, die sehr unterschiedliche Phasen der historischen Entwicklung repräsentieren. Da sich die Geschichte der Personennamengebung von der der Örtlichkeits-namengebung stark unterscheidet, ist es sinnvoll, beide getrennt zu behandeln. Die Geschichte der Anthroponyme soll dabei am Anfang stehen.

4.1.1.1 Von den Besonderheiten der germanischen Personennamengebung war schon des öftern die Rede. Sie hält sich durchaus im Rahmen des in den übrigen indogermanischen Sprachen üblichen Verfahrens. Wie im Altindischen (*Dewa-datta* 'Gottgegeben'), Griechischen (*Hero-dotos* 'von ›Hera‹ geschenkt'), Slawischen (russ. *Bogo-slaw* 'Gottes Ruhm') ist auch im Germanischen der Personenname, der zunächst nur Rufname ist, mehr-, das heißt: im allgemeinen zweigliedrig.* Über die formalen wie die inhaltlichen Besonderheiten der so gebildeten Namen ist bereits gesprochen worden (siehe oben S. 119 ff. und 125 ff.). Hier soll die Funktion interessieren, die den Namen nach der Intention der Namengeber zukam. Die Meinungen der Forschung sind gespalten. Die lange Zeit vertretene Auffassung, jeder Name stelle einen konzentrierten poetischen Heils-wunsch* dar, der durch Nennung des Namens dem Namenträger ange-deihen lassen sollte, was im Namen ausgedrückt ist (integrierende Methode der Namendeutung), ist kaum haltbar. Allzuoft ist der Sinn der Namen-bestandteile nicht ausreichend durchschaubar. Bedeutet -›mad‹ im Namen des aus dem 4. Jahrhundert nach Christus belegten Alemannenfürsten *Gundomadus* 'im Kampfe gut' (zu ahd. *gund* 'Kampf, Krieg' und einem x, das aus air. *maith* ⟨ **mati-* 'gut' mit dieser Bedeutung erschlossen werden muß)? Ist der auf einem Scherben (Ostrakon) aus Elefantine belegte Name der semnonischen Sibylle *Waluburg* durch got. *walus* 'Stab' oder ahd. *wal(u)-* 'Leiche' (vgl. "Walstatt") zu etymologisieren?* Die gram-matische Form läßt wohl die besondere Art der Komposition durchschim-mern, doch selten den semantischen Zusammenhang der Kompositions-glieder. In vielen Fällen ergeben sich tautologische (›Hildewig‹, ›Hilde-gund‹ 'Kampf-Kampf'), widersinnige (›Guntfried‹, ›Hildefried‹ 'Kampf-

Friede') oder sinnlose (›Wilhelm‹, ›Williram‹ 'Wille-Helm, Wille-Rabe') Kombinationen.* Da schon die ältesten idg. Namen teilweise dieselbe Sinnlosigkeit aufweisen (vgl. griech. *Harpálykos* 'der den Wolf raubt', *Architéles* 'der dem Ende vorangeht'), kann man darin nicht das Ergebnis einer späten Entwicklung, also etwa das Resultat mechanischer Namengebung sehen. Auch die sinnlosen Namen müssen ursprünglich einen Sinn gehabt haben. Heinrich Henel* sieht in ihnen den Ausdruck mythischen Denkens, welches die Identifizierung des Individuums mit ontologisch Anderem dergestalt anstrebt, daß es zwei Affinitäten ansetzt, durch die das eine mit dem andern verbunden scin kann. So hatte Beda* (um 700 A. D.) der Erde die Eigenschaften "trocken" und "kalt" beigelegt, ebenso dem Herbst, dem Mannesalter, dem melancholischen Temperament, dem Westen und dem Westwind. Ein germanischer Name wie ›Gerbrand‹ bedeutete parallel dazu zunächst also nicht Heilswunsch oder gar Unterscheidungsmerkmal, sondern mythisch-affektive Identifizierung mit den Kampfwerkzeugen Ger und Schwert. Erst allmählich hat sich aus der mythischen Namenfindung als Zuordnung des Individuums zu ontisch anderen Sachverhalten ein Akt der Unterscheidung entwickelt, so daß jetzt, da die Namen als Eigenschaftsbezeichnungen mißverstanden bzw. umfunktioniert werden, die Deutung zu Sinnlosigkeiten führen kann. In neuerer Zeit hat Gottfried Schramm* gezeigt, daß offenbar auch die Dichtung Entscheidendes zur Namengebung beigetragen hat. Während Heilswünsche zumeist Satzform haben, also nicht mit Namen gleichzusetzen sind (zumal in ihnen, was im Namen verpönt ist, Stabreim auftritt; vgl. den runischen Heilswunsch *lina laukaR**), findet sich in der Heldendichtung manches Appellativische, was an zweigliedrige Namen erinnert: ae. *helm Scyldinga* 'der Schutz der ›Schyldinge‹', *wigfruma* 'der Kampfkühne' sind Beispiele aus dem 〈Beowulf〉*. Namen könnten mithin womöglich aus der Dichtersprache entnommene ursprünglich appellativische Bildungen sein, durchaus sinnvolle Primärkombinationen also, zumindest anfangs. Erst allmählich hätte der sich durchsetzende Spieltrieb zu sinnlosen Sekundärkombinationen geführt, die endlich mechanisch zusammengebaut werden konnten (vgl. ae. *Eadfled,* um 900 als mechanische Kombination aus Bestandteilen der Elternnamen *Eadweard* und *Elfleda* belegt*). Dies gilt zunächst nur für die Männernamen: der germanischen Heldendichtung konnten nur sie als ursprüngliche Appellative zur Bezeichnung von männlichen Helden, Fürsten usw. entnommen werden.

4.1.1.2 Frauennamen, soweit zweigliedrig*, sind in verstärktem Maße sinnlos, das heißt aber wohl: durch mechanische Kombination entstanden (*Liubhild* 'lieb-Kampf', *Blidhild* 'froh-Kampf' usw.). Soweit sie überzeugend deutbar sind, zeigen sie wenig Kriegerisches: ›Adelheid‹ 'von edler Gestalt', ›Friedlind‹, ›Tusnelda‹ 〈 *þûs-snello* 'die durch Kraft Tüchtige', *Berhtflat* 'von glänzender Schönheit' etc. Zweigliedrige Frauennamen waren mithin zunächst nicht üblich; nur für eingliedrige Namen finden sich Parallelen durch verschiedene idg. Sprachen hindurch:

ahd. *Purgunt* = air. *Brigit* = ai. *Brhati-* 'die Große, Hohe'*. Die germanischen Frauennamen waren also offenbar primär eingliedrig. In dem Augenblick, wo die Mode der Zweigliedrigkeit von den Männernamen sich auch auf die Frauennamen übertrug, erfolgte deren Bildung zunächst durch Ableitung aus den entsprechenden Männernamen vermittels eines Ableitungssuffixes (Movierung)* – griech. *Andrómachos/Andrómache* 'Männerkämpfer(in)', *Iphianássos/Iphianássa* 'der (die) mit Kraft Herrschende'; germ. *Waldolf/Waldulpia* 'herrschen-Wolf(Wölfin)', *Adalbero/Adalbirin* 'edel-Bär(in)' –, sodann durch die Wahl typisch weiblicher Namenwörter (->lind‹, *-liub, -swana* usw.) bzw. durch Verwendung entsprechender Semantika als Grundwörter für weibliche Namen (*flât* 'Schönheit', *rûna* 'Geheimnis').

Benno E. Siebs* hat letzthin all diese Deutungen bestritten. Für ihn enthalten die germanischen Namen vielmehr ''gute Wünsche für das Wohlergehen, für das erfolgreiche Bestehen des Kampfs um das Dasein'', wobei als Grundwort im allgemeinen ein Verbalstamm anzusehen wäre: an. *Sigrdrifa* 'die den Sieg treibt', *Oelgefjun* 'die Nahrung spendet', *Hermodhr* 'der sich um Hehres bemüht', *Heimdallr* 'der das Diesseits emporhebt' usw.

> Die große Menge der Namen kennzeichnet ihre Träger als Erwerber oder Besitzer, Erzeugerinnen oder Behüterinnen von Bleibe, Aufenthalt, Wohnsitz, Land, Raum, Schutz, Sicherheit, Ruhe, Frieden, Bestand, Leben, Kraft, Gedeihen, Nachwuchs, Gefolgschaft, Wachstum, Nahrung, Speise, Ertrag, Erfolg, Nutzen, Masse, Menge, Vorrat, Vermögen, Reichtum, Ansehen und Glanz.

Die Deutung klingt bestechend; sie nähme der germanischen Namengebung ihren heroisch-reckenhaften (moderner gesagt: militaristischen) Charakter*. Indessen sind viele der von Siebs gebotenen Etymologien so fragwürdig, daß man diese neue Hypothese kaum wird akzeptieren können.

4.1.1.3 Da die Langnamen nicht sehr handlich waren, sind schon früh Kurzformen* aus ihnen abgeleitet worden, in der Regel aus ihrem ersten, sehr selten aus dem zweiten Glied. Womöglich waren Kurznamen in den sozial niedrigeren Schichten gebräuchlicher als in den höheren*: vor 400 nach Christus finden sich in der literarischen Überlieferung unter 158 Rufnamen 58 Kurzformen, während in der inschriftlichen Überlieferung, die eher den weniger gehobenen Brauch widerspiegelt, auf 120 Rufnamen 100 Kurznamen kommen. Doch ist in Anbetracht der recht spärlichen Überlieferung (aber auch, weil natürlich auch der größere Teil der inschriftlich belegten Namen als oberschichtlich zu bewerten sein wird) nichts wirklich Verbindliches über den Stand der Namengebung und des Namengebrauchs im frühen Mittelalter zu sagen. Allenfalls dies: da infolge der Mechanisierung der Namengebung kaum mehr die Möglichkeit bestand, ein sinnvolles semantisches Verhältnis der Namenbestandteile untereinander zu erkennen, da zudem die Etymologisierungsversuche der mittelalterlichen Autoren zeigen, wie sehr ihnen das Verständnis für die ursprüngliche Bedeutung der Namen abging, läßt sich schließen, daß die

Prinzipien der alten, überkommenen Namengebung erschüttert waren. Wenn sie sich dennoch lange durchgehalten haben, so lag das daran, daß einmal, infolge der Bedeutungslosigkeit der alten Namen, die Kirche keinen Anlaß sah, die heidnischen alten Namen und Namengebungsverfahren zu eliminieren*, und daß schließlich keine neuen, besseren Benennungsalternativen vorhanden waren. Es mußte also zu einer zunehmenden Vereinheitlichung der Namengebung kommen. Da immer mehr herkömmliche Namen veralteten und damit der weiteren Benutzung entzogen wurden, hatte die Mehrzahl der Bevölkerung sich in eine geringe Zahl von geläufigen Namen zu teilen. Die Zahl der auf den gleichen Rufnamen Hörenden steigt folglich gewaltig an.

4.1.1.4 Im 12. Jahrhundert etwa lassen sich in Köln 823 Einwohner namens ›Heinrich‹, 639 ›Hermann‹, 497 ›Dietrich‹, 460 ›Gerhard‹, 369 ›Konrad‹, 334 ›Gotfried‹, 172 ›Albert‹, 171 ›Rudolf‹, 147 ›Albero‹ und 139 ›Gotschalk‹ nachweisen*. Zwar sind kleine Unterschiede zwischen verschiedenen Landschaften erkennbar, doch das Grundprinzip der Benennung bleibt überall dasselbe: wenige altüberlieferte Namen werden sehr häufig gebraucht. Unter diesen sind nun auch nichtdeutsche Namen: schon in althochdeutscher Zeit hatte sich, zumindest und vorzüglich in den Kreisen der Geistlichkeit, besonders der Mönche, der Brauch eingebürgert, biblische Namen anzunehmen*. Sie entstammten in erster Linie dem Alten, doch auch dem Neuen Testament und wurden im allgemeinen als Lehnwörter* behandelt, d. h.: in ihrer Lautung dem phonologischen System des Deutschen angepaßt. Die Namen ›David‹ (bair. *Teuit*), ›Daniel‹ (ahd. *Tenil, Teneol*), ›Salomon‹ *(Salman)*, ›Judit(a)‹, ›Michael‹ (mit möglicher Einwirkung von ahd. *mihhel* 'groß'), ›Aaron‹, ›Abraham‹, ›Adam‹, ›Elias‹, ›Susanna‹; ›Petrus‹, ›Paulus‹, ›Johannes‹, ›Simon‹ gehören hierher. Dazu kommen einige wenige lateinisch-christliche Namen wie ›Benedictus‹, ›Clemens‹, ›Bonifacius‹ etc. Doch bleibt die Zahl dieser frühen christlichen Namen gering. Erst im hohen Mittelalter steigert sich die Einfuhr christlicher Namen ins Deutsche unter dem Einfluß der Heiligenverehrung.

Diese durch das ⟨Commune Sanctorum⟩ in Missale und Brevier der katholischen Kirche bestimmte Ordnung der Heiligen* (mit ›Maria‹ an der Spitze, worauf die Apostel, Märtyrer, Bekenner, Jungfrauen und Frauen folgen), wie sie sich z. B. in der ⟨Allerheiligen-Litanei⟩* findet, war – auf der Grundlage antiker Heroenkulte – im Westen eher verbreitet als im Osten. Sie beginnt sich im 12./13. Jahrhundert vom nordfranzösisch-niederländischen, lothringischen und burgundischen Raum aus nach Deutschland auszudehnen*. Die Ausbreitung des Kultes des Hl. ›Servatius‹* etwa, die anhand der Karte gut verfolgt werden kann, dient als Beispiel für eine solche Ausbreitungsbewegung, die hier ihren Ausgang vom Maasländischen genommen hat. Vor allem die Bettelorden (Franziskaner und Dominikaner) haben zur schnellen Verbreitung der Heiligenverehrung in Deutschland beigetragen. Während der Name ›Maria‹ wohl aus religiöser Scheu gemieden wird*, erfreuen sich die Namen der weiblichen Heiligen ›Elisabeth‹, ›Margareta‹, ›Agnes‹ und ›Sophia‹ großer Beliebtheit. Von den männlichen Heiligennamen werden ›Johannes‹, ›Jakobus‹, ›Nikolaus‹, ›Martin‹, ›Thomas‹, ›Andreas‹, ›Matthias‹ und ›Philipp‹ besonders gern gewählt. Die Namen werden, wie schon im Ahd., dem deutschen Lautstand angenähert, also eingedeutscht*: die Endungen fallen ab (›Stephan‹, ›Paul‹), der Akzent wird auf die Anfangssilbe verlagert (›Johann‹, ›Niklaus‹), Kürzungen (›Hannes‹, ›Klaus‹) und Verschleifungen treten auf (›Lukas‹ ⟩ ›Lux‹; ›Matthias‹, ›Matthaeus‹ ⟩ ›Mattes‹, ›Markus‹ ⟩ ›Marx‹). Überall ist der Kult solcher Heiliger verbreitet, die als Schutzheilige* von Berufen, Zünften, Ständen etc. gelten: ›St. Nikolaus‹ als Patron der Seefahrer und Kaufleute, ›St. Georg‹ als Patron der Ritter, ›St. Hubertus‹ als Patron der Jäger, ›St. Lukas‹ als Patron der Maler, ›Sta. Barbara‹ als Patronin der Bau- und Bergleute, ›Sta. Cäcilia‹ als Patronin der Kirchenmusik usw. Demgegenüber fällt die Namengebung nach dem Vorbild eines Lokalheiligen kaum ins Gewicht: in Köln, wo die Heiligen ›Alban‹, ›Gereon‹, ›Maximin‹, ›Servatius‹, ›Columba‹ und ›Ursula‹ eine große Rolle spielen, sind im 12. Jahrhundert noch keine dieser Namen als Rufnamen nachzuweisen. Die seit der ahd. Rezeptionswelle vorhandenen biblischen Namen des Alten Testaments treten zugleich stark zurück. Sie galten der Zeit als Judennamen* und wurden infolge des seit dem ersten Kreuzzug (1095–1099) immer stärker werdenden Antisemitismus nicht länger gewählt. Nur die Namen des Neuen Testaments (Apostel- und Evangelistennamen) bilden eine Ausnahme.

Hervorzuheben ist der hohe Anteil der Kurznamen, die im 13. und 14. Jahrhundert immer häufiger werden. Eine Statistik für Magdeburg* belegt

die Namen:	im 13. Jahrhundert:	im 14. Jahrhundert:
›Konrad‹	105	76
›Cone‹, ›Kone‹	9	106
›Friedrich‹	66	40
›Fricke‹	–	55

So ist es nicht verwunderlich, wenn auch die Heiligennamen entsprechend gekürzt werden: ›Martin‹ ⟩ ›Merten‹, ›Mertel‹, ›Merl‹, ›Mert‹; ›Bartholomäus‹ ⟩ ›Bärthel‹, ›Barthel‹; ›Georgius‹ ⟩ ›Jörg‹; ›Gregorius‹ ⟩ ›Görres‹; ›Jodocus‹ ⟩ ›Jost‹.

4.1.1.5 Die Entstehung der Familiennamen
4.1.1.5.1 Aber selbst die Übernahme vieler neuer Namen aus dem Umkreis der Heiligenverehrung vermochte dem Übel, daß immer mehr Menschen den gleichen Namen trugen, nicht abzuhelfen: die Funktionsfähigkeit des anthroponymischen Systems der Einnamigkeit ging immer mehr verloren.* Vor allem dort, wo besonders viele Menschen auf kleinstem Raum zusammenlebten, in den Städten, entstand das Bedürfnis nach besserer, und das hieß: eindeutiger Unterscheidung. Diese war früher, soweit überhaupt

nötig, durch Beinamengebung erzielt worden. Im ahd. ⟨Hildebrandslied⟩ ist von *Hiltibrant Heribrantes sunu* die Rede; im ae. Gedicht ⟨The Battle of Maldon⟩ heißt es *se wæs haten Wulfstan* [...] *þæt wæs Ceolan sunu;* die ⟨Ags. Chronik⟩ sagt: *Hengest and Horsa, the wæron Wihtgilses suna;* im ⟨Beowulf⟩ ist von *Scyld Scefing* und *Beowulf Scyldinga* die Rede.* Hier wird auf die Abstammung verwiesen ("Sohn des..."), die auch durch Suffigierung angezeigt werden kann (-ing). Daß auf Eigenschaften abhebende Beinamen ebenso üblich waren, zeigen Unterscheidungen wie ›Notker Labeo‹, ›Teutonicus‹, ›Balbulus‹; ›Harald harfagri‹, ›Gunnlaugr Ormstunga‹* und dergleichen. All diese Beinamen sind allerdings zunächst einzig auf ein Individuum bezogen und können keinesfalls als Familien- oder Sippennamen gelten.*

Familiennamen entstehen in Deutschland offenbar ebenfalls wieder nach fremdem Vorbild. In Italien, wo die Stadtkultur bereits früh zutage tritt, finden sich Familiennamen schon im 8. Jahrhundert*, und zwar nicht nur in Unterschriften des Typs *Hildeprandus de Venegono, Valleramus de Abbiate,* sondern in einer chronologischen Reihe, die keinen Zweifel daran läßt, daß wir es mit vererbbaren Namen für eine Familie bzw. Sippe zu tun haben: Venedig 809 *Angelo Particiaco,* 829 *Justiniano Particiaco,* 864 *Urso Particiaco,* 881 *Johannes Particiaco.* Offenbar hat das antik-römische Gentilnamenwesen hier schon sehr früh zur Ausbildung eines Zweinamensystems geführt. Über die Provence hat sich dieses durch Frankreich nach Westdeutschland hin ausgebreitet. In verblüffend kurzer Zeit ist die Neuheit eingeführt: nachdem sie im 12. Jahrhundert begonnen hat, sind bereits in der zweiten Hälfte des 13. Jahrhunderts in der Stadt Oschatz* im Bezirk Leipzig "alle genannten Personen bis auf wenige Ausnahmen mit einem Beinamen versehen". Von 166 Eigennamen sind nur noch vier Einzelnamen.

4.1.1.5.2 Die Ausbildung der Familiennamen läßt sich nach folgenden Modellen* der Zweinamigkeit erklären:

a) Familiennamenbildung aus Rufnamen: RN + RN im Genitiv + ›Sohn‹ → RN + RN im Genitiv → RN + RFaN
Beispiele: *Hiltiprant Heribrantes sunu, Niclawes Ottun Friederichs sun – Johann Hildegundis, Conrad Danielis,* auch *Daniel* (!) – *Heinrich Swenhild, Hanns Mauriz.*

b) Familiennamenbildung aus Herkunftsnamen: RN + ›von‹ + ON → RN + ON oder RN + ›der‹ + ON + -›er‹ → RN + ON + -›er‹
Beispiele: *Heinrich v. Muguitz, Heinrich von Terpitz – Herbord Grumbach, Heinrich Uebigau / Albrecht der Basiler – Johann Grimmer, Georg Meißner, Tobias Taucher.*

c) Familiennamenbildung aus Wohnstättennamen: RN + Präp + Art + WN → RN + WFaN oder RN + ›der‹ + WN + $\left\{ \begin{matrix} \text{-›mann‹} \\ \text{-›er‹} \end{matrix} \right\}$ →

RN + WN + $\left\{ \begin{matrix} \text{-›mann‹} \\ \text{-›er‹} \end{matrix} \right\}$

Beispiele: *Henneke up der Beke, Bernt vor dem Holte* – ›Adolf Bach‹, ›Ulrich Engel‹ / *Chonrad der Hormarchter, Cuonrat der Steger* – *Heynemann Erler, Johann Tormann.*

d) Familiennamenbildung aus Berufsnamen: RN $+\begin{Bmatrix} ›der‹ \\ ›ein‹ \end{Bmatrix}+$ BN $\rightarrow$ RN + BFaN

Beispiele: *Brosius der Obirmoller, Benisch der Landtknecht, Maths der Organist* – *Heinr. Monetarius, Albert Scriptor, Hanns Schultheiß, Heinecke Richter.*

e) Familiennamenbildung aus Übernamen: $\begin{Bmatrix} ›der‹ \\ ›die‹ \end{Bmatrix}+$ ÜN(adj) + RN $\rightarrow$ RN + ÜFaN oder RN $+\begin{Bmatrix} ›der‹ \\ ›die‹ \end{Bmatrix}+$ ÜN + RN $\rightarrow$ RN + ÜFaN oder RN + Präp $+\begin{Bmatrix} ›der‹ \\ ›die‹ \\ ›das‹ \end{Bmatrix}+$ Genus + ÜN $\rightarrow$ RN + ÜFaN

Beispiele: *der dicke Anders, der lange Kilian, der große Peter* – *Johann Herrlich* / *Růdolfus der Esel, Niclaus der Genge* – *Thitze Gast, Heinemann Gottsswager* / *Hencze mit den siechen ougen, Chunrat mit der prust* – *Hanns Steys, Heinricus Langnase.*

Der Anteil der verschiedenen Bildungsweisen ist je nach Ort und Zeit sehr verschieden. Hier die Zahlen für Breslau und Braunau*:

Breslau

Familiennamen aus	1287–1325		1364–1400	
Rufnamen	123	18,5%	121	19,6%
Herkunftsnamen	406	61,2%	264	42,8%
Berufsnamen	53	8 %	27	4,4%
Übernamen	82	12,3%	205	33,2%

Braunau

Familiennamen aus	1403–1475	
Rufnamen	116	27,8%
Herkunftsnamen	63	15,1%
Berufsnamen	90	21,6%
Übernamen	148	35,5%

Keineswegs haben die Familiennamen sich in allen Teilen Deutschlands gleichermaßen schnell eingebürgert. Am spätesten sind sie entlang der Nordseeküste heimisch geworden. Das ist auch der Grund dafür, warum vom Niederrhein bis nach Schleswig Patronymika auf -s oder -sen (〈"Sohn"〉) vorherrschen.*

4.1.1.6 Das Zeitalter der Reformation bringt wiederum erhebliche Veränderungen, wennschon eher im Rufnamenbestand als im Bereich der Familiennamengebung. Zunächst bevorzugt der Humanismus in starkem Maße lateinische Rufnamen (vgl. ›Aureolus Theophrastus Bombastus Paracelsus‹, ›Helius Eobanus‹, ›Mutianus‹ usw.). Darüber hinaus wer-

den deutsche Namen latinisiert: ›Celtis‹ 'Steinmetzpickel' ⟨ ›Bickel‹,
›Olearius‹ ⟨ ›Oehlmann‹, ›Textor‹ ⟨ ›Weber‹, ›Agricola‹ ⟨ ›Bauer‹,
›Lavator‹ (›Lavater‹) ⟨ ›Wascher‹, ›Faber‹ ⟨ ›Schmied‹, ›Vietor‹ ⟨ ›Faß-
binder‹, ›Avenarius‹ ⟨ ›Hafermann‹, ›Minor‹ ⟨ ›Kleiner‹, ›Sartorius‹
⟨ ›Schneider‹, ›Prätorius‹ ⟨ ›Schultze‹, ›Pistorius‹ ⟨ ›Bäcker‹ usw. Auch
Übertragungen ins Griechische kommen vor: ›Schwarzert‹ ⟩ ›Melanchton‹,
›Neumann‹ ⟩ ›Neander‹, ›Holzmann‹ ⟩ ›Xylander‹. In vielen Fällen wird
dem deutschen Stamm lediglich eine lateinische Endung angehängt:
›Mathes‹ ⟩ ›Mathesius‹, ›Kruse‹ ⟩ ›Crusius‹, ›Frowin‹ ⟩ ›Frobenius‹,
›Kretzel‹ ⟩ ›Crecelius‹, ›Wilhelms‹ ⟩ ›Wilhelmi‹, ebenso ›Zachariae‹,
›Andreae‹, ›Caspari‹, ›Stephani‹ etc.* Folgenreich ist die Abneigung der
Reformatoren gegen die katholische Heiligenverehrung; sie hat, ganz wie
im hohen Mittelalter die Abneigung gegenüber den Juden, zur Ablehnung
von Heiligennamen als Rufnamen in protestantischen Ländern geführt.
Entweder griff man dort wieder auf die alttestamentlichen Namen zurück
(›Elias‹, ›Samuel‹, ›Rebekka‹, ›Martha‹) oder man bildete mehrgliedrige
neue, oft in der Gestalt von Satznamen: ›Bleibtreu‹, ›Fürchtegott‹, ›Gott-
helf‹, ›Leberecht‹, ›Traugott‹ usw. In den katholischen Gegenden
Deutschlands lebten die alten Heiligennamen nicht nur fort, sondern
vermehrten sich noch im Anschluß an neue Heilige* (›Aloys‹, ›Ignaz‹,
›Vincenz‹; ›Theresia‹).

Gegen 1600 ist die Entwicklung zum Abschluß gekommen: außer in
den konservativen Randgebieten, wo beispielsweise erst Napoleon gegen
1811 den Friesen einen Familiennamen aufzwingt*, ist die Zweinamigkeit
verbindlich geworden. Immer noch (und dies in gewissem Sinne bis heute)
ist indessen der Rufname der eigentliche Individualname, gilt der Familienname als der sekundäre, offizielle, zu schreibende. Veränderungen ergeben sich allenfalls noch in der Schreibung, die erst spät festgelegt wird –
daher die zahlreichen Graphien desselben Namens (vgl. ›Meier‹, ›Meyr‹,
›Meyer‹, ›Maier‹, ›Mayer‹, ›Mair‹, ›Mayr‹). Einschneidende Veränderungen der Namengebung sind allenfalls im Bereich der Rufnamen möglich;
sie entsprechen bestimmten, meist zeitlich und oft lokal begrenzten Ein-
wirkungen von außen, die etwa im 17./18. Jahrhundert, zur Zeit des in
allen Bereichen der Kultur und Zivilisation vorherrschenden französischen
Einflusses, zur Übernahme französischer Rufnamen (›Anette‹, ›Geor-
gette‹, ›Henriette‹, ›Luise‹; ›Claude‹, ›Jean‹, ›Louis‹, ›René‹) führen.
Englische Einflüsse (›Daisy‹, ›Betty‹, ›Ellen‹; ›Frank‹, ›Ralph‹, ›William‹),
skandinavische (›Birgit‹, ›Ingrid‹, ›Sigrid‹; ›Dirk‹, ›Gustav‹, ›Harald‹, ›Holger‹, ›Jens‹ – allerdings hat nach dem Westfälischen Frieden von 1648
Vorpommern auch im Familiennamenbereich schwedische Einflüsse auf-
zuweisen: ›Lindequist‹, ›Rosengreen‹ etc.*), slawische (›Ilona‹, ›Olga‹,
›Wanda‹; ›Boris‹, ›Kasimir‹, ›Wenzeslaus‹), romanische (›Carmen‹,
›Manuela‹, ›Ramona‹; ›Guido‹, ›Mario‹) machen sich bemerkbar, ohne
daß grundlegende Änderungen zu verzeichnen wären. Oft sind bestimmte
Namengebungsweisen mit Vorbildern zu verknüpfen; diese können dyna-
stischer* (›Rupprecht‹, ›Luitpold‹ in Bayern; ›Friedrich‹, ›Wilhelm‹,
›Charlotte‹, ›Luise‹ in Preußen; ›Adolf‹ im Dritten Reich), literarischer*

144

(›Emil‹ nach Rousseaus ⟨Émile⟩, ›Wally‹ nach Gutzkows ⟨Wally die Zweiflerin⟩, ›Eckehard‹ nach Scheffels ⟨Ekkehard⟩) Natur sein oder sich, wie öfter in jüngster Zeit, an bekannten Persönlichkeiten des Film-, Show- und Schlagergeschäfts orientieren (›Freddy‹, ›Roy‹, ›Udo‹, ›Heino‹; ›Gitte‹, ›Joy‹) – obwohl die Klage darüber, daß ”das Interesse der jungen Generation fast ausschließlich von der Welt des Films bestimmt” werde, unangebracht ist.* Insgesamt fällt auf, daß die Rufnamengebung der Gegenwart – so stark sie durch amtliche Vorschriften* eingeengt wird – sich durch eine ungemein große Vielfalt auszeichnet. Dies gilt selbst für abgelegene Gebiete. Friedhelm Debus* hat erkannt, daß der gesamte (bundes)deutsche Sprachraum von einer Vereinheitlichungsbewegung erfaßt ist, die sich in der Einschränkung des Dialekts und, im Gegensatz dazu, in der Differenzierung der Namengebung äußert:

> der fortschreitenden dialektologischen Reduzierung entspricht eine wachsende onomatologische Bereicherung.

Die Gründe für eine solche Ausgleichsbewegung sind vorwiegend sozialer und sozialpsychologischer Art; über sie wird an anderer Stelle (siehe unten S. 204 ff.) ausführlich zu sprechen sein.

4.1.1.7 Hinweise zu Kapitel 4.1.1

4.1.1.1

S. 137 Zur altindischen Namengebung vgl. August Fick: Die griechischen Personennamen nach ihrer Bildung erklärt, mit den Namensystemen verwandter Sprachen verglichen und systematisch geordnet. Göttingen 1874, S. CXXXIX–CXCI; Alfons Hilka; Beiträge zur Kenntnis der indischen Namengebung. Die altindischen Personennamen. Breslau 1910 (= Indische Forschungen 3), bes. S. 46–152; zur griechischen vgl. Fritz Bechtel: Die attischen Frauennamen nach ihrem System dargestellt. Göttingen 1902; ders.: Die historischen Personennamen der Griechen bis zur Kaiserzeit. Halle 1917; August Fick/Fritz Bechtel: Die griechischen Personennamen nach ihrer Bildung erklärt. Göttingen 1894 (2. Auflage von Fick 1874); Ernst Fraenkel, Artikel ”Namenwesen” in: Realencyclopädie 32, 1935, Sp. 1611–1670; Max Lambertz: Die griechischen Sklavennamen. 2 Teile. In: Jahres-Berichte über das k. k. Staatsgymnasium im VIII. Bezirke Wiens 57 (Schuljahr 1906/07), Wien 1907, S. 3–49, und 58 (Schuljahr 1907/08), Wien 1908, S. 3–42; Solmsen/Fraenkel S. 112–134; Gottschald 1971, S. 26–31; zur lateinischen vgl. George Davis Chase: The origin of Roman praenomina. In: Harvard Studies in Classical Philology 8, 1897, S. 103–184; Bruno Doer: Die römische Namengebung. Ein historischer Versuch. Stuttgart 1937; Karl Meister: Lateinisch-griechische Eigennamen. 1: Altitalische und römische Eigennamen. Berlin/Leipzig 1916, bes. S. 81–112 (”Zur Geschichte des römischen Gentilnomens”); Theodor Mommsen: Die römischen Eigennamen der republikanischen und augusteischen Zeit. In: ders.: Römische Forschungen. Bd. 1 Berlin ²1864, S. 1–68; A. Oxé: Zur älteren Nomenklatur der römischen Sklaven. In: Rheinisches Museum für Philologie NF 59, 1904, S. 108–140; Ernst Pulgram: Historisch-soziologische Betrachtung des modernen Familiennamens. In: BzN 2, 1950/51, S. 132–165, bes. S. 137–142; Wilhelm Schulze: Zur Geschichte lateinischer Eigennamen. Berlin/Zürich/Dublin ²1966; Solmsen/Fraenkel S. 135–153; Gottschald 1971, S. 31 f.; zur slawischen vgl. Fick:

Griechische Personennamen, aaO., S. XCVII–CXIII; Franz Miklosich: Die Bildung der slavischen Personennamen. In: Denkschriften der Kaiserlichen Akademie der Wissenschaften, Phil.-hist. Klasse 10, Wien 1860, S. 215–330; zur keltischen vgl. Fick: Griechische Personennamen, aaO., S. LXVI–XCI; H. Zimmer: Keltische Studien. 10: Zur Personennamenbildung im Irischen. In: ZfvSF 32 (NF 12), 1893, S. 158–197. An Arbeiten zur Namenbildung im außerindogermanischen Bereich seien genannt Wolfgang Bauer: Der chinesische Personenname. Die Bildungsgesetze und hauptsächlichsten Bedeutungsinhalte von Ming, Tzu und Hsiao-Ming. Wiesbaden 1959 (= Asiatische Forschungen 4); Albert J. Koop/Hogitarō Inada: Meiji Benran. Japanese names and how to read them. A manual for art-collectors and students. Being a concise and comprehensive guide to the reading and interpretation of Japanese proper names both geographical and personal, as well as of dates and other formal expressions. London 1923; George Buchanan Gray: Studies in Hebrew proper names. London 1896; Martin Noth: Die israelitischen Personennamen im Rahmen der gemeinsemitischen Namengebung. Stuttgart 1928 (= Beiträge zur Wissenschaft vom Alten und Neuen Testament, 3. Folge 10, der ganzen Sammlung Heft 46); Cyrus Alvin Potts: Dictionary of Bible proper names. New York [2]1923; Robert Singerman: Jewish and Hebrew onomastics. A bibliography. New York/London 1977. Zur germanischen Namengebung vgl. Solmsen/Fraenkel S. 154–166; Henry B. Woolf: The Old Germanic principle of name-giving. Baltimore 1939; Richard Hünnerkopf: Zur altgermanischen Namenwahl. In: Ndd. Zs. für Volkskunde 9, 1931, S. 1–16; Hellmut Rosenfeld: Zu Systematik und geschichtlichem Form- und Bedeutungswandel der idg. Männer- und Frauen-Rufnamen. In: Name und Geschichte S. 137–148.

Zur Frage der ursprünglichen Namenbedeutung vgl. Schwarz I, § 9 (S. 22 f.); Bach I, § 79 f. (S. 85–87) und § 188 (S. 206 f.); Heinrich Henel: Der Sinn der Personennamen. In: DVjS 16, 1938, S. 401–434, bes. S. 415 f.; Schröder S. 8; Scherer 1953, S. 1–37. Der Versuch einer integrierenden Deutung kennzeichnet Mittelalter und Neuzeit bis etwa zum ersten Weltkrieg; seit Edward Schröders Deutscher Namenkunde von [1]1938 begnügt man sich mit der bloßen Addition. Daß allerdings noch heute integrierende Deutungen vertreten werden, beweist Heimerans Vornamenbuch von Hellmut Rosenfeld 1968 (*3.2.2.1).

Zu *Gundomad* vgl. Scherer 1953, S. 9; zu *Waluburg* vgl. Schröder S. 20–24; Scherer 1953, S. 17.

S. 138   Vgl. oben S. 17 f. und 124 f. sowie Solmsen/Fraenkel S. 166; Henel: Sinn der Personennamen, aaO., S. 415; Bach I, § 80 (S. 85–87). Zahlreiche sinnlose Kombinationen enthalten die Namenlisten bei Fick: Griechische Personennamen, aaO., S. 3–232, so etwa *Gastrodórē* 'Bauchgabe', *Hippotélēs* 'Pferdende'; an widersinnigen (antonymischen) und tautologischen Kombinationen seien genannt *Oiólykos* 'Schafwolf' und *Philérōs* 'Liebliebe'.

Zu Henel: Sinn der Personennamen, aaO., vgl. etwa Lucien Lévy-Bruhl: La mentalité primitive. Paris [1]1922 (= Bibliothèque de Philosophie Contemporaine. Travaux de l'Année Sociologique); ders.: Les fonctions mentales dans les sociétés inférieures. Paris [1]1909 (= Bibliothèque de Philosophie Contemporaine. Travaux de l'Année Sociologique); Ernst Cassirer: Die Begriffsform im mythischen Denken. Leipzig/Berlin 1922 (= Studien der Bibliothek Warburg 1).

Auf das Beda-Beispiel weist Henel: Sinn der Personennamen, aaO., S. 414, hin. Vgl. etwa aus Bedas ⟨De Natura Rerum⟩ c. 4 (PL 90, Sp. 196): *terra quidem arida et frigida;* ⟨De Mundi Coelestis Terrestrisque Constitutione⟩ c. *Humores* (PL 90, Sp. 881): *melancholia imitatur terram, erescit in autumno, regnat in maturitate.*

146

Zu Gottfried Schramm: Namenschatz und Dichtersprache. Studien zu den zwei-gliedrigen Personennamen der Germanen. Göttingen 1957 (= ZfvSF, Ergänzungs-heft 15), vgl. Gunter Müller: Germanische Tiersymbolik und Namengebung. In: Frühmittelalterliche Studien 2, 1968, S. 202–217 = Probleme der Namenforschung S. 425–448, bes. S. 439–445; Rüdiger Schmitt: Indogermanische Dichtersprache und Namengebung. Innsbruck 1973 (= Innsbrucker Beiträge zur Sprachwissen-schaft. Vorträge 10). Siehe auch Gottfried Schramm: Zu einer germanischen Besonderheit in der Bildung zweistämmiger Männernamen. In: BzN 13, 1962, S. 39–53.

Zu *lina laukaR* vgl. Wolfgang Krause: Die Sprache der urnordischen Runen-inschriften. Heidelberg 1971, S. 112, 147; an stabenden Formeln läßt sich noch *salusalu* (ebd. S. 154 f.) und *laþu laukaR* (ebd. S. 161) vergleichen. Siehe auch Wolfgang Krause/Herbert Jankuhn: Die Runeninschriften im älteren Futhark. Bd. 1 Göttingen 1966 (= Abhandlungen der Akademie der Wissenschaften in Göttingen, Phil.-hist. Klasse, 3. Folge 65), S. 84–86.

Die ⟨Beowulf⟩-Stellen nach Fr. Klaeber (Hrsg.): Beowulf and the Fight at Finnsburg. Boston/New York/Chicago/Atlanta/San Francisco/Dallas/London ³1950, V. 371, 456, 1321 (*helm Scyldinga*), 664 (*wigfruma*); vgl. weiter etwa *helmberend* 'der Schutzbringende' (V. 2517, 2642), *hildfruma* 'der Kampfführer' (V. 1678, 2649, 2835), *guðwine* 'Kampfesfreund' (V. 1810, 2735) usw.

Als Primärbildungen gelten Namen, deren Komposition aus Appellativen durch die Bedeutung der gewählten Wörter bestimmt wurde; sekundäre Bildungen sind dagegen solche Namen, deren Komposition ohne Rücksicht auf die Bedeutung der Namenbestandteile erfolgte, also auch durch mechanisches Kombinieren geläufiger Namenelemente. Vgl. etwa Schwarz I, § 15 (S. 30–32); Bach I, § 80 (S. 85–87); Solmsen/Fraenkel S. 166–168; Schröder S. 7 f.; Henel: Sinn der Personennamen, aaO., S. 420 ("in idg. Zeit gab es ein System des Namenfindens und Namen-bildens, dagegen haben die historischen Einzelvölker idg. Sprache bloß einen Schatz bestehender Namen, der nur analogisch, nicht sinnvoll vermehrt werden kann"); Fleischer 6.2.1.2 (S. 651 f.). Das ae. Beispiel bei Scherer 1953, S. 30.

4.1.1.2
Zum Unterschied von Männer- und Frauennamenbildung vgl. etwa Bach I, § 84 (S. 90 f.); Solmsen/Fraenkel S. 161–166; Schröder S. 9 f., 12 f.; Fleischer 1968, S. 18–20. Auch hier kommt es zu Deutungskonkurrenzen; z. B. erwägt Bach I, § 189 (S. 208 f.) im Anschluß an Grimm auch die Verbindung des Frauennamens ›Tusnelda‹ mit an. *þurs, þuss* 'Riese', obwohl er ebd., § 200 (S. 220) wie Scherer 1953, S. 18, als Etymon germ. *þûs* 'Kraft' annimmt. Beidem widerspricht Rosen-feld: Heimerans Vornamenbuch, aaO., S. 212 f., für den ›T(h)us‹- vielmehr istrionisch oder illyrisch, jedenfalls unerklärbar ist. Zur Geschichte der Frauen-namenbildung enthält auch Schramm: Namenschatz und Dichtersprache, aaO., S. 120–143, Wesentliches.

S. 139 Zur ahd.-air.-ai. Parallele vgl. Scherer 1953, S. 27.

Zur Movierung vgl. Fleischer: Wortbildung 2.2.34; Henzen: Wortbildung § 95 f.; zur Bildung von Frauen- aus Männernamen durch Movierung vgl. etwa Bach I, § 88 (S. 93–95); Edward Schröder: Die Pflanzen- und Tierwelt in den deutschen Frauennamen. In: ZfNF 14, 1938, S. 109; Scherer 1953, S. 28 f.; Ivar Ljungerud: Bemerkungen zur Movierung in der deutschen Gegenwartssprache. Eine positivistische Skizze. In: Linguistische Studien 3, 1973, S. 145–162, bes. S. 156 f.

Zu Benno Eide Siebs: Die Personennamen der Germanen. Niederwalluf 1970 vgl. die Besprechungen durch Georg Droege in: Names 19, 1971, S. 57f.; Pierre Hessmann in: Germanistik 13, 1972, S. 31; Gunter Müller in: BzN NF 6, 1971, S. 189f. ("Das Buch ist ein Rückschritt in vorwissenschaftliche Spekulation"). Zur Namengebung im Nordischen, die bei Siebs eine große Rolle spielt, vgl. etwa Max Keil: Altisländische Namenwahl. Leipzig 1931 (= Palaestra 176); Hans Naumann: Zur altnordischen Namengebung. Eine Studie zur vergleichenden Namenkunde. In: GRM 4, 1912, S. 630–640; ders.: Altnordische Namenstudien. Berlin 1912 (= Acta Germanica, Neue Reihe 1).

Zum heroischen Charakter der germanischen Namengebung vgl. etwa Bähnisch 1920, S. 33–39; Solmsen/Fraenkel S. 154–166; Schröder S. 8, 10f.; Fleischer 1968, S. 30–40; Fleischer 6.2.1.2 (S. 651–653), bes. S. 653; Gottschald 1971, S. 35–86. Vgl. damit die chinesische Namengebung nach Bauer: Chinesischer Personenname, aaO., S. 271–295: "über die Hälfte aller chinesischen Personennamen von der ältesten Zeit bis heute" enthalten Wünsche für das benannte Kind, die seinen Lebenslauf (Glück, Segen, Erfolg, Bannung von Übel, langes Leben, Friede, Stille, Harmonie) oder seine Persönlichkeit (gute Anlagen, Tugenden, Glanz, Größe) betreffen (S. 271). Anders fürs Germanische Scherer 1953, S. 36: die Frauennamen "enthielten nichts, was auf ein kriegerisches Ideal hinwiese".

4.1.1.3

Zur Kurzformenbildung vgl. etwa Schwarz I, § 6–8 (S. 16–22); Bach I, § 89–115 (S. 95–132); Solmsen/Fraenkel S. 170–178; Kaufmann 1965 (*3.4); Fleischer 1968, S. 21–30; Fleischer 6.2.1.1 (S. 649–651), bes. S. 650f.; Gisela von Preradovic: Zum Gebrauch altdeutscher Kurznamen. In: Name und Geschichte S. 125–135. Zur Formenbildung der von Hause aus eingliedrigen Namen vgl. Gunter Müller: Starke und schwache Flexion bei den eingliedrigen germanischen Männernamen. In: Dietrich Hofmann/Willy Sanders (Hrsg.): Gedenkschrift für William Foerste. Köln/Wien 1970 (= Niederdeutsche Studien 18), S. 215–231. Siehe auch oben S. 119.

Zur sozialen Schichtung von Kurz- und Langnamen vgl. etwa Schwarz I, § 6 (S. 16f.), daher die Zahlenangaben; Bach I, § 437 (S. 191–193), dieselben Zahlen ebd., S. 191f.; Schlaug 1962, S. 8 (beachte jedoch die Warnung vor einer Fehlinterpretation der Überlieferung!); Fleischer 1968, S. 39f.; Stefan Sonderegger: Aufgaben und Probleme der althochdeutschen Namenkunde. In: Namenforschung S. 55–96, bes. S. 75 = Probleme der Namenforschung S. 157; Heinrich Löffler: Die Hörigennamen in den älteren St. Galler Urkunden. Versuch einer sozialen Differenzierung althochdeutscher Personennamen. In: BzN NF 4, 1969, S. 192–211 = Probleme der Namenforschung S. 475–497. Vgl. damit die abweichenden Verhältnisse im slawisch-deutschen Grenzbereich nach Gerhard Schlimpert: Soziologische Aspekte slawischer Personennamen in mittelalterlichen Quellen. In: Linguistische Studien, Reihe A: Arbeitsberichte 30, 1976, S. 117–122.

S. 140   Zum Verhältnis der Kirche zu den heidnisch-germanischen Namen vgl. etwa Schwarz I, § 18 (S. 34f.); Bach I, § 296 (S. 20–22); Smith 1950 (*2.4.6), S. 1 (das Konzil von Nicaea verbietet 325 den Gebrauch der Namen heidnischer Götter zur Bildung von Personennamen); Ernst Pulgram: Historisch-soziologische Betrachtung des modernen Familiennamens. In: BzN 2, 1950/51, S. 132–165, bes. S. 147 Anm. 36 und S. 159f. (im 11. Jahrhundert verbietet der Papst den Christen das Tragen heidnischer Namen). Doch wurden dergleichen Gebote "nicht gerade eifrig befolgt" (Pulgram, ebd., S. 159). Erst das Konzil von Trient rät im 16. Jahr-

148

hundert, Heiligennamen als Taufnamen zu wählen; vgl. Edmund Nied: Heiligenverehrung und Namengebung. Sprach- und kulturgeschichtlich mit Berücksichtigung der Familiennamen. Freiburg 1924, S. 5; Bach I, § 296 (S. 21) mit den
entsprechenden Vorschriften des ⟨Rituale Romanum⟩ und des ⟨Catechismus
Romanus⟩ – vgl. ⟨Rituale Romanum⟩ tit. II, c. I, Nr. 54: *Baptizandis nomina
imponantur Sanctorum, quorum exemplis fideles ad pie vivendum excitentur et
patrociniis protegentur* (nach Nied, aaO.). Nach Smith 1950 (*2.4.6) verbot auch
die Kirche von England erst im 16. Jahrhundert den Gebrauch von Taufnamen
heidnischen Ursprungs. Vgl. hierzu auch Arnold 1901, S. 10–14.

4.1.1.4
Zur Kölner Namenstatistik vgl. Schwarz I, § 19 (S. 35f.); Bach I, § 300f. (S. 26–
30); Fleischer 1968, S. 43; Fleischer 6.2.1.3 (S. 654); Rudolf Schützeichel: Die
Kölner Namenliste des Londoner Ms. Harley 2805. In: Namenforschung S. 97–126;
Fritz Wagner: Studien über die Namengebung in Köln im zwölften Jahrhundert.
1: Die Rufnamen. Phil. Diss. Göttingen 1913; Joachim Hartig: Kölnische und
westfälische Personennamen des 11. Jahrhunderts. Ein Vergleich zweier Namenlisten. In: Dietrich Hofmann/Willy Sanders (Hrsg.): Gedenkschrift für William
Foerste. Köln/Wien 1970 (= Niederdeutsche Studien 18), S. 232–248.

Zum Aufkommen biblischer Namen im Mönchtum vgl. etwa Bach I, § 285f.
(S. 11–14); Fleischer 1968, S. 46f.; Sonderegger: Aufgaben und Probleme, aaO.,
S. 71 und 74; Karl Schmid: Personenforschung und Namenforschung am Beispiel
der Klostergemeinschaft von Fulda. In: Frühmittelalterliche Studien 5, 1971,
S. 235–267; Dieter Geuenich: Die Personennamen der Klostergemeinschaft von
Fulda im früheren Mittelalter. München 1976 (= Münstersche Mittelalter-
Schriften 5).

Zur Unterscheidung von Lehn- und Fremdwort vgl. etwa Werner Betz: Deutsch
und Lateinisch. Die Lehnbildungen der althochdeutschen Benediktinerregel. Bonn
1949, bes. S. 9–32. Zur Eindeutschung der Fremdnamen vgl. Schwarz I, § 23
(S. 38–40); Bach I, § 116–121 (S. 132–137); Fleischer 6.2.2.2 (S. 655f.). Dem
stehen Latinisierungen germanisch-deutscher Namen gegenüber: vgl. Schröder
S. 25–31; Sonderegger: Aufgaben und Probleme, aaO., S. 71–75.

Zu den Heiligen und ihrer Verehrung vgl. etwa Ernst Lucius/Gerta Anrich:
Die Anfänge des Heiligenkults in der christlichen Kirche. Frankfurt ²1966; René
Aigrain: L'hagiographie, ses sources, ses méthodes, son histoire. Paris 1953;
Dietrich Heinrich Kerler: Die Patronate der Heiligen. Ein alphabetisches Nach-
schlagebuch für Kirchen-, Kultur- und Kunsthistoriker, sowie für den praktischen
Gebrauch der Geistlichen. Ulm 1905; Rudolf Pfleiderer: Die Attribute der Heili-
gen. Ein alphabetisches Nachschlagebuch zum Verständnis kirchlicher Kunstwerke.
Ulm 1898. Zum Einfluß der Heiligenverehrung auf die Namengebung vgl. das
oben genannte Buch von Edmund Nied, 1924.

Die ⟨Allerheiligen-Litanei⟩ in neuer (abgekürzter) Fassung in: Gotteslob.
Katholisches Gebet- und Gesangbuch. Hrsg. von den Bischöfen Deutschlands und
Österreichs und der Bistümer Bozen-Brixen und Lüttich. Freiburg ¹1975, Nr. 762
(S. 719–723); die alte, längere Fassung (deutsch und lateinisch) etwa in Anselm
Schott O. S. B.: Das Meßbuch der heiligen Kirche. Freiburg ⁴⁷1940, S. 484–493.

Zur Ausbreitung der Heiligenverehrung vgl. etwa Nied: Heiligenverehrung
und Namengebung, aaO., S. 21–23; Matthias Zender: Räume und Schichten mittelalterlicher Heiligenverehrung in ihrer Bedeutung für die Volkskunde. Die Heiligen
des mittleren Maaslandes und der Rheinlande in Kultgeschichte und Kultverbrei-
tung. Düsseldorf ²1973; ders.: Über Heiligennamen. In: DU 9, 1957, Heft 5,
S. 72–91; Bach I, § 291f. (S. 15–18); Fleischer 1968, S. 47–53; Klaus Walter

Littger: Studien zum Auftreten der Heiligennamen im Rheinland. München 1975 (= Münstersche Mittelalter-Schriften 20), dazu die Besprechung von Maurits Gysseling in: Beiträge 100, 1978, S. 119–121. Siehe die Karte im dtv-Atlas zur deutschen Sprache S. 124 unten.

Zum ›Servatius‹-Kult vgl. Zender: Räume und Schichten, aaO., S. 61–75; Nied: Heiligenverehrung und Namengebung, aaO., S. 87f. Vgl. auch die Arbeiten zum ›Hl. Nikolaus‹ von Karl Meisen: Nikolauskult und Nikolausbrauch im Abendland. Eine kultgeographisch-volkskundliche Untersuchung. Düsseldorf 1931; Nied: ebd., S. 73f.; Bach I, § 304 (S. 32f.), sowie zum ›Hl. Jodocus‹ von Jost Trier: Der hl. Jodocus, sein Leben und seine Verehrung. Zugleich ein Beitrag zur Geschichte der deutschen Namengebung. Breslau 1924 (= Germanistische Abhandlungen 54); Nied: ebd., S. 68f.; Bach I, § 385 (S. 130).

S. 141   Zur Vermeidung des Namens ‹Maria› im deutschsprachigen Raum Bach I, § 304 (S. 33f.) und § 484 (S. 230). Dem steht die große Beliebtheit des Namens im französischen und niederländischen Raum schon im frühen 13. Jahrhundert gegenüber: "um 1300 ist *Maroie* in Nordfrankreich schon der weitaus häufigste Frauenname (in der Gegend von Arras sogar 29%), in Paris der zweithäufigste" (Gysseling in: Beiträge 100, 1978, S. 121).

Zur Eindeutschung siehe oben S. 140; Fleischer 1968, S. 53–57. Die Möglichkeiten der dabei auftretenden Veränderung bespricht Nied: Heiligenverehrung und Namengebung, aaO., S. 7f. und erläutert sie am Beispiel des Namens ›Nikolaus‹ ebd., S. 9–14.

Zu den Schutzheiligen vgl. Kerler: Patronate der Heiligen, aaO.; Nied: aaO., S. 25. Es ist interessant zu sehen, wie stark die Patronatswahl von der volksetymologischen (?) Deutung der Heiligennamen abhängt: ›Clara‹ hilft gegen Augenleiden (lat. *clara* ’die Helle, Klare’), ›Eusitius‹ ist Patron der Bäcker (griech. *sítos* ’Getreide’), ›Gallus‹ Patron der Hähne (lat. *gallus* ’Hahn’), ›Fortis‹ hilft gegen Körperschwäche (lat. *fortis* ’stark’), ›Petrus‹ ist Patron der Maurer (griech. *pétros* ’der Fels’), ›Blasius‹ hilft gegen Sturm (Anklang an "blasen"), ›Orana‹ heilt Ohrenweh (Anklang an "Ohren") usw. Vgl. dazu etwa Dieter Assmann: Volksetymologie und Heiligenverehrung. In: Wolfgang Meid/Hermann M. Ölberg/ Hans Schmeja (Hrsg.): Studien zur Namenkunde und Sprachgeographie. Festschrift für Karl Finsterwalder zum 70. Geburtstag. Innsbruck 1971 (= Innsbrucker Beiträge zur Kulturwissenschaft 16), S. 405–413. Die "Hörnchensmesse", die jeden Montag in der Kölner Severinskirche gelesen wird, wobei die im "Corneliushorn" geborgenen Reliquien der Kirchenpatrone ›Cornelius‹ und ›Cyprian‹ zur Verehrung ausgesetzt werden, hat sich, ebenso wie das Horn als Symbol des ›Hl. Cornelius‹, aus der Tatsache ergeben, daß der Name des Heiligen zu lat. *cornu* ’Horn’ gestellt wurde; siehe Herbert Rode: St. Severin zu Köln. Köln 1951, S. 32.

Zur Verbreitung alttestamentlicher Namen im Mittelalter vgl. etwa Schwarz I, § 23 (S. 39f.); Bach I, § 298 (S. 25f.); Erich Thielecke: Die alttestamentlichen Personennamen im mittelalterlichen niederdeutschen Sprachgebiet östlich der Weser. Phil. Diss. Greifswald 1935 (bis 1400 sind nur 16 alttestamentliche Vornamen gebräuchlich; ›Moses‹, ›Nathan‹ sind nur einmal, ›Daniel‹ 184mal, ›Judith‹/ ›Jutta‹ 336mal belegt; ›Daniel‹ und ›Judith‹ sind besonders in ritterlichen Kreisen, ›David‹, ›Elias‹ und ›Salomon‹ bei Bürgern beliebt); J. Scheidl: Der Kampf zwischen deutschen und christlichen Vornamen im ausgehenden Mittelalter. Nach altbaierischen Quellen für das Dachauer Land dargestellt. In: ZfNF 16, 1940, S. 193–214; Joachim Hartig: Die münsterländischen Rufnamen im späten Mittelalter. Köln/Graz 1967 (= Niederdeutsche Studien 14); Kohlheim 1977. Zu den Judennamen siehe unten S. 144.

150

Zum Verhältnis Lang-/Kurzname vgl. etwa Schwarz I, § 20 (S. 36 f.); Bach I, § 302 (S. 30 f.), daher die Zahlenangaben für Magdeburg; Fleischer 6.2.1.3 (S. 654).

4.1.1.5/6
Zum Wechsel von Ein- zu Zweinamigkeit vgl. Schwarz I, § 19 (S. 35 f.); Bach I, § 300 (S. 26–28) und § 344 (S. 84 f.); Fleischer 1968, S. 81 f.; Neumann 1973, S. 192–202.

S. 142   Zu den Beispielen für frühe Beinamengebung vgl. Bach I, § 332–337 (S. 66–73); die Stellen aus dem ⟨Hildebrandslied⟩ in: Althochdeutsches Lesebuch. Zusammengestellt ... von Wilhelm Braune. Fortgeführt von Karl Helm, 15. Auflage bearbeitet von Ernst A. Ebbinghaus. Tübingen 1969, Nr. XXVIII, V. 7, 44, 45; aus ⟨Battle of Maldon⟩ nach E. V. Gordon: The Battle of Maldon. London ²1949 (= Methuen's Old English Library, A: Poetic Texts 6), V. 75 f.; aus der ⟨Ags. Chronik⟩ nach Charles Plummer/John Earle (Hrsg.): Two of the Saxon Chronicles parallel ... Bd. 1 Oxford 1965 (¹1892), S. 13; aus dem ⟨Beowulf⟩ nach Fr. Klaeber: Beowulf and the Fight at Finnsburg, aaO., V. 4, 53; vgl. auch 229 *weard Scildinga*, 1069 *Hnæf Scyldinga* etc.

    Zu den eine Eigenschaft beinhaltenden Beinamen vgl. Bach I, § 336, 5 (S. 71–73): *Labeo* 'der Dicklippige', *Teutonicus* 'der Deutsche', *Balbulus* 'der Stammler'; *Harfagri* 'Schönhaar', *Ormstunga* 'Schlangenzunge'.

    Die Sippen- oder Familienzusammengehörigkeit wurde anders ausgedrückt, entweder durch die Wahl alliterierender Namen (vgl. die Burgunderkönige *Gibica*, *Godomarus*, *Gislaharius*, *Gundharius*, *Gundevechus*, *Gundobaldus*, *Godegisilus*, *Gislahadus*, die Merowinger *Childericus*, *Chlodoveus*, *Chlodomerus*, *Childebertus*, *Chlotharius*, *Chramnus*, *Charibertus*, *Chilpericus* bei Bach I, § 326 [S. 60 f.]) oder durch Vergabe des gleichen Namens (vgl. die Diskussion der Äbte Siegfried von Gorze und Poppo von Stablo über die Verwandtschaftsverhältnisse Heinrichs III., der Agnes von Poitou heiraten will, wobei die Sippenverwandtschaft durch Gleichnamigkeit verbürgt wird: [...] *et ipsa feminarum ostendit equivocatio*. Siehe Hans-Walter Klewitz: Namengebung und Sippenbewußtsein in den deutschen Königsfamilien des 10. bis 12. Jahrhunderts. Grundfragen historischer Genealogie. In: Archiv für Urkundenforschung 18, 1944, S. 23–37).

    Zu Entstehung und Ausbreitung der Zweinamigkeit vgl. Schwarz I, § 46 (S. 70 f.); Bach I, § 340 f. (S. 76–80); Schröder S. 94–109; Pulgram: Historisch-soziologische Betrachtung, aaO., S. 142–150; Fleischer 1968, S. 85–87; Fleischer 6.3.1.3 f. (S. 661–663).

    Zu Oschatz siehe Neumann 1973, das Zitat ebd. S. 194. Zum Vergleich kann dienen Sten Hagström: Kölner Beinamen des 12. und 13. Jahrhunderts. Uppsala 1949 (= Nomina Germanica 8).

    Die Modelle der Familiennamenbildung nach Neumann 1973, S. 196–202; dabei bedeuten die Abkürzungen:

RN	Rufname	BN	Berufsname
RFaN	Familienname aus RN	BFaN	Familienname aus BN
ON	Ortsname	ÜN	Übername
WN	Wohnstättenname	ÜFaN	Familienname aus ÜN
WFaN	Familienname aus WN	Präp	Präposition
	Art	Artikel	

Vgl. weiter: Solmsen/Fraenkel S. 178–204; Schröder S. 94–109; Fleischer 1968, S. 98–120; Bach I, § 123–170 (S. 138–189); Schwarz I, § 50–98 (S. 74–156).

151

Ein instruktives Beispiel für die verschiedenen Typen bietet Georg Meyer-Erlach (Hrsg.): Der Seldener Buch. Ratsbuch Nr. 35 des Stadtarchivs Würzburg (aus dem Jahre 1409). Leipzig 1932 (= Mitteilungen der Zentralstelle für Deutsche Personen- und Familiengeschichte 48). Siehe auch Bernhard Dziuba: Familiennamen nach Freiburger Quellen des 12. bis 15. Jahrhunderts. Freiburg 1966 (= Forschungen zur oberrheinischen Landesgeschichte 18).

S. 143   Zur Statistik der Bildungsweisen vgl. Schwarz I, § 99 (S. 157–160), daher die Tabellen im Text; Bach I, § 346–360 (S. 87–102); Fleischer 1968, S. 158–162; Fleischer 6.3.4 (S. 678f.); Friedhelm Debus: Zur Entstehung der deutschen Familiennamen. Die hessische Kleinstadt Biedenkopf als Beispiel. In: Name und Geschichte S. 31–54.

Zu den ›s(en)‹-Namen vgl. Bach I, § 222 (S. 246–248); W. Martensen: Die schleswigschen Familiennamen auf -sen. In: Jahrbuch des Heimatbundes Nordfriesland 24, 1937, S. 138–149; Reinhold Möller: Zu den -sen-Namen in Niedersachsen. In: BzN NF 4, 1969, S. 356–375; Pulgram: Historisch-soziologische Betrachtung, aaO., S. 161f.

S. 144   Zum Einfluß der Reformation und des Humanismus vgl. Schwarz I, § 32f. (S. 51–53); Bach I, § 309–313 (S. 40–46) und § 373–375 (S. 116–122); Arnold 1901, S. 14–25; Bähnisch 1920, S. 86–93; Schröder S. 25–34 und 113; Fleischer 1968, S. 95f.; Gottschald 1971, S. 128–133.

Über die neuen Heiligen und ihren Einfluß auf die katholische Namengebung vgl. Bach I, § 316 (S. 49f.); Schwarz I, § 34 (S. 53f.). Meist sind es typische "Klosterheilige", die bestimmten Ordensgemeinschaften entstammen, vornehmlich in diesen verehrt werden und von dort her die Namengebung beeinflussen (›Ignaz‹ von Loyola, ›Franz Xaver‹, ›Aloys‹ von Gonzaga bei den Jesuiten, ›Alfons‹ von Liguori bei den Redemptoristen).

Zur Einführung des Familiennamens bei den Friesen durch Napoleon vgl. Bach I, § 367 (S. 108f.); Schwarz I, § 106 (S. 171–173); Pulgram: Historisch-soziologische Betrachtung, aaO., S. 161f.; Christian Andersen: Zur Entwicklung der Namengebung in Nordfriesland im 18. Jahrhundert. In: Name und Geschichte S. 13–29. Zur Besonderheit der nordfriesischen Rufnamen siehe Ulf Timmermann: Der nordfriesische Rufnamenschatz. In: Onoma 17, 1972/73, S. 250–251. – Hierher gehören auch die Judennamen, in Preußen 1812, in Österreich unter Joseph II. (1765–1790) durch Gesetz eingeführt; vgl. Bähnisch 1920, S. 98; Gerhard Kessler: Die Familiennamen der Juden in Deutschland. Leipzig 1935 (= Mitteilungen der Zentralstelle für Deutsche Personen- und Familiengeschichte 53), bes. S. 77–98 ("Willkürnamen"); Pulgram: aaO., S. 155f.; Fleischer 1968, S. 241f.; Fleischer 6.3.1.5 (S. 664); Gottschald 1971, S. 123–127; Schwarz I, § 122 (S. 206–208); Bach I, § 473–479 (S. 221–225). Wie das Studium der jüdischen Familiennamengebung Rückschlüsse auf die Siedlungsgeographie erlaubt, zeigt Bernhard Brilling: Schlesische Ortsnamen als jüdische Familiennamen. Ein Beitrag zur Siedlungsgeographie der schlesischen Juden. In: Zs. für Ostforschung 15, 1966, S. 60–67. – Allgemein gilt, daß Siedlungsnamen bei der Bildung von Familiennamen eine größere Rolle gespielt haben, als oft angenommen wird. Siehe etwa Reinhard Bleier: Zur Rolle der Siedlungsnamen in der Familiennamendeutung. In: BzN NF 9, 1974, S. 133–150, wo zahlreiche Familiennamen auf Siedlungsnamen zurückgeführt werden, die z. B. H. Maas: Von Abel bis Zwicknagel. Lexikon deutscher Familiennamen. München 1964, anders gedeutet hat.

Im Westfälischen Frieden war 1648 Schweden u. a. Vorpommern mit Stettin, Wismar und Rügen zugesprochen worden; vgl. Schwarz I, § 121 (S. 206); Bach I, § 412, 1 (S. 163) und § 412, 4/5 (S. 164). Zu den sonstigen fremdsprachlichen

152

Familien- und Vornamen vgl. etwa Schwarz I, § 121 (S. 204–206); Bach I, § 376–378 (S. 122–124); Fleischer 6.3.6 (S. 683f.) [Familiennamen] sowie Schwarz I, § 36 (S. 55f.); Bach I, § 317 (S. 50–53); Fleischer 6.2.3 (S. 657) [Rufnamen].

Zu den dynastisch beeinflußten Namen vgl. etwa Arnold 1901, S. 44–59; Schröder S. 74–77; Bach I, § 504f. (S. 253–256); Friedhelm Debus: Soziologische Namengeographie. Zur sprachgeographisch-soziologischen Betrachtung der Nomina propria. In: Walther Mitzka (Hrsg.): Wortgeographie und Gesellschaft. Berlin 1968, S. 28–48, bes. S. 31–36; Fleischer 6.2.4 (S. 658). Zur Abhängigkeit von ›Adolf‹ von den politischen Verhältnissen siehe auch Horst Naumann: Entwicklungstendenzen in der modernen Rufnamengebung der Deutschen Demokratischen Republik. In: Der Name in Sprache und Gesellschaft S. 147–191, bes. die Tabellen S. 161–166. Während in neun Orten ›Adolf‹ 1924 7mal, 1934 37mal vertreten ist, erscheint der Name ab 1944 in denselben Orten nicht wieder. Vgl. auch Hans Walther/Johannes Schultheis: Soziolinguistische Aspekte der Eigennamen. In: Rudolf Grosse/Albrecht Neubert (Hrsg.): Beiträge zur Soziolinguistik. Halle 1974, S. 197f.

Zu den literarisch beeinflußten Namen vgl. Arnold 1901, S. 44–59; Schröder S. 78–88; Theo Herrle: Die Mode in den Vornamen. In: Muttersprache 1956, S. 18–21, bes. S. 19; Schwarz I, § 36 (S. 55); Bach I, § 318 (S. 53–55); Debus: Soziologische Namengeographie, aaO., S. 31–36; Fleischer 6.2.4 (S. 658).

S. 145   Zum Einfluß von Film und Fernsehen etc. vgl. etwa Hans Bahlow: Unsere Vornamen im Wandel der Jahrhunderte. Limburg 1965 (= Grundriß der Genealogie 4), S. VII pass. Ebd., S. X das Zitat. Neuere Untersuchungen zum Problem der Rufnamen-Moden (siehe unten S. 213f.) bestätigen Bahlow nicht. Auch seine Feststellung, das "Zusammenschrumpfen auf eine erstaunlich kleine Anzahl gebräuchlicher Vornamen und die daraus resultierende Eintönigkeit unserer heutigen Namenwelt ist das eigentlich Beklagenswerte, denn es bedeutet letzten Endes eine Verarmung" (ebd., S. VII), steht im Gegensatz zu den Erkenntnissen anderer Namenkundler; siehe den zweitnächsten Hinweis.

Zu den die heutige Namengebung regelnden amtlichen Vorschriften vgl. etwa Pulgram: Historisch-soziologische Betrachtung, aaO., S. 157–164; Wilfried Seibicke: Wie nennen wir unser Kind? Ein Vornamenbuch. Hrsg. von der Gesellschaft für deutsche Sprache. Lüneburg 1962, S. 1–58; Leonard R. N. Ashley: Changing times and changing names: reasons, regulations, and rights. In: Names 19, 1971, S. 167–187; Teodolius Witkowski: Personennamengebung und Personennamengebrauch in der DDR. In: NI 23, 1973, S. 7–14; zum Namenwechsel unter verschiedenen Gesichtspunkten Bach I, § 362–364 (S. 103–107) und § 369f. (S. 112–114); Elsdon C. Smith: Influences in change of name. In: Onoma 14, 1969, S. 158–164; Fleischer 6.3.1.7 (S. 665f.); Isolde Neumann: Offizielle und nichtoffizielle Personenbenennungen. In: NI 23, 1973, S. 1–7.

Debus: Soziologische Namengeographie, aaO., S. 31; hier wird, im Gegensatz zu Bahlow (siehe oben), die Vielfalt der modernen Namengebung betont. Obwohl exakte statistische Untersuchungen etwa der modernen Rufnamengebung kaum vorliegen (siehe dazu unten S. 213), zeigen bereits die gebräuchlichen Vornamenbücher, von denen oben *3.2.2.1 einige zusammengestellt sind, daß von einer Verarmung nicht gesprochen werden kann. Das von Debus formulierte Prinzip entspricht im wesentlichen dem "onomatologischen Dissoziationsgesetz" von Otto Höfler: Über die Grenzen semasiologischer Personennamenforschung. In: Festschrift für Dietrich Kralik. Dargebracht von Freunden, Kollegen und Schülern. Horn 1954, S. 28.

4.1.1.8 Literatur zu Kapitel 4.1.1

*Robert Franz Arnold (1901): Die deutschen Vornamen. 2. Auflage Wien.

**Bach I pass.

*Ders. (1957): siehe *2.4.6.

Hans Bahlow (1972): Niederdeutsches Namenbuch. Walluf bei Wiesbaden.

Ders. (1972): Deutsches Namenlexikon. Familien- und Vornamen nach Ursprung und Sinn erklärt. Frankfurt am Main (= Suhrkamp Taschenbuch 65).

*Alfred Bähnisch (1920): Die deutschen Personennamen. 3. Auflage Leipzig/Berlin (= Aus Natur und Geisteswelt 296).

**Josef Karlmann Brechenmacher (1963): Etymologisches Wörterbuch der deutschen Familiennamen. 2 Bde. 2. Auflage Limburg.

Albert Dauzat (1946): Les noms de personnes. Origines et évolution. Prénoms – noms de famille – surnoms – pseudonymes. 7. Auflage Paris (= Bibliothèque des Chercheurs et des Curieux).

*Fleischer 6.2–6.3 (S. 648–684).

*Ders. (1968): siehe *3.4.

**George T. Gillespie (1973): A catalogue of persons named in Germanic heroic literature (700–1600) including named animals and objects and ethnic names. Oxford.

*Gottschald (1971): siehe *1.1.6.

Ders. (1955): Die deutschen Personennamen. 2. Auflage Berlin (= Sammlung Göschen 422).

Albert Heintze/Paul Cascorbi (1967): Die deutschen Familiennamen. Geschichtlich, geographisch, sprachlich. Hildesheim (ND Halle [7]1933).

*Rudolf Kleinpaul (1909): Die deutschen Personennamen. Ihre Entstehung und Bedeutung. Leipzig (= Sammlung Göschen 422).
Das Bändchen ist 1916, von Hans Naumann betreut, in 2. Auflage erschienen. Diese Nr. 422 der Sammlung Göschen hat schließlich Max Gottschald neu geschrieben. Trotz gelegentlicher Fehldeutungen ist Kleinpauls volkstümliche, im Plauderton gehaltene, amüsante Darstellung eine noch immer empfehlenswerte Einführung in die deutsche Anthroponymie.

Friedrich Kluge (1930): Deutsche Namenkunde. Hilfsbüchlein für den Unterricht in den oberen Klassen der höheren Lehranstalten. 5. Auflage, hrsg. von Alfred Götze. Leipzig (= Deutschkundliche Bücherei).

**Volker Kohlheim (1977): Regensburger Rufnamen des 13. und 14. Jahrhunderts. Linguistische und sozio-onomastische Untersuchungen zu Struktur und Motivik spätmittelalterlicher Anthroponymie. Wiesbaden (= ZfDL, Beihefte NF 19).

**Isolde Neumann (1973): Zur Herausbildung des anthroponymischen Prinzips der Doppelnamigkeit. In: Der Name in Sprache und Gesellschaft S. 192–202.

August Friedrich Pott (1968): Die Personennamen, insbesondere die Familiennamen und ihre Entstehungsarten. Unter Berücksichtigung der Ortsnamen. Eine sprachliche Untersuchung. Wiesbaden (ND [2]1859).

**Anton Scherer (1953): Zum Sinngehalt der germanischen Personennamen. In: BzN 4, S. 1–37).

**Wilhelm Schlaug (1962): Die altsächsischen Personennamen vor dem Jahre 1000. Lund/Kopenhagen (= Lunder Germanistische Forschungen 34).

**Ders. (1955): Studien zu den altsächsischen Personennamen des 11. und 12. Jahrhunderts. Lund/Kopenhagen (= Lunder Germanistische Forschungen 30).

*Schröder pass.

*Schwarz I pass.

*Wilfried Seibicke (1982): Die Personennamen im Deutschen. Berlin (= Sammlung Göschen 2218).
Solmsen/Fraenkel pass.

4.1.2 Toponyme

Mindestens ebenso deutlich wie an den Personennamen sind geschichtliche Vorgänge und Veränderungen auch an den Örtlichkeitsnamen abzulesen, seien es Siedlungs- oder Flurnamen. Hier sollen exemplarisch nur Gewässernamen (Hydronyme) und Siedlungsnamen sowie deren Entstehungsgeschichte behandelt werden, wobei nur wenige Beispielfälle herangezogen werden können.

4.1.2.1 Vorgermanische Namen

4.1.2.1.1 Zu denjenigen Namen, die ältestes Sprachgut bis heute überliefern, zählen die Flußnamen*. Besonders in ihnen ist eine Reihe von Sprachelementen erhalten, die sich nicht aus dem Wort- und Lautbestand der bekannten und reich überlieferten idg. Sprachen erklären lassen. Dazu kommt, daß viele Flußnamen Deutschlands an weit abgelegener Stelle in Ost- und/oder Südeuropa wiederkehren: die betreffenden, auf gleiche Weise gebildeten Namen müssen in sehr frühe Zeiten zurückreichen, ohne daß sich mit Sicherheit sagen ließe, sie stammten alle von denselben Namengebern – im Gegenteil: die weite räumliche Erstreckung läßt vermuten, daß diese Namen keinesfalls von den Trägern derselben Sprache und Kultur geprägt worden sein können. Es ist bis heute nicht gelungen, exakt zu bestimmen, ob dergleichen Namen ligurisch, illyrisch, venetisch oder keltisch sind. Da sich die Sprachwissenschaftler nicht einmal über die Abgrenzung dieser Sprachen gegeneinander restlos einig sind, darf eine genaue Unterscheidung der Namen hier unterbleiben: sie können sämtlich unter der Rubrik "vorgeschichtlich"* zusammengefaßt werden. Hierher gehören Flußnamen mit dem Bildungssuffix -nt-, das in Mitteleuropa im allgemeinen als Femininum in der Form -antia auftritt: ›Pegnitz‹ ⟨ *Bagantia, ›Rednitz‹ ⟨ Radantia, ›Elz‹ ⟨ Alantia, ›Prims‹ ⟨ Primantia, ›Alsenz‹ ⟨ Alisontia, ›Wörnitz‹ ⟨ *Variantia usw. Vergleichbare nichtdeutsche Namen sind ›Palancia‹ (Spanien), ›Aubance‹ ⟨ *Albantia (Frankreich), ›Bregente‹ ⟨ *Brigantia (England), ›Radeça‹ ⟨ *Radantia (Polen), ›Drance‹ ⟨ *Druantia (Schweiz), ›Balsenz‹ ⟨ *Balsantia (Österreich), ›Baganza‹ ⟨ *Bagantia (Italien). Auch die mit diesem und anderen Bildungssuffixen verbundenen Wurzeln und Stämme sind weitgehend dieselben: *albh- (in ›Elbe‹), *ar(a)- (in ›Ahr‹), *drouos (in ›Drau‹), *var(a) (in ›Var‹, ›Varennes‹), *uis/ueis- (in ›Weser‹), *arg- (in ›Argen‹) usw. Die Karte des Flußsystems der Nahe zeigt, wie an bestimmten Stellen sich solche Namen konzentrieren.* Wichtig ist, daß sämtliche Bildungselemente aus dem Indogermanischen heraus erklärt werden können, so daß nicht-idg. Sprachen nicht bemüht zu werden brauchen. Das impliziert, daß der gesamte riesige Raum, worin dergleichen Namen auftreten, bereits in sehr früher Zeit vollständig von Indogermanen besetzt worden war.*

4.1.2.1.2 Neben den Hydronymen sind auch zahlreiche Siedlungs-, ja sogar Flurnamen nicht als germanischen oder deutschen Ursprungs zu erweisen und folglich als früh- bzw. vorgeschichtliche Bildungen zu bewerten. Auch hier darf eine Differenzierung unterbleiben, da die Forschung darüber streitet, wie die Verteilung der betreffenden Namen zu interpretieren sei. Ein Überblick über die durch das antike Schrifttum überlieferten Siedlungsnamen germanischer und keltischer Herkunft* illustriert zum einen die Fülle der keltischen Namen, sodann die ursprüngliche Ausdehnung des Siedlungsbereichs der Kelten, in den die Germanen immer tiefer eingedrungen sind.* Bestimmte Bildungstypen keltischer Namen zeichnen sich deutlich ab: Zussammensetzungen mit *-briga* 'Berg, Burg, Befestigung' (*Boudobriga* 〉 ›Boppard‹), *-dunum* 'Berg, Burg' (*Cambodunum* 〉 ›Kempten‹, *Lopodunum* 〉 ›Ladenburg‹), *-durum* 'Berg, Burg' (*Salodurum* 〉 ›Solothurn‹, *Vitodurum* 〉 ›Winterthur‹), *-bona* 'Bau(stelle)' (*Vindobona* 〉 ›Wien‹), *-magos* 'Ebene, Feld, Markt' (*Borbetomagus* 〉 ›Worms‹, *Noviomagus* 〉 ›Neumagen‹, *Rigomagus* 〉 ›Remagen‹); Ableitungen vermittels *-(i)acum* (*Brisiacum* 〉 ›Breisach‹, *Mogontiacum* 〉 ›Mainz‹, *Tolbiacum* 〉 ›Zülpich‹) von Personennamen zur Bezeichnung des Besitzes. Daneben stehen verschiedene Flurnamen: ›die Vogesen‹, in der antiken Überlieferung *Vosegus/Vosagus* 〉 ›Wasgen-(wald)‹, ›die Sudeten‹, vielleicht zu idg. **sud-* 'Wildsau', einer d-Erweiterung der Wurzel, die im Deutschen sowohl "Sau" als auch "Schwein" ergeben hat. Einige keltische Wörter bleiben als Appellative noch bei den Galloromanen im Gebrauch* und werden von diesen durch die Germanen übernommen: ›Brühl‹ 〈 **brogilos* 'Sumpf', ›Kemm‹ 〈 *caminus* 'Weg' oder ›Kas‹ 〈 *cassanus/casnus* 'Eiche(nwald)' (vgl. frz. breuil, chemin, chêne).

Der römische Einfluß auf die Örtlichkeitsnamengebung* ist infolge der dichten römischen Besiedelung des westlichen und südwestlichen Teiles Deutschlands beträchtlich. Dabei haben die Römer sowohl frühere (etwa keltische) Namen übernommen, indem sie sie formal der eigenen Sprache anglichen (*Regina castra* = ›Regensburg‹ nach dem vordeutschen Flußnamen ›Regen‹, doch später wohl volksetymologisch an lat. *regina* 'Königin' angelehnt) oder ins Lateinische übersetzten (*Condate* 〉 *Confluentes* = ›Koblenz‹). Die amtlichen römischen Namen, meist mehrteilige Bildungen des Typs *Colonia Claudia Augusta Agrippinensis* (= Köln), *Augusta Treverorum* (= Trier), *Aquae Mattiacae* (= Wiesbaden), sind als wenig volkstümlich meist nicht oder nur teilweise Ausgangspunkt der Namenentwicklung gewesen (*Colonia* 〉 ›Köln‹, *Augusta* 〉 ›Augst‹, *Treveris* 〉 ›Trier‹). Andere römische Namen, die bis heute weiterleben, sind *Tabernae* 〉 ›Zabern‹, *Castellum* 〉 ›Kastel‹, *Specula* 〉 ›Spiel(berg)‹, **Ad decem lapidem* 〉 ›Detzem‹, **Ad quintum lapidem* 〉 ›Quint‹, *Canalis* 〉 ›Kehl‹, *Portus* 〉 ›Porz‹/›Pforz‹, *Fines* 〉 ›Vinxt(bach)‹ usw. Von lateinischem appellativischem Sprachgut, das ins Germanische übernommen wurde und dort namenbildend gewirkt hat, läßt sich nennen: *spicarium* 〉 ›Speicher‹, *horreum* 〉 ›Horrem‹, *aquaeductus* 〉 Flurname ›Adich‹, *maceries/maceria* 〉 (›Greven‹)›macher‹, *calcaria* 〉 ›Calcar‹, *navis* 〉 ›Neef‹, *cataracta* 〉 Flurname ›Kaderich‹, *humidosus* 〉 Flurname ›Humes‹, *mons* 〉 ›(Spie)mont‹, ›(Kal)mit‹, *betuletum* 〉 ›Bolchen‹, *teguletum* 〉 ›Tholey‹, *agulia/aguilla* (zu *acus* 'Nadel') 〉 ›Igel‹, ›Eigelstein‹ usw.

4.1.2.2 Die ältesten germanischen Namen

Demgegenüber fallen die in der antiken Überlieferung aufscheinenden germanischen Örtlichkeitsnamen* kaum ins Gewicht. Sie sind vielfach nicht oder nur schwer deutbar. Meist werden sie Flur- oder Stellenbezeichnungen bzw. Insassennamen gewesen sein. Friedrich Kluge* scheint recht zu haben, wenn er meint, daß "den Germanen [...] in den Jahrhunderten um Christi Geburt Ortsnamen [scil. Siedlungsnamen] beinahe fremd" gewesen seien. Was hierher gehört, sind insbesondere die Namen auf -›ingen‹ als alte Insassenbezeichnungen, die im Dativ Plural als Lokative fungieren ("zu, bei den ...-ingen"), sowie Stellenbezeichnungen auf *-apa** (›Walluff‹, ›Alpfen‹), *-aha* (›Kürnach‹, ›Salzach‹, ›Weissach‹, ›Lindach‹, ›Steinach‹, ›Wutach‹ – das verbreitetste Suffix zur Bildung von Hydronymen), *-lar** (›Goslar‹, ›Wetzlar‹), *-mar* (›Geismar‹, ›Weimar‹), *-loh* (›Iserlohn‹, ›Gütersloh‹) oder auf *-idi* (›Hülsede‹, ›Wilsede‹) usw. In der Literatur oft behandelte Namen sind die *silva Bacenis* Caesars*, 922 als *Buochunna* belegt und sicher zu "Buche" zu stellen, der *Mēlíbokon óros* des Ptolemaeus*, wohl den Harz bezeichnend und heute als Name des höchsten Berges im Vorderen Odenwald bekannt – die Deutung als 'Honig(buch)wald'* ist nicht unumstritten –, sowie das bei Tacitus mehrfach belegte *Asciburgium,* das wohl im heutigen ›Asberg‹ bei Moers im Rheinland weiterlebt und als 'Eschenberg' oder '-burg' zu erklären ist*.

4.1.2.2.1 Der Siedlungsnamentyp, der in der antiken Überlieferung fehlt, beim Einsetzen der deutschen Überlieferung im 8. Jahrhundert dagegen ungemein häufig ist, der also in der Völkerwanderungszeit entstanden sein und sich ausgebreitet haben muß, ist der Name mit einem Personennamen (meist im Genitiv Singular) bzw. einem Personennamen + -›ing‹ (eventuell im Genitiv Plural) in Verbindung mit einem typischen Siedlungsnamen-Grundwort. Darin zeigt sich wohl indirekt fremder, wiederum gallisch-römischer Einfluß. Die ältesten germanischen Siedlungsnamen scheinen von Appellativen gebildet worden zu sein (*Asciburgium* 'Eschenburg', *Teutoburg* 'Volksburg'). Sollten die In s a s s e n einer bestimmten Siedlung bezeichnet werden, so konnte dazu das Suffix ›ing‹ verwendet werden, das umgekehrt, in der lokativisch-dativischen Pluralform, wiederum als Stellenbezeichnung fungieren konnte.* Dem stand die im galloromanischen Raum weit verbreitete Benennung der Siedlung nach dem Latifundienbesitzer gegenüber, die zunächst durch Anhängung des Suffixes *-acum* an den Personennamen erfolgte (*Juliacum* 〉 ›Jülich‹) – man wird an eine Ellipse aus **Juliaca villa* denken dürfen. Sodann stellte sich der Brauch ein, den Besitzernamen im Genitiv voranzustellen (**Julii villa*). Hier genau setzt die germanische Namengebung an, wenn sie zum Personennamen *Sigimâr* zunächst den Insassennamen *Sigimâring* bildet, davon die Stellenbezeichnung **zuo den Sigimâringun* ableitet und endlich,

parallel zum galloromanischen Usus, *Sigimârs-* oder sogar *Sigimâring(s)-heim* einführt. Als eine Modeerscheinung also könnte diese Art der Namengebung erklärt werden, die in der Forschung viel diskutiert worden ist, weil leider nicht geleugnet werden kann, daß Namen auf -›heim‹ gemeingermanisch sind und keineswegs nur dort vorkommen, wo germanische Stämme von den Galloromanen beeinflußt wurden, also vornehmlich bei den Franken. Wenn auch die in der Bibelübersetzung des Wulfila (4. Jahrhundert) mehrfach, allerdings in verschiedenen Schreibungen vorkommende Parallele *Baiþlaihaim* für ›Bethlehem‹ nicht als Beweis für das Vorkommen von ›heim‹-Siedlungsnamen bei den Goten gewertet werden kann*, so zeigen die zahlreichen ›ham‹-Namen in England doch, daß auch außerhalb des fränkischen Einflusses ›heim‹-Namen als Siedlungsnamen durchaus vorhanden, ja beliebt waren.*

Dennoch ist kaum zu bestreiten, daß fränkische Einflüsse zumindest in vielen Teilen Deutschlands am Neben- und Gegeneinander der ›ingen‹- und ›heim‹-Siedlungsnamen* beteiligt waren. Sicher nicht in der von Wilhelm Arnold* behaupteten Weise, nach welchem die ›ingen‹-Namen alemannisch, die ›heim‹-Namen fränkisch gewesen wären. Aber doch so, daß die Franken offenbar eine besondere Vorliebe für die Siedlungsbenennung vermittels -›heim‹ hatten und sie überall dort verwendeten, wo es nach der Einverleibung ursprünglich nicht-fränkischer Gegenden ins fränkische Großreich darum ging, neue Siedlungen der fränkischen Oberschicht anzulegen und zu benennen. So erklärt sich, daß viele ›heim‹-Siedlungsnamen in nächster Nachbarschaft ähnlich gebildeter auftreten, woraus auf die planmäßige Anlage der Siedlungen wie die Planmäßigkeit ihrer Benennung* geschlossen werden darf: "die Namengebung ist auf amtlichen oder traditionellen Einfluß oder besser auf beides zurückzuführen". Zwischen Meiningen und Fulda etwa finden sich Kalten-›Nordheim‹, Kalten-›Sundheim‹, Kalten-›Westheim‹, dazwischen Mittelsdorf; vor der Rhön liegen ›Nordheim‹, ›Sondheim‹, ›Ostheim‹; östlich von Mellrichstadt weiter ›Nordheim‹, ›Sondheim‹; ›Westheim‹ war in beiden letztgenannten Gruppen vorhanden, ist heute jedoch jeweils Wüstung. Bei Lauffen und Heilbronn finden sich Nordhausen, ›Nordheim‹, ›Sontheim‹, ›Westheim‹, ›Ostheim‹; östlich von Würzburg liegen 2 ›Sontheim‹, 5 ›Ostheim‹, 4 ›Westheim‹ und 2 ›Nordheim‹. Wenn man berücksichtigt, daß im Elsaß in unmittelbarer Nähe der Orte ›Nordheim‹, West- und Osthofen zwei königliche *villae* namens ›Frankenheim‹ liegen, wird die systematische Art der offiziellen fränkischen Siedlungsnamengebung im Vollzuge der fränkischen Reichspolitik mit Händen greifbar. "Der planvollen Besiedlung entspricht hier offenbar eine absichtsvolle Namengebung." Es wird sich also zumindest für große Teile Deutschlands sagen lassen, daß die älteste Schicht der Siedlungsnamen nach der Landnahme von den ›heim‹-Namen gebildet wird*.

4.1.2.2.2 Wiederum der germanisch-romanischen Mischkultur des fränkischen Merowingerreichs* entsprach, daß seit dem 7. Jahrhundert in Gallien die *acum*-Namen zurücktreten und durch die Verbindung eines geni-

158

tivischen Personennamens mit *villa, villare* oder *curtis* 'Villa, Gehöft, Hof' ersetzt werden: **Eberhardi curtis* 〉 ›Avricourt‹, **Theudonis villa* 〉 ›Thionville‹, **Badonis villare* 〉 ›Badonviller‹. Die romanische Bildungsweise richtet sich, wie die Wortstellung (vgl. dagegen dem romanischen Usus entsprechende Bildungen wie **Curtis Audomari* 〉 ›Courtomer‹, **Mons Falconis* 〉 ›Montfaucon‹) zeigt, nach fränkischen, also germanischen Prinzipien. In diese Zeit fällt die Verwendung des aus dem Galloromanischen entlehnten Appellativs *wîlare* 'Weiler'* zur Bildung von Siedlungsnamen (›Wustweiler‹, ›Merchweiler‹, ›Eiweiler‹, ›Landsweiler‹ usw.). Die damit benannten Siedlungen treten dort auf, wo innerhalb des fränkischen Staatsgebiets Landesausbau betrieben wurde. Daß es keinesfalls alte Siedlungen sind, bezeugt ihre Lage nicht im altbesiedelten Löß- und Lehmgebiet, sondern eher an dessen Rand in Wald- und Hügellage. So nehmen, um nur ein Beispiel zu nennen, die Siedlungen ›Illingen‹ und ›Dirmingen‹ die fruchtbare und leicht zu bestellende Talsohle des Illtales ein, während die ›weiler‹-Orte ›Merchweiler‹, ›Gennweiler‹, ›Raßweiler‹, ›Hüttigweiler‹, ›Wemmetsweiler‹, ›Hirzweiler‹, ›Wustweiler‹, ›Urexweiler‹ und ›Berschweiler‹ sich auf die umliegenden Höhen verteilen.*

4.1.2.3 Die Namen der Ausbauzeit

Besonders aus ihrer Lage im Rodegebiet ergibt sich, daß auch die Siedlungsnamen auf -›hausen‹ (›Gräfenhausen‹, ›Rockenhausen‹, ›Ottenhausen‹), -›dorf‹ (›Speierdorf‹, ›Nußdorf‹, ›Altdorf‹) und -›hofen‹ (›Dudenhofen‹, ›Hanhofen‹, ›Mühlhofen‹) zu den aus der Ausbauzeit zu belegenden Namen* zählen. Vornehmlich jenseits des altbesiedelten Gebietes kommen sie vor, entweder deutlich höher gelegen als ›ingen‹- und ›heim‹-Orte oder am äußersten Rand des Gemarkungsraums der frühen Siedlungen eingezwängt oder in schwerer zugänglichen Berg- und/oder Waldlagen gegründet. Verbreitet sind die ›hausen‹-Namen vor allem in Thüringen, Hessen und im Süden Westfalens (›Mühlhausen‹, ›Hildburghausen‹; ›Gelnhausen‹, ›Bobenhausen‹; ›Recklinghausen‹, ›Lüdinghausen‹). Oft ist -›hausen‹ mit -›ing‹ kombiniert, ohne daß sich stets mit Sicherheit entscheiden ließe, ob bei der Namengebung die kombinierte Endung verwandt oder -›hausen‹ erst später an den Namen eines ›ingen‹-Ortes angehängt wurde. In Norddeutschland ist -›hausen‹ häufig zu -›sen‹ verkürzt worden (vgl. ›Meimbressen‹ 〈 *Meinbrahteshusen*). Ähnliches gilt für -›hofen‹, das im Süden und Südwesten häufig ist (›Bad Wörishofen‹, ›Aldenhoven‹) und ebenfalls mit -›ing(en)‹ kombiniert auftritt (›Pfäffikon‹, ›Wetzikon‹, ›Rüschlikon‹). Es kann angenommen werden, daß die genannten Namentypen hauptsächlich Verwendung fanden, wenn es darum ging, grundherrlichen Neusiedlungen Namen zu geben. Die betreffenden Namengruppen hängen also aufs engste mit dem mittelalterlichen Feudalsystem zusammen.

Noch deutlicher geben sich die Siedlungsnamen auf -›rod‹/›ried‹/›reut‹ und -›scheid‹ als Ausbaunamen zu erkennen. Während -›rod‹ als typisches Rodungsleitwort gelten kann und unmittelbar auf die Rodungstätigkeit vom 9./10. bis zum 14./15. Jahrhundert hinweist, die zur Entstehung der so benannten Orte im bislang weitgehend unbesiedelten Waldland führte*, bezeichnete -›scheid‹ zunächst nur die Lage an einer "Scheidegrenze". Da allerdings Gemarkungsteile in Grenzlage, also abseits vom Siedlungskern, oft genug schwer zugänglich oder unbestellbar, weil mit Wald bestanden, waren, konnte das Wort leicht zur Benennung von Rodungssiedlungen an dergleichen abgelegenen Stellen benutzt werden*. Hierher gehören auch zahlreiche Siedlungsnamen, die durch ihr Grundwort (-›holz‹/›holt‹, -›bach‹/›beck‹/›bek(e)‹, -›tal‹ usw.) auf ihre Lage in solchen Gegenden verweisen, deren besondere Verhältnisse durch entsprechende Stellenbezeichnungen ausgedrückt wurden, die man als Siedlungsnamen verwandte.*

Erheblich hat die Christianisierung zum Landesausbau beigetragen. Es braucht nur an die Rodungstätigkeit der hochmittelalterlichen Reformorden der Zisterzienser und Prämonstratenser erinnert zu werden. So ist es nicht verwunderlich, wenn christlich bestimmte Namen* einen großen Raum im System der deutschen Siedlungsnamen der Ausbauperiode einnehmen. Die Namen der bedeutenden Klostergründer und Heiligen erscheinen in Siedlungsnamen (›St. Gallen‹ vom Hl. Gallus, ›St. Florian‹, ›St. Martin‹, ›St. Pölten‹ vom Hl. [H]Yppolit, ›Benediktbeuren‹); appellativische Bezeichnungen des Klosters (lat. *monasterium* und *cella*) und seiner Insassen (lat. *monachus* 'Mönch') bilden Siedlungsnamen (›Münster‹, ›Münstereifel‹; ›Radolfzell‹; ›München‹); die Kirche und ihre Diener gehen in Siedlungsnamen ein (›Kirchheim‹, ›Neunkirchen‹; ›Bischmisheim‹ ‹ *Biscofesheim* 'Bischofsheim', ›Pfaffenhofen‹).

Verhältnisse des Feudalismus spiegeln sich auch in den zahlreichen Siedlungsnamen auf -›burg‹/›berg‹, -›stein‹, -›fels‹, -›eck(en)‹, die zunächst Burgennamen* waren, bevor sie auf die in Zusammenhang mit der Burg sich entwickelnden Siedlungen übertragen wurden. Die Namengebung ist in der Regel durch die Erbauer erfolgt, so daß sich herrschaftliche Verhältnisse darin spiegeln. Gern bedient man sich heraldischer Begriffe als Bestimmungswörter: ›Limburg‹ bei Bad Dürkheim ‹ *lintburg* 'Drachenburg', ›Ramberg‹ 'Rabenberg', ›Lemberg‹ 'Löwenberg', ›Falkenstein‹, ›Drachenfels‹ usw.

4.1.2.4 Neuere Entwicklung

Die besonderen politischen Verhältnisse des Spätmittelalters, die als Folge des allmählichen Verfalls der kaiserlichen Zentralgewalt und der damit einhergehenden Ausbildung großräumiger Territorialherrschaften betrachtet werden können, haben, in Verbindung mit schweren Epidemien, zu erheblichen wirtschaftlichen Krisen geführt. Viele Siedlungen wurden aufgegeben und verfielen; teilweise leben ihre Namen noch immer in der Gestalt von Flurnamen weiter*. Neugründungen wurden seltener und ereigneten sich meist nur, wenn, in der Regel vom Landesfürsten gesteuert, Industrieanlagen an bisher nicht genutzten Orten errichtet wurden. Die im Umkreis sich entwickelnden Siedlungen konnten die Bezeichnung der technischen Anlage direkt als Siedlungsnamen übernehmen (›Eisenhammer‹, ›Glashütte‹, ›Harzofen‹, ›Kalkofen‹, ›Rußhütte‹); sie konnten

eigene Namen bilden, deren Grundwörter (etwa ->berg< für Bergbausied-
lungen; ->tal< für Fabriksiedlungen in Flußtälern; ->hafen<; ->hall< für Sali-
nen; ->bad< bzw. ->brunn< für Mineralbäder bzw. -quellen usw.) mit Bestimmungswörtern kombiniert sind, die den Namen des Begründers, Be-
sitzers oder auch des bevorzugten Schutzpatrons darstellen (>Annaberg<,
>Marienberg<; >St. Joachimsthal<, >Friedrichsthal<; >Friedrichshafen<, >Lud-
wigshafen<; >Friedrichshall<, >Ludwigshall<; >Franzensbad<, >Karlsbad<;
>Friedrichsbrunn<, >Karlsbrunn<)*. Häufig sind die Siedler von weither
herbeigeholt und planmäßig angesiedelt worden; waren es Ausländer
(Hugenotten, Waldenser etc.), so führten sie gelegentlich Namen der
eigenen Sprache in die neue Heimat ein (>Pinache<, Groß- und Klein-
>villars<, >Serres<, sämtlich bei Mühlacker gelegen, als Übertragungen der
gleichen französischen Siedlungsnamen aus Piemont)*.

Der Einfluß der Landesherren macht sich darüber hinaus in den Namen
neugegründeter Schlösser und Städte bemerkbar.* Entweder geht der
Name des Herrschers direkt in den Namen des von ihm erbauten Schlos-
ses (>Wilhelmshöhe<, >Karlsruhe<, >Charlottenburg<, >Ludwigslust<) oder
der von ihm gegründeten Stadt (>Philippsdorf<, >Friedrichstadt<, >There-
sienstadt<) ein, oder das Schloß erhält einen Namen, der deutlich der
Sprache der Oberschicht entstammt (>Sanssouci<, >Solitude<, >Favorite<,
>Bellevue<, >Monrepos<). Daß bis in unsere Zeit hinein dergleichen Na-
mengebungsweisen lebendig geblieben sind, zeigen die Siedlungsnamen
>Hindenburg< (für >Zabrze< im früheren Oberschlesien), >Litzmannstadt<
(für >Łódź<), >Karl-Marx-Stadt< (für >Chemnitz<) oder die Flurnamen
>Adolf-Hitler-Paß< (für den >Oberjoch-Paß< bei Hindelang-Bad Ober-
dorf), >Konrad-Adenauer-Brücke< und die in der DDR üblichen Namen
für Landwirtschaftliche Produktionsgenossenschaften (LPGs) vom Typ
>Karl Liebknecht<, >Clara Zetkin<, >Ernst Thälmann< usw.*

Das schnelle Wachstum gerade der im Zuge der Industrialisierung
entstandenen Siedlungen hat bald die Notwendigkeit entstehen lassen, zur
exakteren Unterscheidung Zusätze einzuführen. Entweder erfolgte die
Differenzierung* durch meist adjektivische Bestimmungswörter wie >Alt<-/
>Neu<-, >Groß<-/>Klein<-, >Ober<-/>Unter<-, >Vorder<-/>Hinter<- usw. (>Alt-
forweiler</>Neuforweiler<, >Großrosseln</>Kleinrosseln<, >Oberflocken-
bach</>Unterflockenbach<, >Vorderweidenthal</>Hinterweidenthal<) oder
durch Bildung von Doppelnamen (''Bindestrichnamen'') wie >Bieden-
kopf-Ludwigshütte<, >Hamburg-Altona<, >Osterholz-Scharmbeck<, >Wanne-
Eickel< – auch die übliche Art, eingemeindete Stadtteile mit Bindestrich
nachzustellen (>Mannheim-Käfertal<, >Mannheim-Vogelstang<, >Berlin-
Zehlendorf<, >Berlin-Steglitz< etc.), gehört hierher.

Schließlich haben die erheblichen Veränderungen, welche die Gebiets-
und Verwaltungsreformen der einzelnen Bundesländer mit sich brachten,
auch in der Namengebung ihren Ausdruck gefunden. Die Zusammenfas-
sung bisher selbständiger Kommunen zu einer Verbandsgemeinde hat in
vielen Fällen dazu geführt, daß für die neue Verwaltungseinheit auch ein
neuer Name gefunden wurde. Nicht immer sind dabei die Namen einge-
meindeter Orte im Namen der Zentralgemeinde aufgegangen (>Heilig-

kreuz‹, ›Birkenau‹, ›Hohensachsen‹ etc. 〉 ›Weinheim‹). Häufig genug ist für die neue Großgemeinde ein neuer Name gefunden worden: ›Langenbrücken‹ und ›Bad Mingolsheim‹ heißen hinfort ›Bad Schönborn‹; ›Auerbach‹ und ›Langensteinbach‹ bilden das neue ›Karlsbad‹; ›Auerbach‹, ›Muckental‹ und ›Rittersbach‹ nennen sich als Verbandsgemeinde ›Elztal‹; aus den alten ›Dietlingen‹, ›Ellmendingen‹ und ›Weiler‹ wird das neue ›Keltern‹.* Eine Regel für die Namenbildung ist nicht zu erkennen, vielmehr orientieren sich die Namengeber an den verschiedensten Richtpunkten, wobei Ortsgeschichte und Namenbestand der Nachbarschaft zumeist den Ausschlag gegeben haben dürften.* Nicht immer hat die Reform Anklang bei den betroffenen Bürgern gefunden: im Falle von ›Gießen‹ und ›Wetzlar‹, die nach der Verwaltungszusammenlegung den neuen Namen ›Lahnstadt‹ tragen sollten, ist nach den entschiedenen Protesten der Bürgerschaft der alte Zustand wieder hergestellt worden. So zeigt sich gerade beim Vollzug der Namengebung in neuester Zeit noch einmal aufs überzeugendste der enge Zusammenhang von Benennung und gesellschaftlicher Praxis.

4.1.2.5 Hinweise zu Kapitel 4.1.2

4.1.2.1.1

S. 155 Zur alteuropäischen Flußnamenbildung vgl. etwa Bach II, § 216 (S. 189 f.), § 234–240 (S. 205–215), § 242–247 (S. 215–219), § 419–423 (S. 14–25); Schwarz II, § 27 (S. 64–68), § 32 f. (S. 84–94), § 35 f. (S. 102–112), § 80 (S. 262–266); Schröder S. 301–307; Gerhard Rohlfs: Europäische Flußnamen und ihre historischen Probleme. In: 6. ICOS, Bd. 1, München 1960, S. 1–28; Krahe 1964; ders.: Einige Gruppen älterer Gewässernamen. In: BzN 16, 1965, S. 221–229; Hans Kuhn: Der Horizont unserer Flußnamengebung. In: ZfdA 97, 1968, S. 161–175; Krahe 1977. Das gesamte Material stellt die Reihe Hydronymia Germaniae. Begründet von Hans Krahe, hrsg. von Wolfgang P. Schmid. Eine Publikation der Akademie der Wissenschaften und der Literatur, Mainz. Wiesbaden 1962 ff. (bis heute 12 Hefte) bereit. Vgl. an bedeutsamen Untersuchungen, die auch das deutschsprachige Namenmaterial verwerten, etwa Otto Springer: Die Flußnamen Württembergs und Badens. Stuttgart 1930 (= Tübinger Germanistische Arbeiten 11); Albrecht Greule: Vor- und frühgermanische Flußnamen am Oberrhein. Ein Beitrag zur Gewässernamengebung des Elsaß, der Nordschweiz und Südbadens. Heidelberg 1973 (= BzN, Beihefte NF 10). Siehe auch Eichler 6.7 (S. 733–738).

Zur Schwierigkeit der Unterscheidung siehe etwa Bach II, § 417–424 (S. 9–36); Wolfgang P. Schmid: Alteuropäisch und Indogermanisch. In: Abhandlungen der Akademie der Wissenschaften und der Literatur, Geistes- und sozialwiss. Klasse 1968, Nr. 6, S. 243–258 = Probleme der Namenforschung S. 98–116; Hans Krahe: Vorgermanische und frühgermanische Flußnamenschichten. Mittel zu ihrer Unterscheidung. In: Namenforschung S. 192–198; Eichler 6.7.1.1–3 (S. 733–735); Krahe 1977, S. 64–72, bes. S. 65: "nicht in allen Fällen läßt sich klar entscheiden, welcher der beiden vorgermanischen Sprachen [...] ein Name zuzuweisen ist. [...] nicht zuletzt auf Grund der Lückenhaftigkeit unserer Überlieferung und Kenntnis besonders des Illyrischen, aber auch des festländischen Keltischen muß es oft genug unsicher bleiben, welchem von beiden ein in Betracht gezogener Name zuzuweisen ist." Die Beispiele bei Bach II, § 420 (S. 16–19); Eichler 6.7.1.1 (S. 734).

Die Karte sowohl in Ernst Christmann: Die Siedlungsnamen der Pfalz. Bd. 3: Siedlungsgeschichte der Pfalz an Hand der Siedlungsnamen. Speyer 1958 (= Veröffentlichungen der Pfälzischen Gesellschaft zur Förderung der Wissenschaften 37), S. 18 (erklärender Text S. 20), als auch (übersichtlicher) in ders.: Siedlungs- und Flurnamen der Pfalz als Geschichtsquelle. In: 6. ICOS, Bd. 2, München 1961, S. 226. Vgl. auch die instruktive Karte im dtv-Atlas zur deutschen Sprache S. 42 unten und den Text dazu S. 43.

Daß sich in Fluß- und Ortsnamen Deutschlands vornehmlich nicht länger bekannte Sprachbestandteile vorgeschichtlicher Völker finden ließen, behauptet dagegen Hans Bahlow in den verschiedensten Arbeiten, vgl. etwa ders.: Verschollenes Wortgut europäischer Vorzeitvölker in Deutschlands ältesten Fluß- und Ortsnamen. In: 7. ICOS, Bd. 1, Florenz 1962, S. 147–151; ders.: Deutschlands älteste Fluß- und Ortsnamen erstmalig gedeutet aus verschollenem Wortgut europäischer Vorzeitvölker. Hamburg 1962; ders.: Deutschlands geographische Namenwelt. Etymologisches Lexikon der Fluß- und Ortsnamen alteuropäischer Herkunft. Frankfurt 1965. Bahlows Hypothese, daß insbesondere Wörter mit den Bedeutungen 'Schlamm, Sumpf, Morast' etc. zur Namenbildung verwandt worden seien, wird von der Forschung abgelehnt; vgl. etwa die Besprechungen durch Heinrich Dittmaier in: BzN NF 3, 1968, S. 388–392; Ernst Eichler in: Onomastica 15, 1970, S. 305–309; Joachim Hartig in: AfdA 79, 1968, S. 21–23, 49–54 und 160–163; Joachim Göschel in: Germanistik 8, 1967, S. 37; Pierre Hessmann in: DLZ 87, 1966, Sp. 595–597. Daß Einflüsse vor-idg. Völker im Namenschatz Deutschlands nachzuweisen seien, behauptet – allerdings auf erheblich weniger spekulativer Basis als Bahlow – auch Hans Kuhn, zumindest für einen Grenzraum zwischen Germanen und Kelten; siehe etwa ders.: Vor- und frühgermanische Ortsnamen in Norddeutschland und den Niederlanden. In: Westfälische Forschungen 12, 1959, S. 5–44 = Probleme der Namenforschung S. 225–305; ders.: Grenzen vor- und frühgeschichtlicher Ortsnamentypen. Wiesbaden 1963 (= Akademie der Wissenschaften und der Literatur, Geistes- und sozialwiss. Klasse 1963, Nr. 4); ders.: Die Nordgrenze der keltischen Ortsnamen in Westdeutschland. In: BzN NF 3, 1968, S. 311–334. Vgl. vor allem Rolf Hachmann/Georg Kossack/Hans Kuhn: Völker zwischen Germanen und Kelten. Schriftquellen, Bodenfunde und Namengut zur Geschichte des nördlichen Westdeutschlands um Christi Geburt. Neumünster 1962.

4.1.2.1.2

S. 156 Die Karte bei Bach II, § 426 (S. 40) [keltische Namen] und ebd. § 456 (S. 95) [germanische Namen]; im dtv-Atlas zur deutschen Sprache vereinigt als Karte S. 128.

Zur Ausdehnung von Germanen und Kelten siehe die oben *4.1.2.1.1 genannten Arbeiten von Hans Kuhn sowie Ernst Schwarz: Germanische Stammeskunde. Heidelberg 1956 (= Germanische Bibliothek. 5. Reihe: Handbücher und Gesamtdarstellungen zur Literatur- und Kulturgeschichte), S. 17–53; Bach II, § 415f. (S. 1–9); dtv-Atlas zur deutschen Sprache S. 46. Zu den keltischen Örtlichkeitsnamen vgl. etwa Bach II, § 425–438 (S. 37–58); Solmsen/Fraenkel S. 81–85; Dauzat 1957, S. 97–111; Rostaing 1974, S. 37–47; Franz Cramer: Rheinische Ortsnamen aus vorrömischer und römischer Zeit. Wiesbaden 1970 (ND Düsseldorf 1901); Fritz Langenbeck: Zum Weiterleben der vorgermanischen Toponymie im deutschsprachigen Elsaß. 2 Bde Bühl 1967 (= Studien zur elsässischen Siedlungsgeschichte [= Veröffentlichungen des Alemannischen Instituts 22]). Interessante Hinweise zur keltisch-romanischen Toponymie bei Marcel Baudot: Remarques sur le nom des villes de la Gaule. In: 7. ICOS, Bd. 1, Florenz 1962, S. 181–195. Zu den *acum*-Namen vgl. Bach II, § 249 (S. 220–223); Solmsen/Fraenkel S. 82–84; Dauzat 1957, S. 113–116; Rostaing 1974, S. 48–50; Baudot: Remarques, aaO., pass.; Henning Kaufmann: Gibt es in den Rheinlanden rechtsrheinische -›âcum‹-Namen? In: Rheinische Vierteljahrsblätter 38, 1974, S. 32–53; Hans Kuhn: die -acum-Namen am Rhein. In: Rheinische Vierteljahrsblätter 39, 1975, S. 391–395. Zur Etymologie von ›Vogesen‹ und ›Sudeten‹ siehe Bach II, § 431 (S. 43 f.); der Bergname der ›Vogesen‹ ist noch immer unerklärt. Zu den Flurnamen aus gallorömischem Sprachmaterial siehe Bach II, § 438 (S. 57); Christmann: Siedlungs- und Flurnamen als Geschichtsquelle, aaO., S. 29; Ernst Gamillscheg: Romania Germanica. Sprach- und Siedlungsgeschichte der Germanen auf dem Boden des alten Römerreiches. 1: Zu den ältesten Berührungen zwischen Römern und Germanen. Die Franken. Berlin ²1970 (= Grundriß der Germanischen Philologie 11/1), pass.; Gertraud Müller: Römische Lehnwörter in rheinischen Flurnamen. In: Studien zur Volkskultur, Sprache und Landesgeschichte. Festschrift für Matthias Zender. Bd. 2 Bonn 1972, S. 949–967.

Zum römischen Einfluß vgl. etwa Schwarz II, § 37 (S. 112 f.); Bach II, § 439–453 (S. 58–89); Dauzat 1957, S. 112–132; Rostaing 1974, S. 54–60; Eichler 6.5.3.1 (S. 713 f.); Cramer: Rheinische Ortsnamen, aaO.; Müller: Römische Lehnwörter, aaO.; zum Sonderfall der namentlich bekannten Stationen an Fernstraßen Artur Adam: Römische Reisewege und Stationsnamen im südöstlichen Deutschland. In: BzN NF 11, 1976, S. 1–59. Die im Text genannten Appellative bedeuten: *taberna* 'Schenke', *castellum* 'Lager, Kastell', *specula* 'Warte, Ausschauplatz', *ad decem lapidem* 'zum 10. (Meilen-)Stein', *ad quintum lapidem* 'zum 5. (Meilen-)Stein', *canalis* 'Kanal', *portus* 'Hafen', *fines* 'Grenzen', *spicarium* 'Speicher', *horreum* 'Getreidespeicher', *aquaeductus* 'Wasserleitung, Aquaedukt', *maceries/maceria* 'Mauer', *calcaria* 'Kalkofen', *navis* 'Boot', *cataracta* 'steile Rinne, Katarakt', *humidosus* 'feucht', *mons* 'Berg', *betuletum* 'Birkicht', *teguletum* 'Ziegelei'; manche der Wörter sind im Vulgärlatein des galloromanischen Landes anzusiedeln, im Wörterbuch des klassischen Latein mithin nicht aufzufinden. Vgl. das Lexicon totius latinitatis ab Aegidio Forcellini lucubratum. Bologna 1965 (ND Padua ⁴1864–1926), 10 Bde; Charles Du Fresne, Seigneur Du Cange: Glossarium ad scriptores mediae et infimae latinitatis. Graz 1955 (ND Niort ⁵1883–1887), 10 Bde; Jan Frederik Niermeyer: Mediae latinitatis lexicon minus. Leiden 1976; E. Habel: Mittellateinisches Glossar. Paderborn ²1959.

4.1.2.2

S. 157 Zu den germanischen Örtlichkeitsnamen vgl. etwa Schwarz II, § 29 (S. 72–79); Bach II, § 454–464 (S. 89–108); Kuhn: Vor- und frühgermanische Ortsnamen, aaO.; zu den Flurnamen Sonderegger 1960. Viele Beispiele für die einzelnen Typen bietet Arnold 1881, S. 107–114 (-›aha‹), 114–117 (-›mar‹), 117–120 (-›loh‹), 137–145 (-›lar‹), 299–304 (-›ahi‹), 304–308 (-›idi‹).

Friedrich Kluge: Deutsche Sprachgeschichte. Werden und Wachsen unserer Muttersprache von ihren Anfängen bis zur Gegenwart. Leipzig ²1925, S. 141.

Zum ›apa‹-Problem läßt sich noch nicht verbindlich Stellung nehmen: noch immer wird gestritten, ob die Bildungen (Fluß- wie Siedlungsnamen, vgl. ›Ennepe‹, ›Rospe‹, ›Honnef‹, ›Walluf‹) illyrisch (Julius Pokorny: Die illyrische Herkunft der westdeutschen -›apa‹-Namen. In: Mélanges linguistiques offerts à M. Holger Pedersen. Kopenhagen 1937 [= Acta Jutlandica 9, 1], S. 541–549), keltisch (Karl Müllenhoff: Deutsche Altertumskunde. Bd. 2 Berlin 1906, S. 257 ff.) oder germanisch (Heinrich Dittmaier: Das ›apa‹-Problem. Untersuchung eines westeuropäischen Flußnamentypus. Louvain 1955 [= Bibliotheca Onomastica 1]) seien. Die neuere Forschung ist durchaus geteilter Meinung; Hans Kuhn: Nordgrenze der keltischen Ortsnamen, aaO., S. 258f., erklärt: "Das Verbreitungsgebiet [...] stellt ->apa‹ so klar zu den erörterten vorgermanischen Elementen, daß damit wohl auch über seine Herkunft entschieden ist. [...] Es wird vorgermanisch sein, jedoch nicht keltisch." Heinrich Wesche: ›Apa‹ zwischen Elbe und Ems. In: Namenforschung S. 228–239, konstatiert (S. 231): "Auf die entscheidende Frage kann ich heute nur mit einem 'ignoro' antworten." Zu den eindeutig germanisch-deutschen Gewässerbezeichnungen auf ->aha‹, ->bach‹, ->graben‹ wie zu den einstämmigen Namen wie ›Spring‹ 'Quelle', ›Lache‹, ›Sulz‹ etc. vgl. Krahe 1977, S. 48–60; zur Klasse der ›aha‹-Namen insbesondere Henning Kaufmann: Die mit Personennamen zusammengesetzten Fluß- und Ortsnamen auf ->aha‹. München 1977 (= ders.: Grundfragen der Namenkunde 5); zu besonderen Prinzipien der Flußnamenbildung siehe Schröder S. 271–285; Jost Trier: Versuch über Flußnamen. Köln-Opladen 1960 (= Arbeitsgemeinschaft für Forschung des Landes Nordrhein-Westfalen. Geisteswissenschaften 88). Vielfach werden Namen, die von der Forschung für vorgermanische gehalten wurden, auch als durchaus germanisch betrachtet; vgl. für den Flußnamen ›Elbe‹ etwa Max Bathe: Der Name Elbe und Verwandtes. In: 9. ICOS Louvain 1969, S. 113–132.

Zum ›lar‹-Problem siehe Heinrich Dittmaier: Die (H)Lar-Namen. Sichtung und Deutung. Köln/Graz 1963 (= Niederdeutsche Studien 10).

Die Caesar-Stelle in ⟨De Bello Gallico⟩ (Gallischer Krieg. Lateinisch-deutsch hrsg. von Georg Dorminger, München [3]1973 [= Tusculum-Bücherei]), VI, 10; siehe dazu Bach II, § 457 (S. 97).

Die Ptolemaeus-Stelle in ⟨Geographia⟩: Des Klaudius Ptolemaios Einführung in die darstellende Erdkunde. Ins Deutsche übertragen ... von Hans von Mžik. Teil 1 Wien 1931, II, II, 5, 10; dazu Bach, ebd.

So Rudolf Much: Die Städte in der Geographia des Ptolemäus. In: ZfdA 41, 1896, S. 108; siehe auch Realencyclopädie Bd. 15, 1 (1931), S. 509.

Die Tacitus-Stellen in ⟨Germania⟩ (Hrsg. von Eugen Fehrle, München [2]1935), III; ⟨Historiae⟩ (Hrsg. von Joseph Borst, München [2]1969 [= Tusculum-Bücherei]), IV, 33; siehe dazu Bach II, § 457 (S. 98); Richard Hennig: Zur Asciburgium-Frage. In: Rheinische Vierteljahrsblätter 11, 1941, S. 237–253.

4.1.2.2.1
Zur Bildung von Insassennamen auf ->ing‹ vgl. etwa Adolf Bach: Die deutschen Namen auf ->ing‹- in ihrer geschichtlichen und räumlichen Entwicklung. In: Rheinische Vierteljahrsblätter 10, 1940, S. 77–90 = Studien S. 737–749; Bach II, § 196–214 (S. 162–189).

S. 158   Zur Frage des Vorkommens von ->heim‹ bei den Goten vgl. etwa Schwarz II, § 39 (S. 119). Wenn aus der Übertragung des biblischen Namens ›Bethlehem‹ (griech. *Béthleem*) durch Wulfila, dessen Bibelübersetzung *Beþlahaim, Baiþlaem* und *Beþlaihaim* bietet (siehe Wilhelm Streitberg: Die gotische Bibel. Heidelberg [2]1950 [= Germanische Bibliothek. 2. Abteilung: Untersuchungen und Texte 3]; die Stellen im Glossar S. 19), entnommen werden könnte, daß den Goten *-haim(s)* als Namengrundwort geläufig war, so enthalten die überlieferten Siedlungsnamen des Gotischen keine weiteren Belege dafür. Heinrich Hempel: Gotisches Elementarbuch. Grammatik, Texte mit Übersetzung und Erläuterungen. Berlin [4]1966 (= Sammlung Göschen 79/79 a), S. 19–27, hat wahrscheinlich gemacht, daß got. ai stets nur den kurzen oder langen e-Laut ausdrückte, so daß die von Wulfila gewählte Schreibung lediglich die griechische Lautung ins gotische

Lautsystem umsetzt. Damit wäre das isolierte Auftreten von -*haim(s)* einleuchtend erklärt.

Zur Verbreitung der ›heim‹-Namen in der Germania siehe die (schlechte) Karte bei Bach II, § 584 (S. 326) sowie Hermann Jellinghaus: Englische und niederdeutsche Ortsnamen. In: Anglia 20, 1898, S. 286f. [›ham‹-Namen in England]. Zur These des fränkischen Einflusses vgl. Adolf Bach: Die Ortsnamen auf -›heim‹ im Südwesten des deutschen Sprachgebiets. In: WuS 8, 1923, S. 142–175 = Studien S. 576–609; ders.: Zur Frankonisierung des deutschen Ortsnamenschatzes. In: Rheinische Vierteljahrsblätter 19, 1954, S. 30–44 = Studien S. 750–762; ders. 1957 (*2.4.6), S. 16–20 und 27–29; ders.: Die Franken und die oberrheinischen Ortsnamen auf -›heim‹. In: Rheinische Vierteljahrsblätter 23, 1958, S. 50–74 = Studien S. 610–630; Kurt Wagner: Die Verbreitung der mit dem Suffix -›ing‹ und mit -›heim‹ zusammengesetzten Ortsnamen in Europa. In: 6. ICOS, Bd. 3, München 1961, S. 775–779; Bruno Boesch: Ortsnamenprobleme am Oberrhein. In: Die Wissenschaft von deutscher Sprache und Dichtung. Methoden – Probleme – Aufgaben. Stuttgart 1963 (= Siegfried Gutenbrunner/Hugo Moser/Walter Rehm/ Heinz Rupp [Hrsg.]: Festschrift für Friedrich Maurer zum 65. Geburtstag am 5. 1. 1963), S. 138–158 = Probleme der Namenforschung S. 306–326; Gunter Müller: Das Problem der fränkischen Einflüsse auf die westfälische Toponymie. In: Frühmittelalterliche Studien 4, 1970, S. 244–270; Hans Walther: Zur frühfeudalen Siedlungsentwicklung und Siedlungsbenennung in den altdeutschen Stammesgebieten. In: Beiträge 99, Halle 1978, S. 229–252. Einen guten Überblick über den Stand der Auseinandersetzung bietet Schwarz II, § 40–45 (S. 122–141).

Wilhelm Arnolds in seinen Behauptungen überholtes Buch von 1881 bietet reiches Material; vgl. S. 163–176 (vermeintlich alemannische Namen, darunter -›ingen‹) und S. 176–209 (vermeintlich fränkische Namen, darunter -›heim‹). Über den Wert seiner Arbeit äußern sich zutreffend Solmsen/Fraenkel S. 90f.: "Arnolds Arbeiten sind zwar geistvoll, aber im ersten Wagemut und Siegesrausch vielfach zuweit gegangen"; vgl. etwa auch Debus 1967 (*2.3.6), S. 108. Über wesentliche Bereiche der Siedlungsnamenkunde jedenfalls läßt sich den Zusammenstellungen Arnolds noch immer Wichtiges, zumal an Fakten, entnehmen.

Zur planmäßigen Anlage und Benennung der fränkischen Siedlungen vgl. Bach II, § 476 (S. 122) und § 584 (S. 327); ders.: Franken und oberrheinische Ortsnamen auf -›heim‹, aaO. (Studien S. 610–630); ders.: Frankonisierung, aaO. (Studien S. 750–762); vor allem Bethge 1914/15; Kaspers 1938 (mit zahlreichen Schemazeichnungen); Hans Kläui: Ortsnamen als Zeugen fränkischer Siedelungspolitik in der alemannischen Schweiz. In: 6. ICOS, Bd. 3, München 1961, S. 462–468. Die Zitate aus Bethge 1914/15, S. 61 und 65; ebd. auch die Beispiele.

Über die Schichtung der genannten Namen unterrichten etwa Bartholomäus Eberl: Die bayerischen Ortsnamen als Grundlage der Siedlungsgeschichte. München 1925 (= Bayerische Heimatbücher 2); Bruno Boesch: Die Schichtung der Ortsnamen in der Schweiz im Frühmittelalter. In: Jahrbuch für Fränkische Landesforschung 20, 1960, S. 203–214; ders.: Ortsnamenprobleme am Oberrhein, aaO.; Oskar Bandle: Zur Schichtung der Thurgauischen Ortsnamen. In: Sprachleben der Schweiz. Sprachwissenschaft, Namenforschung, Volkskunde (Prof. Dr. R. Hotzenköcherle zum 60. Geburtstag gewidmet). Bern 1963, S. 261–288; Paul Zinsli: Das Berner Oberland als frühe alemannische Siedlungsstaffel im westlichen Schweizerdeutschen Sprachgrenzraum. Nach dem Zeugnis von Streuung und Lautstand der Ortsnamen. In: Namenforschung S. 330–358; Fritz Langenbeck: Zwei Ortsnamenprobleme aus dem frühmittelalterlichen Elsaß. In: BzN NF 1, 1966, S. 2–42; Thomas Arnold Hammer: Die Orts- und Flurnamen des St. Galler Rheintals. Namenstruktur und Siedlungsgeschichte. Frauenfeld/Stuttgart 1973 (= Studia Linguistica Alemannica 2); Paul Zinsli: Ortsnamen, Strukturen und Schichten in den Siedlungs- und Flurnamen der deutschen Schweiz. Frauenfeld ²1975 (= Schriften des Deutschschweizerischen Sprachvereins 7).

4.1.2.2.2
Zur germanisch-romanischen Mischkultur des fränkischen Merowingerreichs vgl. Bach 1957 (*2.4.6), S. 27f., und Gamillscheg: Romania Germanica. 3 Bde Berlin ²1970 (Grundriß der Germanischen Philologie 11/1–3). Zu den Namen auf -curtis, -villa und -villare siehe Gamillscheg, aaO., 1, S. 87–92; Dauzat 1957, S. 135–141; Rostaing 1974, S. 71–77. Über die je verschiedene Wortstellung siehe Dauzat 1957, S. 137f.

S. 159   Zu den ›weiler‹-Namen vgl. etwa Schwarz II, § 46 (S. 143–147); Bach II, § 604–607 (S. 361–366); Otto Behaghel: Die deutschen ›weiler‹-Orte. In: Wörter und Sachen 2, 1910, S. 42–79; Franz Steinbach: Studien zur westdeutschen Stammes- und Volksgeschichte. Darmstadt ²1962, S. 126–151; Löffler 1968.

Die Beispiele nach den Blättern Nr. 6508 und 6608 des deutschen Meßtischblatts (1:25 000); zur relativen Lage von ›ingen‹-, ›heim‹- und ›weiler‹-Orten vgl. auch die instruktiven Karten bei Christmann: Siedlungsnamen der Pfalz, aaO., 3, S. 25 (›heim‹- und ›ingen‹-Orte), 50 (›weiler‹-Orte) und 81 (›heim‹-, ›ingen‹-, ›weiler‹-Orte bei Landau).

4.1.2.3
Zu den Siedlungsnamen der Ausbauzeit siehe Schwarz II, § 49f. (S. 157–172) und § 53 (S. 177–185); Bach II, § 465–476 (S. 108–148) und § 498 (S. 200–202); Walther 6.5.2.5 (S. 704–708). Siehe bes. die Darstellung der Siedlungsgeschichte des Taunus durch Bach 1927 (die Bachschen Karten übersichtlicher bei Walther S. 706f.), des Bergischen Landes durch Heinrich Dittmaier: Siedlungsnamen und Siedlungsgeschichte des Bergischen Landes. Neustadt/Aisch 1956, sowie der Pfalz durch Christmann: Siedlungsnamen der Pfalz, aaO., Bd. 3. Über die Namen im Raum der deutschen Ostexpansion siehe unten S. 184–186. Zu den Namen auf -›hausen‹ Bach II, § 608f. (S. 366–369); Ernst Christmann: Sinn und Alter der nordwestpfälzischen Siedlungsnamen auf ahd. -›hûsen‹ und -›bûr‹. In: ZfdA 84, 1952, S. 84–98; zu den Namen auf -›hofen‹ Bach II, § 589–592 (S. 339–341), auf -›dorf‹ Bach II, § 598f. (S. 349–355); zu den verkürzten Formen Bach II, § 60 (S. 57) und § 608 (S. 367).

S. 160   Zu den Namen auf -›rod‹ Bach II, § 615–617 (S. 373–380); zu den Rodungsnamen überhaupt Schwarz II, § 55 (S. 190–200); Bach II, § 498 (S. 200–202); Helmut Baumgartner: Die Verbreitung der Rodungsnamen in Oberösterreich. Phil. Diss. Wien 1965 (masch.-schriftl.); Eva-Maria Degen: Die Rode-Siedlungsnamen des Frankenwaldes. Phil. Diss. Freiburg 1965 (masch.-schriftl.); siehe auch Arnold 1881, S. 439–473.

Zu den Namen auf -›scheid‹ siehe Bach II, § 619f. (S. 383–385); Christmann: Siedlungsnamen der Pfalz, aaO., 3, S. 87–91.

Zahlreiche Beispiele für dergleichen Namen bei Arnold 1881, S. 498–509.

Zu den christlich bestimmten Siedlungsnamen vgl. Schwarz II, § 52 (S. 172–177); Bach II, § 491–496 (S. 185–197).

Zu den Burgennamen vgl. Schwarz II, § 54 (S. 185–190); Bach II, § 518–520 (S. 229–237); Arnold 1881, S. 473–483; Schröder S. 155–164, 165–168 und 187–193; Christmann: Siedlungsnamen der Pfalz, aaO., 3, S. 91–98; Fritz Schnellbögl: Die deutschen Burgennamen. In: Zs. für bayerische Landesgeschichte 19, 1956, S. 205–235.

4.1.2.4

Zu den Wüstungen und ihren Namen siehe oben S. 54 und 101 sowie *1.3.2.2.

S. 161 Zu den technisch bedingten Namen siehe etwa Schwarz II, § 56 (S. 200–203); Bach II, § 533 (S. 250f.); Walther 6.5.2.7 (S. 711); Ernst Schneider: Die Bedeutung der Bergbaunamen für die Volkskunde. In: 6. ICOS, Bd. 3, München 1961, S. 680–684; Hans Walther: Bergbaunamen im sächsischen Erzgebirge. In: Leipziger Namenkundliche Beiträge 1, 1961 (= Berichte und Verhandlungen der Sächsischen Akademie der Wissenschaften zu Leipzig, Phil.-hist. Klasse 106, 5), S. 75–111.

Zum Einfluß ausländischer Neusiedler vgl. Bach II, § 534 (S. 251). Mehrfach sind auf solche Weise auch Flurnamen aus dem Französischen etc. in die neue Heimat mitgebracht worden. Siehe dazu etwa Ludwig Prinz: Die Flurnamen und Ortsnamen der Kreise Ottweiler, Saarbrücken und St. Wendel. Phil. Diss. Köln 1927, S. 24; Ernst Hirsch: Die romanischen Flurnamen der württembergischen Waldenser. In: ZfONF 11, 1935, S. 133–147; ders.: Beiträge zur Siedlungsgeschichte der württembergischen Waldenser. Stuttgart 1963 (= Veröffentlichungen der Kommission für geschichtliche Landeskunde in Baden-Württemberg. Reihe B: Forschungen 24), S. 80–101.

Über die neueren Schloß- und Stadtnamen vgl. Bach II, § 535 f. (S. 251f.).

Zu den LPG-Namen in der DDR vgl. Friedrich Redlich: Gesellschaftliche Entwicklung und Namen der Landwirtschaftlichen Produktionsgenossenschaften. In: Der Name in Sprache und Gesellschaft S. 203–219.

Zur Differenzierung durch unterscheidende Zusätze vgl. Naumann 6.5.1.4 (S. 693–697); Henning Kaufmann: Westdeutsche Ortsnamen mit unterscheidenden Zusätzen. Mit Einschluß der Ortsnamen des westlich angrenzenden germanischen Sprachgebietes. 1. Teil Heidelberg 1958; Gerhard Koss: Strukturprobleme der Ortsnamendifferenzierung zwischen Thüringer Wald und Obermain. In: Jahrbuch für Fränkische Landesforschung 31, 1971, S. 239–259; ders.: Differenzierung und Lokalisierung als Strukturprinzipien der Toponymie. In: Name und Geschichte S. 227–239.

S. 162 Die Beispiele entstammen sämtlich dem amtlichen Fernsprechbuch 19 für den Bereich Mannheim/Karlsruhe/Heidelberg.

Zu den namenkundlich relevanten Veränderungen vgl. etwa Irmgard Frank: Namengebung und Namenschwund im Zuge der Gebietsreform. In: Onoma 21, 1977, S. 323–337, wo einige Prinzipien der Namengebung formuliert sind; ebd., S. 336: "Entlehnungen aus Natur und Siedlungswesen [...], so daß häufig das Studium der Landkarte die erwünschte Auskunft über ihren Ursprung erteilt. Daneben ist die Neubildung von Namen nach traditionellen Mustern lebendig. Absolut neue Bildungsweisen sind nicht anzutreffen"; Karlheinz Hengst: Neologismen in der Toponymie der DDR – Namen der Gemeindeverbände. In: Linguistische Studien, Reihe A: Arbeitsberichte 30, 1976, S. 102–109; siehe ebd., S. 103: es "läßt sich feststellen, daß die Namenprägung allgemein territorialbezogen erfolgt bzw. die GVN [scil. Gemeindeverbandsnamen] semantisch landschaftsbezogen motiviert sind".

4.1.2.6 Literatur zu Kapitel 4.1.2

**Wilhelm Arnold (1881): Ansiedelungen und Wanderungen deutscher Stämme. Zumeist nach hessischen Ortsnamen. 2. Auflage Marburg.

**Bach II.

**Ders. (1927): Die Siedlungsnamen des Taunusgebiets in ihrer Bedeutung für die

Besiedlungsgeschichte. Bonn (= Rheinische Siedlungsgeschichte. Veröffentlichungen des Instituts für geschichtliche Landeskunde der Rheinlande an der
Universität Bonn 1).

*Ders. (1957): siehe *2.4.6.

Oskar Bethge (1914/15): Fränkische Siedelungen in Deutschland auf Grund von
Ortsnamen festgestellt. In: Wörter und Sachen 6, S. 58–89.

*Albert Dauzat (1957): Les noms de lieux. Origine et évolution. Villes et vil-
lages – pays – cours d'eau – montagnes – lieux-dits. 5. Auflage [¹1926] Paris
(= Bibliothèque des Chercheurs et des Curieux).

Ernst Förstemann (1863): Die deutschen Ortsnamen. Nordhausen.

Adolf Helbok (1944): Die Ortsnamen im Deutschen, siedlungs- und kulturgeschichtlich betrachtet. Durchgesehener Neudruck Berlin (= Sammlung Göschen
573) [ersetzt Kleinpaul; siehe unten].

Wilhelm Kaspers (1938): Schematismus in den fränkischen Siedlungsanlagen und
deren Namen? In: ZfNF 14, S. 129–141.

Rudolf Kleinpaul (1912): Die Ortsnamen im Deutschen. Berlin/Leipzig
(= Sammlung Göschen 573) [ersetzt durch Helbok; siehe oben].

Friedrich Kluge (1930): siehe *4.1.1.8.

Hans Krahe (1964): Unsere ältesten Flußnamen. Wiesbaden.

Ders. (1977): Alteuropäische Flußnamen. In: Probleme der Namenforschung
S. 39–97 (zuerst in: BzN 1, 1950, S. 24–51 und 247–266).

**Heinrich Löffler (1968): Die Weilerorte in Oberschwaben. Eine namenkundliche
Untersuchung. Stuttgart (= Veröffentlichungen der Kommission für geschichtliche Landeskunde in Baden-Württemberg. Reihe B: Forschungen 42).

Ferdinand Mentz (1921): siehe *3.4.

*Naumann 6.4 (S. 684–688), 6.5.1 (S. 688–697) und 6.6 (S. 718–733).

Franz Petri (Hrsg.) (1973): Siedlung, Sprache und Bevölkerungsstruktur im Fran-
kenreich. Darmstadt (= Wege der Forschung 49).

*Charles Rostaing (1974): Les noms de lieux. 8. Auflage Paris (= ⟨Que Sais-Je?⟩
Le Point des Connaissances Actuelles 176).

Schwarz II, § 24–56 (S. 52–203).

Stefan Sonderegger (1960): Das Alter der Flurnamen und die germanische
Überlieferung. In: Jahrbuch für Fränkische Landesforschung 20, S. 181–201.

*Walther 6.5.2 (S. 697–718).

Heinrich Wesche (1975): Flurnamen, ihr Alter, ihr Vergehen, ihr Entstehen. In:
Günter Bellmann/Günter Eifler/Wolfgang Kleiber (Hrsg.): Festschrift für
Karl Bischoff zum 70. Geburtstag. Köln/Wien, S. 232–244.

Wilhelm Will (1931): siehe *2.4.6.

4.2 Die Veränderung der Namen und ihre Gründe

4.2.1 Grenzen der Veränderung

Jede Namenkunde, soweit sie Etymologie und Namendeutung betreiben
will, geht von der Voraussetzung aus, daß auch der unverständlichste Name
ursprünglich, d.h.: zum Zeitpunkt der Namengebung, eine Bedeutung
gehabt habe.* Nur so nämlich ist es möglich, eine Namengeschichte mit
dem Ziel zu schreiben, den sinnvollen Ursprung eines Namens zu erhellen.

Das bedeutet, daß bei jeder Namengebung zunächst für den Namengeber zwischen dem zu benennenden Objekt und dem gewählten Namen eine Beziehung bestanden haben muß, die der Relation des Appellativs zum bezeichneten Gegenstand gleicht: der gewählte Name gilt dem Namengeber als bestmögliche und angemessenste Bezeichnung des zu Benennenden, der Name drückt für den Namengeber am klarsten aus, was es mit der zu benennenden bzw. nunmehr so benannten Sache auf sich hat. Wenn ich (nach sorgfältigem Prüfen und Abwägen allen Dafürs und Dawiders) endlich einem Objekt, das sich vor mir auf dem Tisch befindet, das Sprachzeichen "Apfel" zuspreche, so bringe ich damit unmißverständlich zum Ausdruck, daß der Prüf- und Bestimmungsvorgang zu einem eindeutigen Ergebnis geführt hat; durch die Wahl des Prädikats "Apfel" drücke ich aus, daß alle Besonderheiten des Objekts am klarsten, eindeutigsten und unmißverständlichsten im Sprachzeichen "Apfel" zusammengefaßt und jedem andern verständlich mitgeteilt werden. Daß ich gerade dieses und kein anderes Sprachzeichen zum Ausdruck dieses Sachverhalts wähle, bewirkt die Konvention, die mich wie jeden anderen Benutzer der deutschen Sprache darauf verpflichtet, das Sprachzeichen "Apfel" zu verwenden, wenn die Überprüfung der Realität einen Sachverhalt ergeben hat, der sich durch besondere Eigenschaften (eben die eines Apfels) gegenüber anderen Sachverhalten auszeichnet.*

Ganz ähnlich im Falle der Namengebung. Auch hierbei veranlaßt mich eine Konvention, bestimmte Sprachzeichen zu wählen und andere auszulassen, wenn die Überprüfung der Realität das Vorliegen eines bestimmten, so und so beschaffenen Sachverhalts ergeben hat. Ist dieser Sachverhalt etwa ein neuer Erdenbürger weiblichen Geschlechts, dann bin ich gezwungen, Namen wie ›Theodor‹ oder ›Maximilian‹ zu vermeiden. Auch einen Namen wie ›Goldamsel‹ oder ›Zuckerkirsche‹ werde ich nicht wählen können, noch weniger Namen wie ›Maschine‹, ›Yamaha‹ oder ›Boeing‹.* Allerdings läßt die Konvention mir einen erheblich größeren Spielraum als im Falle des Apfels. Es genügt, einen der von der Gesellschaft gebilligten und zum Teil in amtlichen Namenbüchern als zulässig festgehaltenen Namen zu gebrauchen. Dennoch geht der Zwang der Konvention auch im Falle der Namen meist noch weiter: nicht viele Eltern werden sich im Jahre 1984 frei fühlen, ihrer Tochter Namen wie ›Gerberga‹, ›Hildegund‹, ›Irmtrud‹ oder ›Notburga‹ zu geben, so wenig, wie sie ›Abigail‹, ›Judith‹ oder ›Rebekka‹ wählen würden. ›Wladimir‹, ›Wassili‹, ›Lubomir‹ werden als Jungennamen wohl ebenso sicher ausscheiden wie ›Fürchtegott‹, ›Odoaker‹, ›Theoderich‹ und ›Theophil‹. Noch rigider schreibt die Konvention die Namengebung im Bereich der Toponyme vor: es wäre undenkbar, einer kleinen Gruppe von neuerrichteten Aussiedlerhöfen den Namen ›Franzjosefstadt‹ zu geben, ein im Zentrum einer Großstadt gelegenes Restaurant ›Waldesruh‹ zu nennen, eine hoch am Hang erbaute Villa Haus ›Tiefental‹ zu heißen oder eine schattige, saure Sumpfwiese als ›Goldacker‹ zu bezeichnen. Mit anderen Worten: der Grad der Motiviertheit bei der Namengebung variiert erheblich. Bei Personennamen ist die Freiheit der Namenwahl lediglich durch allgemeine gesetzliche Vorschriften bzw. vage, kaum formulierbare Namen-"Moden" eingeschränkt; bei Örtlichkeitsnamen unterliegt die Namenwahl fast denselben engen Beschränkungen, die die Konvention für die Wahl von Appellativen im Rahmen der "normalen" Verständigung bereithält.

4.2.2 Änderungen der Motivation

Damit sind die Möglichkeiten für eventuelle Veränderungen im Namenbereich angedeutet: Änderungen der Motivation und/oder Änderungen der Konvention. Hier soll zunächst nur von ersterem die Rede sein. Was veranlaßt Eltern – um mit Personennamen zu beginnen –, ihren Kindern ganz bestimmte Namen zu geben? Eine Untersuchung von Gerhard Koss (1972) hat gezeigt, daß im Jahre 1969 in Weiden geborene Kinder ihre Namen aus folgenden Motiven* erhielten:

Rufnamen

	Einzelnamen		2 Vornamen		3 Vornamen		ge-samt
	männl.	weibl.	m.	w.	m.	w.	
nach Vorlagen	4	1	12	15	2	3	37
gefällt den Eltern		1	10	9	2	2	24
nach kleinen Kindern		3	5	6		2	16
nach Elternteilen			4	1			5
nach Bekannten, Verwandten	1	1			2		4
von Paten, Freunden, Geschwistern vorgeschlagen					3		3
nach Persönlichkeiten des öffentlichen Lebens			1	2			3
nach Großeltern	1					1	2
aus Familientradition		1	1				2

Beivornamen

	2. Vorname		3. Vorname	
	m.	w.	m.	w.
nach Paten	24	30		5
gefällt d. Eltern	5	3		
nach Elternteilen	4	3	2	3
nach Vorlagen	2	3		
nach Bekannten, Verwandten	1	2		
nach Großeltern	1	2	4	
nach kleinen Kindern	1	1		
aus Familientradition	1			

Die Tabelle macht deutlich, daß die Rufnamengebung sich hauptsächlich an Vorlagen orientiert; die Namenliste, die das Familienstammbuch enthält, steht hier vornan. Der Name wird sodann gewählt, weil er den Eltern gefällt – ein Kriterium, das wenig aussagt und daraufhin untersucht werden müßte, was es eigentlich ist, was den Eltern am Namen gefällt. Erstaunlich oft (in 16,7% aller Fälle) ist es die Erinnerung an ein kleines Kind, das diesen Namen trug und einen positiven Eindruck (gut, lieb, nett, goldig, reizend usw.) hinterlassen hat: offensichtlich schwingt hier durchaus noch die Vorstellung mit, durch die Namengebung werde dieselbe, positiv empfundene Eigenart beim Kind herbeigeführt. Bei der Wahl des zweiten Vornamens (Beivorname) schließlich ist in 60,8% aller Fälle der Name des Paten bzw. der Patin ausschlaggebend. Hier besteht, wie Koss zu Recht bemerkt, ein regelrechter Brauch. Interessant ist immerhin, daß Namengebung nach Persönlichkeiten des öffentlichen Lebens einen sehr geringen Raum einnimmt. Allerdings wird mehrfach unter den für die Namenwahl verantwortlichen Vorlagen die Literatur genannt: wo nicht der Name des Verfassers, so ist es doch der Name des literarischen Helden, der den Eltern imponiert hat und daher übernommen wird.

Auch die Gründe, die Eltern veranlassen können, einen bestimmten Namen schön, einen andern unschön zu finden, sind experimentell erforscht worden. Offensichtlich ist es vor allem das Phänomen der Namenphysiognomik*, das dergleichen Zu- bzw. Abneigungen hervorzurufen vermag. Darunter ist zu verstehen, daß "mit Personennamen eine Vorstellung über die Persönlichkeitsstruktur eines fiktiven Namenträgers assoziiert ist, die interindividuell konsistent ist"*. Experimente haben gezeigt, daß die Zuordnung bestimmter Namen zu bestimmten Berufen, Sozialschichten, ja zum physischen Aussehen von Personen in einer Weise übereinstimmt, die darauf schließen läßt, daß solche Relationen kollektiver Natur sind, d. h.: dem onomastischen System angehören. Wer denkt nicht bei einem Namen wie ›Siegfried‹ "an 'Kampf', an Dinge wie 'Drachenbezwinger', 'Waffengeklirr', 'Heldengesang' usw. […]. Ein Name wie ›Fridolin Wimmer‹ dagegen würde für viele von uns mehr nach dem Pol 'schwach' tendieren"* – womit gemeint ist: eher klein, schmächtig, nicht heldenhaft, ein zweifellos recht durchschnittliches, eher mickriges Männchen. Doch die experimentelle Erprobung solcher Namenphysiognomien steckt noch in den Anfängen; um so weniger ist Exaktes über die Gründe für derartige Erscheinungen zu sagen. Letztlich werden sie in den "der politisch-ideologischen Sprachverwendung zugrunde liegenden, letztlich sozial bedingten sozial-psychologischen Grundeinstellungen"* zu suchen sein, die es ermöglichen, durch die Wahl eines bestimmten Sprachzeichens der eigenen Wertung eines Sachverhalts Ausdruck zu verleihen (Bühlers Ausdrucksfunktion) und zugleich den Kommunikationspartner hinsichtlich seiner Bewertung eines Sachverhalts zu manipulieren (Bühlers Appellfunktion). Durch die Verwendung bestimmter Namen kann mithin eine Gesellschaft ideologische Tatbestände verschleiern, aufdecken und verändern*. Dergleichen äußert sich beispielsweise in der offiziellen Namengebung: eine ›Kaiserstraße‹ wird zur ›Adolf-Hitler-Straße‹ und schließlich zur ›Konrad-Adenauer-Straße‹. 1924 wird der Vorname ›Adolf‹ in neun verschiedenen Gemeinden siebenmal, 1934 37mal vergeben; 1944, 1954, 1964 und 1969 findet er sich in denselben Gemeinden nicht ein einziges Mal*: ein überzeugendes Beispiel auch aus dem Bereich der privaten Namengebung. Den Namenkundlern der DDR gilt als Beispiel für die Namengebung "zur Übermittlung von falschen Abbildern, von Schein- und Halbwahrheiten, von Entstellungen und Verleumdungen im speziellen Klasseninteresse" stets die Namengebung der Bundesrepublik "im Dienste politischer

Restauration und Reaktion", wie sie sich etwa im Gebrauch der Bezeichnungen ›die Zone‹ oder ›Mitteldeutschland‹ für ›Deutsche Demokratische Republik‹ oder in der "Pflege alter militaristischer Traditionen durch eine entsprechende offizielle Schiffsnamen-, Truppenteilnamen-, Kasernennamengebung usw. in der heutigen Bundeswehr" widerspiegele*.

Daß dergleichen auch früher wirksam war, läßt sich quellenmäßig belegen. Wenn im Bautzen des ausgehenden 14. Jahrhunderts zwei Bürger jeweils folgendermaßen bezeichnet werden*:

Peter von Demicz scriptor	*Jon Wolbekant faber*
Peter, Andris Eydim	*Jone Wolbekant*
Peter Schriber, Andris Eydim	*Rote Jone faber*

so sind dergleichen Namenschwankungen durch "eine unterschiedliche Benennungsmotivik, die zu einem gewissen Grade auch auf die Mehrschichtigkeit der sozialen Umwelt des Namenträgers zurückzuführen ist", zu erklären. Auf sie wird unten (S. 206 f.) genauer eingegangen werden. Daß auch in der Örtlichkeitsnamengebung solche Schwankungen vorkommen, zeigen folgende Beispiele: 1486 *im dorffe zcu Wenigißdorff kleyne Gopperßdorff genant;* 1378 *Drosebeyn villa seu Hadersack dicta;* 1595 *Rotenbach, sonst Stritholtz,* 1619 *Rodenbach alias Streidtholcz;* 1595 *Vogelgesangk, sonsten Unter des Königs Nase genennet* (Felsen). Offenbar stehen verschiedene Varianten mit je besonderer Namenphysiognomik zur Verfügung, die sich später – ohne daß in der Regel die Gründe dafür zu erkennen wären – meist zugunsten der einen oder der anderen Form ausgleichen. Daß dabei nicht alle Namenbenutzer sich der Entscheidung zugunsten der einen Namenform anschließen, zeigt beispielsweise ein Faktum, das der DDR-Onomastik immer wieder als Beweis für den bundesdeutschen Revanchismus* dienen muß: daß es nämlich "außerhalb der DDR noch heute Kreise [gibt], die an der Namensform ›Chemnitz‹ für eine Stadt in der DDR festhalten möchten, die von uns in ›Karl-Marx-Stadt‹ umbenannt worden ist". Alle Beispiele illustrieren, daß es insbesondere die veränderte Motivation ist, die den Namengeber veranlaßt, einen anderen Namen an die Stelle des bislang üblichen zu setzen.

4.2.3 Änderungen der Konvention und Namenmoden

Nicht in allen Bereichen der Namengebung gleich gut erforscht und leider historisch nur schwer greifbar sind die sogenannten Namenmoden*. Schon bei der Darstellung der Entwicklung von Personen- wie Örtlichkeitsnamengebung hatte sich gezeigt, daß bestimmte Weisen der Namengebung (sowohl infolge ihrer Ähnlichkeit als auch in Anbetracht ihrer ungemein schnellen Ausbreitung) nur als Auswirkung von Moden interpretiert werden können. Deren Träger ist in aller Regel die Oberschicht. Bei der Ausbildung des Brauchs, Personen nicht länger nur einen Ruf-, sondern nunmehr auch einen Zweitnamen (Familiennamen) beizulegen, ging offenbar der Adel* voran. Während etwa im Languedoc im 11. Jahrhundert einfache Rufnamen die Verbindung von Ruf- und Beinamen ums

Doppelte übertreffen, gibt es vor 1173 rund 2051 Doppel-, dagegen nur noch 799 einfache Namen, wobei "die Adeligen [...] den Bürgern in den Doppelnamen voraus[gehen]". Isolde Neumann hat an Beispielen aus der Stadt Oschatz ähnliches gezeigt: daß sich die "einzelnen sozialen Schichten der Bevölkerung dem neuen onomastischen Element gegenüber" verschieden verhalten. Die Aufnahme der neuen Namentypen erfolgt in der führenden Schicht der Ratspersonen am schnellsten; die unteren Schichten, insbesondere Knechte, Mägde und sonstiges Dienstpersonal, verharren länger im ursprünglichen Stand. Die neue Art der Namengebung vermag sich bei ihnen weniger schnell durchzusetzen.

Am Beispiel der Toponyme auf -›leben‹* läßt sich die Wirksamkeit der Namenmode exemplarisch aufzeigen. Die Karte ihrer Verteilung im deutschsprachigen Raum läßt ihre Häufung in Mitteldeutschland vom Harz bis über Magdeburg hinaus erkennen. Hinzu kommt eine Gruppe von ›lef‹/›lev‹-Namen in Dänemark und Südschweden. Wenige Streubelege finden sich zwischen Elbe und Oder, ein versprengter Beleg sogar jenseits der Oder. Als Grundbedeutung des Namenbestandteils kann 'durch Erbschaft überkommener Besitz' (*reliquiae hereditate acceptae*) angenommen werden. Die Forschung hat die ›leben‹-Namen immer wieder mit dem alten Reich der Thüringer verbunden – eine Auffassung, der Ludolf Fiesel mit der Behauptung entgegengetreten ist, die Namen seien das Ergebnis der Benennung karolingischer und ottonischer Gründungen. 1963 hat auch Hans Kuhn darauf hingewiesen, daß die Grenzen des 531 von den Franken zerschlagenen Thüringerreichs unmöglich allein anhand der Ausdehnung der ›leben‹-Namen festgelegt werden könnten. Vielmehr sei anzunehmen, die ›leben‹-Namen hätten früher viel weiter nach Osten gereicht. Das zusammenhängende ›leben‹-Gebiet sei durch Vorstöße der Slawen schließlich in die beiden auf der Karte erkennbaren nördlichen und südlichen Räume aufgespalten worden. Interessant ist für die Frage nach Namenmoden besonders, daß an der Stelle, wo im Westen die ›leben‹-Grenze verläuft, die Konzentration älterer vorgermanischer Namen beginnt, von welchen das ›leben‹-Gebiet selbst fast völlig frei ist. Derselbe Befund zeigt sich im Osten: dort, wo die ›leben‹-Namen aufhören, beginnt die Fülle der slawischen Namen. Hans Kuhn* zieht daraus den Schluß:

> Im Westen haben die Germanen so gut wie alle älteren Namen durch -›leben‹ – und auch andere – ersetzt, und im Osten haben dann die Slaven diese -›leben‹ (usw.) wieder beseitigt und eigene Namen an die Stelle gebracht.

Die Wirkung einer frühen Namenmode ist also noch immer deutlich erkennbar. Zu den Namen, die bei den in den umschriebenen Raum einströmenden Germanen modisch waren, zählt in erster Linie der Siedlungsname auf -›leben‹. Seine Beliebtheit war offenbar so groß, daß die Germanen ihn an die Stelle aller vorgefundenen vorgermanischen Namen setzten, was durch das Fehlen ebensolcher Namen im ›leben‹-Ausdehnungsgebiet bewiesen wird.

174

Wie sich eine Art modischer Namengebung in einem erheblich kleineren Gebiet mikrotoponymisch auswirkt, läßt sich am Beispiel der Flurnamengebung dort zeigen, wo es um die Ausbildung von Namenfeldern geht (unten S. 191 ff.).

4.2.4 Änderungen der Referenten

Zweifellos haben Veränderungen der einen bestimmten Namen tragenden Sache in besonders vielen Fällen zur Änderung auch des Namens beigetragen*. Dabei braucht als Änderung der Sache nicht unbedingt nur die Veränderung des benannten Individuums oder Objekts betrachtet zu werden: die Veränderung der gesamten politischen, sozialen oder ökonomischen Realität, in welcher die Namengebung sich abspielt, muß notwendig zur Namenänderung im Sinne einer Umgestaltung der Prinzipien der Namengebung schlechthin führen. Einige Beispiele sind schon gegeben worden, wo die Umbenennung von Straßen oder Plätzen infolge der veränderten politischen Situation zur Sprache gekommen war. Wenn die Voraussetzungen zur Benennung einer Stadt als ›Saarlouis‹ (nach Ludwig XIV.) nicht länger gegeben sind, wird sie in ›Saarlautern‹ umbenannt; wenn das deutsche Ostpreußen nach 1945 russisch geworden ist, wird aus ›Königsberg‹ ›Kaliningrad‹, ganz wie aus dem ›Bismarck‹- der ›Friedensplatz‹, aus der ›Kaiser-Wilhelm‹- die ›Bahnhofstraße‹ hervorgegangen ist. ›Immenstadt‹ heißt so seit der Erhebung von ›Immendorf‹ zur Stadt im Jahre 1618, ›Ludwigstadt‹ hieß bis 1377 ›Ludwigsdorf‹. Besitzwechsel bedingt Namenwechsel: verschiedene Besitzer stehen hinter einem Beleg* wie dem von 854 *in Waldrammeswilare quod prius Uodalprecteswilare.* Der ›Burbach‹ erhält in dem Augenblick den Namen ›Weiherbach‹, wo er den Burbacher Mühlenweiher speist; nur der Oberlauf, weit vom Weiher entfernt, behält weiterhin den alten Namen. Der ›Hirzwag‹ 'Hirschsee', an dem ein Drahtzug angelegt wird, heißt von nun an ›Drahtzugweiher‹. Die ›Galgendelle‹ erhält, nachdem ebendort ein Ehrenfriedhof für die Gefallenen des Sturmangriffs auf die Spicherer Höhen am 7./8. August 1870 eingerichtet worden war, den Namen ›Ehrental‹. Der ›Stromberg‹ wird ›Kaninchenberg‹ genannt, nachdem zu Beginn des 17. Jahrhunderts die Grafen von Nassau-Saarbrücken dort ein Niederwildgehege eingerichtet hatten.

Keineswegs ist der Name durch seine Funktion, die nicht so sehr dem Charakterisieren als vielmehr dem Identifizieren dient, der Veränderung entzogen, weil seine Lautgestalt – wie oft gesagt wird – lediglich als Etikett der benannten Sache angeheftet wird*. Insbesondere die Namen unterliegen, wenn sich die von ihnen bezeichnete Sache verändert, der Modifizierung, die die Zeichen ihrer Herkunft aus dem Appellativbestand des Wortschatzes am deutlichsten bewahrt haben. Dies gilt sehr weitgehend für Büchertitel, vornehmlich, wenn es sich nicht um fiktionale, sondern um Sachliteratur handelt. Die neue Auflage des Bändchens ⟨›Deutsche Wortforschung‹⟩ von Oskar Reichmann etwa heißt nunmehr ⟨›Germa-

nistische Lexikologie‹); das ‹›Wörterbuch der philosophischen Begriffe‹›
von Rudolf Eisler heißt in der Neubearbeitung ‹›Historisches Wörterbuch
der Philosophie‹›; von 1900 bis 1905 heißt eine wissenschaftliche Zeitschrift ‹›Zeitschrift für hochdeutsche Mundarten‹›, von 1906 bis 1923
nennt sie sich ‹›Zeitschrift für deutsche Mundarten‹›, von 1924 bis 1934
‹›Teuthonista‹›, ab 1935 ‹›Zeitschrift für Mundartforschung‹› usw. Weitgehend ausgenommen von solchen Veränderungen sind dagegen die Personennamen, zumindest Ruf-, Vor- und Familiennamen – verhindert doch
die Gesetzgebung, durch die eine einmal vergebene Namensform urkundlich für immer festgelegt worden ist, die Abwandlung*. Doch selbst hier
ereignet sich zuweilen Vergleichbares. Der anfangs einzig gebrauchte
Vorname ›Gerd‹ wird in dem Augenblick zu nunmehr ausschließlich ver-
wendetem ›Gerhard‹, wo sich zeigt, daß dies die amtlich eingetragene
Namensform ist und mithin nur so unterzeichnet werden darf, soweit es
sich um den Vollzug amtlicher Akte handelt. Oder: zur Unterscheidung
von der Vielzahl der Namensvettern wird in dem Augenblick, wo die
Verärgerung über ständige Verwechslungen am größten ist, ein Zusatz
eingeführt – ›Harry S. Truman‹, worin das ›S‹. nicht als Abkürzung eines
zusätzlichen Vornamens zu verstehen ist, vielmehr von Anfang an als
bloßer unterscheidender Buchstabe eingefügt wurde. Besonders häufig
wiederum sind Veränderungen innerhalb des Namengebrauchs kleiner
Gruppen* (Familie, Paar). Hier kann die Veränderung von Aussehen oder
Charakter einer mit Beinamen (etwa Kosenamen) belegten Person sehr
wohl zu einer häufigen Modifikation des Beinamens führen: ›Schatzi‹ ›
›Mutti‹ › ›Omi‹; ›Süßer‹ › ›Dickerchen‹ › ›Oller‹ etc.

4.2.5 Änderungen der Sprache

Nur bei solchen Namen, die aus appellativischem Wortgut zusammengesetzt sind oder wenigstens teilweise Appellative enthalten, ist eine Änderung des Namens möglich, wenn nicht die benannte Sache, vielmehr der
appellativische Bereich des Wortschatzes sich verändert*. Dies hat wiederum am seltensten, falls überhaupt, innerhalb der Personennamengebung
statt, findet sich dagegen häufig in der Toponymie. Hier einige Beispiele
aus der Kategorie der Mikrotoponyme: Die (beispielsweise in saarländischen Flurnamen) seit alters auftretende Bezeichnung "Steige", bis ins
17. Jahrhundert als Gattungsbezeichnung der Mundart geläufig, wird in
dem Augenblick durch neues "Stich" oder andere gebräuchliche Bezeichnungen ersetzt, wo das alte Appellativ nicht länger zum Inventar des Lexikons gehört: bis 1686 *ahm Betzensteeg,* ab 1744 *am Betzenberg.* Der
›Galgengrund‹, bis 1694 belegt, erhält im selben Jahr den Konkurrenten
›Galgendelle‹, der sich durchsetzt, weil "Grund" als Bezeichnung eines
Tälchens aus dem Lexikon der Mundart verschwindet. Der Appellativ-
wandel von "Pforte" zu "Tor" zwischen 1600 und 1650 führt entsprechend
zur Änderung der Namen ›Oberpforte‹ und ›Untere Pforte‹ zu ›Oberthor‹
und ›Unterthor‹. Das nicht mehr als Appellativ geläufige "Humes" wird

1777 als "Clamm" erklärt; im Namen jedoch wird es durch "Graben" ersetzt: 1524 *die Hofhumes,* 1729 *der Tiefe Graben.* *

Hierzu zählt auch die Ersetzung nicht mehr verstandener oder gebrauchter Namensuffixe durch andere, bildungsfähige. In vielen Gewässernamen* ist das nicht länger produktive Suffix -›ach‹ durch -›bach‹ ersetzt oder ergänzt worden: ›Ahbach‹, ›Rotbach‹, ›Krummbach‹ 〈 ›Ach‹, ›Rotach‹, ›Krummach‹. Ebenso ist unverstandenes -›afa‹ (〈 -›apa‹) beseitigt worden: was im 9. Jahrhundert als *Dreisafa* überliefert ist, heißt heute ›Dreisbach‹. Aus dem Bereich der Siedlungsnamen stammen die folgenden Beispiele*: ›Baßfiedel‹ 〉 ›Baßgeige‹; ›Hengstfeld‹, -›dorf‹ 〉 ›Pferdsfeld‹, -›dorf‹; ›Ziegenberg‹ 〉 ›Geisberg‹; ›Holzeggliden‹ 〉 ›Waldengel‹; ›Wenigen Gerahe‹ 〉 ›Klein-Gerau‹; *Mihelingarda* 〉 ›Großgartach‹. Daß oft durch volksetymologische Umdeutungen Unverständliches zu erklären gesucht und die alte Namenform dadurch verändert wird, ist oben (S. 90) bereits besprochen worden. Dennoch können all diese Fälle den Beharrungscharakter der Namen nicht widerlegen, der im allgemeinen dazu beiträgt, daß auch unverständlich gewordenes Sprachmaterial weiterhin verwendet wird.

4.2.6 Hinweise zu Kapitel 4.2

4.2.1

S. 169 Siehe dazu oben S. 86. Besonders deutlich hat dazu bereits F. Max Müller: The science of language. Founded on lectures delivered at the Royal Institution in 1861 and 1863. 2 Bde New York 1978 (ND New York 1891), Bd. 2, S. 73–78 ("Formation of names") und 403–406, Stellung genommen; vgl. etwa ebd., S. 73: "Man could not name a tree, or an animal, or a river, or any object whatever in which he took an interest, without discovering first some general quality that seemed at the time the most characteristic of the object to be named; or, to borrow an expression of Thomas Aquinas [...], *'Nomina non sequuntur modum essendi, qui est in rebus, sed modum essendi, secundum quod in cognitione nostra est'* "; vgl. damit auch die oben S. 25 besprochene Unterscheidung Bühlers (*quoad essentiam* und *quoad existentiam*); siehe weiterhin etwa Pavel Trost: Der Gegenstand der Toponomastik. In: WZKMUL 11, 1962, S. 275–277, bes. S. 276; Fleischer 1964 (*1.2.7), S. 373; Hilgemann 1974 (*1.2.7), S. 383.

S. 170   Zur Konvention siehe oben S. 26 und *1.2.1.2. Siehe auch das semantische Problem der "Durchschnittsabbilder" als Grundlage der Lexikonbedeutung von Sprachzeichen bei Wolfgang Lorenz/Gerd Wotjak: Zum Verhältnis von Abbild und Bedeutung. Überlegungen im Grenzfeld zwischen Erkenntnistheorie und Semantik. Berlin 1977 (= Sammlung Akademie-Verlag 39 Sprache), pass.

Dies wird einmal durch entsprechende gesetzliche Vorschriften verhindert (siehe unten S. 176), zum andern durch die Inhaltsstruktur der zur Namengebung benutzten Lexikoneinheiten ("Goldamsel", "Zuckerkirsche", "Maschine") unmöglich gemacht, schließlich aber auch durch pragmatische Bedingungen (Moden etc.) vereitelt. Die Wirksamkeit der drei genannten Prinzipien verteilt sich in verschiedener Weise auf die einzelnen Namenkategorien: während die Gesetzgebung in alle Namenklassen regelnd eingreift, sind semantische Bedingungen eher im Bereich der Toponyme, pragmatische eher im Bereich der Anthroponyme wirksam.

4.2.2

S. 171 Koss 1972, S. 143–158; siehe auch ders.: Motivationen bei der Wahl von Rufnamen. In: BzN NF 7, 1972, S. 159–175; Smith 1950 (*2.4.6), S. 22–26; Hugo
Steger: Zur Motivik mittelalterlicher und neuzeitlicher Namengebung. In: Alemannisches Jahrbuch 1973/75, 1976, S. 143–156.

S. 172   Zur Namenphysiognomik vgl. etwa Gerhard Eis: Tests über suggestive Personennamen in der modernen Literatur und im Alltag. In: BzN 10, 1959, S. 293–
308 = ders.: Vom Zauber der Namen. 4 Essays. Berlin 1970, S. 9–28; Rosa Katz:
Psychologie des Vornamens. Bern/Stuttgart 1964 (= Schweizerische Zs. für Psychologie, Beihefte 48); Werner Betz: Zur Namenphysiognomik. In: Namenforschung S. 184–189; Reinhard Krien: Psychologische Tests in der Namenkunde.
In: Muttersprache 1966, S. 364–374; Volkmar Hellfritzsch: Namen als stilistisches
Mittel des Humors und der Satire. In: Sprachpflege 17, 1968, S. 207–211; Suitbert
Ertel: Psychophonetik. Untersuchungen über Lautsymbolik und Motivation. Göttingen 1969; Gerhard Eis: Zur Diskussion über die Namenphysiognomien. In:
ders.: Vom Zauber der Namen, aaO., S. 93–111; Krien 1973; Roland Ris: Namen-
einschätzung und Namenwirklichkeit. In: Onoma 21, 1977, S. 557–576. Über den
Sachverhalt berichtet bereits Emil Utitz: Kultur und Sprache. In: Études dediées
au quatrième Congrès de Linguistes. Prague 1936 (= Travaux du Cercle Linguistique de Prague 6), S. 146–159; ebd., S. 152 wird auf einen Bericht von Herta
Herzog über Rundfunkversuche in Wien verwiesen, bei denen Radiohörer "weitgehend richtig" aus den gehörten Stimmen auf Geschlecht, Alter, Größe, Dicke,
Körperform, Körperfarben, körperliche Zustände, Milieu, lokale, nationale, reli-
giöse Herkunft usw. schlossen.
    Das Zitat bei U. Esser, Besprechung von Krien 1973 in: NI 24, 1974, S. 36–40,
hier S. 37.
    Das Zitat bei Krien: Psychologische Tests, aaO., S. 373. Zur Sache vgl. etwa
auch die Beispiele bei Bach I, § 381 (S. 127), die auch Wilfried Seibicke: Wie
nennen wir unser Kind? Ein Vornamenbuch. Hrsg. von der Gesellschaft für deutsche Sprache. Lüneburg 1962, S. 43–45, wieder aufnimmt.
    Zur ideologischen Bedingtheit siehe Hans Walther: Soziolinguistisch-pragma-
tische Aspekte der Namengebung und des Namengebrauchs. In: NI 20, 1972,
S. 49–60; das Zitat ebd., S. 53.
    Daß und wie dies durch die Verwendung von Sprache schlechthin, also auch im
Appellativbereich, erfolgen kann, zeigt instruktiv Lutz Mackensen: Verführung
durch Sprache. Manipulation als Versuchung. München 1973. Siehe weiterhin etwa
Johannes Schultheis/Hans Walther: Kritisches zur Straßennamengebung in Westdeutschland. In: Informationen 11, 1968, S. 7–9; Johannes Schultheis: Die 'Deutsche Demokratische Republik' im Spiegel der Namengebung. In: NI 15, 1969,
S. 17–19, bes. S. 18: "In diesen Bereichen [scil. wirtschaftliche und gesellschaftliche Institutionen, Kollektive in Industrie, Landwirtschaft, Schule und gesellschaftlichen Organisationen] [...] erfüllen die Namen nicht so sehr eine Adressen-
funktion, sondern vielmehr eine ideologische, erzieherisch wirksame Funktion mit
aktuellem Zeitwert"; Friedrich Redlich: Gesellschaftliche Entwicklung und Namen
der Landwirtschaftlichen Produktionsgenossenschaften. In: Der Name in Sprache
und Gesellschaft S. 203–219, bes. S. 219: "Die Namen der LPG [...] sind als
programmatische Namen gefunden worden und haben ihre stimulierende Wirkung
gehabt." Vgl. das Beispiel ›Kriegdorf‹ Kreis Merseburg 〉 ›Friedensdorf‹ bei Karl
Hengst: Beobachtungen zur Struktur, Semantik und Funktion von Namen in
Sprache und Gesellschaft. In: NI 15, 1969, S. 15f.
    Das ›Adolf‹-Beispiel bei Horst Naumann: Entwicklungstendenzen in der

178

modernen Rufnamengebung der Deutschen Demokratischen Republik. In: Der Name in Sprache und Gesellschaft S. 161–168; Hans Walther/Johannes Schultheis: Soziolinguistische Aspekte der Eigennamen. In: Rudolf Große/Albrecht Neubert (Hrsg.): Beiträge zur Soziolinguistik. Halle 1974, S. 187–205, bes. S. 197 f.

S. 173   Die Zitate sämtlich bei Walther 1973 (*1.2.7), S. 26 f. Siehe auch Schultheis/Walther: Kritisches zur Straßennamengebung, aaO., S. 7–9; Namenforschung heute S. 31–37; die ebd., S. 37 betonte Verpflichtung, "auf diesen Tatbestand nachdrücklichst hinzuweisen, weil die Mehrzahl der Menschen die Sprache gewöhnlich ohne tiefere Überlegung gebraucht und somit den Methoden der Manipulierung ihres Denkens mit Hilfe der Sprache – wie sie weithin z. B. in Westdeutschland gehandhabt werden – nur zu leicht zum Opfer fällt", sollte überall, also auch in der DDR, anerkannt und zur Grundlage des Bemühens gemacht werden, Manipulation durch Sprache zu entlarven und dadurch zu verhindern.

Das Beispiel aus Bautzen bei Hans Walther: Mehrnamigkeit von Siedlungen als sprachsoziologische Erscheinung. In: Leipziger Namenkundliche Beiträge 2, 1968 (= Sitzungsberichte der Sächsischen Akademie der Wissenschaften zu Leipzig, Phil.-hist. Klasse 113, 4), S. 19–28, bes. S. 19. Auch die folgenden Belege für Mehrnamigkeit ebd., S. 20 f. Siehe auch Bach II, § 703 (S. 503).

Zum Vorwurf des bundesdeutschen Revanchismus vgl. Wolfgang Fleischer: Onomastik und Stilistik. In: NI 22, 1973, S. 5–12, das Zitat ebd., S. 10; ders.: Variationen von Eigennamen. In: Der Name in Sprache und Gesellschaft S. 52–63, bes. S. 61; Schultheis/Walther: Kritisches zur Straßennamengebung, aaO., S. 7–9; Walther: Mehrnamigkeit von Siedlungen, aaO., S. 26 f.; Fleischer 1969 (*3.4), S. 6. Hengst: Beobachtungen, aaO., S. 15, verweist in diesem Zusammenhang auf den Terminus "soziale Tendenz" der Namengebung, womit die sowjetische Onomastik "die Grundtendenz der neuen russischen ON der Gegenwart" charakterisiert: "ihre⟨.⟩ absolute⟨.⟩ positive⟨.⟩ semantische⟨.⟩ Motivation für die Bevölkerung, die Namenbenutzer".

4.2.3

Zu den Namenmoden siehe unten S. 213 f. und etwa Gerhardt 1949/50 (*1.2.7). S. 15 f.; Theo Herrle: Die Mode in den Vornamen. In: Muttersprache 1956, S. 18–21, bes. S. 19–21; Seibicke: Wie soll unser Kind heißen? aaO., S. 34–43; Wilhelm Hesterkamp: Einflüsse sozialer Verhältnisse auf die Namenwahl. In: Muttersprache 1965, S. 33–40; Fleischer 1968 (*3.4), S. 70–73; Friedhelm Debus: Soziologische Namengeographie. In: Walther Mitzka (Hrsg.): Wortgeographie und Gesellschaft. Berlin 1968, S. 28–48, bes. S. 44 f.; ders.: Soziale Veränderungen und Sprachwandel: Moden im Gebrauch von Personennamen. In: Sprachwandel und Sprachgeschichtsschreibung. Jahrbuch 1976 des IdS. Düsseldorf 1977 (= Sprache der Gegenwart 41), S. 167–204; Volker Kohlheim: Namenmode und Selektionsprinzipien. In: Onoma 21, 1977, S. 523–533.

Zur Vorreiterfunktion des Adels und zum Absinken von Namen(moden) vgl. etwa Seibicke: Wie soll unser Kind heißen? aaO., S. 38: "[...] daß sich die Modenamen im allgemeinen von 'oben' nach 'unten' ausbreiten"; Debus: Soziologische Namengeographie, aaO., S. 31 pass.; Gerhard Schlimpert: Soziologische Aspekte slawischer Personennamen in mittelalterlichen Quellen. In: Linguistische Studien, Reihe A: Arbeitsberichte 30, 1976, S. 117–122, bes. S. 119–122; Neumann 1973 (*4.1.1.8), S. 193 pass.; das Zitat ebd., S. 202; Schwarz I, § 46 (S. 70 f.); die Zahlen und das Zitat ebd., S. 71; Bach I, § 341 (S. 80) und § 344 (S. 84 f.).

S. 174   Zu den ›leben‹-Namen siehe oben S. 105 und weiterhin Schwarz II, § 31 (S. 81–84); Bach II, § 586–588 (S. 330–338); Ludolf Fiesel: Gründungszeit deutscher Orte mit dem Grundwort ->leben< und Siedlungsbeginn in der Magdeburger Börde. In: Blätter für deutsche Landesgeschichte 90, 1953, S. 30–77; Hans Kuhn: Grenzen vor- und frühgeschichtlicher Ortsnamentypen. Wiesbaden 1963 (= Akademie der Wissenschaften und der Literatur, Geistes- und sozialwiss. Klasse 1963, Nr. 4), bes. S. 546–549.

Das Zitat bei Kuhn: Grenzen, aaO., S. 548.

4.2.4

S. 175 Dies ist um so weniger verwunderlich, als die enge Beziehung der Eigennamen zur Praxis, die oben S. 37f. und 51 betont worden ist, ein solches Veränderungsverhalten nahelegt. Allerdings gilt dies insbesondere dort, wo der semantische Gehalt der Namen der Semantik der entsprechenden Appellative noch besonders nahesteht: bei einer Vielzahl von Toponymen. Siehe etwa Bach II, § 753–765 (S. 562–581); Scheidl 1925.

Das Beispiel aus dem Jahre 854 bei Bach II, § 756 (S. 568); die weiteren Beispiele nach Gerhard Bauer: Die Flurnamen der Stadt Saarbrücken. Bonn 1957, s. v.

Zum Namen als Etikett siehe oben S. 27 und John Stuart Mill: System of Logic. Ed. J. M. Robson. Bd. 1 Toronto/London [7]1973 (= Collected Works of John Stuart Mill), I, 2 § 5 (S. 35): "a proper name is but an unmeaning mark"; Funke 1925 (*1.2.7), S. 77; Sørensen 1963 (*1.2.7), S. 22–27; Algeo 1973 (*1.2.7), S. 53–55.

S. 176 Vgl. Smith 1969; Ashley 1971; Bach I, § 472 (S. 220f.).

Zum Namengebrauch in Kleingruppen vgl. Ernst Leisi: Paar und Sprache. Linguistische Aspekte der Zweierbeziehung. Heidelberg 1978 (= Uni-Taschenbücher 824), bes. S. 23–33.

4.2.5

Über Veränderungen der Sprache, besonders des appellativen Wortbestands, siehe die oben *2.2.3.2 aufgeführten Arbeiten zur Geschichte der deutschen Sprache. Hierher gehören vor allem wortgeschichtliche Untersuchungen wie etwa Karl von Bahder: Zur Wortwahl in der frühneuhochdeutschen Schriftsprache. Heidelberg 1925 (= Germanische Bibliothek. 2. Abteilung: Untersuchungen und Texte 19); Schwarz 1967; Schirmer/Mitzka 1969; Deutsche Wortgeschichte. Hrsg. von Friedrich Maurer und Heinz Rupp. 3 Bde Berlin [3]1974 (= Grundriß der Germanischen Philologie 17/1–3).

S. 177 Die Beispiele bei Bauer: Flurnamen der Stadt Saarbrücken, aaO., s. v. Siehe weiterhin etwa Ernst Christmann: Die Verdrängung von 'Nieder' durch 'Unter' in Siedlungsnamen. In: ZfMaF 11, 1935, S. 131–146; Eberhard Wagner: Unter- und Nieder- in ostfränkischen Siedlungsnamen. In: Jahrbuch für Fränkische Landesforschung 26, 1966, S. 365–381; Heinrich Löffler: Die Ablösung von Niederdurch Unter- in Ortsnamen am Oberrhein. In: BzN NF 5, 1970, S. 23–35; Reinhard Möller: Reduktion und Namenwandel bei Ortsnamen in Niedersachsen. In: BzN NF 10, 1975, S. 121–156; Will 1931, pass.

Zum Wandel in Gewässernamen vgl. Bach II, § 471 (S. 126) und § 758 (S. 570); zahlreiche Beispiele bei Otto Springer: Die Flußnamen Württembergs und Badens. Stuttgart 1930 (= Tübinger Germanistische Arbeiten 11), die Beispiele im Text daraus.

Die Siedlungsnamenbeispiele nach Bach II, § 758 (S. 570f.).

180

4.2.7 Literatur zu Kapitel 4

Leonard R. N. Ashley (1971): Changing times and changing names: reasons, regulations, and rights. In: Names 19, S. 167–187.

Bach II, § 652–681 (S. 419–480) und § 753–765 (S. 562–581).

*Gerhard Koss (1972): Benennungsmotive bei der Vornamengebung. Eine Befragung in Weiden. In: Oberpfälzer Heimat 16, S. 143–158.

**Reinhard Krien (1973): Namenphysiognomik. Untersuchungen zur sprachlichen Expressivität am Beispiel von Personennamen, Appellativen und Phonemen des Deutschen. Tübingen.

Josef Scheidl (1925): Über Ortsnamenänderungen. Grundsätzliches zur Identifizierung urkundlicher Ortsnamen. In: ZfONF 1, S. 178–186.

*Alfred Schirmer/Walther Mitzka (1969): Deutsche Wortkunde. Kulturgeschichte des deutschen Wortschatzes. 6. Auflage Berlin (= Sammlung Göschen 929).

*Ernst Schwarz (1967): Kurze deutsche Wortgeschichte. Darmstadt.

*Seibicke (1981): siehe *4.1.1.8.

Elsdon C. Smith (1969): Influences in change of name. In: Onoma 14, S. 158–164.

Wilhelm Will (1931): siehe *2.4.6.

5 Diatopische Aspekte der Namengebung und des Namengebrauchs

5.1 Kulturräume und Namenräume

5.1.1 Kulturräume und Sprachgeographie

Daß der deutsche Sprachraum in eine Vielzahl von Mundartgebieten aufgespalten ist, weiß man seit langem. Viele Forscher haben sich um die Beschreibung dieser Mundarten bemüht, ebenso viele um die Erklärung des Zustandekommens der Mundarten und ihrer Ausbreitung. Dabei hat sich insbesondere eine Erkenntnis ergeben: nicht alte germanische Stammesgrenzen sind für die Ausdehnung der heutigen Mundarten verantwortlich gewesen, sondern spätmittelalterliche Territorialgrenzen.* Eine Karte des sogenannten Rheinischen Fächers* demonstriert dies an einem Musterbeispiel: die Ausdehnung der Großraummundarten Ripuarisch, Mosel- und Rheinfränkisch, bezeichnet durch die Mundartgrenzen von Dorp/Dorf- und dat/das-Linie, stimmt annähernd überein mit den politischen Territorien Kur-Köln, Kur-Trier und Kur-Mainz. Dabei ist für die je besondere Sprachgeschichte dieser Räume nicht so sehr deren politische Struktur verantwortlich, die unter dem Regiment der jeweiligen Kirchenfürsten so unterschiedlich nicht gewesen sein dürfte, als vielmehr die Tatsache, daß innerhalb der einzelnen Territorien kulturelle Besonderheiten sich ausbildeten, ohne daß es – bedingt durch die Sperrfunktion der Territorialgrenzen – zu einem (etwa auch sprachlichen) Austausch zwischen den verschiedenen Kulturen hätte kommen können. Die Abgeschlossenheit der Räume trug somit zur Bewahrung, ja zur Ausbildung von sprachlichen Besonderheiten bei. Nur dort, wo kulturelle Bewegungen in einen anderen Raum hinein bzw. durch ihn hindurch möglich waren – infolge des Handelsverkehrs über bedeutende Fernstraßen etwa –, vermochten die Besonderheiten eines Territoriums mehr oder weniger tief in fremde Kulturräume vorzudringen und dort zu einer Veränderung der bisherigen, heimischen Zustände zu führen. Der verkehrsbedingte Vorstoß der südlichen Sprachformen "uns", "er" und "als" den Rhein entlang in altes "us"-, "he"- und "as"-Gebiet illustriert eine solche Veränderungsbewegung.* Es ist anzunehmen, daß die Ausbildung solcher Kulturräume, die sich durch Mundart, Volkssitte und -brauch unterscheiden, auch die Namengebung beeinflußt habe. Im folgenden ist zu zeigen, daß tatsächlich Personennamen- wie Örtlichkeitsnamengebung sich regional unterscheiden und unterschieden haben. Dabei werden Sachverhalte erneut zur Sprache kommen, die an anderer Stelle (oben S. 104 ff.) bereits behandelt worden sind.

5.1.2 Namenräume

5.1.2.1 Das Vorkommen der Siedlungsnamen auf -›leben‹ ist bekanntlich auf ein Gebiet beschränkt, das lange mit dem Herrschaftsbereich der 531 von den Franken unterworfenen Thüringer identifiziert wurde. Ähnliches gilt sowohl für andere Namen als auch für andere Räume. Schon 1924 hat Adolf Bach durch die statistische Auswertung von Blättern der topographischen Karte 1:100 000 die Konzentration bestimmter Namentypen auf ganz bestimmte Gebiete nachgewiesen.* Blatt 71 dieser Karte, den Raum Burgsteinfurt/Yburg/Münster in Westfalen/Warendorf darstellend, weist 215 Siedlungsnamen auf -›dorf‹, 56 auf -›hausen‹, 32 auf -›heim‹, 8 auf -›hofen‹ und 19 auf -›ingen‹ auf. Die Verteilung derselben Namentypen auf Blatt 72 (Bielefeld/Lemgo/Gütersloh/Detmold) ergibt folgende Werte: -›dorf‹ 166, -›hausen‹ 271, -›heim‹ 24, -›hofen‹ 7, -›ingen‹ 11. Nach Blatt 73 (Hameln/Hildesheim/Höxter/Einbeck) lauten die Werte: -›dorf‹ 16, -›hausen‹ 172, -›heim‹ 50, -›hofen‹ 0, -›ingen‹ 9. Im Gebiet der Karte Nr. 71 beherrschen die Namen auf -›dorf‹ (-›drup‹/›drop‹/›darp‹) den Raum; die übrigen Typen liegen, vielfach gruppenweise beieinander, verstreut und fallen kaum ins Gewicht. Im Gebiet der Karte Nr. 72 herrschen demgegenüber die ›hausen‹-Namen vor; während ›heim‹-, ›hofen‹- und ›ingen‹-Namen spärlich vertreten sind, gruppieren sich die recht zahlreichen ›dorf‹-Namen zumeist in dichten Haufen an bestimmten Stellen des Raumes. In Karte Nr. 73 endlich stehen den wiederum herrschenden ›hausen‹-Namen (die anderen Namentypen fehlen [-›hofen‹] oder fallen nicht ins Gewicht) ›heim‹-Namen gegenüber, die sich auf den Norden des Raumes konzentrieren. Ähnlich unterschiedliche Verteilungen lassen sich auch aus völlig verschieden gearteten geographischen Räumen zusammenstellen. Die statistische Erfassung* der Kartenblätter Nr. 650 und 637, die den Raum um Weilheim und Landsberg in Bayern darstellen, ergibt erheblich andere Werte. Die stärkste Gruppe bilden mit 56 Belegen die Namen auf -›ing(en)‹, die im Norden keine große Rolle gespielt haben. Sehr stark sind mit 27 Belegen auch die ›hofen‹-Namen vertreten, die im Norden ebenfalls seltener waren. ›Hausen‹- und ›dorf‹-Namen liegen mit 19 bzw. 16 Fällen weit hinter dem nördlichen Befund. Auffällig ist vor allem das fast völlige Fehlen von ›heim‹-Namen (2 Belege). Von anderen Namentypen fallen 16 auf -›ried‹ und 6 auf -›(sch)wang‹ auf; die übrigen Gruppen sind zahlenmäßig so schwach vertreten, daß sie vernachlässigt werden können. Sehr schön illustrieren insbesondere die Namen auf -›ried‹ die Gruppenbildung; sie liegen östlich von Weilheim und südlich von Fürstenfeldbruck eng beisammen.

Der Befund ist eindeutig: zumindest im Bereich der Siedlungsnamengebung läßt sich erkennen, daß die Namengebung regional verschieden verlaufen ist und bestimmte Gebiete sich durch je besondere Arten der Namengebung als eigenständige Namenräume auszeichnen.

5.1.2.2 Dabei lassen sich etwa folgende Großräume* gegeneinander abgrenzen:

1) Das altgermanische Gebiet zwischen Elbe und Weser und seine Nachbarlandschaften, das sich deutlich in a) den vorwiegend sächsischen Norden und b) den hessisch-thüringischen Süden aufspaltet. Kennformen für den Nordraum sind etwa ›gracht‹, ›delft‹, ›gehucht‹, ›bracht‹, ›börde‹, ›höchte‹; -›by‹, -›lev‹, -›stedt‹; -›um‹ (‹ -›heim‹), -›büttel‹, -›borstel‹, -›wedel‹, -›wiek‹; -›eri‹/›ari‹, -›ithi‹, -›lar‹, -›loh‹, -›apa‹ usw. Als Kennformen für den Südraum können gelten -›ithi‹, -›lar‹, -›mar‹, -›apa‹; -›ingen‹/ ›ungen‹; -›scheid‹, -›hagen‹, -›a‹ usw. Ein paar ausgewählte Beispiele müssen genügen:

Norden: ›Dornum‹, ›Oldersum‹, ›Fuhlsbüttel‹, ›Eimsbüttel‹, ›Ülsby‹, ›Borby‹, ›Visselhövede‹, ›Eschede‹, ›Langwedel‹, ›Steinwedel‹, ›Alveslohe‹, ›Mandelsloh‹, ›Holdenstedt‹, ›Barmstedt‹ etc.

Süden: ›Wetzlar‹, ›Fritzlar‹, ›Bad Wildungen‹, ›Gensungen‹, ›Melsungen‹, ›Guxhagen‹, ›Wolfhagen‹, ›Hofgeismar‹, ›Fulda‹, ›Lohra‹, ›Bebra‹ etc.

2) Der fränkische Westen, der sich durch eine ungemein große Zahl fremder (vorgermanischer, keltischer, römisch-lateinischer, galloromanischer) Namen auszeichnet: ›Linnich‹, ›Jülich‹, ›Echternach‹, ›Köln‹, ›Trier‹, ›Bullay‹, ›Konz‹, ›Koblenz‹, ›Blieskastel‹, ›Altrip‹ usw.

3) Die von Franken, Alemannen und Bayern besiedelten Gebiete im Süden, die ebenfalls eine Vielzahl von nichtgermanischen bzw. nichtdeutschen Namen aufweisen. Von den germanisch-deutschen Bildungen können als charakteristisch gelten die auf -›ingen‹, -›heim‹, -›weiler‹, -›hausen‹, -›dorf‹ etc., allerdings mit erheblich unterschiedlicher Verteilung in den einzelnen Landschaften. Man vergleiche etwa ›Breisach‹, ›Kempten‹, ›Wien‹ und ›Münsingen‹, ›Würtingen‹, ›Gormadingen‹, ›Germersheim‹, ›Bellheim‹, ›Meckenheim‹, ›Albersweiler‹, ›Münchweiler‹, ›Thaleischweiler‹, ›Ebenhausen‹, ›Poppenhausen‹, ›Humprechtshausen‹, ›Memmelsdorf‹, ›Reckendorf‹, ›Zapfendorf‹ usw.

4) Die Kolonialgebiete östlich der Elbe-Saale-Linie. Hier sind die alten deutschen Namenbildungsweisen nicht mehr produktiv gewesen, so daß, wenn in diesen Räumen Namen auf -›ingen‹, -›heim‹, -›leben‹, -›weiler‹ oder -›hofen‹ vereinzelt auftreten, diese in der Regel durch Namenübertragung zu erklären sind: die Siedler brachten den Namen aus ihrer alten Heimat ins Kolonisationsgebiet mit und übertrugen ihn auf die neugegründete Siedlung.* Produktiv waren in der Periode der deutschen Ostsiedelung* die hochmittelalterlichen Rodungs- und Ausbaunamen, so daß als Kennformen jener Landschaften gelten können die Namen auf -›hagen‹, -›rode‹, -›hain‹, -›grün‹, -›dorf‹, aber auch auf -›burg‹, -›au‹, -›feld‹, -›wald‹, -›berg‹, -›tal‹, -›bach‹, -›brunn‹/›born‹ usw.

5.1.2.3 So bedeutsam der romanische Einfluß im Westen Deutschlands auch war: die Stärke des slawischen Einflusses auf die deutsche Namenbildung konnte er nicht erreichen. Während sich romanische Besonderheiten fast ausnahmslos nur in der Toponymie auswirken, spiegelt sich die durch die besonderen Verhältnisse der deutschen Ostexpansion zustande gekommene Bevölkerungsmischung auch in der Anthroponymie. Aus Quellen des 15. bis 17. Jahrhunderts ergibt sich etwa für das Amt Schlieben (auf halber Höhe zwischen Torgau und Lübben gelegen), daß immerhin 440 slawische Familiennamen (24%) 1344 deutschen Familiennamen (73,2%) gegenüberstehen, die 36 (1,9%) ''Indifferenzformen'' (Formen, die sowohl deutsch als auch slawisch gedeutet werden können, ohne daß eine eindeutige Entscheidung derzeit möglich wäre) nicht eingerechnet.* Bei den Toponymen ist die Situation ähnlich: sehr viele Örtlichkeitsnamen des deutschsprachigen Ostens sind slawischen Ursprungs.*

Das Problem, welchem slawischen Dialekt – dem Elbslawischen (Polabischen), dem Ostseeslawischen (Pomoranischen) oder dem Altsorbischen – die entsprechenden Namen entstammen, kann hier nicht diskutiert werden. Der Versuch, die Toponyme in eine Ordnung zu bringen*, erlaubt die Unterscheidung folgender Kategorien:

a) Direkte Entlehnungen aus dem Slawischen. Sie können in einer Form auftreten, die die slawischen Bildungssuffixe* weitgehend unverändert bewahrt (wobei gewisse Angleichungen an die Lautstruktur des deutschen Wortschatzes, etwa durch Wegfall der im Slawischen möglichen auslautenden Vollvokale, -o, -i, -a, auftreten können): -ov, -ova, -ovo (›Barnekow‹ 〈 apolab. *Barnikov 'Ort des ›Barnik‹', ›Zschokau‹ 〈 asorb. *Čakov 'Ort des ›Čak‹'), -in, -ino, -ina (›Döbeln‹ 〈 asorb. *Dobelin 'Ort des ›Dobela‹', ›Leippen‹ 〈 asorb. *Lip'no oder *Lipina zu lipa 'Linde', ›Mallentin‹ 〈 apolab. *Malętin 'Ort des Malęta'), -(s)łav (›Lützlow‹ 〈 slaw. Ludisłav). Durch die Veränderung kann sich das slawische Suffix einem deutschen so annähern, daß der slawische Ursprung nicht mehr erkennbar ist: slaw. -in 〉 -en (entsprechend der Endung des Dativ Plural im Deutschen) wie in ›Böhlen‹ 〈 slaw. *Bolin 'Ort des ›Bol‹', slaw. -(s)łav 〉 -leb(en) wie in ›Wusleben‹ 〈 slaw. Bohusłav. Besonders häufig sind aus slawischen Bildungssuffixen für das Ostdeutsche typische Toponymsuffixe geworden: slaw. -ici, -ica, -ec 〉 -itz (›Miltitz‹ 〈 asorb. *Miłotici 'Leute des ›Miłota‹', ›Doberschütz‹ 〈 asorb. *Dobrosovici 'Leute des ›Dobros(a)‹'), slaw. -ov-ic 〉 -witz (›Domselwitz‹ 〈 asorb. *Domasłavici 'Leute des ›Domasłav‹'), slaw. -sk(o) 〉 -zig (›Görzig‹ 〈 *slaw. Görsko). Endlich kann die Angleichung derart erfolgen, daß die slawischen Bildungen an aus dem Deutschen bekannte Lexeme, oft auf dem Wege der Volksetymologie, angelehnt werden, so daß die slawische Herkunft nicht länger durchschaubar bleibt: ›Moritz‹ 〈 asorb. *Mordici, Roßwein 〈 asorb. *Rusavin, ›Lasterhure‹ 〈 tschech. Ostrohora 'scharfer Berg', (Alt)›Sattel‹ 〈 asorb. *(Stare) Sedło 'alter Wohnsitz'.

b) Übersetzungen slawischer Namen ins Deutsche. Die Übersetzung kann dabei exakt erfolgen und Bestandteil für Bestandteil wörtlich übertragen: slaw. Dobra Gora 〉 ›Gutenberg‹, tschech. Ostrohora 〉 ›Scharfenberg‹; es kann allerdings auch frei übersetzt werden, wobei oft nur Teile des slawischen Namens ins Deutsche übertragen wurden: asorb. *Jezerišče (zu jezer[o] 'See') 〉 ›Tiefensee‹, slaw. Środa 〉 ›Neumarkt‹. Die Übersetzung bedient sich häufig zusätzlicher Mittel der Verdeutlichung oder Differenzierung, was auch bei direkten Übernahmen slawischer Namen ins Deutsche möglich war: ›Leutnitzbach‹ 〈 slaw. *Łjutznica (zu abulg. ljutz 'heftig, wild').

185

c) Mischung* (Kontamination) slawischer und deutscher Elemente. Dabei kann ein slawisches Namenbildungssuffix an einen deutschen Stamm antreten: ›Churschütz‹ ⟨ Konrad + slaw. -ici; ›Albertitz‹ ⟨ Albrecht + slaw. -ici. Ebenso verbinden sich aber auch slawische Stämme mit deutschen Suffixen, wobei insbesondere das genitivische -s hervorragt: ›Podols‹, ›Mislabs‹, aber auch ›Lautendorf‹ 'Dorf eines ›L'ubota‹'. Die Vielzahl solcher Mischnamen, etwa im Raume Eisenach – Wittenberg – Görlitz – Hof*, läßt den Schluß zu, daß in diesen Gebieten die Beziehungen zwischen Slawen und Deutschen recht intensiv und keinesfalls sehr feindlich gewesen sein müssen.

Vicle slawische Namen tauchen selbst in Gebieten der heutigen Bundesrepublik Deutschland auf, die ansonsten rein deutsche Toponyme zeigen. Offensichtlich reichte die Ausdehnung der Slawen früher einmal weit nach Westen. Immer wieder ist versucht worden, den slawischen Anteil zu minimalisieren, offenbar in der Absicht, den deutschsprachigen Namenschatz als Ausdruck der überlegenen Kultur des Deutschtums herauszustreichen*. Eine solche Haltung ist inakzeptabel; es ist nicht einzusehen, wieso ein noch so hoher Anteil slawischer Namen an der Toponymie einer Landschaft "degradierend" wirken könnte. Dazu kommt, daß erwiesenermaßen die slawischen Bevölkerungsteile einen erheblichen Anteil an der zivilisatorischen Leistung der Urbarmachung tragen, so daß auch von daher die Einschätzung der slawischen Urbevölkerung als wenig kulturtragend *ad absurdum* geführt wird.*

Zwar ist "die Zahl der im östlichen Mainsystem dem Slavischen zuzuweisenden Gewässerbezeichnungen [...] gering; sie beträgt [...] nur etwas mehr als 2% des Gesamtmaterials"*. Dafür finden sich zahlreiche andere Namen, etwa für Burgen und Wehranlagen, die als slawischdeutsche Mischnamen anzusprechen sind*. ›Grotze‹, ›Greitzstein‹, *Greyczberg* (1429), ›Graitz‹, sämtlich in Oberfranken gelegen und teilweise noch heute als Flurnamen in Gebrauch, gehen auf slaw. grodzcъ 'Bürglein' zurück. Ebenfalls in Ostfranken, in der Gegend nördlich von Bamberg, sind zahlreiche Wüstungen mit Mischnamen nachgewiesen worden, z. B. ›Tragemarsdorf‹ im nördlichen Haßgau zum slawischen Personennamen ›Dragomir‹. Da im Umkreis dieser Wüstung die Orte ›Ditterswind‹, ›Winhausen‹, ›Voccawind‹ und ›Geroldswind‹, die sämtlich als Winden-Siedlungen* zu deuten sind, liegen, kann hierin ein deutlicher Beweis "für das [...] Zusammentreffen von Einheimischen mit Slawen" gesehen werden.

5.1.2.4 Die Einteilung des deutschen Sprachgebiets in vier Großräume, die sich toponymisch durch unterschiedliche Arten der Namengebung auszeichnen, spiegelt die Entstehungs- und Entwicklungsgeschichte Deutschlands wider. Der Norden (Raum 1) kann als urgermanisches Siedlungsgebiet* betrachtet werden, das folglich von außergermanischen Namen fast völlig frei ist. Der ursprünglich keltische, später romanisierte Westen (Raum 2) ist erst allmählich von fränkischen Stämmen erobert und zu einem einheitlichen Staatswesen* (Merowinger- bzw. Karolingerreich) umgestaltet worden. Dieses hat den zunächst ebenfalls weitgehend keltischen, dann von Alemannen und Bayern besiedelten Süden* (Raum 3) immer weiter dem eigenen Reich einverleibt und ihm damit seine eigene Art der Namengebung aufgezwungen. Beide Gebiete, der fränkische Westen und der von Alemannen, Bayern und Franken besiedelte Süden, bilden das, was oft als Germania Romana bzw. Romanica* bezeichnet worden ist. Im mittelalterlichen Kolonisationsgebiet des zunächst slawischen Ostens (Raum 4) wirken Siedlerströme aus den verschiedensten Teilen des Altlandes* und bringen die in ihrer Heimat jeweils gerade populären Benennungsprinzipien ins Neuland mit. Die Karte des ungefähren Verlaufs der Ostsiedelung läßt sich sowohl mit der Ausbildung der deutschen Kolonisationsmundarten als auch mit besonderen Namentypen in Beziehung setzen.

Auch im Altland hat die regionale Verschiedenheit der Benennungsprinzipien ihre Gründe in der historischen Entwicklung. Was sich heute als geographisch-topographische Staffelung auf den Karten abzeichnet, spiegelt auch dort historisch-chronologische Abläufe, vornehmlich den Besiedelungsvorgang, wider. So läßt sich aus der Untersuchung der Örtlichkeitsnamenverteilung ein Bild der Siedlungsgeschichte* des jeweiligen Raumes rekonstruieren, wie es im allgemeinen den viel zu schwach fließenden Quellen der urkundlichen Überlieferung nie würde entnommen werden können. Am Beispiel einiger Siedlungsnamen der Pfalz* soll dies exemplarisch vorgeführt werden.

Die Karte der pfälzischen Siedlungsnamen auf -›heim‹, -›ingen‹, -›weiler‹, -›rod‹ und -›scheid‹ verzeichnet zugleich die bisher aufgefundenen fränkischen Reihengräberfriedhöfe. Es zeigt sich, daß die Gebiete, worin ›ingen‹- und ›heim‹-Namen gehäuft vorkommen, weitgehend mit den Räumen des Vorkommens solcher Reihengräber identisch sind. Der rund 30 km breite und etwa 70 km lange Gürtel, der sich, fast völlig frei von ›ingen‹- und ›heim‹-Namen wie von Reihengräberfunden, von Norden nach Süden erstreckt, ist die Fläche des Pfälzerwald-Gebirges, die offensichtlich zunächst weitgehend unbesiedelt blieb. Während die ›ingen‹- und ›heim‹-Orte sämtlich in den Ebenen und Flußtälern und gemeinhin auf fruchtbarem Löß- oder Lehmboden liegen, erstrecken sich die ›weiler‹-Siedlungen tief in den leeren Raum des Pfälzer Waldes hinein, der, als die Welle der ›weiler‹-Gründungen den Bereich der Pfalz erfaßte, noch freies Siedelland zur Verfügung stellen konnte. Ansonsten finden sich ›weiler‹-Siedlungen am höher gelegenen Rand der Talebenen, dort, wo gerade außerhalb der Gemarkungen von ›heim‹- und ›ingen‹-Siedlungen noch besiedlungsfähiges Land zu finden war. Urkundliche Belege beweisen, daß die Gründung der ›weiler‹-Orte der Zeit des ersten Landesausbaus nach der Landnahme, also dem 7. und der ersten Hälfte des 8. Jahrhunderts, angehört. Noch tiefer in den bislang wenig besiedelten Pfälzer Wald hinein schieben sich in einer weiteren Stufe des Landesausbaus die Siedlungen auf -›rod‹ und -›scheid‹, deren früheste Gründungen ins 9. Jahrhundert fallen, die jedoch zum größten Teil erst der Epoche der jüngeren Rodungen, also dem 11. und 12. Jahrhundert, angehören. Die räumliche Verteilung der Namen spiegelt also in der Tat den chronologischen Ablauf der Besiedlungsgeschichte wider – und dieser Befund darf getrost auch auf alle übrigen Namenräume angewandt werden.*

5.1.2.5 Etwas anders verhält es sich mit den Mikrotoponymen und ihrer räumlichen Verteilung. Natürlich ist es auch hier die Chronologie der Entwicklung, die der räumlichen Gliederung der Namen zugrunde liegt. Doch betreffen die sich darin reflektierenden Verhältnisse eher die Sprach- als die Besiedelungsgeschichte, insofern die Verteilung bestimmter Flurnamen oder Flurnamentypen vornehmlich mit den Erkenntnissen der Wortgeographie zu verbinden ist, die – wie oben S. 182 erwähnt – Mundarträume und -grenzen sowie deren Zustandekommen bzw. Veränderung untersucht. Den engen Zusammenhang zwischen Flurnamen und Mundart* demonstriert die Karte des Vorkommens von ›Benden‹ als Flurname, das sich mit der Verteilung des Appellativs "Benden" in der Bedeutung 'nicht eingefriedigte, baumlose Heuwiese, Bachwiese' weitgehend deckt. Aus der Verteilung von Flurnamen, die im Appellativbestand einer Mundart nicht länger als Gattungsbezeichnungen vertreten sind, im Geltungsbereich dieser Mundart läßt sich folglich der Schluß ziehen, der betreffende Name oder Namenbestandteil habe einmal als Appellativ dem Lexikon der Mundart dieses Raumes angehört. Daß die Grenzen solcher Räume zumindest teilweise mit Mundartgrenzen zusammenfallen, zeigen folgende Beispiele* aus dem Bereich der Nahtstelle von Mosel- und Rheinfränkisch. Das Auftreten der Flurnamen ›Klamm‹ und ›Seifen‹/›Siefen‹, beide mit der Bedeutung 'Bergspalte, Schlucht mit Wasserlauf, Wasserrinne; feuchte Niederung, kleiner Bach', derart, daß im Westen allein ›Seifen‹/›Siefen‹, im Osten allein ›Klamm‹ zu verzeichnen ist, läßt eine Grenze erkennbar werden, die, mit anderen Grenzlinien zusammen, einem Linienbündel angehört, welches das Moselfränkische gegen das Rheinfränkische absetzt (die Hunsrückbarriere oder dat/das-Grenze). Die Verteilung der Flurnamen ›Krepp‹ 'in einer Bodensenke gelegene, feuchte und nicht allzu gute Wiese' und ›Meß‹ 'herrschaftliches Getreideland' fügt sich diesem Befund gut ein, so daß die Zusammenhänge zwischen Dialektgeographie und Namenkunde hier unverkennbar sind.

5.1.2.6 Auch die Personennamengebung weist charakteristische Unterschiede in der räumlichen Verteilung bestimmter Namengebungstypen auf. Sie sind nicht gleichermaßen gut zu kartieren wie die regionalen Kennformen der Örtlichkeitsnamen, sind die Träger von Personennamen doch mobil und verbreiten durch Migration die Namentypen eines bestimmten Gebiets weit in Räume anderer Namengebungsprinzipien hinein. Doch sind auch die besonderen Verteilungsverhältnisse der Anthroponyme abhängig einerseits von den je besonderen Verhältnissen der Mundarten oder Schreibsprachen bestimmter Räume, andererseits von den Veränderungen historischer, politischer, sozialer und/oder ökonomischer Bedingungen des betreffenden Gebietes.

188

Die Wortgeographie erweist die regionale Verteilung bestimmter Sprachzeichen zur Bezeichnung desselben Gegenstands, allerdings nur für den Appellativbereich. Da jedoch (etwa im Falle der Familiennamen) appellativische Bezeichnungen in der Personennamengebung eine große Rolle gespielt haben, lassen sich auch hier die Erkenntnisse der Wortgeographie für die Untersuchung der landschaftlichen Staffelung von Namen gut nutzen. Die Karte der heutigen Verteilung deutscher Bezeichnungen für den "Böttcher" und den "Metzger"* zeigt im Westen die Formen "Küfer, Kiefer, Küper, Küpper", denen im Nordosten (Mittel- und Ostdeutschland) "Böttcher, Böttker, Böttjer, Böker, Büttner, Bittner" gegenüberstehen. Im bairisch-österreichischen Raum gelten "Binder, Binter, Binner, Biener" oder "Faßbinder"; lediglich um München verzeichnet die Karte ein "Schäffler"-Gebiet. Es leuchtet ein, daß, da die zum Familiennamen gewordene Berufsbezeichnung derjenigen Sprachlandschaft entstammen muß, der sie als Appellativ angehört, das Vorkommen der entsprechenden Wörter als Namen auf ihre Herkunft aus den genannten Gebieten verweist. Auch an der Bezeichnung des "Metzgers" bestätigt sich dies: der entsprechende Familienname entstammt offenbar dem südwestdeutschen Raum; ›Fleischer‹ ist ost-, ›Schlachter‹ eher nordwestdeutsch.

Die Karte verdeutlicht indessen auch ein Problem. Da die Familiennamenentstehung ins 14./15. Jahrhundert zu datieren ist, kann die heutige wortgeographische Verteilung der Appellative unmöglich für die genaue Lokalisierung des Entstehungsgebiets der genannten Namen verbindlich sein: vielmehr müßten wortgeographische Karten des Zeitraums, worin die Namenbildung erfolgte, zugrunde gelegt werden. Zumindest in Ansätzen ist dies tatsächlich möglich. Die Karte des Vorkommens regionaler Varianten von "König" in spätmittelalterlichen Schriftdialekten* erlaubt die Lokalisierung der Namen ›Küng‹, ›Kung‹ ins Hochalemannische, der Formen ›König‹, ›Konig‹, ›Konin(c)k‹ ins Nord- und Mitteldeutsche sowie der Varianten ›Künig‹, ›Kunig‹ ins Schwäbische und Bairische. Da sich in vielen Fällen zeigt, daß die heutige Verteilung der Appellativa sehr weitgehend auf den älteren Verhältnissen aufbaut, ist es zumindest möglich, aus modernen Verbreitungskarten grobe Schlüsse auf die Herkunft der entsprechenden Familiennamen zu ziehen.

Nicht allein die Verteilung der denselben Sachverhalt bezeichnenden Wörter ("Metzger" : "Schlachter" : "Fleischer"), sondern auch deren je besondere Schrift- oder Lautgestalt (siehe das "König"-Beispiel) ist dabei zu berücksichtigen, die die verschiedenen regionalen Schriftdialekte auszeichnet. Zu den Besonderheiten der sogenannten *Gemeinen Teutsch**, der Kanzleisprache der Habsburger in Wien, die bis ins 16. Jahrhundert hinein große Teile Süddeutschlands beherrschte, etwa zählt die Schreibung ü statt ö in Wörtern wie "Mönch" (vgl. ›München‹), "König" usw. Somit sind Namenschreibungen wie ›Münch‹, ›Künig‹ Kennformen, die auf die Entstehung dieser Namen im bayrisch-österreichischen Süden hindeuten. In dieselbe Richtung weist der Ausfall eines e im Wortinnern (Synkope) bzw. sein Abfall im Wortauslaut (Apokope) in Namen wie

›Gsell‹, ›Mair‹, ›Friedl‹ usw. Die Schreibung ay statt ei ist bereits erwähnt worden (›Mayr‹, ›Bayrl‹ etc.). Auch fehlender Umlaut kann auf süddeutsche Herkunft verweisen (›Bruckner‹, ›Brugger‹ – vgl. ›Saarbrücken‹ neben ›Innsbruck‹), desgleichen die Schreibung gesprochener Diphthonge (›Hueber‹, ›Fruemesser‹, ›Fuetrer‹). Demgegenüber verweisen Schreibungen mit e oder i nach Vokal (›Joest‹, ›Droeste‹, ›Voit‹, ›Buitenandt‹) aufs Niederrheingebiet, wo der Folgevokal lediglich als Längebezeichnung des vorhergehenden Vokals dient (vgl. ›Soest‹, ›Grevenbroich‹). Von der zweiten, der hochdeutschen Lautverschiebung nicht betroffene Konsonanten (›Kerckhoff‹, ›Watermann‹, ›Pötters‹) lassen den Namen als dem Raum nördlich der Benrather Linie (maken/machen-Grenze) entstammend erkennen.

Noch deutlicher kulturraumabhängig ist die Verteilung von Namen, die mit der Ausbreitung des Kults bestimmter Lokalheiliger, mit der Hochschätzung besonderer Dynastien oder dergleichen zusammenhängen. Der Unterschied zwischen protestantischen und katholischen Gebieten* äußert sich nicht nur in der Art des Kirchenbaus oder der Kirchenausstattung, sondern auch in der Namengebung. Namen wie ›Aloys‹, ›Bartholomäus‹, ›Bonaventura‹, ›Ignaz‹, ›Xaver‹, ›Kreszentia‹, ›Veronika‹ sind in rein protestantischen Gegenden kaum denkbar; sie verweisen sämtlich in urkatholisches Gebiet, nach Bayern und Österreich. Auch für Namen wie ›Franz‹, ›Franz-Joseph‹, ›Rupert‹, ›Luitpold‹, ›Max(imilian)‹, ›Franz-Rudolph‹ gilt dies: sie sind im Gebiete der einstigen Dynastien* üblich, deren Mitglieder dergleichen Namen trugen. Daß im protestantischen Raum derlei nicht fehlt, zeigen die ”preußischen” Namen ›Friedrich‹, ›Wilhelm‹, ›Eitel‹, ›Luise‹, ›Charlotte‹.

Hinzuweisen ist schließlich noch auf die deutlich zu fühlende Kulturraumabhängigkeit solcher Namen, die nur regional gültige Namengebungsprinzipien bewahren*: ›de Witt‹, ›de Jong‹, ›de Kort‹, ›van Dijck‹, ›van Dongen‹, ›van Hooft‹, ›Dijkstra‹, ›Boema‹, ›Hobbema‹ sind offenbar niederländische Importe. Namen wie ›von Hall‹, ›von Gonzenbach‹, ›Schüepp‹, ›Städeli‹, ›Tschänie‹, ›Egli‹, ›Imboden‹, ›Zumbühl‹, ›Schnyder‹, ›Tschumi‹, ›Öchsli‹, ›Trümpi‹, ›von Greyerz‹ entstammen zweifellos dem Schweizer Raum, Namen wie ›Ossiewski‹, ›Preradovic‹, ›Przybilla‹, ›Kruszinski‹, ›Honczek‹ etc. dem slawischen Osten.

5.2 Namenfelder und Namenlandschaften

5.2.1 Sippennester und Namennester

Beim Durchsehen von Telefon- und Adreßbüchern fällt auf, daß bestimmte Personennamen, vornehmlich Familiennamen, in einigen Ortschaften gehäuft, in anderen fast gar nicht in Erscheinung treten. Das amtliche Fernsprechbuch Nr. 19 läßt in der Ausgabe für 1975/76 in zufällig ausgewählten kleineren Orten etwa folgende Häufungen erkennen:

190

Aglasterhausen:	12 ›Lenz‹, 19 ›Schmitt‹, 20 ›Zimmermann‹
Haßmersheim:	9 ›Heck‹, 9 ›Schmitt‹
Mudau:	10 ›Grimm‹, 8 ›Schäfer‹
Schefflenz:	8 ›Schmitt‹, 7 ›Wetterauer‹
Sulzfeld:	9 ›Kern‹, 10 ›Maier‹ + 9 ›Mayer‹, 10 ›Pfefferle‹
Völkersbach/	
Malsch:	11 ›Daum‹, 24 ›Ochs‹

Während der Name ›Schmitt‹ in drei Ortschaften zu den häufig belegten zählt, sind alle übrigen Namen jeweils nur an einem Ort gehäuft feststellbar: durch das zahlreiche Vorkommen gerade dieser Namen zeichnet sich die Gemeinde gegenüber allen anderen aus. Man wird in Anbetracht der Kleinräumigkeit der Namenverbreitung nicht von einer Namenlandschaft sprechen können. Auch ein Namenfeld liegt nicht vor; eher handelt es sich um eine in bestimmter Weise besetzte Stelle eines Namenfeldes. So läßt sich die Erscheinung am besten als Namennest* bezeichnen: mitten in einer besonders beschaffenen onomastischen Umgebung findet sich ein Knäuel von Namen eingenistet, die aufs engste zusammengehören. Man wird als Ursache dieser Erscheinung einen Sachverhalt ansprechen dürfen, den Ernst Schwarz als Sippennest bezeichnet hat: die Tatsache, daß unter den Einwohnern einer Ortschaft die Mitglieder einer oder mehrerer Sippen zahlenmäßig herausragen, was natürlich im entsprechend häufigen Vorkommen der Sippennamen seinen Ausdruck findet. Daß ein solches Namennest durchaus als Feld interpretiert werden kann, dessen Gliederung durch je besondere Ruf- und Beinamen erfolgt, leuchtet ein – doch ebenso, daß der Feldbegriff dadurch dermaßen ausgeweitet wird, daß er sich schließlich auf jede Art der räumlichen Gruppierung von Namen anwenden ließe.

5.2.2 Namenfelder

5.2.2.1 Der Unterschied wird deutlich, wenn man sich bestimmte Arten der Namengebung innerhalb einer Familie mit gemeinsamem Familiennamen vor Augen führt. Manche Eltern nennen ihre Kinder mit Rufnamen, die alle den gleichen Anfangsbuchstaben aufweisen (alliterierende Namen wie ›Walter‹, ›Werner‹, ›Winfried‹ oder ›Adolf‹, ›Emil‹, ›Inge‹, ›Olga‹, ›Ulrike‹); anderswo erfolgt die Unterscheidung durch Namen in der Reihenfolge des Alphabets; wieder woanders schließt sich die Namengebung irgendwie thematisch zusammenhängenden Sachverhalten an: Märchen, Opern, Schauspielen, der Historie. Sehr schön illustrieren dies die Namen der Kinder des Studienrats Traugott Nägele in der Komödie ⟨Das Haus in Montevideo⟩ von Curt Goetz: ›Atlanta‹, ›Parsifal‹, ›Wotan‹, ›Fricka‹, ›Freya‹, ›Fafner‹, ›Fasold‹, ›Oktavia‹, ›Nona‹, ›Decimus‹, ›Lohengrin‹ und ›Ultima‹. Mindestens zwei, meist jedoch mehr Namen treten hierbei innerhalb eines geographischen oder familiaren Raumes dadurch zusammen, daß durch die Namengebung die Sachwelt in eine je besonders gestaltete Ordnung* gebracht wird, die der Namengeber unter einem besonderen Aspekt sieht. Auch bei der Beinamengebung kann dies statthaben: wenn beispielsweise, in Breslauer Quellen* des 13. und 14. Jahrhunderts, die Namen *Grorock, Grunrock* und *Rotrock* nebeneinander vorkommen, also eine Art "Pendantbildung" vorliegt. Nirgendwo ist dabei eine bestimmte formale Besonderheit der Bildungsweise im Spiel. Was Namenfelder charakterisiert, ist lediglich, daß "Namen eines 'Namentyps' untereinander in räumlicher Beziehung stehen und diese Beziehung auch den Namengebern oder Namenumformern bewußt ist". Im Falle der eben angeführten Rufnamen ist die gewählte Methode der Namengebung dem Namengeber zweifellos bewußt, stellt er seine Benennungstätigkeit doch offenbar sozusagen unter ein bestimmtes Thema. Wolfgang Fleischer spricht folglich von einem thematischen Namenfeld.* Dem steht das assoziative Namenfeld gegenüber, bei welchem, von einem bestimmten Namen ausgehend, durch Assoziation weitere Namen gefunden werden, die zum Ausgangspunkt der Assoziation zumeist im Verhältnis der Nachahmung oder des Gegensatzes stehen. Am stärksten wirkt sich solche Art der Feldbildung bei den Personennamen im Umkreis der Spott-, Neck- und Schimpfnamen aus: tatsächlich hat Hugo Moser* 1950 den Sachverhalt des Namenfeldes an Ortsnecknamen entwickelt. Zu ›Wasserkröpf‹ als Benennung der Einwohner eines schwäbischen Dorfes kann sich assoziativ ›Salzkröpf‹ und ›Sauerwasserkröpf‹, aber auch ›Hirsebäuch‹ und ›Knollebäuch‹ einstellen.

5.2.2.2 Stärker – und womöglich auch deutlicher faßbar – wirkt sich die Bildung von Namenfeldern in der Örtlichkeitsnamengebung aus. Stadtpläne zeigen, wie ganze Stadtviertel durch die Straßennamengebung* systematisch erschlossen werden, die ein Namenfeld bildet. Der Mannheimer Stadtteil Vogelstang ist ein schönes Beispiel. Er besteht aus Durchgangsstraßen, von denen Stichstraßen abzweigen, an welchen die meisten Wohnblöcke und Einzelhäuser liegen. Die Durchgangsstraßen sind sämtlich als ›Straßen‹ bezeichnet; die Stichstraßen heißen demgegenüber ›Wege‹. Jede Straße ist nach einer ostdeutschen Landschaft benannt (›Pommern‹-, ›Thüringer‹, ›Sachsenstraße‹ usw.); die davon abzweigenden Wege führen ihre Namen nach Städten in den jeweiligen Landschaften (›Pommernstraße‹ mit ›Rügener‹, ›Demminer‹, ›Saßnitzer‹, ›Stralsunder Weg‹; ›Thüringer Straße‹ mit ›Erfurter‹, ›Altenburger‹, ›Suhler Weg‹; ›Sachsenstraße‹ mit ›Wittenberger‹, ›Bernburger‹, ›Dessauer‹, ›Glauchauer Weg‹ usw.). In vielen Städten gibt es ganze Dichter-, Komponisten- oder Malerviertel; auch Politiker, Wissenschaftler, Industrielle spielen bei der Namengebung eine Rolle. Bei den genannten Beispielen handelt es sich augenscheinlich um thematische Namenfelder.

Anders zu interpretieren sind die folgenden Fälle. Der Flurnamenschatz der Gemarkung Stuttgart* enthält als Flurnamen zur Bezeichnung kleinerer Abschnitte der größeren Gewannteile ›Aarnest‹, ›Afternhalde‹ und ›Göbelsberg‹ die Namen ›Pfaffen‹, ›Kautzen‹, ›Burggraf‹, ›Kellin‹, ›Maurer‹, ›Ruck‹, ›Singer‹, ›Finken‹; ›Kirchherr‹, ›Berner‹, ›Teiler‹, ›Eckhart‹, ›Erlacher‹, ›Völlmer‹, ›Schrauten‹, ›Steinbis‹, ›Prügel‹, ›Baumeister‹,

192

›Hasen‹, ›Scheihing‹; ›Gölterlin‹, ›Harder‹. Alle so benannten Flurstücke sind Weingärten. Die Benennungen selbst sind ausschließlich Besitzernamen. Das Beispiel zeigt, daß immer dann, wenn eine Örtlichkeit nicht nach einer charakteristischen Besonderheit benannt werden konnte – etwa, sofern infolge der Vielzahl der auf kleinstem Raum beieinander gelegenen zu benennenden Lokalitäten keine auffallenden unterscheidenden Eigenschaften zu erkennen waren –, die Namengebung auf sekundäre, der Örtlichkeit nicht direkt anhaftende Sachverhalte ausweicht: hier auf Besitzernamen und -bezeichnungen. Der Prozeß der Namengebung verläuft dermaßen einheitlich, daß offenbar, nachdem einmal das Benennungsprinzip wirksam geworden war, keine andere Benennungsmöglichkeit mehr realisiert werden konnte. Die Namen bestärken sich sozusagen gegenseitig, die einzelnen Elemente des Namenfeldes stützen einander. Dies genau ist die eigentliche Funktion des wissenschaftlichen Konstrukts "Namenfeld": es ermöglicht, Namen, die als Einzelnamen schwer zu verstehen sind, als assoziativ oder durch thematisch ähnliche Beziehungen zu bestehenden Namen der Umgebung gebunden gebildete Benennungen zu interpretieren.

Eine Karte* verdeutlicht die Konsequenzen einer solchen Betrachtungsweise. Daß die ›Rütte‹ (‹ mhd. *riute*) genannten Rodungen als ›alte‹, ›neue‹ und ›mittlere‹ aufeinander bezogen wurden, läßt sich in Anbetracht der Entfernung zwischen den Lokalitäten nur als Auswirkung des in der Karte verzeichneten Namenfeldes erklären. Da die Großfluren ›Ober‹- und ›Unterberg‹ als zusammengehörig empfunden wurden, konnte man auch die darin angelegten Rodungen miteinander in Verbindung bringen und entsprechend benennen. Da in derselben Gemarkung (Wyhlen und Grenzach) weitere aufeinander bezogene Namen auftreten (›Unteres‹/ ›Oberes Feld‹, ›Unterer‹-/›Oberer Berg‹, ›Unterer‹/›Oberer Baumgarten‹), verstärkt sich der Feldcharakter natürlich erheblich. Wichtig ist die Einsicht, daß die Benennung der einen Flur ohne die Benennung der anderen nicht vollzogen werden kann.

5.2.2.3 Dies gilt insbesondere für Gegenbildungen* wie ›Sommer‹- und ›Winterhalde‹, ›Bosengröba‹ und ›Gutengröba‹ oder ›Nord‹-, ›Sond‹- und ›Ostheim‹ und dergleichen. Es gilt indessen auch für jede Art der Namengebung, die sich zur Bezeichnung einer Lokalität der Benennung einer in der Nähe gelegenen Örtlichkeit bedient und den neu zu benennenden Ort nach seiner Lage dazu bestimmt. Auch so bilden sich Namenfelder wie etwa dieses aus St. Johann/Saarbrücken*, wo die Bergnamen ›Stromberg‹ und ›Halberg‹ den benachbarten Brunnen und Wiesen zum Namen verhalfen: ›Strummersbrunnen‹ bzw. -›wiese‹ (‹ ›Strombergsbrunnen‹, -›wiese‹) und ›Hellmerswald‹ bzw. -›wiese‹ (‹ ›Ha/elbergswald‹, -›wiese‹). Gerade dieses Benennungsverfahren ist bei der Bildung von Mikrotoponymen sehr häufig wirksam; es ist für die Unterscheidung von Flurnamen und Flurbezeichnungen* verantwortlich. Flurbezeichnungen sind stets abgeleitete, sekundäre Örtlichkeitsnamen, die einen selbständigen Flurnamen voraussetzen: der Flurname ›Galgenberg‹ ergibt die Flurbezeichnungen ›am Galgenberg‹, ›obig dem Galgenberg‹, ›vor dem Galgenberg‹, ›hinter dem Galgenberg‹, ›untig dem Galgenberg‹, ›bei dem Galgenberg‹ usw. Von dergleichen vermittels Präpositionen gebildeten Flurbezeichnungen sind die sogenannten präpositionalen Flurnamen* zu unterscheiden: Stellenbezeichnungen, die, vor allem mit Hilfe der Präpositionen ›in‹ und ›auf‹ gebildet, die Lage eines bestimmten Flurstückes innerhalb einer benannten Flur verdeutlichen wollen, sofern diese in mehrere, aus irgendwelchen Gründen zu unterscheidende Abschnitte zerfällt: ›das Bergstück‹ (Flurname), aber ein Acker ›im Bergstück‹ – der Flurname tritt mithin in zwei Varianten auf (man könnte von Allonymen sprechen), die durchaus dieselbe Örtlichkeit bezeichnen; ihr Unterschied ist zweifelsfrei ein bloß funktionaler. Sehr leicht führt die Verwendung präpositionaler Flurnamen zur Herausbildung echter Flurnamen mit einem Örtlichkeitsnamen als Bestimmungswort: aus der zum Flurnamen ›Goldberg‹ gebildeten funktionalen Variante "Wiese ›auf dem Goldberg‹" (präpositionaler Flurname) entwickelt sich der Flurname ›die Goldbergwiese‹.

Wenn man früher die Meinung vertreten hatte, die Fähigkeit zur Bildung von Flurnamen lasse im Laufe der Zeit nach, so daß schließlich nur noch Flurbezeichnungen zustande kommen könnten, dann hat die Untersuchung der "schöpferischen Produktivität"* gezeigt, daß diese Interpretation nicht richtig war. Zu allen Zeiten ist der Mensch als Namengeber, zumindest potentiell, in der Lage, Örtlichkeiten durch Flurnamen wie durch Flurbezeichnungen zu benennen. Ein qualitativer Unterschied zwischen Flurnamen als primären und Flurbezeichnungen als sekundären, chronologisch späteren Produkten des Namengebungsakts besteht nicht. Der Benennungsprozeß richtet sich vielmehr nach den Anforderungen, die der fortschreitende Ausbau des Namenraums an den Namengeber stellt, und dieser Ausbau wiederum hängt völlig von den praktischen Interessen der Benutzer und Nutzer des jeweiligen Raumes ab. "Flurnamengebung ist Feldgliederung"* – benannt wird immer nur das, was aus pragmatischen Gründen gerade ins Blickfeld des Namengebers rückt und der Benennung bedarf.

5.2.3 Namenlandschaften

Die Namenlandschaft tritt damit erneut ins Zentrum des namenkundlichen Interesses, allerdings in einem anderen Sinne als dem oben (S. 183 f.) besprochenen. Will man die Prinzipien der Örtlichkeitsnamengebung erkennen, so ist es nötig, sich den Prozeß der Besitzergreifung einer Landschaft durch den siedelnden Menschen vor Augen zu halten. Wasserläufe, Gebirgszüge oder einzelne Erhebungen, die die Landschaft auf natürliche Weise gliedern, bieten sich der sofortigen Benennung an, desgleichen die Siedlung und ihre Bestandteile selbst. Damit sind wichtige Orientierungspunkte festgelegt, auf die bezogen allmählich die Benennung anderer, erst später vom Interesse der Siedler erfaßter Geländeteile erfolgen kann. Auf solche Weise wird der Raum gegliedert, werden seine Elemente (Gelände- und Flurteile) ausgerichtet und geordnet. Die Gliederung beginnt stets beim Wichtigen, Charakteristischen, Nächstliegenden und schreitet zum Unbedeutenden, Unbestimmten, Entfernten fort. Trotz seiner Lage am äußersten Ende der Gemarkung Kippenheim* erhielt der ›Galgenberg‹ schon früh einen Namen, der verdeutlicht, was den Hügel zum Interessenmittelpunkt der Dorfgemeinschaft machen mußte. Gegebenheiten, die erst später ins Bewußtsein rückten, etwa die Quelle am Fuße des Galgenbergs oder deren Ablaufrinne (beide ohne besondere Bedeutung für die Flurbewirtschaftung), wurden lediglich nach ihrer Lage in bezug zum wirklich wichtigen benachbarten (und schon benannten) Geländeteil gekennzeichnet: ›Galgen(berg)brunnen‹, ›Galgenbergwasserruns‹. Für die Art der Benennung ist allein die Stärke des Interesses auf Seiten des Namengebers bzw. der Grad der Wichtigkeit auf Seiten der Lokalität ausschlaggebend. Noch ein Beispiel aus dem Saarbrücker Gemarkungsraum* soll den Ablauf der Namengebung verdeutlichen. Ein von der Siedlung weit abgelegener Wasserlauf am Fuße eines Hügels rückt in den Gesichtskreis der Dorfgemeinschaft erst im 18. Jahrhundert, als an jener Stelle zur Ausnutzung der Wasserkraft eine Ölmühle errichtet wird. Nach dieser für die bäuerliche Wirtschaft bedeutsamen Anlage erfolgt nunmehr auch die Benennung des benachbarten Geländes: es erscheint ein ›Ohlig(mühlen)bach‹, daneben der ›Ohlig(mühlen)kopf‹. Was die Namengebung steuert, sind mithin nur innerhalb sehr enger Grenzen linguistisch-onomastische Gesetzmäßigkeiten. In der Hauptsache verfährt die Benennung nach pragmatischen Bedingungen und richtet sich nach den je besonderen Voraussetzungen historischer, politischer, sozialer und ökonomischer Natur. Den Zusammenhang von Landschaft, ihrer Erkundung und Nutzung sowie sie erkundenden und nutzenden Menschen darzustellen, ist Aufgabe einer bisher noch nicht existierenden Namenlandschaftskunde.*

5.3 Hinweise zu Kapitel 5

5.1.1

S. 182 Siehe dazu etwa Walther Mitzka: Stammesgeschichte und althochdeutsche Dialektgeographie. In: WW 2, 1951/52, S. 65–72; Hugo Moser: Stamm und Mundart. In: ZfMaF 20, 1952, S. 129–145 = Kleine Schriften 1, S. 225–240; ders.: Sprachgrenzen und ihre Ursachen. In: ZfMaF 22, 1954, S. 87–111 = Kleine Schriften 1, S. 252–274; Theodor Frings: Stamm, Territorium, Sprache im Spiegel neuerer Forschung. In: ders.: Sprache und Geschichte 1, Halle 1956 (= Mitteldeutsche Studien 16), S. 73–103; Gerhard Hard: Zur Mundartgeographie. Ergebnisse, Methoden, Perspektiven. Düsseldorf 1966 (= WW, Beihefte 17); Walther Mitzka: Stämme und Landschaften in der deutschen Wortgeographie. In: Friedrich Maurer/Heinz Rupp (Hrsg.): Deutsche Wortgeschichte. Bd. 2, Berlin [3]1974 (= Grundriß der germanischen Philologie 17/2), S. 529–645.

Siehe die Karte des Rheinischen Fächers bei Theodor Frings: Grundlegung einer Geschichte der deutschen Sprache. Halle [3]1957, S. 68; vgl. damit die Karten Nr. 5–7, ebd., S. 71–73; siehe auch Karte S. 142 Mitte im dtv-Atlas zur deutschen Sprache.

Eine Karte dieses Vorstoßes z. B. im dtv-Atlas zur deutschen Sprache, S. 140 unten rechts.

5.1.2.1

S. 183 Bach 1924 = Studien S. 703–736. Vgl. auch die bei Bach II, § 550 (S. 264) nach Förstemann 1863 (*4.1.2.6), S. 263 aufgeführte Vergleichstabelle von Siedlungsnamentypen um Nordhausen und Stuttgart:

	um Nordhausen	um Stuttgart
-›leben‹	6%	–
-›stadt‹ (-›stedt‹)	5%	–
-›dorf‹	4%	–
-›rode‹	21%	–
-›hausen‹	4%	9%
-›ingen‹ (-›ungen‹)	9%	20%
-›heim‹	–	8%
-›bach‹	–	8%
-›berg‹	–	6%
-›weiler‹	–	4%

Eigene Auswertung der Karten Nr. 650 und 637 des topographischen Kartenwerks 1:100 000, allerdings ohne Ergänzungen durch Wüstungen usw., wie Bach sie 1924 vorgenommen hatte.

5.1.2.2

Die Einteilung der Großräume nach Bach II, § 552–575 (S. 270–310). Zu den Namenräumen vgl. etwa Hans Bahlow: Namenlandschaften. In: BzN 3, 1951/52, S. 92–102 (mit erheblicher Kritik an Bach); Adolf Bach: Familiennamen und Kulturraumforschung. Eine Erwiderung auf BzN 3, 92 ff. In: BzN 3, 1951/52, S. 196–208.

S. 184 Zur Namenübertragung (Migration) vgl. Schwarz II, § 23 (S. 47–52); Bach II, § 638 f. (S. 404–410); Schröder S. 119 f.; Wolfgang Laur: Namenübertragung im Zuge der angelsächsischen Wanderungen. In: BzN 15, 1964, S. 287–297; Johannes A. Huisman: Migration zweier Namenfelder. In: Namenforschung S. 313–329; Wolfgang Kramer: Scheinmigration und 'verdeckte' Migration, aufgezeigt am Beispiel von Namenfeldern in Ostfalen. In: Ndd. Jahrbuch 94, 1971, S. 17–29; Dirk P. Blok: Ortsnamenmigration als wissenschaftliches Problem. In: ebd., S. 7–16. Es können, wie die genannten Arbeiten zeigen, sowohl einzelne Namen "exportiert" (man denke an die zahlreichen ›Heidelberg‹, ›Berlin‹, ›Hamburg‹, ›Han[n]over‹ usw. in Amerika, Südafrika und andernorts) als auch ganze Namenfelder (zum Namenfeld siehe unten S. 191 ff.) übertragen werden, wie etwa im von Huisman, aaO., gebotenen Beispiel, wo die Namenparallelen aus dem Maasgau und aus dem Raume Hameln für sich sprechen (ebd., S. 313–315 mit 2 Karten): ›Afferden‹ – ›Afferde‹, ›Heyen‹ – ›Heyen‹, ›Well‹ – ›Wehle‹, ›Arcen‹ – ›Arzen‹, ›Velden‹ – ›von dem Velde‹, ›Vorst‹ – ›Förste‹, ›Holthuizen‹ – ›Holtensen‹, ›Homberg‹ – ›Homburg‹, ›Groeningen‹ – ›Groningen‹ usw. (insgesamt 19 Entsprechungen).

Zur deutschen Ostsiedelung vgl. etwa Karl-Heinz Quirin: Die deutsche Ostsiedlung im Mittelalter. Göttingen/Frankfurt 1954 (= Quellensammlung zur Kulturgeschichte 2); Hans Walther: Siedlungsentwicklung und Ortsnamengebung östlich der Saale im Zuge der deutschen Ostexpansion und Ostsiedlung. In: Vom Mittelalter zur Neuzeit. Forschungen zur mittelalterlichen Geschichte 1. Berlin 1956, S. 77–89; Klaus Zernack (Hrsg.): Deutsche Ostsiedlung im Mittelalter. Darmstadt 1980 (= Wege der Forschung 581).

5.1.2.3

S. 185 Zu den Zahlenangaben siehe Walter Wenzel: Personennamen des Amtes Schlieben. In: Onomastica Slavogermanica 3, Berlin 1967 (= Abhandlungen der Sächsischen Akademie der Wissenschaften zu Leipzig, Phil.-hist. Klasse 58, 4), S. 41–58, mit zahlreichen Beispiellisten; ebd., S. 52–54 über Indifferenzformen.

Wenn Adolf Bach noch 1954 erklären konnte, "die wissenschaftliche Erforschung ostdt. ON slaw. Herkunft steck[e] nach dem Urteil von Sachkennern noch in den Anfängen" (Bach II, § 503 [S. 209]), so hat insbesondere die onomastische Forschung der DDR seither zu einer erstaunlichen Bereicherung unserer Kenntnisse geführt. Aus der Vielzahl der hochbedeutsamen Arbeiten von DDR-Forschern zur deutsch-slawischen Namengebung können hier nur wenige hervorgehoben werden: Fleischer 6.3.6 (S. 683f.); Eichler 6.5.3.2 (S. 714–718); Namenforschung heute S. 80–87; Ernst Eichler: Aufgaben und Perspektiven der Namenforschung in der Deutschen Demokratischen Republik. In: Der Name in Sprache und Gesellschaft S. 7–12; ders.: Sprachkontakte im Lichte der Onomastik. In: Linguistische Studien, Reihe A: Arbeitsberichte 30, 1976, S. 9–21 = Onoma 20, 1976, S. 128–141; ders.: Der slawische Anteil am deutschen Ortsnamenschatz. Zur toponymischen Integration. In: Onomastica Slavogermanica 11, Berlin 1976 (= Abhandlungen der Sächsischen Akademie der Wissenschaften zu Leipzig, Phil-hist. Klasse 66, 3), S. 7–15. Über die Probleme unterrichtet an Hand vieler Beispiele eindrucksvoll Eichler 1962, S. 473–498. Zur allgemeinen Information über Slawen und Deutsche kann dienen Joachim Herrmann (Hrsg.): Die Slawen in Deutschland. Geschichte und Kultur der slawischen Stämme westlich von Oder und Neiße vom 6. bis 12. Jahrhundert. Ein Handbuch. Berlin ³1974. Zur Bibliographie siehe Karlheinz Hengst: Aufgaben und Ergebnisse der Onomastik in der Deutschen Demokratischen Republik. In: RIO 25, 1973, S. 271–282; Inge Bily: Beiträge zur Bibliographie der Namenforschung in der DDR. Leipzig 1979 (= NI, Beihefte 1).

Zur Klassifikation siehe Olga Ripećka: Klassifikationsprinzipien der deutschen Toponyme slawischer Herkunft. In: Onomastica Slavogermanica 1, Berlin 1965 (= Abhandlungen der Sächsischen Akademie der Wissenschaften zu Leipzig, Phil.-hist. Klasse 58, 1), S. 23–28.

Zum Überwiegen von mit Suffixen gebildeten Toponymen im Slawischen siehe etwa Bach II, § 509 (S. 213f.). Siehe weiterhin Johannes Schultheis: Zu den Ortsnamen auf -itzsch/-itsch. In: Leipziger Namenkundliche Beiträge 2, Berlin 1968 (= Berichte über die Verhandlungen der Sächsischen Akademie der Wissenschaften zu Leipzig, Phil.-hist. Klasse 113, 4), S. 29–39; Karlheinz Hengst: Zur Typologie der Lehnnamen im Deutschen. Dargestellt am Beispiel der altsorbischen Toponymie. In: Der Name in Sprache und Gesellschaft S. 80–88.

S. 186 Zu den Mischnamen vgl. Hans Naumann: Die 'Mischnamen'. In: Materialien zum Slawischen Onomastischen Atlas. Berlin 1964 (= Sitzungsberichte der Sächsischen Akademie der Wissenschaften zu Leipzig, Phil.-hist. Klasse 108, 6), S. 79–98; Reinhard E. Fischer: Die slawisch-deutschen Mischnamen im altpolabischen Sprachgebiet. In: NI 20, 1972, S. 11–16; Hans Walther: Zur Typologie der sogenannten 'Mischnamen' (onymischen Hybride). In: NI 33, 1978, S. 43–58; Wolfgang Fleischer: Zur Geschichte der deutschen Personennamen in ostmitteldeutschen Ortsnamen. In: Beiträge 99, Halle 1978, S. 216–228.

Die Karte bei Eichler 6.5.3.2 (S. 719); siehe auch die Karte des gesamten Kolonisationsraumes ebd., S. 715. Zum Zusammenleben von Slawen und Deutschen siehe Rudolf Fischer: Slawisch-deutsches Zusammenleben im Lichte der Ortsnamen. In: BzN 6, 1955, S. 26–35.

197

Walther 1965 (*2.4.6), S. 783 nennt als Beispiel für solche Versuche die Arbeiten des mainfränkischen Landeshistorikers Erich Freiherrn von Guttenberg †, u. a. im Historischen Ortsnamenbuch von Bayern, Oberfranken 1: Stadt- und Landkreis Kulmbach, München 1952. Auch auf Walther Steller: Name und Begriff der Wenden (Sclavi). Kiel 1959 (= Mitteilungen der Landsmannschaft Schlesien, Landesgruppe Schleswig-Holstein 15) kann hierbei verwiesen werden. Siehe auch M. Reiser: Die Darstellung der mittelalterlichen bäuerlichen deutschen Siedlung (Kolonisation) im Ostexpansionsraum durch westdeutsche Geschichtsbücher. In: NI 14, 1969, S. 6–10.

Vgl. zu diesem Thema insbesondere Walther 1962 (*2.4.6), S. 313–318; ders. 1965 (*2.4.6), bes. S. 780–784. Zur Leistung der Slawen bei der Urbarmachung siehe Ernst Eichler: Slawische Wald- und Rodungsnamen an Elbe und Saale. In: BzN 9, 1958, S. 286–310.

Das Zitat bei Krahe 1977 (*4.1.2.6), S. 61. Zur zahlenmäßigen Verbreitung slawischer Namen siehe etwa Bach II, § 499 (S. 205). Einen Überblick vermittelt auch Ernst Schwarz: Deutschslawische Namensbeziehungen von der Ostsee bis zur Adria. In: 6. ICOS, Bd. 1, München 1960, S. 29–56.

Die folgenden Beispiele nach Hans Jakob: Wüstungen mit Mischnamen in Ostfranken. In: Onomastica Slavogermanica 1, Berlin 1965 (= Abhandlungen der Sächsischen Akademie der Wissenschaften zu Leipzig, Phil.-hist. Klasse 58, 1), S. 119–126; ders.: Slawisch-deutsch benannte Wehranlagen in Oberfranken. In: Onomastica Slavogermanica 3, Berlin 1967 (= Abhandlungen der Sächsischen Akademie der Wissenschaften zu Leipzig, Phil.-hist. Klasse 58, 4), S. 165–175. Siehe auch Ernst Schwarz: Sprache und Siedlung in Nordostbayern. Nürnberg 1960; Konrad Arneth/Ernst Eichler: Slawische Flurnamen in der ehemaligen Markgrafschaft Bayreuth. In: Jahrbuch für Fränkische Landesforschung 26, 1966, S. 179–198; Otto Kronsteiner: Die slawischen Ortsnamen in Oberösterreich. In: Österreichische Namenforschung 6, 1978, S. 5–34 (mit sehr instruktiven Karten). Das Zitat bei Jakob: Wüstungen, aaO., S. 126.

Zu den ›Winden‹ (›Wenden‹) vgl. Hans Kuhn: Vor- und frühgermanische Ortsnamen in Norddeutschland und den Niederlanden. In: Westfälische Forschungen 12, 1955 = Probleme der Namenforschung S. 298–302.

5.1.2.4
Siehe Bach II, § 481 (S. 154–156) und §554–561 (S. 271–285) sowie die Karte ebd., S. 155; dtv-Atlas zur deutschen Sprache S. 46 oben; Westermanns Atlas zur Weltgeschichte. Hrsg. von Hans-Erich Stier u. a. Braunschweig 1963, Karte 24 I.

Zur Reichsbildung siehe Bach II, § 483–490 (S. 157–184) und § 562–564 (S. 285–291); Westermanns Atlas, aaO., Karten 48 I und II, 49 I und II, 50 und 52 II.

S. 187   Zu Alemannen und Bayern siehe Bach II, § 565–572 (S. 291–305); Wolfgang Müller (Hrsg.): Zur Geschichte der Alemannen. Darmstadt 1975 (= Wege der Forschung 100); Karl Bosl (Hrsg.): Zur Geschichte der Bayern. Darmstadt 1965 (= Wege der Forschung 60).

Vgl. Theodor Frings: Germania Romana. Halle ²1966; Ernst Gamillscheg: Romania Germanica. Sprach- und Siedlungsgeschichte der Germanen auf dem Boden des alten Römerreiches. Bd. 1 Berlin ²1970 (= Grundriß der Germanischen Philologie 11/1).

Zu den Siedlerströmen vgl. Theodor Frings: Grundlegung, aaO., Karte Nr. 41; dtv-Atlas zur deutschen Sprache S. 74 unten. Zu den auf solche Weise zustande gekommenen Örtlichkeitsnamen Curschmann 1972; Bach II, § 573–575 (S. 305–310).

198

Vgl. Hans Walther: Zur frühfeudalen Siedlungsentwicklung und Siedlungs-benennung in den altdeutschen Stammesgebieten. In: Beiträge 99, Halle 1978, S. 229–252; siehe auch ders. 1962 (*2.4.6); ders. 1965 (*2.4.6). Weitere Literatur oben *4.2.1.1.1.

Die folgenden Angaben nach Ernst Christmann: Die Siedlungsnamen der Pfalz. 3: Siedlungsgeschichte der Pfalz an Hand der Siedlungsnamen. Speyer 1958 (= Veröffentlichungen der Pfälzischen Gesellschaft zur Förderung der Wissenschaften 37); siehe bes. die Karten S. 25, 26, 37, 50 und 90. Zum Vergleich können die oben *4.2.1.1.1 genannten Arbeiten herangezogen werden sowie die instruktiven Karten 1 a und b und 5 a und b bei Kronsteiner: Slawische Ortsnamen, aaO.

S. 188 Siehe dazu die Darstellung Bachs (II, § 473–475 [S. 129–146]) der Verhält-nisse in Taunus, Bergischem Land und Dithmarschen. Daß dasselbe auch für den ostdeutschen Kolonisationsraum gilt, zeigen Hans Walther: Ortsnamenchronologie und Besiedlungsgang in der Altlandschaft Daleminze. In: Onomastica Slavogerma-nica 3, Berlin 1967 (= Abhandlungen der Akademie der Wissenschaften zu Leip-zig, Phil.-hist. Klasse 58, 4), S. 99–107, und Ernst Eichler: Die slawische Land-nahme im Elbe/Saale- und Oder-Raum und ihre Widerspiegelung in den Sied-lungs- und Landschaftsnamen. In: Onomastica Slavogermanica 10, Wrocław 1976, S. 67–73.

5.1.2.5
Zur Mundartgeographie sei noch einmal auf Gerhard Hard: Zur Mundartgeogra-phie. Ergebnisse, Methoden, Perspektiven. Düsseldorf 1966 (= WW, Beihefte 17), verwiesen. Zum engen Zusammenhang zwischen Mundarten und Flurnamen siehe oben S. 176f. und etwa W. Schönberger: Flurnamenforschung und Mundartgeo-graphie. In: ZfONF 15, 1939, S. 44; Bernhard Martin: Flurnamen als lebende Relikte für die Mundartgeographie. In: Erbe der Vergangenheit. Festschrift für Karl Helm zum 80. Geburtstag. Tübingen 1951, S. 245–256; Ernst Christmann: Mundart- und Namenforschung Hand in Hand. In: ZfMaF 26, 1958, S. 31–41 = ders.: Flurnamen zwischen Rhein und Saar S. 15–23; Otto Springer: Ortsnamen-kunde und Dialektgeographie. In: The German Quarterly 32, 1959, S. 85–97; Heinrich Wesche: Flurnamen- und Wortgeographie. In: 8. ICOS, Den Haag/Paris 1966, S. 575–577; Naumann 6.6.2.1–4 (S. 720–722); Joachim Donath: Branden-burgische Waldbezeichnungen unter Berücksichtigung ihres Gebrauchs in Orts-und Flurnamen. Zum Verhältnis von Wortgeographie und Namenforschung. In: Beiträge 99, Halle 1978, S. 253–260. Zur Vorsicht mahnt Max Bathe: Zur Pro-blematik der Flurnamengeographie. Die Wulfesdrawe und andere flämische Na-menspuren in Genthin. In: ebd., S. 261–271. – Die Karte des Vorkommens von ›Benden‹ bei Heinrich Dittmaier: Rheinische Flurnamen. Bonn 1963, S. 24 und 25 nach Elisabeth Westphal: Flurnamen und Kulturkreisforschung. In: Rheinische Vierteljahrsblätter 4, 1934, S. 1–53, Karten 1 und 3. Siehe auch Heinrich Ditt-maier: Rheinische Flurnamenstudien. In: Rheinische Vierteljahrsblätter 23, 1958, S. 107–114.

Die saarländischen Beispiele nach Gerhard Bauer: Die Flurnamen der Stadt Saarbrücken. Bonn 1957, Karten 6 und 7, dazu S. 267f. (die Numerierung ist zu korrigieren).

5.1.2.6
S. 189 Die Karten bei Bach I, § 394 (S. 137); Fleischer 6.3.5.4 (S. 681); dtv-Atlas zur deutschen Sprache S. 126 unten links, 192 oben, 193, 196 oben; Walther Mitzka/ Ludwig Erich Schmitt: Deutscher Wortatlas. Bd. 9 Gießen 1959, Karten 1 und 3/4;

siehe ebd. die Karten Nr. 2 ("Klempner"), 5 ("Tischler") und 6 ("Töpfer") sowie L. Ricker: Beiträge zur Wortgeographie der deutschen Handwerkernamen. In: ZfdMa 15, 1920, S. 97–119.

Zu den spätmittelalterlichen Schriftdialekten siehe Werner Besch: Sprachlandschaften und Sprachausgleich im 15. Jahrhundert. Studien zur Erforschung der spätmittelhochdeutschen Schreibdialekte und zur Entstehung der neuhochdeutschen Schriftsprache. München 1967 (= Bibliotheca Germanica 11), bes. S. 104f. (Karte 16); darauf aufbauend dtv-Atlas zur deutschen Sprache S. 96f.

Siehe dazu oben S. 72 und *2.4.3.3, insbesondere Hans Moser: Zur Kanzlei Kaiser Maximilians I.: Graphematik eines Schreibusus. In: Beiträge 99, Halle 1978, S. 32–56; ders.: Die Kanzlei Kaiser Maximilians I. Graphematik eines Schreibusus. 2 Teile Innsbruck 1977 (= Innsbrucker Beiträge zur Kulturwissenschaft, Germanistische Reihe 5/I und II). Eine orientierende Übersicht über die Besonderheiten der verschiedenen Kanzleitraditionen bietet Wolfgang Jungandreas: Geschichte der deutschen und englischen Sprache. 2: Geschichte der deutschen Sprache. Göttingen 1947, S. 53f. Vgl. auch Erwin Arndt: Luthers deutsches Sprachschaffen. Ein Kapitel aus der Vorgeschichte der deutschen Nationalsprache und ihrer Ausdrucksformen. Berlin 1962 (= Wissenschaftliche Taschenbücher 3 Sprachwissenschaft), S. 92–182.

S. 190 Zur Unterscheidung der Konfessionen in der Namengebung vgl. oben S. 144.

Zur Bedeutung der Dynastien für die Namengebung vgl. oben S. 144 und unten S. 204.

Siehe oben S. 110 sowie Adolf Bach: Familiennamen und Kulturkreisforschung. In: Rheinische Vierteljahrsblätter 5, 1935, S. 324–329 = Studien S. 778–782; Bach I, § 422f. (S. 171–180); Fleischer 6.3.2.5 (S. 670f.) und die Karte S. 670; dtv-Atlas zur deutschen Sprache S. 126; Debus 1968, S. 44.

5.2.1

S. 191 Zu Namennest und Namenlandschaft vgl. etwa Horst Grünert: Die altenburgischen Personennamen. Ein Beitrag zur mitteldeutschen Namenforschung. Tübingen 1958 (= Mitteldeutsche Forschungen 12); Fleischer 1962, S. 323 (ebd. der Terminus: "von 'Namennestern' sollte bei der Häufung eines bestimmten Familiennamens in einem Ort oder einer Landschaft gesprochen werden"); Klaas Heeroma: Die friesischen Familiennamen auf -a. In: Namenforschung S. 178–183; Debus 1968, S. 39. Siehe auch Ernst Pulgram: Historisch-soziologische Betrachtung des modernen Familiennamens. In: BzN 2, 1950/51, S. 132–165, bes. S. 136 Anm. 13: in Hunzbach im Elsaß hießen (etwa um 1900) fast alle Einwohner ›Nieß‹ oder ›Esch‹, wobei auch die Vornamen fast sämtlich ›Georg‹ oder ›Michael‹ lauteten: ein typisches Sippennest, das sich in der Form eines Namennestes manifestiert. Zum Sippennest siehe Schwarz I, § 114 (S. 189f.).

5.2.2.1

Dies erinnert an den oben S. 26 besprochenen *ordo rerum* im Sinne Karl Bühlers, der sich nach Meinung der inhaltbezogenen Sprachforschung im Wortfeld als der lexikalischen Ausgestaltung eines bestimmten Ausschnitts der sprachlichen Zwischenwelt darstellt: siehe etwa Werner Bahner: Grundzüge der Feldtheorie von Jost Trier. Eine kritische Analyse. In: WZKMUL 11, 1962, S. 593–598; Lothar Schmidt (Hrsg.): Wortfeldforschung. Zur Geschichte und Theorie des sprachlichen Feldes. Darmstadt 1973 (= Wege der Forschung 250); Helmut Gipper: Sprachwissenschaftliche Grundbegriffe und Forschungsrichtungen. Orientierungshilfen für Lehrende und Lernende. München 1978 (= Lehrgebiet Sprache 1),

200

S. 182–207; einen knappen Überblick über die Entwicklung des Feldbegriffs bietet auch Fleischer 1962, S. 319 f.

S. 192 Die Breslauer Beispiele bei H. Reichert: Die deutschen Familiennamen nach Breslauer Quellen des 13. und 14. Jahrhunderts. Breslau 1908, S. 126 f.; siehe auch Bach I, § 216, 4 (S. 240); Fleischer 1962, S. 322.

Zum Namenfeld siehe etwa Wilhelm Kaspers: Sinngruppen rheinischer Ortsnamen. In: ZfdA 82, 1948/50, S. 1–32; W. Müller: Das Flurnamenbündel, ein Beitrag zur Methodik der Flurnamenforschung. In: Schwäbische Heimat 2, 1951, S. 201–215; Bruno Boesch: Gruppenbildung in altalemannischen Ortsnamen. In: BzN 3, 1951/52, S. 256–286; Moser 1957; Heinrich Wesche: Sinngruppen. In: BzN 8, 1957, S. 180–182; W. Müller: Das Namenbündel als volkssprachliche Erscheinung. Seine Bedeutung für Namenforschung, Volkskunde und Geschichte. Phil. Diss. Tübingen 1959 (masch.-schriftl.); Karl Puchner: Gruppenbildung von Ortsnamen mittels Personennamen. In: Name und Geschichte S. 267–269. Zum thematischen bzw. assoziativen Namenfeld siehe Fleischer 1962, S. 323. Zum Namenfeld im Umkreis der Anthroponyme vgl. Fleischer 1968 (*3.4), S. 162–164.

Hugo Moser: Schwäbischer Volkshumor. Stuttgart 1950; ders.: Ortsübernamen. In: BzN 2, 1950/51, S. 301–318 und 3, 1951/52, S. 36–69 = Kleine Schriften 1, S. 363–397; H. Rosenkranz: Ortsnecknamen und Einwohnernamen im Thüringischen. In: Deutsches Jahrbuch für Volkskunde 14, 1968, S. 56–83.

5.2.2.2

Siehe unten *6.1.3.2 und Johannes Schultheis/Hans Walther: Kritisches zur Straßennamengebung in Westdeutschland. In: Informationen 11, 1968, S. 7–9.

Das Material bei Helmut Dölker: Die Flurnamen der Stadt Stuttgart in ihrer sprachlichen und siedlungsgeschichtlichen Bedeutung. Stuttgart 1933 (= Tübinger Germanistische Arbeiten 16); dazu Bauer 1965, S. 249–255.

S. 193 Die Karte bei Bauer 1965, S. 261. Zahlreiches Material enthält auch Fischer 1967, bes. S. 581–661.

5.2.2.3

Zu den Gegenbildungen (antithetischen oder antonymen Namen) vgl. Fleischer 1962, S. 324 f. Bach II, § 283 (S. 249 f.), spricht von ''Gegenstücksbildungen'' und zählt dazu (ebd., § 404 [S. 434–439]) alle Formen der Differenzierung.

Das Beispiel aus Saarbrücken/St. Johann bei Bauer 1965, S. 262; vgl. dazu Fleischer 1962, S. 325.

Zur Unterscheidung von Flurnamen und Flurbezeichnungen vgl. etwa Bauer: Flurnamen der Stadt Saarbrücken, aaO., S. 356–363; Bauer 1959 (*2.4.6), S. 63–65; Fischer 1967, S. 74–78; Naumann 6.6.3.4 (S. 724); ders. 1972 (*1.3.5), S. 18–21.

S. 194 Zu den präpositionalen Flurnamen vgl. Bauer: Flurnamen der Stadt Saarbrücken, aaO., S. 358–361; ders. 1959 (*2.4.6), S. 63 f.; Fleischer 1962, S. 325; Fischer 1967, S. 74–78.

Zur schöpferischen Produktivität vgl. Bauer 1959 (*2.4.6); Gerhardt 1949/50 (*1.2.7), S. 18: ''jede Namengebung ist 'Urnamengebung' ''; Pulgram 1954 (*1.2.7), S. 162: ''the process of naming and nameforming never stops''; ebd., S. 163 Anm. 43: ''the reason for [...] nonexistence or oblivion of surnames lies obviously in the lack of social necessity for them'' (von mir gesperrt); Horst Naumann: Zur Entwicklung der Mikrotoponymie in der sozialistischen Landwirtschaft der DDR. In: Linguistische Studien, Reihe A: Arbeitsberichte 30, 1976, S. 110–116, bes. S. 116: "die Bewahrung des Altüberlieferten [...] ist ebenso wie die Schaffung neuer Benennungen von den konkreten Gegebenheiten und den Erfordernissen der Orientierung abhängig"; Sven Benson: Namengeber und Namengebung. In: Onoma 21, 1977, S. 122–126. Interessantes Material zur Produktivität heute enthält Lars Huldén: Die Ortsnamen der Kinder. In: Onoma 21, 1977, S. 474–482.

Zur Feldgliederung vgl. Bauer 1959 (*2.4.6), S. 68–72; ders. 1965, das Zitat ebd., S. 251; Fischer 1967, S. 662–710; siehe auch Fleischer 1962, S. 325.

5.2.3

S. 195 Das Beispiel nach Wolfgang Kleiber: Die Flurnamen von Kippenheim und Kippenheimweiler. Ein Beitrag zur Namenkunde und Sprachgeschichte am Oberrhein. Freiburg 1957 (= Forschungen zur oberrheinischen Landesgeschichte 6) bei Bauer 1959 (*2.4.6), S. 69f., aufgenommen von Fleischer 1962, S. 325.

Das Beispiel aus Saarbrücken bei Bauer 1959 (*2.4.6), S. 70f.

Ein schönes Beispiel für die gliedernde Wirkung der Örtlichkeitsnamengebung nach pragmatischen Gesichtspunkten und Erfordernissen ist Eduard Huber: Die Landschaft im Spiegel einer Wortgruppe. Der Gebrauch zusammengesetzter Raumadverbien – vor allem bei Ortsnamen – in einer oberschwäbischen Mundart und in der Schrift- und Umgangssprache. Phil. Diss. München 1968. Siehe jedoch insbesondere Fischer 1967, wo an einer Vielzahl von Beispielen erläutert wird, wie die Namengebung in fortschreitendem Zugriff die räumliche Erschließung der Landschaft leistet und dabei Namenfelder erzeugt; vgl. bes. S. 662–710 und S. 711–721 (Überlegungen zum methodischen Prinzip des Namenfeldes und seiner Anwendungsmöglichkeiten).

5.4 Literatur zu Kapitel 5

**Bach I und II.

**Adolf Bach (1924): Deutsche Siedlungsnamen in genetisch-wortgeographischer Betrachtung. In: Wilhelm Horn (Hrsg.): Beiträge zur germanischen Sprachwissenschaft. Festschrift für Otto Behaghel. Heidelberg (= Germanische Bibliothek. 2. Abteilung: Untersuchungen und Texte 15), S. 233–279 = Studien S. 703–736.

Gerhard Bauer (1965): Flurnamengebung als Feldgliederung. Ein kritischer Beitrag zur Methode der Flurnamenstatistik. In: Namenforschung S. 245–263.

Fritz Curschmann (1972): Die deutschen Ortsnamen im Nordostdeutschen Kolonialgebiet. Walluf bei Wiesbaden (ND Stuttgart 1910) (= Forschungen zur deutschen Landes- und Volkskunde 2).

Friedhelm Debus (1968): Soziologische Namengeographie. Zur sprachgeographisch-soziologischen Betrachtung der Nomina propria. In: Walther Mitzka (Hrsg.): Wortgeographie und Gesellschaft. Berlin, S. 28–48.

*Eichler 6.5.3.2 (S. 714–718).

**Ernst Eichler (1962): Probleme der Analyse slawischer Ortsnamen in Deutschland. In: 7. ICOS, Bd. 1, Florenz, S. 473–498.

**Helmut Peter Fischer (1967): Die sprachliche Erschließung der Landschaft. Dargestellt an den Flurnamen der Gemarkungen Blankenberg, Bülgenauel, Uckerath und Adscheid (Siegkreis). Phil. Diss. Bonn.

*Wolfgang Fleischer (1962): Zur Frage der Namenfelder. In: WZKMUL 11, S. 319–326.
*Hugo Moser (1957): Namenfelder. In: DU 9, Heft 5, S. 51–72 = Kleine Schriften 1, S. 434–455.
*Namenforschung heute S. 80–87.
Walther (1962): siehe *2.4.6.
Ders. (1965): siehe *2.4.6.
Will (1931): siehe *2.4.6.

6 Diastratische Aspekte der Namengebung und des Namengebrauchs

6.1 Soziale Schichten und Namen

6.1.1 Diastratische Bewegungen im Namenschatz der Anthroponyme

An vielen Stellen dieses Buches ist die enge Beziehung angesprochen worden, die zwischen Namen und den gesellschaftlichen Verhältnissen der Namengeber besteht. Wenngleich aus Gründen der Systematik bisher die zeitliche Entwicklung und die räumliche Erstreckung von Namen zur Sprache gekommen sind, dürfte doch deutlich geworden sein, daß sowohl hinter der Chronologie als auch hinter der Topologie von Eigennamen soziale Schichtungen eine Rolle spielen, deren Einfluß auf die Namengebung nicht zu unterschätzen ist. Zunächst soll daher die Frage behandelt werden, wie sich gesellschaftliche Verhältnisse in Personennamen spiegeln.

Auch an ihnen läßt sich die Wirksamkeit eines onomastischen Prinzips erweisen, das Ernst Pulgram das "onomastische Wettrennen"* genannt hat. Gemeint ist damit die Ausbreitung von Namenneuerungen und -moden von oben nach unten: die vom Adel benutzten Namen tauchen im städtischen Patriziat auf, gehen von diesem auf die breite Schicht der Stadtbürger über und strahlen von dort ins Land aus. Sowie die ursprünglich oberschichtlichen Namen unten angelangt sind, strebt die Oberschicht erneut nach einer onomastischen Differenzierung, da sie sich auch in der Namengebung von der Unterschicht abheben will. Friedhelm Debus hat die Auswirkungen dieses Prinzips in drei Bereichen aufgezeigt:

1) Im dynastisch-politischen Bereich: eine lange Reihe noch heute geläufiger Rufnamen (›Heinrich‹, ›Friedrich‹, ›Konrad‹, ›Ludwig‹, ›Otto‹; ›Adelheid‹, ›Margarete‹) geht auf Namenvorbilder deutscher Herrscherhäuser zurück: ›Heinrich der Vogler‹, ›Heinrich der Löwe‹, ›Friedrich Barbarossa‹, ›Friedrich II.‹, ›Konrad I.‹, ›II.‹, ›III.‹, ›Ludwig der Fromme‹, ›Ludwig der Deutsche‹, ›Otto der Große‹ usw. Die landesfürstlich-dynastische Rufnamengebung sinkt allmählich in die unteren Schichten ab, wo in Bayern ›Rup(p)recht‹, ›Luitpold‹, in Österreich ›Franz‹, ›Joseph‹, in Sachsen ›August‹, ›Friedrich‹, in Hessen-Darmstadt ›Ludwig‹, ›Philipp‹, in Nassau ›Adolf‹, in Nassau-Saarbrücken ›Wilhelm‹, ›Heinrich‹ auch als Namen einfacher Leute üblich werden. Bestimmte dynastische Namen konnten allerdings erst breitenwirksam werden, nachdem ein Heiliger gleichen Namens vorhanden war*: ›Karl‹ seit dem 4. November 1610 (›Karl Borromäus‹), ›Elisabeth‹ seit 1235 (›Elisabeth von Thüringen‹).

2) Im religiös-kirchlichen Bereich: nicht so sehr der Adel, als das standesbewußte Bürgertum benutzt schon früh christliche Heiligennamen zur Rufnamengebung, die von der Stadt sodann aufs Land ausstrahlen. Der Name ›Johannes‹ steht dabei an der Spitze. ›Maria‹ taucht als weiblicher

Rufname (trotz der gesteigerten Marienverehrung* des Mittelalters und im Gegensatz etwa zu Nordfrankreich, wo um 1300 *Maroie* der weitaus häufigste Frauenname ist) früh nur gelegentlich auf und wird erst vom 16. Jahrhundert an populär, so daß im 18./19. Jahrhundert sogar Männer damit benannt werden können (›Rainer Maria Rilke‹). Die regional verehrten Heiligen kommen hinzu: ›Servatius‹ aus Maastricht, ›Severin‹ und ›Gereon‹ aus Köln, ›Maximin‹ aus Trier. Während zahlreiche Heiligennamen durch die Reformation verdrängt wurden, hat sich interessanterweise der Name der Heiligen ›Elisabeth‹ auch im protestantischen Raum erhalten können.

3) Im literarischen Bereich: der Ritterstand, aber auch bürgerliche Kreise wählen im Mittelalter gelegentlich Namen, die bestimmten Dichtungen* entnommen sind. In Mittel- und Niederdeutschland hat Ernst Kegel vom 12. bis ins 15./16. Jahrhundert hinein 35 ›Artus‹, 90 ›Iwan‹ (= ›Iwein‹), 28 ›Parzival‹ und 19 ›Tristram‹ nachgewiesen, die offensichtlich sämtlich dem Umkreis der höfischen Artusromanliteratur entstammen. Das Bildungsbürgertum bevorzugt Namen wie ›Wolfgang‹, ›Hermann‹, ›Dorothea‹, ›Gretchen‹, ›Lotte‹ (im Anschluß an Goethe) oder ›Minna‹, ›Emilie‹ (Lessing) und ›Selma‹, ›Oskar‹, ›Malvine‹ (im Zuge seiner Begeisterung für Ossian). Daß sie alle allmählich auch in der unterschichtlichen Namengebung auftreten, entspricht dem genannten Prinzip. Da indessen nur wenig Einzeluntersuchungen vorliegen, aus denen sich erfahren ließe, wie bald nach dem Erscheinen der als Muster dienenden literarischen Werke die Namen der Helden Verbreitung finden, lassen sich genauere Aussagen hierzu derzeit nicht machen.

6.1.1.1 Besonders ergiebig für die sozialgeschichtliche Auswertung sind die Familiennamen. Da eine große Zahl derselben als Berufsnamen zu gelten haben, ist es möglich, aus den Namen heraus die berufsständische Schichtung* eines Ortes zu erkennen. Sehr gut lassen sich die Veränderungen der Wirtschafts- und Gesellschaftsstruktur am Wandel der Namengebung ablesen. Berufe wie ›Obser‹ (Obsthändler), ›Mä(h)der‹ (Mäher), ›Taubner‹/›Täubler‹ (Taubenhändler), ›Zeidler‹ (Waldbienenzüchter), ›Öhler‹/›Ehler‹ (Ölmüller), ›Felgenhauer‹ (Felgenmacher), ›Miltner‹ (Muldenmacher), ›Schindler‹ (Schindelmacher), ›Löffler‹ (Löffelmacher), ›Nonnenmacher‹ (Schweinekastrator), ›Pauker‹/›Peukert‹ (Paukenschläger) usw. sind mit dem Mittelalter ausgestorben. Wenn jedoch Fritz Tschirch aufgrund der Verbreitung solcher Namen im Vergleich mit dem heutigen Vorkommen der entsprechenden Appellative den Schluß zieht, das häufige Vorkommen dieser Wörter in Namen markiere ein früher offenkundig größeres Verbreitungsgebiet, so ist dem entgegenzuhalten, daß wenigstens durch die bis ins 19. Jahrhundert hinein übliche Wanderschaft der Handwerksgesellen die ursprüngliche Appellativ- bzw. Namenverteilung sich erheblich verschoben haben dürfte.

Auch Familiennamen aus Herkunftsbezeichnungen lassen sich sozialgeschichtlich auswerten. Noch um 1930 zeigen die Herkunftsnamen der Städte Berlin, Hamburg, Köln, Karlsruhe, Stuttgart, München und Wien vornehmlich Ortsnamen der näheren Umgebung.* Dies stimmt mit den Untersuchungen von Adolf Bach zusammen, der das Verfahren dazu benutzt hat, "das Gebiet [zu] umschreiben, das als das eigentliche Hinterland der Stadt anzusprechen ist". Untersucht man die Herkunftsnamen eines Ortes auf verschiedenen zeitlichen Ebenen, dann erhält man ein Bild der allmählichen Verschiebung von Kulturräumen. Während die Karten des deutschen Sprachatlas, die den Zustand um 1900 zugrunde legen, einen Einfluß Frankfurts am Main in dialektaler Hinsicht nicht haben feststellen können, hat Bach zu zeigen vermocht, daß demgegenüber die Auswertung der Herkunftsnamen für das 12./13. wie für das 14./ 15. Jahrhundert die Stadt Frankfurt als ein Zentrum erkennen läßt, dessen Einfluß bis in die Gegend von Gießen gereicht hat.

6.1.1.2 Der Prozeß der Familiennamenbildung verläuft in den unterschiedlichen sozialen Schichten sehr ungleichmäßig. Isolde Neumann hat dies bei ihren Untersuchungen zur Herausbildung des anthroponymischen Prinzips der Doppelnamigkeit an den Namen der Stadt Oschatz zeigen können*. Zunächst bezeugen die Quellen, daß bis ins 16. Jahrhundert hinein die Nennung von Knechten und Mägden, Knappen und Gesellen, von Besitzlosen also, in der Regel nicht durch Doppelnamen, sondern durch die Angabe des Rufnamens mit dem Hinweis auf den Herrn erfolgte: 1493/94 *Barbara, eyne Mait Baltasar Meyseners*, 1532/33 *Alex, der Knappe bey Wolf Krogk* – nur die Herren tragen Doppelnamen. Dies bedeutet nicht, daß die Besitzlosen damals immer noch nur einen Rufnamen getragen hätten; ein Beleg wie 1487 *Jorge Tilemann, Bartel Francken Knecht,* zeigt, daß Doppelnamen auch für Besitzlose in Gebrauch waren. Allerdings ergibt sich aus den Quellen ein Unterschied im Namengebrauch, der augenscheinlich an soziale Unterschiede geknüpft war. Bestimmte Arten der Doppelnamengebung setzen sich zudem bei der sozial höheren Schicht der Ratsherren und Patrizier bzw. der hausbesitzenden Vollbürger schneller durch als in den anderen Schichten. So ist die Umwandlung der alten Herkunftsbezeichnung (Rufname + von + Siedlungsname) in die Doppelnamenform (Rufname + Familienname = Ortsname) im Falle von Handwerksburschen besonders langsam erfolgt: 1592/93 *Christoff von Bautzen ein Schuheknecht.* Auch bei den Familiennamen aus Übernamen ergibt sich, daß bei Ratspersonen schon im 14. Jahrhundert nur noch die "moderne" Namenform üblich war: 1356 *Johann Herrlich,* 1330 *Thitze Gast,* 1385 *Hanns Steys.* Dagegen hat sich im Falle minderer Personen (Vorstädter, mit Gerichtsstrafen Belegte) die alte Fügung noch lange erhalten: 1482/83 *Cleyne Peter,* 1526/27 *der lange Cristoff,* 1580 *die hinckende Regina.* Es läßt sich mithin feststellen:

> Sowohl für das massenhafte Aufkommen der Familiennamen als auch für ihre Integration in den anthroponymischen Teil des onomastischen Systems waren im wesentlichen gesellschaftliche Faktoren bestimmend, und es konnte deutlich ein verschiedenes Verhalten der einzelnen sozialen Schichten der Bevölkerung dem neuen onomastischen Element gegenüber festgestellt werden.

206

Durchaus vergleichbare Befunde hat für das Althochdeutsche Stefan Sonderegger* zusammengestellt. Beim Durchmustern des Gebrauchs von Vollnamen (Typ: ›Bernhart‹) und Kurzformen (Typ: ›Benno‹) ergeben sich deutliche Unterschiede, wenn man die Namengebung der Freien derjenigen der Unfreien gegenüberstellt. Die Zahlenverhältnisse sprechen für sich: von den überlieferten Vollnamen benennen 45% Freie, 21% Unfreie; demgegenüber tragen Kurzform-Namen 19% Freie und 15% Unfreie. Von den für Freie überlieferten Namen sind andererseits 70% Vollnamen, 30% Kurzformen; unter den Namen für Unfreie beträgt der Anteil der Vollnamen 58, der Kurzformen 42%. Auch hier also spiegeln sich in der Namengebung soziale Unterschiede.

6.1.1.3 Für die Gegenwart* gilt sowohl für Ruf- als auch für Familiennamen, daß diese "infolge ihrer gesetzlich verankerten Vererbbarkeit und damit Erstarrung [...] so gut wie keine Ansatzpunkte (mehr) für eine [...] aktuelle soziolinguistische Betrachtung" liefern. Soziologisch relevant ist allerdings auch in unseren Tagen, daß der Gebrauch der offiziellen Familiennamen auf sehr bestimmte Situationen und womöglich auch Schichten festgelegt ist. Unterscheidet man aufgrund ihres verschiedenen Öffentlichkeitsgrades drei Kommunikationsebenen – die private der Kleingruppe, die des weiteren sozialen Umgangs mit teilweise öffentlichem Interesse und den Bereich des öffentlichen Lebens –, dann ist es insbesondere die unterste Ebene, wo die Kennzeichnung der Person durch den Familiennamen wenig häufig bzw. in ganz besonderem Gebrauch auftritt. Dies hängt mit dem "von unten nach oben abnehmende[n] Expressivitätsgehalt" der auf den verschiedenen Ebenen gesprochenen Sprache zusammen. Auf der Ebene der privaten Kommunikation, wo größtmögliche Expressivität möglich ist, wird der Familienname kaum verwandt: die Familie, die Freundesgruppe gebraucht allein den Vornamen. Unterschiedliche Gruppen verhalten sich jedoch oft unterschiedlich: in Schulklassen etwa reden sich die nicht enger miteinander befreundeten Schüler manchmal mit dem Familiennamen an – ein Brauch, der vielleicht von den Lehrern übernommen wurde ("›Bauer‹, setzen Sie sich!"). Zur eindeutigen Kennzeichnung wird, zumindest in bestimmten Dialekten, der Familienname vor dem Rufnamen gebraucht: ›Kleine Peter‹, ›Bendens Trudel‹ statt ›Peter Klein‹, ›Trudel Benden‹. Auch die Bewohner eines Ortes bilden eine Kleingruppe, so daß sie oft ganz auf die Verwendung der amtlichen Familiennamen verzichten können und sich an deren Statt besonderer Bei- und Übernamen bedienen.* Allenfalls werden zur Unterscheidung mehrerer Familien des gleichen Namens unterscheidende Zusätze angebracht: ›Papier-Richter‹ und ›Zigarren-Richter‹; ›Dr. Schmidt‹ und ›Hosen-Schmidt‹. Auch in städtischen Gemeinden bilden sich in Klein- und Kleinstgruppen (die oft nur eine Familie bzw. deren engsten Bekanntenkreis umfassen) besondere Namengebungsmethoden aus: ein Nachbar heißt z. B. nur ›der Eckschwede‹ – er wohnt an der Ecke und besitzt eine große Werkzeugausstattung, darunter auch eine Schwedenzange, die er einmal ausgeliehen hat; ein anderer wird nur noch ›der

Stänker‹ genannt – er hat einen offenen Kamin eingebaut, durch dessen Abgase die Anwohner sich stark belästigt fühlen. Besonders aufschlußreich ist dergleichen Namengebung und -benutzung in geschlossenen Siedlungen mit hergebrachter Struktur, die sich dem Eindringen des Neuen bislang erfolgreich widersetzen konnten. Auch die Über- (Spott-, Spitz-, Neck-) namen für Lehrer, wie sie unter Schülern nach wie vor üblich sind, bilden eine soziologisch beschreibbare Kategorie. Häufig ist die schulische Herkunft deutlich als semantisches Merkmal der Namen erkennbar, sei es, daß die Lehrer fremdsprachliche Namen erhalten (›Caesar‹, ›Crassus‹, ›Longus‹, ›Lupus‹, ›King‹ etc.), sei es, daß ihre Übernamen auf ihr Unterrichtsfach verweisen (›Sinus‹, ›Methylhans‹, ›Giftzwerg‹ usw.). In derartigen Fällen kann von fach- oder berufsbezogenen Übernamen* gesprochen werden.

6.1.2 Manipulative Namengebung

Ein weites Feld soziologisch interessanter Fakten der Namengebung bilden die Warennamen.* Aus einer Vielzahl von Benennungsprinzipien, die in diesem Rahmen verwandt werden, ragt das Verfahren der Bildung von Repräsentativ-, Prunk- oder Prestigenamen heraus. Automarkennamen wie ›Herald‹ 'Herold', ›Ensign‹ 'Fähnrich' und ›Vanguard‹ 'Vorhut' erhalten "durch ihren Bezug auf das mittelalterliche Rittertum einen romantischen Nimbus", Namen wie ›Vauxhall Viscount‹ (ein englischer Adelstitel), ›Ford Consul‹ und ›Opel Admiral‹ oder ›Kapitän‹ zielen "auf einen gesellschaftlichen Prestigeanspruch". Hier wird im Bereich der kommerzialisierten Namengebung intensiv von der ideologischen Expressivität Gebrauch gemacht, um "falsche Abbilder der objektiven Realität, insbesondere der gesellschaftlichen Wirklichkeit, aufzubauen, auf die sich dann das Verhalten der Menschen orientieren soll". Besonders in der Bundesrepublik (so lautet der ständige Vorwurf der DDR-Onomastik) soll die öffentliche Meinung, auch außerhalb des Bereichs der Warennamen, durch die Verwendung expressivitätsgeladener Namen massiv manipuliert werden, wenn etwa ›Sowjetzone‹, ›Ostzone‹, ›Mitteldeutschland‹ oder ›Pankow‹ statt ›DDR‹, ›Moskau‹ oder der ›Kreml‹ statt ›Staats- und Parteiführung der UdSSR‹ gebraucht werden. Daß dergleichen durch Verwendung besonderer Namen für Staaten, politische Systeme, Völker, Rassen usw. (erinnert sei an durchaus noch geläufige Namen wie ›Kümmeltürken‹, ›Japs‹, ›Pollacken‹ etc.) erfolgen kann und bedauerlicherweise oft genug erfolgt, wird niemand bestreiten wollen. Daß indessen solch "mißbräuchliche Sprachverwendung" prinzipiell "von der ausschließlich wissenschaftlich fundierten Sprachprägung und Sprachverwendung der politischen Agitation und Propaganda in den sozialistischen Ländern" zu trennen sei*, ist eine Behauptung, für die der Nachweis noch erbracht werden muß. Namen wie ›V. Parteitag‹, ›Goldener Stern‹, ›Hammer und Sichel‹, ›Rotes Banner‹, ›Roter Stern‹, ›Seid bereit‹ für landwirtschaftliche Produktionsgenossenschaften der DDR unterliegen als Ausdruck einer besonderen

Ideologie sicherlich pragmatischen Bedingungen, die sich von den in der Bundesrepublik herrschenden erheblich unterscheiden. Daß ihre Bildung sich jedoch durch stärkere wissenschaftliche Fundierung von bundesdeutschen Namen wie ›Geschwister-Scholl-Schule‹, ›Alfred-Delp-Haus‹, ›Carl-Goerdeler-Platz‹, ›Rommel-Kaserne‹ grundsätzlich unterscheide, ist ein Propagandaslogan, der als unbegründet und gewollt manipulativ zurückgewiesen werden muß.

6.1.3 Diastratische Bewegungen im Namenschatz der Toponyme

6.1.3.1 Bei den Toponymen ist der Einfluß bestimmter sozialer Schichten in allen Bereichen erkennbar. Die Siedlungsnamengebung läßt bestimmte Toponyme als Adelsnamen* heraustreten: die Burgennamen auf -›eck‹, -›fels‹ und -›stein‹ (›Landeck‹, ›Scharfeneck‹, ›Randeck‹, ›Trifels‹, ›Hohenfels‹, ›Drachenfels‹, ›Frankenstein‹, ›Falkenstein‹, ›Berwartstein‹), die Adelssitz- und Schloßnamen (›Solitude‹, ›Monrepos‹, ›Sanssouci‹, ›Ludwigslust‹, ›Karlsruhe‹, ›Wilhelmshöhe‹). Häufig haben die Herrschenden ihre Namen zumindest im Volksmund nicht durchsetzen können. Die ›Maxburg‹ bei Hambach in der Pfalz heißt zwar offiziell so, im Volksmund dagegen noch immer ›Kestenburg‹ (= Kastanien). Die Namengeschichte beweist, daß vielfach der Versuch der adligen Namengeber, ihren Namen durchzusetzen, an der Beharrungskraft des volkstümlichen, d. h.: einer sozial niedrigeren Schicht entstammenden Namens gescheitert ist − ›Selzen‹, eine Wüstung östlich Zeitz: 1168 *in Sylezen vel in villa Ernesti* ('Ernstdorf'); ›Büchel‹ im Kreise Sömmerda: 1052/76 *in villa Ruoleichesdorf vel Builo*. Daß Burgennamen im allgemeinen die oberschichtliche Namenform erhalten haben, wird verständlich, wenn man die Systematik der Namengebung berücksichtigt. Die Namen bilden in vielen Fällen Felder, die sich gegenseitig stützen, so im Falle der Burgen ›Baldenstein‹, ›Baldenau‹, ›Baldeneck‹ und ›Baldenelz‹ (sämtlich durch Balduin von Lützelburg erbaut), ›Ludwigstein‹, ›Ludwigseck‹, ›Ludwigsau‹ (erbaut durch Landgraf Ludwig I. von Hessen), ›Sigmundsburg‹, ›Sigmundseck‹, ›Sigmundsstein‹, ›Sigmundskron‹, ›Sigmundsfreud‹, ›Sigmundslust‹, ›Sigmundsruhe‹ (erbaut durch Erzherzog Sigmund von Tirol). Der Einfluß der Heraldik* im Bereich dieser Namen ist groß: in ›Falkenstein‹, ›Greifenstein‹, ›Löwenberg‹ () ›Lemberg‹), ›Lauenburg‹, ›Leonberg‹ stecken im Bestimmungswort die entsprechenden heraldischen Tiere. Dabei konnten, sozusagen durch adelsetymologische Umdeutung*, Namen heraldisch gedeutet werden, die einen völlig anderen Ursprung hatten. Das schwäbische Grafengeschlecht der Helfensteiner etwa erwählte sich den Elefanten (mhd. *helfant*) nach dem dermaßen umgedeuteten Burgnamen ›Helfenstein‹ zum Wappentier, obwohl der Burgname eigentlich als mhd. *zem helfenden stein* zu interpretieren ist.

6.1.3.2 Strenggenommen ist die Mikrotoponymie soziologisch gesehen durchweg eine Angelegenheit der unteren Schichten. Flurnamengebung erfolgte und erfolgt in der Regel nicht von oben, sondern von unten.*

Namengeber sind die Benutzer der Fluren, die Bauern. Dennoch spiegeln die von diesen gegebenen Namen vielfältige soziale Schichtungen. Am deutlichsten wohl in solchen Namen, die als Hinweise auf Besitzverhältnisse verstanden werden müssen. Entweder werden dabei die Besitzer eindeutig bezeichnet: ›Pfaffenholz‹, ›Nonnenacker‹, ›Münchwiese‹, ›Beider Herren Gütlein‹, ›Spitalkiefern‹, ›St. Germansacker‹ (St. Germanus zu Speyer), ›Deutscher Wühl‹ (Deutschorden zu Speyer) usw. Oder es werden die auf den Flurstücken liegenden Lasten und Gerechtsamen angesprochen: ›Zehntfeld‹, -›graben‹, -›stein‹, -›winkel‹; ›Kappenäcker‹ (Kapaune als Abgaben); ›Butterweck‹; ›Kerzenwiese‹ (Wachszins) etc. Auch solche Rechtsverhältnisse, die innerhalb der eigenen Schicht relevant waren, finden in den Namen ihren Niederschlag: ›Schulacker‹, ›Glockenacker‹, ›Pfarrgärten‹, ›Apothekenstück‹, ›Farrenwiese‹, ›Nachtweide‹, ›Allmend-wiesen‹ und dergleichen.

Weniger häufig drückt sich in den Flurnamen die Beurteilung der eigenen Lage aus. Flurnamen wie ›Bettelstieg‹, ›Bettelberg‹, ›Bettelmann‹, ›Bettelmanns Hecke‹ (alle aus dem Eichsfeld) beziehen sich womöglich (zumindest teilweise) auf unfruchtbare Böden, ganz wie die zahlreichen Namen mit ›Hunger‹ (›Hungerberg‹, ›Hungergrund‹, ›Hungerwiese‹) oder ›Kummer‹ (›Kummerberg‹, ›Kummerhöfe‹). Vielfach finden die sozialen Unterschiede ihren Niederschlag in erbitterten Streitereien um kleine und kleinste Besitzansprüche.* Die überall zahlreichen Flurnamen auf ›Hader‹, ›Zank‹, ›Streit‹, ›Krieg‹ usw. (›Haderköpfe‹, ›Haderwiese‹; ›Zankäcker‹, ›Zankbirnen‹, ›Zankholz‹, ›Zankspitze‹, ›Zankwiese‹; ›Streitholz‹, ›Streit-platz‹; ›Kriegsacker‹, ›Kriegsgraben‹, ›Kriegshölzchen‹, ›Kriegswiese‹) sind wahrscheinlich so zu erklären.

Andere Namen lassen sich ungezwungen bestimmten Ständen zuordnen. Bergleute waren offenbar als Namengeber tätig, wo es sich um ›Kupfer-berg‹, ›Bleiberg‹, ›Hermannseifen‹, ›Braunseifen‹ usw. handelt. Fischer und Schiffer benennen Gewässerteile*: ›das Binger Loch‹, ›an der Bank‹, ›das Gewirre‹, ›der Fabian‹, ›die Sieben Jungfrauen‹, ›das Wilde Gefährt‹ (sämtlich bei St. Goar, der Loreley, Caub am Rhein). Stadtbürger und Handwerker sind im Falle vieler Haus- und Straßennamen* als Namen-geber heranzuziehen: ›zum Hahn‹, ›zum Affen‹, ›zum Falken‹, ›zum Hasen‹, ›zur Palmen‹ bzw. ›Ankerschmiedegasse‹, ›Bandschneidergasse‹, ›Gröper-gasse‹, ›Kannegiessergasse‹, ›Schwertfegergasse‹, ›Badergasse‹, ›Bogner-gasse‹ usw.

6.1.3.3 Auch Makrotoponyme unterscheiden sich durchaus im Hinblick auf ihren Gebrauch auf verschiedenen Kommunikationsebenen. Die auf der höchsten Ebene gebräuchlichen Namen haben auch hier den geringsten Expressivitätsgehalt: ›das Ruhrgebiet‹, ›die Nordseeküste‹, ›das Weis-kirchener Tal‹. Dem stehen mit erheblich stärkerem Expressivitätsgehalt die allenfalls auf den beiden niedrigeren Kommunikationsebenen, zumeist jedoch einzig auf der untersten üblichen Namen ›Kohlenpott‹, ›Waterkant‹, ›Tal der Liebe‹ gegenüber. Derselbe Gegensatz spiegelt sich bei den Mikrotoponymen im Gegenüber von amtlicher und volkstümlicher Namengebung*: ›Bäckergasse‹ : ›Beckengasse‹, ›Verena-Höhle‹ : ›Beutlinsloch‹, ›Stumpenhof‹ : ›Saurenweinshöfle‹, ›Hagwiesen‹ : ›Bagengenwengert‹ (= Schlüsselblumen), ›Feuerbacher Weg‹ : ›Alter Postweg‹. Auch für Siedlungsnamen gilt dieses Nebeneinander: aus dem 18. und 19. Jahrhundert stammen die Beispiele* ›Neudeuben‹ : ›Anger‹, ›Albertsthal‹ : ›Weinwiese‹, ›Wolframsdorf‹ : ›Waldhäuser‹, ›Langenbuch‹ : ›Mißgunst‹.

Durchaus soziologisch interpretierbar sind auch die von Wolfgang Fleischer besprochenen stilistischen Varianten von Namen*, die sich allerdings auf allen Ebenen der Kommunikation finden lassen: ›Deutsche Demokratische Republik‹ : ›DDR‹, ›Union der Sozialistischen Sowjetrepubliken‹ : ›UdSSR‹, ›Milano‹ : ›Mailand‹, ›Prag‹ : ›Praha‹, ›Rocky Mountains‹ : ›Felsengebirge‹, ›Balaton‹ : ›Plattensee‹. Hierzu zählen auch die sogenannten proprialen Periphrasen des Typs ›Prag‹ = ›die goldene Stadt‹, ›Ägypten‹ = ›das Land der Pyramiden‹, ›Leningrad‹ = ›Venedig des Nordens‹, ›Leipzig‹ = ›Klein-Paris‹, ›Berlin‹ = ›Spree-Athen‹, ›Dresden‹ = ›Elb-Florenz‹ etc. Sie sind offenbar nur in je besonderen Kommunikationssituationen verwendbar und damit eindeutig pragmatisch bedingt. Daß ihre Verwendung darüber hinaus schichtenspezifisch erfolgt, ist in Anbetracht ihrer Abhängigkeit vom Bildungsniveau der Sprachbenutzer nicht zu bezweifeln.

6.2 Der Zwang des Gesellschaftlichen und die Namen

6.2.1 Namen und deren Ausdruckswert

6.2.1.1 Alle natürlichen Sprachen sind historisch entstandene Systeme strukturierter Zeichen und Zeichenklassen, die die gesellschaftliche Funktion haben, in ihrem Zusammenwirken kommunikative Effekte zu erzielen.* Da auch Eigennamen vollwertige Bestandteile natürlicher Sprachen sind, ist es nur natürlich, daß sie sich der gesellschaftlichen Bedingtheit nicht entziehen können. Wie allen Bestandteilen zumindest des Lexikons natürlicher Sprachen die feste Beziehung auf soziale Gegebenheiten eignet, so auch den Eigennamen. Allerdings auf eine besondere Weise. Der Zwang, der sich für den Gebrauch appellativer Lexikoneinträge aus deren semantischem Gehalt ergibt, welcher für alle Sprachbenutzer weitgehend derselbe ist (Hermann Pauls usuelle Bedeutung* des Worts), erstreckt sich bei Eigennamen infolge ihres reduzierten semantischen Inhalts* vornehmlich auf den außersemantischen Bereich der Expressivität. Deren Grad wird durch den gesellschaftlichen Usus bestimmt; er ist auf den unteren Kommunikationsebenen höher als auf der obersten. Darüber hinaus gilt, daß der Gebrauch eines Namens um so okkasioneller erfolgt, je stärker expressivitätsgeladen er ist. Der Striktheitsgrad des Anspruchs, den Eigennamen auf ihre Benutzer ausüben, ist ebenfalls vom gesellschaftlichen Usus abhängig. Namenmoden als von einem größeren Teil der Gesellschaft getragene Zwänge zur Verwendung bestimmter Namen oder Namentypen finden sich folglich lediglich auf den oberen Kommunikationsebenen. Der dort überhaupt noch vorhandene expressive Charakter eines Namens ist daher nicht mehr Sache eines individuellen Namengebers oder -benutzers, sondern wird vielmehr durch die für die Sprache geltenden Konventionen geregelt und vorgeschrieben.

6.2.1.2 Dies haben solche Versuche nachzuweisen sich bemüht, die dem Phänomen der Namenphysiognomik* galten. Sobald sich im Experiment zeigen läßt, daß etwa die Namen ›Karl-August von Fredersdorf‹, ›Kreszenz Bruggerl‹, ›Gottlieb Crusenius‹, ›Freddy Darboven‹ und ›Hannelore Stephan‹ von der Mehrzahl aller Versuchspersonen übereinstimmend den Berufen Bankier, Pfarrhaushälterin, protestantischer Geistlicher, Schlager-komponist und Hausfrau zugeordnet werden, so kann daraus geschlossen werden, daß es sich dabei nicht um subjektive Willkür der Zuordnung, sondern um bereits in den Coderegeln der deutschen Sprache von heute festgelegte Beziehungen handele. Allerdings ist es schwierig, dergleichen Zusammenhänge zu erklären. Womöglich sind als Kriterien derartiger Zuordnungen gesellschaftliche Erfahrungen anzusetzen.* Es ist denkbar, um nicht zu sagen: wahrscheinlich, daß ›Kreszenz Bruggerl‹ allein deshalb auf Pfarrhaushälterin verweist, weil man die konfessionsbedingten Unter-schiede zwischen Bayern und dem protestantischen Norden kennengelernt und dabei erfahren hat, daß a) die Namenformen ›Kreszenz‹ und ›Brug-gerl‹ bayrische Kennzeichen aufweisen, daß b) zum katholischen Pfarr-haushalt eine Pfarrhaushälterin gehört – so daß die Zuordnung pragma-tisch gesteuert wird und nichts mit dem Code, mit linguistischen und/oder semantischen Regeln zu tun hat.

Nicht bestreiten läßt sich die Tatsache, daß gerade im Bereich der Namen starke sozialpsychologische Zwänge zu konstatieren sind. Erfassen diese den Namengebungsakt, so läßt sich von Namenmoden sprechen: die Gesellschaft "verordnet", daß zu einem bestimmten Zeitpunkt (in einem bestimmten Raum) nur ganz bestimmte Namen vergeben werden. Dieselbe Erscheinung findet sich im Appellativbereich; sie ist auch hier weitgehend sozial bedingt: erinnert sei an die Ersetzung von "Putzfrau" durch "Raumpflegerin", von "Fremd-" durch "Gastarbeiter", von "Neger" oder "Schwarzer" durch "Afrikaner" oder "Farbiger" usw. Der Zwangs-charakter der Lexikonkonvention ist dabei so stark, daß bei Verletzung der Coderegeln Sanktionen zu erwarten sind: Nichtverstehen, Korrekturen, Zurechtweisung. Vergleichbare Sanktionen kommen bei Verstößen gegen Namenmoden nicht vor. Allenfalls sind individuelle Reaktionen auf die "abnorme" Namengebung möglich: der Name wird (sogar von seinem Träger) als unangemessen, altmodisch, störend usw. empfunden. Der Namenträger leidet oft so sehr unter der abweichenden Namengebung, daß er danach strebt, seinen Namen abzulegen oder zu ändern. Wenn die Gesellschaft dergleichen negative Reaktionen anerkennt und die "Abnor-mität" des Namens als in der Usualbedeutung des appellativ verwendeten Namenwortes begründet sieht, kann die Namenänderung amtlich doku-

212

mentiert werden.* Träger von Namen wie ›Schwein‹, ›Kalb‹, ›Ungeraten‹, ›Ficker‹ können sich mit amtlicher Billigung hinfort ›Klein‹, ›Kolb‹, ›Unger‹ und ›Frickert‹ nennen. In den meisten Fällen jedoch bleibt die Veränderung rein privat: eine um 1930 geborene Frau mit dem schon damals unüblichen Namen ›Henriette‹ nennt sich heute nur noch ›Henny‹; der urkundlich nicht eingetragene Rufname ›Emmy‹ hat den amtlichen Vornamen ›Anna Sophia‹ so weit verdrängt, daß dieser nur noch bei der Leistung rechtsverbindlicher Unterschriften verwandt wird. Ein instruktives Beispiel für die Auswirkung von Namenmoden stammt aus Südtirol*. Ein Bauernpaar ›Josef‹ und ›Maria‹ hat folgende Kinder: ›Maria‹ *1933, ›Josef‹ *1935, ›Adelheid‹ *1936, ›Anton‹ *1938, ›Aloisia‹ *1941, ›Alois‹ *1942. Der Älteste, ›Josef‹, als Hoferbe heiratet eine ›Maria‹. Ihre Kinder heißen ›Gabriella‹ *1964, ›Markus‹ *1966, ›Irma‹ *1967, ›Konrad‹ *1968, ›Andreas‹ *1970 und ›Brigitte‹ *1971. "Eine durch Generationen beobachtete Tradition ist zu Ende."

6.2.1.2.1 Die gesellschaftlichen Zwänge, die mit dem Begriff der Namenphysiognomik verbunden sind, sollen noch etwas näher betrachtet werden. Besonders im Bereich der Werbung* spielen sie bekanntlich eine große Rolle (siehe oben S. 208). Namenphysiognomik und Namenmoden hängen eng zusammen; oft sind namenphysiognomische Phänomene nur in Beziehung auf Namenmoden zu erklären. Es ist kaum anzunehmen, daß die heute nicht länger gebräuchlichen (altmodischen) Rufnamen ›Benedikt‹, ›Eduard‹, ›Gottlob‹, ›Gregor‹, ›Johann‹ oder ›Theophil‹ zur Bildung werbewirksamer Markenartikelnamen benutzt werden könnten. Da die Namenmode unserer Zeit solche Namen ausschließt, rangieren sie namenphysiognomisch auf der negativen Seite einer Skala, an der die Wirtschaft Werbewirksamkeit zu messen gewohnt ist. Im großen Neckermann-Katalog für Herbst/Winter 1974/75 etwa finden sich folgende Modellnamen für Damenoberbekleidung: ›Celine‹, ›Herma‹, ›Chantal‹, ›Janice‹, ›Ino‹, ›Alenka‹, ›Hazel‹, ›Sabine‹, ›Gillian‹, ›Aimee‹, ›Marena‹, ›Martina‹, ›Kirstin‹, ›Beatrice‹, ›Ivana‹, ›Candy‹, ›Ilonka‹, ›Lolita‹, ›Anette‹, ›Bergith‹, ›Alicia‹, ›Elle‹, ›Lorena‹, ›Heidrun‹, ›Honey‹, ›Gloria‹, ›Lilo‹, ›Maggie‹, ›Akita‹, ›Afra‹, ›Betty‹, ›Aki‹, ›Angela‹, ›Britta‹, ›Alexis‹, ›Aldine‹, ›Elva‹, ›Janette‹, ›Leonie‹, ›Celia‹, ›Sanja‹, ›Nanon‹, ›Ronja‹, ›Pascale‹, ›Ines‹, ›Beth‹, ›Gertrude‹, ›Nichette‹, ›Irina‹, ›Rosalie‹, ›Sylvia‹, ›Fortuna‹, ›Jelly‹, ›Elvira‹, ›Lilian‹, ›Anja‹, ›Mabel‹, ›Marla‹, ›Ingela‹, ›Theresa‹, ›Lucille‹, ›Alraune‹, ›Gitta‹, ›Loraine‹, ›Nicole‹, ›Bebe‹, ›Monique‹, ›Eileen‹, ›Elaine‹, ›Abigail‹, ›Flora‹, ›Corena‹, ›Constanze‹, ›Hede‹, ›Eliette‹, ›Evelyn‹, ›Debra‹, ›Era‹, ›Brigitta‹, ›Gunella‹, ›Gerda‹, ›Vornell‹, ›Daja‹, ›Ann‹, ›Balda‹, ›Gilla‹, ›Esther‹, ›Angelika‹, ›Agathe‹, ›Fay‹, ›Amy‹, ›Elena‹, ›Frances‹, ›Ilka‹, ›Ilona‹, ›Edith‹, ›Kyra‹, ›Nanni‹, ›Leni‹, ›Beda‹, ›Edny‹, ›Agda‹, ›Ebba‹, ›Berthe‹, ›Gonda‹, ›Camilla‹, ›Lea‹, ›Edeltraut‹, ›Carolyn‹. Der einzige als altdeutscher Rufname bekannt anmutende Name (›Gertrude‹) ist vermutlich – die e-Endung wird es ausdrücken sollen – als ausländischer Import gedacht. Wenn auch bekannt ist, daß derlei Namen zumindest teilweise in ihrer

Bildung Prinzipien der Bestell- und Lieferrationalisierung folgen und vielfach künstlich gebildet werden, so zeigt die Namenwahl doch zugleich auch, daß es sich um Prestigenamen handelt, die dem so benannten Produkt die Anerkennung des potentiellen Käufers sichern sollen. Interessanterweise tragen lediglich Damenkleider Namen. Im selben Katalog wird Herrenoberbekleidung nur mit einer sachlichen Beschreibung der Ware angeboten. Dies trägt der Erfahrung Rechnung, daß insbesondere Frauen und Mädchen ausgefallenen, modischen Namen zuneigen*: ein Experiment hat gezeigt, daß für die "ungewöhnlichen" Rufnamen ›Angelo‹, ›André‹, ›Charles‹, ›Chris‹, ›Daniella‹ 48 Wünsche und Vorstellungen von Mädchen und nur zwölf von Jungen stammen.

6.2.1.2.2 Als Namen haben auch Büchertitel zu gelten. Gerade hier ist die Suggestivkraft im Sinne der Namenphysiognomik besonders stark wirksam und wird oft von den Verlagen gezielt mit bestimmten sozialen Schichten und deren Kollektivvorstellungen und -wünschen verbunden. Aus der Produktion nur eines einschlägigen Verlags lassen sich folgende Beispiele nennen:

a) Arztroman-Reihe – ›Schicksal in seiner Hand‹; ›Unvergeßliche Nacht‹; ›Frau mit Vergangenheit‹; ›Der zweite Frühling‹; ›Sündige Sehnsucht‹; ›Magie des Blutes‹; ›Wenn alle schweigen‹ usw.

b) ›Brokat-Roman‹: Die große Schicksals-Reihe – ›Geliebter Schwindler‹; ›Die Prinzessin und der Playboy‹; ›Fürstenhochzeit‹; ›Silvesterball‹; ›Sein weißes Traumschiff‹; ›Zu jung, um Liebe zu verstehen‹; ›Die Lüge hieß Helen‹ usw.

c) Kriminalroman-Reihe: Jerry Cotton – ›Mordnacht in Manhattan‹; ›Sein Auftrag war Mord‹; ›Die Mord-GmbH‹; ›Mordsaison‹; ›Zeit der Mörder‹; ›Gastspiel des Todes‹; ›Ich und der 20-Dollar-Mörder‹; ›Der Mörder kam nach dem Applaus‹; ›Bestien unter sich‹ usw. Es dürfte genügen, zum Vergleich einige Titel anderer (seriöser) Kriminalromane, die ebenfalls in Reihen erschienen sind, zu nennen, um die Manipulation durch Namenphysiognomik zu verdeutlichen, die den zuvor genannten Titel anzulasten ist: ›Der Mann, der sich in Luft auflöste‹; ›Der Mann auf dem Balkon‹; ›Endstation für neun‹; ›Alarm in Sköldgatan‹; ›Und die Großen läßt man laufen‹; ›Taxi nach Leipzig‹; ›Der Richter in Weiß‹; ›Ohne Landeerlaubnis‹; ›Ein EKG für Trimmel‹; ›Trimmel macht ein Faß auf‹; ›Am Freitag schlief der Rabbi lang‹; ›Am Samstag aß der Rabbi nichts‹ usw.

6.2.2 Namenmoden

Wie soeben gezeigt worden ist, machen Namenphysiognomik und Namenmoden auch – und gerade – vor der Literatur nicht halt. Auch Schriftsteller sehen sich mit der Aufgabe konfrontiert, ihren Gestalten Namen zu geben und ihre Werke mit Titeln zu versehen. Natürlich unterliegen auch sie dabei den in ihrer Zeit herrschenden Moden, passen sich den für sie und ihre Zeitgenossen geltenden Namenphysiognomien an und bestärken oder

214

verändern diese, ja rufen neue Namenmoden ins Leben. Anhand einer kurzen Darstellung der Geschichte des Buchtitels* sowie am Beispiel dichterischer Namengebung soll dies exemplarisch verdeutlicht werden.

6.2.2.1 Weitaus die meisten mittelalterlichen Dichtungen tragen keinen Titel, der von der Hand ihrer Autoren stammte. Die Namen, die heute den betreffenden Werken gegeben werden, sind erschlossen. Sie stützen sich auf die Hauptgestalten (›Erec‹, ›Iwein‹, ›Parzival‹, ›Tristan‹, ›Kudrun‹). Nur gelegentlich enthalten die Texte selbst Hinweise, die als Titelangaben ihrer Urheber zu werten sind. Oft stehen sie nicht am Anfang, sondern am Ende des Texts, wie im Falle des ⟨Nibelungenlieds⟩*, wo die Handschrift B schließt:

hie hât daz mære ein ende: daz ist der Nibelunge nôt.

während die Handschrift C an derselben Stelle *daz ist der Nibelunge liet* überliefert. Im Falle eines Gedichts von Wernher dem Gärtner* ist die Titelgebung sogar lange der Intention des Dichters zuwider erfolgt. Während der Text im wesentlichen die Geschichte des jungen Helmbrecht erzählt, hat die Forschung (offenbar im Anschluß an den Wortlaut des Denkmals im sogenannten Ambraser Heldenbuch *Das puech ist von dem Mayr Helmprechte* – dem steht die Handschrift B mit *hie hebt sich ain mår von dē helmprecht* gegenüber) lange Zeit den Titel ⟨Meier Helmbrecht⟩ verwendet. Hier zeigt sich bereits eine Veränderung: als Hans Ried, Kaiser Maximilians Zollschreiber am Eisack, für seinen Herrn das Ambraser Heldenbuch niederschrieb (1503 bis 1515), war es bereits üblich geworden, literarischen Werken Titel zu geben. Dieser Brauch vererbt sich in die Neuzeit, ja sehr bald werden die Namen der Bücher immer länger, bis im Barock Titel dieser Art modisch sind:

Der Abentheurliche Simplicissimus Teutsch / Das ist: Die Beschreibung deß Lebens eines seltzamen Vaganten / genant Melchior Sternfels von Fuchshaim / wo und welcher gestalt Er nemlich in diese Welt kommen / was er darinn gesehen / gelernet / erfahren und außgestanden / auch warumb er solche wieder freywillig quittirt. Überauß lustig / und männiglich nutzlich zu lesen. An Tag geben von German Schleifheim von Sulsfort. *

Allmählich ging das Ausmaß der Titelangaben wieder zurück, und seit dem ausgehenden 18. Jahrhundert etwa bestand der Titel literarischer Werke im allgemeinen in einer knappen Überschrift: ›Die Leiden des jungen Werthers‹; ›Die Räuber‹; ›Kabale und Liebe‹; ›Die Chronik der Sperlingsgasse‹; ›Schach von Wuthenow‹; ›Der Stechlin‹; ›Erziehung vor Verdun‹ usw. – ein Prinzip, das im Grunde noch immer gilt (›Geschichte der Hethiter‹; ›Grundlagen der Linguistik‹; ›Namenkunde des Deutschen‹). Büchertitel sind heute in der Regel Eigennamen (›Iphigenie‹; ›Torquato Tasso‹; ›Martin Salander‹; ›Schwejk‹; ›Der Graf Luna‹) oder Nominalphrasen, die entweder attributive Adjektive (›Der kleine Prinz‹; ›Das große Vornamenbuch‹), substantivische Attribute im Genetiv (›Die Hosen des Herrn von Bredow‹; ›Kybernetische Grundlagen der Pädagogik‹) oder präpositionale Wendungen (›Studien zur westdeutschen Stammes- und Volksgeschichte‹; ›Das Haus in Montevideo‹) als Erweiterungen bei sich haben. Erst im Laufe des 20. Jahrhunderts, verstärkt nach dem zweiten Weltkrieg, fungieren auch Verbalphrasen, ja ganze Sätze als Büchertitel: ›Soweit die Füße tragen‹; ›Und sagte kein einziges Wort‹; ›Ich denke oft an Piroschka‹; ›Schmetterlinge weinen nicht‹. Schon etwas länger gebräuchlich, aber noch immer sehr beliebt sind substantivische Reihungen, die zudem oft Alliteration aufweisen: ›Bauern, Bonzen und Bomben‹; ›Götter, Gräber und Gelehrte‹; ›Ein Schiff, ein Schwert, ein Segel‹ etc. Da Büchertitel gemeinhin nur am Rande der Namenkunde zur Kenntnis genommen und kaum als Namen untersucht werden, fehlen Spezialuntersuchungen zur Wirksamkeit von Namenmoden in diesem Bereich fast vollständig.

6.2.2.2.1 Es bleibt zu besprechen, wie Namenmoden und Namenphysiognomik sich in der Wahl solcher Eigennamen auswirken, die Dichter ihren Gestalten und den Schauplätzen der Handlung ihrer Werke verleihen.* Im folgenden werden zunächst die Personennamen behandelt. Bei ihnen zeigt sich in der mittelalterlichen Literatur das Bestreben, aus der Vorzeit überlieferte mythische Namen mit solchen Namen zu verknüpfen, die der Gegenwart des Dichters und seines Publikums entstammen.* Im Namen ›Siegfried‹ des ⟨Nibelungenlieds⟩ ist der Vorzeitname (in dem die Vorzeitnamen ›Sigibert‹ und ›Siwart‹/›Sigurd‹ aufgegangen sind) zugleich Heiligen- und Gegenwartsname; auch in ›Dietrich‹ sind Vorzeit-, Heiligen- und Gegenwartsname miteinander verschmolzen. Man geht mit dem Mythos frei um: nachdem ›Gundomar‹ in der Vorzeitdreiheit der Königsnamen ›Gundomar‹, ›Gislahar‹ und ›Gundohar‹ auf deutschem Boden untergegangen war, setzte man ›Gernot‹ an seine Stelle. Desgleichen wurde (auch mit Rücksicht auf die Alliteration) ›Grimhilde‹ neu eingesetzt, da sowohl altes ›Gudrun‹ als auch ›Hilde‹ (dieses durch Attilas Gemahlin ›Hildico‹ besetzt) nicht länger zur Verfügung standen. Zur Zeit der Dichter von ⟨Nibelungenlied⟩ und ⟨Kudrun⟩ sind die Namen ›Gernot‹, ›Volker‹, ›Rumold‹ und ›Gerlind‹, ›Hartmut‹, ›Hildburg‹, ›Herwig‹, ›Ger‹, ›Ortwin‹, ›Ortrun‹ durchaus geläufige Personennamen. Selbst Namen, die eindeutig auf antike Sagen zurückzugehen scheinen, entpuppen sich als der Zeit bekannte Heiligennamen: ›Achilles‹, ›Alexander‹, ›Alberich‹, ›Gawin‹ (›Gawain‹), ›Iwanus‹ (›Iwain‹), ›Helena‹, ›Menelaus‹. Und auch solche Namen, die augenscheinlich der Literatur selbst entstammen, sind vielfach seit langem im allgemeinen Gebrauch: ›Tristan‹, ›Hagen‹, ›Nibelung‹, ›Etzel‹.

Daraus ergibt sich, mit wie großer Zurückhaltung aus dem Vorkommen vermeintlich literarischer Namen in bestimmten Gegenden auf die Kenntnis und Beliebtheit der betreffenden Literaturwerke in jenen Räumen geschlossen werden darf.* Natürlich gibt es auch nicht zu bezweifelnde Belege für die Übernahme literarischer Namen in die allgemeine Namengebung. Namen wie ›Herzlauda‹, ›Amphalisa‹ (Wolframs von Eschenbach *Herzeloyde* und *Amphlise*), ›Eneite‹, ›Laudine‹, ›Luneta‹, ›Gawein‹ (Hart-

216

mann von Aue), ›Wigalois‹ (Wirnt von Grafenberg) wurden zur Rufnamengebung in Adelskreisen vor allem zu einer Zeit verwandt, wo die
Blüte des Rittertums vorüber war:

> Der Adel, der mehr und mehr seine beherrschende Rolle im politischen Leben
> verlor, flüchtet sich in Ritterromantik und hebt sich mit solchen Namen von
> der Bürgerschicht ab.

Das schon besprochene (oben S. 173f. und 205) Absteigen auf der sozialen
Stufenleiter bezeugt sich auch hier; die Bürger übernehmen vom Adel
den Brauch und heißen *Johannes dictus Bitherolf, Hugo dictus Ermenerich*
oder, im 14. Jahrhundert, *Johannes Lawrin.*

Die Schichtung des proprialen Bestandes einer Dichtung läßt sich an
Wolframs ⟨Parzival⟩* gut ablesen. Wolfram bindet sein Werk an den
eigenen Alltag, der ja auch der Alltag seiner Hörer und Leser war, indem
er Namen verwendet, die allen bekannte Zustände oder Personen benennen: ›der Graf von Wertheim‹, *von Düringen vürste Herman* – besonders
zahlreich im Umkreis der Toponyme (vgl. unten S. 219f.). Dazu treten
solche Namen, die zum Bildungsgut seiner Zeit und Zeitgenossen gehören:
biblische Namen (›Adam‹, ›Eva‹, ›Kain‹, ›Abel‹, die Paradiesesflüsse
›Gion‹, ›Fison‹, ›Eufrates‹, ›Tigris‹, ›Salomon‹, ›Absalon‹, ›David‹, ›Pilatus‹),
antike Namen (›Jupiter‹, ›Juno‹, ›Amor‹, ›Cupido‹, ›Venus‹, ›Pytagoras‹,
›Alexander der Große‹, ›Julius Caesar‹, ›Pompejus‹), literarische Namen
(›Heinrich von Veldeke‹, ›Eneas‹, ›Dido‹, ›Kamille‹, ›Hartmann von Aue‹,
›Siegfried‹, ›die Nibelungen‹, ›Gunther von Worms‹, ›Rumolt‹, ›die Hun-
nen‹). Eine weitere Schicht bilden die von Wolfram verwendeten Phanta-
sienamen, die meist aus Chretiens de Troyes Perceval-Roman, Wolframs
Quelle, übernommen sind. Sie werden entweder eingedeutscht (*Artus
künec von Bertane* ⟨ *li rois Artus, li Breton; Gawan* ⟨ *Gavain; Segramors*
⟨ *Saigremors; Clamide* ⟨ *Clamadeu*), umgestaltet (*Pelrapeire* ⟨ *Biaure-
paire* 'schöne Zufluchtsstätte', *Kingrun* ⟨ *Enguigeron; Kingrimursel*
⟨ *Guigambresil; Orilus de Lalander* ⟨ *Orgueilleus de la Lande* 'von der
Heide'; wie weit Hörfehler hier im Spiel sein mögen, läßt sich kaum ent-
scheiden) oder etymologisierend weiterentwickelt (*Amfortas* ⟩ *enfertes* =
lat. *infirmitatus* 'erkrankt'; *Terdelaschoye* ⟨ *terre de la joie* 'Land der
Freuden'; während hier der Ländername zum Personennamen gemacht
worden ist, erscheint der Feenname *Famurgan* = lat. *Fata morgana* Chretiens bei Wolfram als Ländername). Dazu erfindet Wolfram eine große
Zahl neuer Namen (*Cundrie surziere, Malcreatiure, Repanse de schoye,
Trevrezent, Herzeloyde* usw.) und läßt andererseits ungeachtet seines
enormen Namenbedarfs zahlreiche Namen aus Chretiens Roman einfach
weg (*Droes d'Aves, Engraivains, Giffies, Lores* usw.). Schließlich findet
sich eine recht kleine Schicht von im Kern deutschen und urkundlich
belegten Namen, die Wolfram indes nicht nur europäischen, sondern unbedenklich auch orientalischen Gestalten seines Werkes zuerkennt (*Isen-
hart, Vridebrant, Schiltunc, Hernant, Herlinde, Hiuteger*). Dies alles
erlaubt die Deutung, daß auch Wolfram, wie alle Dichter seiner Zeit,
seine Geschichte "mit Anspielungen und Gegenwartsnamen [...] in ihre

Zeit und ihre Welt hineingestellt und damit den Zeitgenossen wirklich lebendig gemacht'' hat.

Nur eine Gruppe von Dichtungen unterscheidet sich in der Namenwahl deutlich von den bisher besprochenen Texten: diejenigen Werke nämlich, die als Satiren zu verstehen sind. Ihre Namen sind in der Regel sprechende Namen*, Suggestivnamen, welche von der Möglichkeit gesteigerter Expressivität und Namenphysiognomik starken und bewußten Gebrauch machen. In Wernhers Helmbrecht-Geschichte heißen die Raubrittergesellen des jungen Helmbrecht *Lemberslint, Slickenwider, Hellesac, Rütelschrin, Küefraz, Müschenkelch, Wolvesguome, Wolvesdrüzzel, Wolvesdarm**, eine Herzogin wird *Narrie von Nonarre* genannt. Auf die Spitze getrieben wird dieses Prinzip dort, wo als Namen handelnder Personen Appellative auftreten, die, in Namenfunktion, Personifikationen* oder Typen bezeichnen: *Frau Minne, Frau Sælde, Frau Triuwe* in allegorischen Texten des Mittelalters; *Frau Armuet, Frau Glueck, der pueler, der lanczknecht, der schlemer* im Fastnachtspiel des Hans Sachs, *Feber, Ernholt* bei Ulrich von Hutten. Die Tradition hält sich (man denke an Hugo von Hofmannsthals ›Jedermann‹) bis in die Moderne.

Der Gebrauch von Personennamen in Werken der neueren Literatur unterscheidet sich nicht wesentlich vom Usus der mittelalterlichen Autoren. Auch moderne Literaten halten sich offenbar zunächst an das ihnen und ihren Lesern Bekannte und Geläufige, ihre Gestalten tragen Namen, die sich vom Namenbestand der Zeit nicht unterscheiden: ›Laura‹, ›Cilly‹, ›Margarete‹, ›Inge‹, ›Alfred‹, ›Hans‹, ›Werner‹, ›Karl‹, ›Kurt‹, ›Wolfgang‹, ›Frau Metzmaier‹, ›Fräulein Schneider‹, ›Herr Engelmann‹, ›Dr. Fehsenbecker‹, ›Dr. Michael‹, ›Prickartz‹, ›Förstner‹, ›Frau Wagner‹ (aus Willi Heinrichs Roman ⟨Schmetterlinge weinen nicht⟩) oder ›Sibylle‹, ›Maria‹, ›Vera‹, ›Ellen‹, ›Petra‹, ›Paul‹, ›Walter‹, ›Tommy‹, ›Robert‹, ›Loredo‹, ›Albers‹, ›Hellwig‹, ›Högl‹, ›Wend‹ (aus Johannes M. Simmels Roman ⟨Gott schützt die Liebenden⟩)*. Vielleicht kann zur Unterscheidung dienen, daß die regionale Verteilung bestimmter Namen zur Charakterisierung der Gestalten mit eingesetzt wird: wenn Simmel ›Frau Högl‹ z. B. mit bayrischem Akzent sprechen und aus Hof stammen läßt. Dennoch wirkt sich die Namenphysiognomik auch hier aus, wobei wiederum nur sehr schwer erkennbar wird, wie weit soziologische Unterscheidungen dafür verantwortlich zu machen sind. In Heinrichs Roman heißen die beiden Teenager ›Cilly‹ und ›Laura‹, nicht ›Margarete‹ und ›Inge‹ (dies die Namen von älterer Schwester und Mutter); die weibliche Hauptgestalt in Simmels Buch heißt ›Sibylle Loredo‹ bzw. ›Viktoria Brunswick‹, der sie liebende Journalist immerhin ›Paul Holland‹ – demgegenüber wird die stumme Hausmeisterstochter ›Maria Wagner‹, ein Lastwagenchauffeur ›Otto Frühbeiß‹, ein UFA-Aufnahmeleiter ›Othmar Plüschke‹ genannt: unmöglich, die beiden letzteren sich als Liebhaber von ›Sibylle Loredo‹ alias ›Viktoria Brunswick‹ vorzustellen.

Auch außerhalb des bislang aus der Moderne einzig herangezogenen Umkreises der Trivialliteratur regelt sich der Gebrauch von Personennamen in derselben Weise: die Namen entstammen der Umwelt des

Autors, solange es nicht darum geht, historisches, geographisches oder soziologisches Kolorit zu vermitteln. Wird dies dagegen angestrebt, dann setzt sogleich eine Namengebung ein, die weitgehend von der Namen-physiognomik bestimmt ist. Bei Theodor Fontane etwa läßt sich das gut beobachten. Wo überhaupt figurative Namen verwandt werden, handelt es sich nach Peter Demetz um allegorische, andeutende oder antithetische.* In den eher satirisch-karikaturistisch gemeinten Skizzen ⟨Von vor und nach der Reise⟩ sind zu finden der Hofrat ›Hermann Gottgetreu‹ und seine Gattin ›Eveline‹, das Ehepaar ›James‹ und ›Leontine‹ samt Töchterchen ›Lulu‹, Justizrat ›Markauer‹ und Schulrat ›Meddelhammer‹, der Natur-, Wasser- und Frischluftapostel Onkel ›Dodo‹; in den Romanen fallen die Pastoren ›Lämmerhirt‹ und ›Roggenstroh‹, ›Ledderhose‹ und ›Koseleger‹ (Superintendent!) auf, die Damen ›Honig‹, ›Ziegenhals‹ und ›von Bomst‹ sind säuerlich, korpulent und dürr, "in Prägungen wie ›Elimar Schultze‹, ›Immanuel Schulz‹, ›Alonzo Giesshübler‹ und ›Niels Wrschowitz‹ gerät ein romantisches, farbenreiches oder 'heroisches' Element in fruchtbaren Widerspruch mit einem Familiennamen von alltäglicher, farbloser, 'lang-weiliger' Art". Andere Namen liefern eher das historische Kolorit: ›Dubslav von Stechlin‹, ›Armgard von Barby‹, ›von Gnewkow‹, ›Baron Beetz‹, ›Botho von Rienäcker‹ usw. Es ist interessant zu sehen, wie Fontane sich dabei die Freiheit nimmt, an reale Namen seiner Zeit anzuknüpfen, um sie seinen Intentionen gemäß zu verändern* – ganz in der Weise, wie Wolfram von Eschenbach es mit den Namen seiner französischen Quelle getan hat.

6.2.2.2.2 Für den Gebrauch von Örtlichkeitsnamen in der Literatur gilt im Prinzip das gleiche, obwohl sich größere Unterschiede zwischen den Autoren feststellen lassen. Im Mittelalter – zur Verdeutlichung dient wieder Wolfram – findet sich dieselbe Mischung von Namen verschiedener Schichten wie bei den Anthroponymen: Namen, die der Umwelt des Dich-ters und seines Publikums entstammen (*Trühendingen* = ›Wassertrüdin-gen‹, ›der Spessart‹, ›Abensberg‹, ›Dollnstein‹, ›Regensburg‹, ›Burg Heitstein‹, ›Wildenberg‹); Bildungsnamen (›Rom‹, ›Paris‹, ›Kaukasus‹, ›Toledo‹, ›Köln‹, ›Maastricht‹, ›Arras‹, ›Gent‹); übernommene Namen, die zugleich entstellt oder verändert sind, oder frei gebildete Phantasienamen *(Bearosche, Beafontane, Pelpiunte);* Namen, die als Gegenwartsnamen jedermann bekannt sind (*Anschouwe* = ›Anjou‹, *Bretane* = ›Bretagne‹, *Gascon* = ›Gascogne‹, *Schampane* = ›Champagne‹, *Kukumerlant* = ›Cumberland‹; ›Askalon‹, ›Babilon‹, ›Alexandria‹, ›Bagdad‹, ›Damaskus‹).

   Die modernen Autoren verfahren häufig etwas anders. Sie erzählen zwar erdichtete Geschichten, doch siedeln sie diese im allgemeinen an realen Orten an, denen dann auch die entsprechenden bekannten Namen gegeben werden. Besonders in der Trivialliteratur ist dieses Verfahren gebräuchlich. Bei Willi Heinrich sowohl als auch bei Johannes M. Simmel werden als Orte der (teilweise absolut unrealistisch-konstruierten) Hand-lung ›Heidelberg‹, ›der Königstuhl‹, ›das Tessin‹, ›Castagnola‹, ›der Monte

Bre‹, ›der Monte San Salvatore‹, ›der Monte Generoso‹; ›Berlin‹, ›Rio de Janeiro‹, ›München‹, ›Salzburg‹, ›Lofer‹, ›Traunstein‹, ›der Chiemsee‹, ›der Wienerwald‹ genannt – also reale Punkte einer Gegenwart, die Autor und Leser in gleicher Weise bekannt und geläufig sind. Die Funktion der Namenwahl ist klar: fiktives Geschehen soll derart den Anschein des Tatsächlichen erhalten. Die Erfindung wird als Tatsachenbericht getarnt; die Fiktion erscheint im Gewand der Reportage.

Eher umgekehrt verwendet Theodor Fontane Örtlichkeitsnamen in seinen Romanen.* Auch für ihn gibt es eindeutig lokalisierte Orientierungspunkte: ›Berlin‹, ›Küstrin‹, ›Neu-Ruppin‹, ›Frankfurt an der Oder‹; in Berlin selbst die Viertel-, Straßen- und Brückennamen etc. Meist umschreiben diese jedoch nur die Grenzen des Raumes, worin die Geschichte spielt. Die in diesem Raum angesiedelten eigentlichen Schauplätze der Handlung dagegen sind fast sämtlich umbenannt, obwohl ihre Beschreibung sich auf exakte historische und geographische Detailstudien an wirklich bestehenden Ortschaften, Schlössern und Höfen stützt. Kloster ›Wutz‹ etwa ist in Wahrheit Kloster ›Lindow am Wutzsee‹, ›Agathendorf‹ ist offenbar aus ›Agnetendorf‹ und ›Arnsdorf‹ zusammengebildet, aus ›Nöschenrode‹, ›Agnesberg‹, ›Küsters-Kamp‹, ›Siebenbörne‹ und ›Zwölfmorgen‹ oder ›Armeleuteberg‹ wird ›Emmerode‹, ›Agnetenberg‹, ›Kunerts-Kamp‹, ›Siebenmorgen‹ oder ›Dreileuteberg‹. Daß man bei dem Realisten Fontane dergleichen nicht für möglich hielt, zeigt die Anekdote von jenem historischen Verein, der auf einer Exkursion seiner Mitglieder nach Wuthenow stundenlang nach ›Schloß Wuthenow‹, dem Stammsitz Schachs, suchen ließ – erfolglos, doch auch weiterhin ohne Verständnis dafür, daß selbst ein realistischer Schriftsteller (zumindest gelegentlich) "Berge zu versetzen" pflegt, sofern dies seinen künstlerischen Intentionen entspricht.

Damit ist im Kunstwerk für den Eigennamen der oben (S. 37f.) als wichtigstes Kriterium der Propria besprochene Referenzbezug weitgehend aufgegeben zugunsten der (semantischen) Charakterisierung. Jurij Tynjanow* hat auf diesen prinzipiellen Unterschied der Bedeutung der Namen in einem poetischen Text zu ihrer Bedeutung im alltäglichen Gebrauch hingewiesen:

> Im außerliterarischen Leben sind […] beide [scil. Vor- und Familienname] mit ihrem Träger identisch. Nennt man uns einen unbekannten Namen, so sagen wir: 'Dieser Name sagt mir nichts.' Im Kunstwerk gibt es keine nichtssagenden Namen. Im Kunstwerk gibt es auch keine unbekannten Namen. Alle Namen sagen etwas aus. Jeder Name, der im Werk genannt wird, ist bereits eine Kennzeichnung, die in allen Farben spielt, die ihr zur Verfügung stehen. Mit ungewöhnlicher Kraft bildet er alle Schattierungen aus, an denen wir im Leben vorbeigehen.

So zeigt sich bei der Untersuchung des Eigennamengebrauchs der Schriftsteller am Ende dieses Buches, was beim Bemühen um eine Definition des Propriums zu Anfang deutlich geworden war: daß Eigennamen Bestandteile der Sprache sind, die sich allein pragmatisch bestimmen lassen. Wieder sind wir auf Ludwig Wittgenstein* verwiesen:

220

Das, was dem Namen entspricht, und ohne den er keine Bedeutung hätte, ist, z. B., ein Paradigma, das im Sprachspiel in Verbindung mit dem Namen gebraucht wird.

Der Sprachspiele gibt es unzählige. Wieviele davon lassen ein Sprachzeichen zum Eigennamen werden? – Die deutsche Namenkunde, und nicht nur sie, hat noch Schwieriges vor sich.*

6.3 Hinweise zu Kapitel 6

6.1.1

S. 204 Pulgram 1950/51, S. 146; siehe dazu Debus 1968, S. 31. Auch Wilfried Seibicke: Wie nennen wir unser Kind? Ein Vornamenbuch. Hrsg. von der Gesellschaft für deutsche Sprache. Lüneburg 1962, S. 38, weist darauf hin, "daß sich die Modenamen im allgemeinen von ⟨oben⟩ nach ⟨unten⟩ ausbreiten". Vgl. zu den von Debus 1968, S. 32–36 genannten Bereichen auch Schroeder S. 74–77 (dynastischer) und S. 78–88 (literarischer); Arnold 1901 (*4.1.1.8), S. 44–59 (literarischer). Ein weiteres Beispiel für soziale Abwertung ist Willberg 1965 (*1.3.5), S. 330–342.

Zur Verstärkung der Wirkung eines dynastischen Namens durch Erhebung des diesen Namen tragenden Mitglieds der Dynastie zum Heiligen siehe Debus 1968, S. 32f.; Arnold 1901 (*4.1.1.8), S. 55; Hellmut Rosenfeld: Vorzeitnamen und Gegenwartsnamen in der mittelalterlichen Dichtung und die Schichtung der Namen. In: 10. ICOS, Bd. 2, Wien 1969, S. 333f.

S. 205 Zum religiös-kirchlichen Bereich vgl. Debus 1968, S. 33–35; zu den Heiligennamen und ihrer Verbreitung Klaus Walter Littger: Studien zum Auftreten der Heiligennamen im Rheinland. München 1975 (= Münstersche Mittelalter-Schriften 20); dazu wie zur Verbreitung von ›Maria‹ Maurits Gysseling, Besprechung von Littger in: Beiträge 100, 1978, S. 119–121. Zur Marienverehrung im Mittelalter vgl. auch Eduard Wechssler: Das Kulturproblem des Minnesangs. I: Minnesang und Christentum. Osnabrück 1966 (ND Halle 1909); Peter Kersting: Maria frouwe. Über den Einfluß der Marienverehrung auf den Minnesang bis Walther von der Vogelweide. München 1965 (= Medium Aevum. Philologische Studien 5). Daß "Ehrfurcht vor dem Namen der Mutter Maria" die frühe Verbreitung des Namens (zumindest in Deutschland) verhindert hätte, ist auch die Meinung von Willberg 1965 (*1.3.5), S. 341, und Bach I, § 484 (S. 230). Siehe auch oben S. 140f.

Zur Möglichkeit, aus Namen, die der Dichtung entnommen sind, auf die Verbreitung dieser Dichtungen zu schließen, vgl. etwa Friedrich Panzer: Personennamen aus dem höfischen Epos in Bayern. In: Otto Schrader u. a. (Hrsg.): Philologische Studien. Festgabe für Eduard Sievers zum 1. Oktober 1896. Halle 1896, S. 205–220; Wolfgang Jungandreas: Lebte die Dietrichsage auch in Nordhannover? In: ZfONF 5, 1928, S. 60f.; Ernst Kegel: Die Verbreitung der mittelhochdeutschen erzählenden Literatur in Mittel- und Niederdeutschland. Nachgewiesen auf Grund von Personennamen. Halle 1905 (= Hermaea 3); ebd., S. 131: "eine Verbreitung oberdeutscher höfischer Epen nach Mittel- und Niederdeutschland hat stattgefunden und läßt sich an der Hand der aus ihnen entlehnten Personennamen nachweisen"; Debus 1968, S. 35f. Vgl. auch Bergmann 1934; Herrle 1956 und insbesondere Arnold 1901 (*4.1.1.8), S. 44–59.

6.1.1.1

Zur berufsständischen Schichtung vgl. etwa Solmsen/Fraenkel S. 194–199; Schröder S. 100–106; Fritz Tschirch: Namenjagd durch sieben Adreßbücher. Statistisches zur Landschaftsgebundenheit deutscher Familiennamen. In: Werner Simon/Wolfgang Bachofer/Wolfgang Dittmann (Hrsg.): Festgabe für Ulrich Pretzel, zum 65. Geburtstag dargebracht von Freunden und Schülern. Berlin 1963, S. 398–410; Debus 1968, S. 39 f. (Kritisches zu Tschirch); Fleischer 6.3.3.4 (S. 674–676). Ein interessantes und zugleich amüsantes Beispiel für die Vielfalt der Berufsstände ist ein Text des 17. Jahrhunderts bei Leopold Schmidt: Das 'Muckennetz'. Alpenländische Gesellschaftslyrik des 17. Jahrhunderts. Brünn/München/Wien 1944 (= Sitzungsberichte der Akademie der Wissenschaften in Wien, Phil.-hist. Klasse 223, 4), siehe bes. S. 49–55: 7. Die Kunst- vnd Handwercks-Waar.

S. 206   Der Städtevergleich bei Tschirch: Namenjagd, aaO.; siehe dazu Debus 1968, S. 40 f., und weiterhin Adolf Bach: Deutsche Herkunftsnamen in sachlicher Auswertung. In: Rheinische Vierteljahrsblätter 1, 1931, S. 358–377 = Studien S. 375–392; das Zitat Studien S. 376. Zur sprachlichen Stellung Frankfurts vgl. Friedhelm Debus: Stadtsprachliche Ausstrahlung und Sprachbewegung gegen Ende des 19. Jahrhunderts. Dargestellt am mittleren Rhein- und unteren Maingebiet nach Karten des Deutschen Sprachatlas. In: Marburger Universitätsbund 2, 1963, S. 17–68.

6.1.1.2

Zur Sozialstatistik von Oschatz vgl. Neumann 1973 (*4.1.1.8); das Zitat ebd., S. 202.

S. 207   Stefan Sonderegger: Aufgaben und Probleme der althochdeutschen Namenkunde. In: Namenforschung S. 75 = Probleme der Namenforschung S. 157 f.; siehe hierzu auch Löffler 1977, S. 475–497; ebd., S. 497: "die althochdeutschen Personennamen lassen sich nach sozialen Gesichtspunkten differenzieren. [...] Es gab also typische Hörigennamen, ohne daß die Namen der Hörigen immer Hörigennamen zu sein brauchten." Daß dies etwa auch für die griechische Antike galt, hat Max Lambertz: Die griechischen Sklavennamen. 2 Teile. Wien 1907 und 1908 (= Jahres-Berichte über das k. k. Staatsgymnasium im VIII. Bezirke Wiens 57 und 58), gezeigt; ebd., Teil 2, S. 41 f., wird von dem zunächst vorhandenen Unterschied gehandelt, der in den Quellen deutlich faßbar ist, bis der allmähliche Ausgleich "zu einem völligen Aufhören jedes Unterschiedes zwischen vornehmen und unvornehmen Namen führt".

6.1.1.3

Untersuchungen zur Gegenwart sind etwa Arnold 1901 (*4.1.1.8), S. 62–68; Herrle 1956, S. 19–21 (als wichtigste Modeerscheinung des Untersuchungszeitraums wird das Überhandnehmen von Doppelvornamen festgestellt); Seibicke: Wie nennen wir unser Kind? aaO., S. 34–43; Hesterkamp 1965; Bernhard Link: Die Rufnamengebung um Honnef und Wermelskirchen von 1900 bis 1956. Phil. Diss. Köln 1966; Fleischer 1968 (*3.4), S. 70–73 und S. 87–91; Johannes Schultheis: Die Deutsche Demokratische Republik im Spiegel der Namengebung. In: NI 15, 1969, S. 17–19; Horst Naumann: Entwicklungstendenzen in der modernen Rufnamengebung der Deutschen Demokratischen Republik. In: Der Name in Sprache und Gesellschaft S. 147–191; Debus/Hartig/Menke/Schmitz 1973; Theodolius Witkowski: Personennamengebung und Personennamengebrauch in der DDR. In: NI 23, 1973, S. 7–14; Walther/Schultheis 1974, S. 194–201; Rainer Frank: Kosenamenbildung und Kosenamengebungstendenzen im Ruhrgebiet. In: Onoma 19, 1975, S. 511–527; Frank 1977. Die Zitate aus Walther 1972, S. 55 und S. 53; ebd. die Unterscheidung der Kommunikationsebenen.

222

Zur Namenverwendung in Kleingruppen vgl. etwa Ernst Leisi: Paar und Sprache. Linguistische Aspekte der Zweierbeziehung. Heidelberg 1978 (= Uni-Taschenbücher 824); Karl Bischoff: Personenbezeichnungen in einer kleinen Stadt.
In: Werner Simon/Wolfgang Bachofer/Wolfgang Dittmann (Hrsg.): Festgabe
für Ulrich Pretzel, aaO., S. 390–397; Heinrich Matthias Heinrichs: Namengebung
in einem niederrheinischen Dorf vor 40 Jahren. In: Namenforschung S. 178–183;
Isolde Neumann: Offizielle und nichtoffizielle Personenbenennungen. In: NI 23,
1973, S. 1–7; daher auch einige Beispiele (ebd., S. 5).

S. 208   Zu den fach- oder berufsbezogenen Übernamen vgl. Johannes Schultheis:
Namen von Schülern und Lehrern. In: Wissenschaftliche Zs. des Pädagogischen
Instituts Zwickau, Gesellschafts- und sprachwissenschaftliche Reihe 3, 1967, S. 78–
82; K. Gansleweit: Übernamen von Kindern und Jugendlichen in einer Schule
des Kreises Eisenhüttenstadt. In: NI 19, 1971, S. 24–26; Walther/Schultheis
1974, S. 198–201.

6.1.2
Zu den Warennamen siehe oben S. 54 f. und *1.3.2.3; siehe insbesondere Rosemarie
Gläser: Zur Motivation und Form von Warennamen (im britischen und ameri-
kanischen Englisch). In: NI 22, 1973, S. 22–30; dies.: Zur Namengebung in der
Wirtschaftswerbung: Warenzeichen im Britischen und Amerikanischen Englisch.
In: Der Name in Sprache und Gesellschaft S. 220–238; Gerhard Koss: Eigenna-
men als Warennamen. In: BzN NF 11, 1976, S. 411–424.
      Vgl. das Kapitel "Namen und Ideologien" in Namenforschung heute S. 31–37;
Walther 1972, S. 53 f.; Walther/Schultheis 1974, S. 189 f. Die Zitate aus Walther
1973 (*1.2.7), S. 26. Zum Thema "Manipulation durch Sprache bzw. Namen"
siehe auch * 4.2.2.

6.1.3.1
S. 209 Zu den Adelsnamen vgl. etwa Bähnisch 1920 (*4.1.1.8), S. 49–54; Fritz Schnellbögl: Die deutschen Burgennamen. In: Zs. für bayerische Landesgeschichte 19,
1956, S. 205–235; Debus 1968, S. 45; Walther/Schultheis 1974, S. 191. Hierher
gehört auch Gerhard Schlimpert: Soziologische Aspekte slawischer Personennamen in mittelalterlichen Quellen. In: Linguistische Studien, Reihe A: Arbeitsberichte 30, 1976, S. 117–122; ebd., S. 121: "in dem Maße, wie sich [die deutsche
Ostexpansion] verstärkt, [nimmt] die Übernahme deutscher oder christlicher PN
durch die Slawen zu […], zuerst und schon früh unter dem slaw. Hochadel, später
unter dem mittleren Feudaladel, der städtischen Bevölkerung und der Bauern-
schaft". Zur Burgennamengebung siehe auch oben S. 160. Die Beispiele für
Doppelnamigkeit nach Walther 1968, S. 20.
      Zur Heraldik vgl. Ahasver von Brandt: Werkzeug des Historikers. Stuttgart/
Berlin/Köln/Mainz ⁹1980 (= Kohlhammer Urban-Taschenbücher 33), S. 119–132
und die ebd. genannte Literatur.
      Zur "adelsetymologischen" Umdeutung siehe oben S. 89 f. und *2.3.4.1 über
Volks- bzw. Beamtenetymologie. Beispiele bei Karl Bischoff: Magdeburg. Zur Geschichte eines Ortsnamens. In: Beiträge 72, 1950, S. 392–420 = Probleme der
Namenforschung S. 383–410; Gisela von Preradovic: Beobachtungen zum Namenverständnis im Mittelalter. In: Onoma 22, 1978, S. 196–207. Zum ›Helfenstein‹ siehe Bach II, § 518 (S. 230 und 232).

6.1.3.2
Zur Namengebung von unten vgl. etwa Debus 1968, S. 47: "soziologisch betrachtet sind die FlN in ihrer großen Mehrzahl nicht Produkt der Oberschicht,

sondern der Unterschicht, insbesondere des landsässigen Bauernstandes"; Naumann 1972 (*1.3.5), S. 7: "bei den Flurnamen spielen – wie im Leben des arbeitenden Menschen überhaupt – die natürlichen Gegebenheiten mit der potentiellen und realen wirtschaftlichen Nutzung und den Besitzverhältnissen zusammen". Wie etwa die Veränderung der Besitzverhältnisse sich im Namenbestand auswirkt, zeigt u. a. I. A. Vorob'eva: Soziale Faktoren bei der Entstehung und Verwendung der modernen Toponymie. In: Der Name in Sprache und Gesellschaft S. 118–128.

S. 210 Zu solchen Streitigkeiten trug nicht unwesentlich die Tatsache der Realerbteilung bei: siehe etwa D. Volk: Die Vererbung des ländlichen Grundeigentums im Laufe der Geschichte und ihre Rückwirkungen auf die Landwirtschaft, dargestellt am Fuldaer Land. Landwirtschaftliche Diss. Gießen 1953 (masch.-schriftl.). Eine Übersicht über die Gebiete der Realteilung im Gegensatz zu denen der geschlossenen Hofübergabe bei Barthel Huppertz: Räume und Schichten bäuerlicher Kulturformen in Deutschland. Ein Beitrag zur deutschen Bauerngeschichte. Bonn 1939 (= Veröffentlichungen des Instituts für geschichtliche Landeskunde des Rheinlands an der Universität Bonn), S. 25–63 und Karte 1. Die Beispiele aus dem Eichsfeld bei E. Müller: Flurnamen auf dem Eichsfeld in sozialgeschichtlicher Sicht. In: NI 19, 1971, S. 5–10.

Ständisches in Namen bei Bach II, § 692 (S. 490 f.); zum Bergbau etwa Ernst Schneider: Die Bedeutung der Bergbaunamen für die Volkskunde. In: 6. ICOS, Bd. 3, München 1961, S. 680–684; Hans Walther: Bergbaunamen im sächsischen Erzgebirge. In: Leipziger Namenkundliche Beiträge 1, 1961 (= Berichte und Verhandlungen der Sächsischen Akademie der Wissenschaften zu Leipzig, Phil.-hist. Klasse 106, 5), S. 75–111; zu den Gewässerflurnamen etwa Wolfgang Laur: Die Namen von Meeresteilen, Wattströmen, Tiefs, Sandbänken und besonderen Örtlichkeiten an der schleswig-holsteinischen Westküste. In: 8. ICOS, The Hague 1966, S. 275–280.

Zu den Haus- und Straßennamen vgl. Bach I, § 244 (S. 270–272), und II, § 515 (S. 223–227) und § 516 (S. 227 f.); Ernst Grohne: Die Hausnamen und Hauszeichen. Göttingen 1912; Erwin Volckmann: Die deutsche Stadt im Spiegel alter Gassennamen (2. Aufl. von: Straßennamen und Städtetum). Würzburg ²1926, dazu die Besprechung durch Ludwig Bückmann in: Ndd. Zs. für Volkskunde 6, 1928, S. 115–124. Siehe auch oben S. 192. Aus der Vielzahl der Untersuchungen von Straßennamen bestimmter Orte seien genannt Erich Schwan: Die Straßen- und Gassennamen im mittelalterlichen Worms. Phil. Diss. Gießen 1935; Barbara Pischel: Berlin und der deutsche Osten im Spiegel seiner Straßennamen. In: Jahrbuch für ostdeutsche Volkskunde 8, Marburg 1964, S. 128–170. Siehe schließlich auch Namenforschung heute S. 34–36; Johannes Schultheis/Hans Walther: Kritisches zur Straßennamengebung in Westdeutschland. In: Informationen 11, 1968, S. 7–9.

6.1.3.3

S. 211 Zum Gegenüber von amtlicher und volkstümlicher Namengebung vgl. etwa Paul Aebischer: Sur l'origine et la formation des noms de famille dans le Canton de Fribourg. Genève 1924, S. 107: "dans nos campagnes le nom de famille n'a plus guère qu'une vie artificielle, maintenue grâce à l'administration et l'état civil; dans les relations ordinaires, il est totalement, ou presque totalement supplanté par les sobriquets"; Debus 1968, S. 38 f.; Walther 1968; Neumann 1973 (*4.1.1.8); Witkowski: Personennamengebung, aaO., S. 7–14. Hierher gehört auch Adolf Bach: Doppelnamen von Orten – Doppelformen von Ortsnamen. In: Max Braubach/Franz Petri/Leo Weisgerber (Hrsg.): Aus Geschichte und Landeskunde. Forschungen und Darstellungen. Franz Steinbach zum 65. Geburtstag von seinen

224

Freunden und Schülern. Bonn 1960, S. 697–703. Die Beispiele bei Walther Keinath: Orts- und Flurnamen in Württemberg. Hrsg. vom Schwäbischen Albverein E. V., Stuttgart 1951, S. 189, sowie bei Walther 1968, S. 21f.

Zu den stilistischen Varianten siehe Fleischer 1973; Volkmar Hellfritzsch: Zum Problem der stilistischen Funktion von Namen. In: Der Name in Sprache und Geschichte S. 64–73; Katalin Jávor Soltész: Die stilistische Funktion der Eigennamen. In: Onoma 22, 1978, S. 382–388. Zum Begriff der "proprialen Periphrase" siehe Fleischer 1973, S. 10f. Hierher gehört vieles von dem, was die unten *6.2.2.2.1 genannten Arbeiten zum Namengebrauch in der Literatur ansprechen.

6.2.1.1

Siehe die Definitionen von "Sprache" in Linguistisches Wb. S. 627–631; Georg Klaus: Wörterbuch der Kybernetik 2, Frankfurt/Hamburg 1969 (= Fischer Handbücher 1074), S. 602f.; Georg Klaus/Manfred Buhr: Marxistisch-Leninistisches Wörterbuch der Philosophie 3, Reinbek bei Hamburg 1972 (= Rororo Handbuch 6157), S. 1033f.; die Formulierung nach Walther 1973 (*1.2.7), S. 14.

Hermann Paul: Prinzipien der Sprachgeschichte. Tübingen ⁹1975 (= Konzepte der Sprach- und Literaturwissenschaft 6), S. 75–90, wobei "wir [...] unter usueller Bedeutung den gesamten Vorstellungsinhalt [verstehen], der sich für den Angehörigen einer Sprachgenossenschaft mit einem Worte verbindet" (ebd., S. 75).

Zum reduzierten semantischen Gehalt von Eigennamen vgl. etwa oben S. 27 sowie Pavel Trost: Der Gegenstand der Toponomastik. In: WZKMUL 11, 1962, S. 276; Erhard Barth: Zur Theorie der Struktur des Namens. In: Naamkunde 1, 1969, S. 41–44, bes. S. 44; Hilgemann 1974 (*1.2.7), S. 382f.; Debus 1977 (*1.2.7), S. 13 (Hinweis auf Otto Höflers "onomatologisches Dissoziationsgesetz"); Gerhardt 1977 (*1.3.5), S. 412f. Vgl. aber etwa Dauzat 1946 (*4.1.1.8), S. 3: "les noms propres sont les plus individuels, les plus significatifs des tous; ce sont les substantifs par excellence: devenant noms communs, ils gagnent en extension ce qu'ils perdent en compréhension, et vice versa".

6.2.1.2

S. 212 Zur Namenphysiognomik siehe oben S. 172 und *4.2.2 sowie Boesch 1957; Gerhard Eis: Tests über suggestive Personennamen in der modernen Literatur und im Alltag. In: BzN 10, 1959, S. 293–308 = ders.: Vom Zauber der Namen. 4 Essays. Berlin 1970, S. 9–28; Rosa Katz: Psychologie des Vornamens. Bern/Stuttgart 1964 (= Schweizerische Zs. für Psychologie, Beihefte 48); Suitbert Ertel: Psychophonetik. Untersuchungen über Lautsymbolik und Motivation. Göttingen 1969; insbesondere aber Krien 1973.

Zur Frage der gesellschaftlichen Erfahrung vgl. das berühmte ›maluma‹/›takete‹- Experiment von Wolfgang Köhler: Gestalt psychology. New York 1947, oder ders.: Die Aufgabe der Gestaltpsychologie. Berlin/New York 1971; siehe dazu Hans Hörmann: Psychologie der Sprache. Berlin/Heidelberg/New York ²1970, S. 235; ebd., S. 240: "Es gibt in der Erfahrung des Alltags eine Korrelation zwischen bestimmten physikalischen Attributen von Objekten einerseits und den von diesen Objekten hervorgebrachten Lauten andererseits. Ein großes Objekt wird z. B. mit höherer Wahrscheinlichkeit beim Verschieben, Fallen usw. tiefe Töne erzeugen als ein kleines Objekt. Dieser Zusammenhang Größe/tiefe Töne kann also gelernt werden. Und ebenso ein Zusammenhang zwischen spitz/hochfrequent bzw. rund, stumpf/niederfrequent. Solche Zusammenhänge sind also weder 'urtümlich' noch physiognomisch, sondern gelernt".

S. 213 Vgl. etwa Bach I, § 514 (S. 260f.); die Beispiele bei Walther/Schultheis 1974, S. 194 und 197.

225

Das Beispiel aus Südtirol nach Masser 1978, S. 341–357; siehe ebd., S. 350 und S. 352f. die Tabellen: wenn 1880–1900 die Taufnamen ›Josef‹, ›Johann‹ und ›Alois‹ mit insgesamt 43,6% an der Spitze lagen, so treten sie von 1945 bis heute nur noch in 15, 5% aller Fälle auf. ›Alois‹, 1880–1900 Taufname von 10, 6% der Untersuchten, heißen 1945 bis heute nur noch 3, 3%.

6.2.1.2.1

Zur Werbung vgl. etwa Vance Packard: Die geheimen Verführer. Der Griff nach dem Unterbewußten in jedermann. Düsseldorf/Wien 1958; Gunter Heyder (Hrsg.): Manipulation. Die staatsmonopolistische Bewußtseinsindustrie. Berlin 1968; Lutz Mackensen: Verführung durch Sprache. Manipulation als Versuchung. München 1973, S. 168–175.

S. 214   Zur weiblichen Neigung zu ausgefallenen Namen siehe insbesondere Koss 1972; Walther/Schultheis 1974, S. 197, bringen das im Text erwähnte Beispiel.

6.2.2

S. 215 Onomastische Untersuchungen zur Namenkategorie ”Büchertitel” habe ich nicht ausfindig machen können; die onomastischen Bibliographien verzeichnen eine solche Kategorie gar nicht erst. Zur Geschichte des Buchtitels allgemein vgl. etwa Paul Lehmann: Mittelalterliche Büchertitel. 2 Teile München 1949 und 1953 (= Sitzungsberichte der Bayerischen Akademie der Wissenschaften, Phil.-hist. Klasse 1948, 4 und 1953, 3); Regina Mühlenweg: Studien zu deutschen Romantiteln 1750–1914. Phil. Diss. Wien 1960.

6.2.2.1

Zum ⟨Nibelungenlied⟩ vgl. Gottfried Weber/Werner Hoffmann: Nibelungenlied. Stuttgart [4]1974 (= Sammlung Metzler 7); der Text in: Das Nibelungenlied. Nach der Ausgabe von Karl Bartsch hrsg. von Helmut de Boor. Wiesbaden [20]1972 (= Deutsche Klassiker des Mittelalters), Strophe 2379. Vgl. damit Strophe 2437 nach der Hs. C in: Das Nibelungenlied. Übersetzt, eingeleitet und erläutert von Felix Genzmer. Stuttgart 1955 (= Universal-Bibliothek 642–645).

Zu Wernher dem Gärtner vgl. etwa Günther Weydt: Zur Deutung und Namengebung des 'Helmbrecht'. In: ZfdPh 62, 1937, S. 264–267; der Text in: Wernher der Gartenære: Helmbrecht. Hrsg. von Friedrich Panzer. 8. Aufl. besorgt von Kurt Ruh. Tübingen 1968 (= Altdeutsche Textbibliothek 11).

Der Titel nach: Grimmelshausens Simplicissimus Teutsch. Abdruck der editio princeps (1669) mit der stark mundartlich gefärbten, nicht von einem berufsmäßigen Korrektor überarbeiteten Originalsprache des Verfassers. Hrsg. von Jan Hendrik Scholte. Tübingen [3]1954 (= Neudrucke deutscher Literaturwerke 302–309), S. 3. Vgl. damit etwa den oben *1.1.2.3 zitierten Titel eines Drucks von 1674.

6.2.2.2.1

S. 216 Zur Verwendung von Namen in der Literatur vgl. die Bibliographien von Elizabeth M. Rajec 1977 und dies.: The study of names in literature. A bibliography. New York 1978, Hendrik Birus: Literarische Onomastik: Kritische Anmerkungen zu einer Bibliographie. In: BzN 14, 1979, S. 325–350, die Zeitschrift Literary Onomastics Studies, Bd. 1ff. Brockport, New York 1974ff., sowie u. a. Wilhelm Arndt: Die Personennamen der deutschen Schauspiele des Mittelalters. Breslau 1904 (= Germanistische Abhandlungen 23); Harry Maync: Nomen et omen. Von bürgerlicher und dichterischer Namengebung. In: Westermanns Monatshefte 62, 1917/18, S. 653–664; Bruno Boesch: Über die Namengebung mittelhochdeutscher

226

Dichter. In: DVjS 32, 1958, S. 241–262; Richard Gerber: Wege zu Gottfried Kellers letztem Namen. Ein Versuch über dichterische Onomastik. In: BzN 15, 1964, S. 308–330; Gerhard Eis: Über die Namen im Kriminalroman der Gegenwart. In: Neophilologus 49, 1965, S. 307–332 = ders.: Vom Zauber der Namen, aaO., S. 59–92; Bruno Boesch: Die Namenwelt in Wittenwilers 'Ring' und seiner Quelle. In: Namenforschung S. 127–159; Volkmar Hellfritzsch: Namen als stilistisches Mittel des Humors und der Satire. In: Sprachpflege 17, 1968, S. 207–211; Doris Rümmele: Mikrokosmos im Wort. Zur Aesthetik der Namengebung bei Thomas Mann. Phil. Diss. Freiburg, Bamberg 1969; Helmut Peter Schwake: Zur Frage der Namensymbolik im höfischen Roman. In: GRM NF 20, 1970, S. 338–353; Volkmar Hellfritzsch: Zum Problem der stilistischen Funktion von Namen. In: Der Name in Sprache und Gesellschaft S. 64–73; Walther/Schultheis 1974, S. 189; Elizabeth M. Rajec: Kafkas Erzählung 'Blumfeld, ein älterer Junggeselle'. Ein onomastisch/interpretatorischer Versuch. In: BzN NF 11, 1976, S. 464–664; Nicolaisen 1976 (*1.2.7), S. 153–155; Hendrik Birus: Poetische Namengebung. Zur Bedeutung der Namen in Lessings 'Nathan der Weise'. Göttingen 1978 (= Palaestra 270); Henning Thies: Studien zur Funktion von Personennamen im englischen, amerikanischen und deutschen Drama. Frankfurt 1978 (= Sprache und Literatur. Regensburger Arbeiten zur Anglistik und Amerikanistik 13); Wolfgang Laur: Der Gebrauch von Ortsnamen in der schönen Literatur. In: BzN NF 14, 1979, S. 121–128. Von allgemeinem und methodischem Interesse sind schließlich Velta Rūķe-Draviņa: Personennamen in der schöngeistigen Literatur unter soziologischem Blickwinkel. In: Linguistische Studien, Reihe A: Arbeitsberichte 30, 1976, S. 174–181; Karl Gutschmidt: Eigennamen im Werk des bulgarischen Klassikers Ivan Vazov. In: ebd., S. 182–196.

Zur Verknüpfung von mythischen und Gegenwartsnamen vgl. Hellmut Rosenfeld: Die Namen der Heldendichtung, insbesondere Nibelung, Hagen, Wate, Hetel, Horand, Gudrun. In: BzN NF 1, 1966, S. 231–265; ders.: Vorzeitnamen und Gegenwartsnamen in der mittelalterlichen Dichtung und die Schichtung der Namen. In: 10. ICOS, Bd. 2, Wien 1969, S. 333–340.

Vgl. Panzer: Personennamen aus dem höfischen Epos in Bayern, aaO., S. 205–220; Kegel: Die Verbreitung der mittelhochdeutschen erzählenden Literatur, aaO.; Debus 1968, S. 35 f. Siehe auch oben S. 205.

S. 217   Dazu Hellmut Rosenfeld: Personen-, Orts- und Ländernamen in Wolframs Parzival. Gestaltung, Schichtung, Funktion. In: Wolfgang Meid/Hermann M. Ölberg/Hans Schmeja (Hrsg.): Studien zur Namenkunde und Sprachgeographie. Festschrift für Karl Finsterwalder zum 70. Geburtstag. Innsbruck 1971 (= Innsbrucker Beiträge zur Kulturwissenschaft 16), S. 203–214.

S. 218   Zu den redenden (oder sprechenden) Namen vgl. etwa Franz Dornseiff: Redende Namen. In: ZfNF 16, 1940, S. 24–38 und S. 215–218; Hellfritzsch: Problem der stilistischen Funktion, aaO., S. 68 f.

Die Namen aus Wernhers ⟨Helmbrecht⟩ V. 1185–1230 bedeuten etwa 'Lämmerschling', 'Schluckswieder', 'Höllensack', 'Rütteldenschrein', 'Kühfraß', 'Mischdenkelch', 'Wolfsgaumen', 'Wolfsschlund', 'Wolfsdarm'.

Zur Personifikation vgl. etwa Clive S. Lewis: The allegory of love. A study in mediaeval tradition. Oxford 1936; Hermann Kreisselmeier: Der Sturm der Minne auf die Burg. Beiträge zur Interpretation der mhd. Allegorie 'Die Minneburg'. Meisenheim am Glan 1957, bes. S. 14–50. Die Namen aus Hans Sachs, ⟨Der kampff fraw Armuet mit fraw Glueck⟩ in: Hans Sachs: Zwölf Fastnachtspiele aus den Jahren 1554 bis 1556. Hrsg. von Edmund Goetze. Halle 1886 (= Hans Sachs: Sämmtliche Fastnachtspiele 6 [= Neudrucke deutscher Literaturwerke des XVI.

und XVII. Jahrhunderts 60/61]), S. 66–80, und Ulrich von Hutten: Deutsche Schriften. Hrsg. von Peter Ukena. München 1970, S. 27 pass. und S. 36 pass.

Benutzt wurden die Taschenbuchausgaben Rororo 1583, Reinbek bei Hamburg 1973 (Heinrich), und Heyne-Bücher 11, München [10]1964 (Simmel).

S. 219 Peter Demetz: Formen des Realismus: Theodor Fontane. Kritische Untersuchungen. München 1964 (= Literatur als Kunst), bes. S. 115–122 und S. 193–203; ebd. die im Text genannte Unterscheidung. Zu Fontanes Namengebrauch weiter etwa Fritz Behrend: Die Namen bei Fontane. Eine bibliophile Plauderei. In: Zs. für Bücherfreunde NF 14, 1922, S. 39–44; Walter Müller-Seidel: Theodor Fontane. Soziale Romankunst in Deutschland. Stuttgart 1975; vgl. etwa S. 119: "Komisch – und dies gilt nun für nahezu alle Romane Fontanes – sind schon die Namen. Sie sind Signale für den Leser und bereiten vor."

Dazu vielleicht am instruktivsten die Veränderungen im Zusammenhang mit der Bearbeitung der wirklichen Geschichte, die den Roman ⟨Effi Briest⟩ ergeben hat; siehe etwa Hans Werner Seiffert: Zeugnisse und Materialien zu Fontanes 'Effi Briest' und Spielhagens 'Zum Zeitvertreib'. In: Studien zur neueren deutschen Literatur. Hrsg. von H. W. Seiffert. Berlin 1964, S. 235–300.

6.2.2.2.2

S. 220 Zur Verwendung von Toponymen durch Fontane siehe etwa Max Tau: Der assoziative Faktor in der Landschafts- und Ortsdarstellung Theodor Fontanes. Oldenburg 1928 (= Forschungen zur Literatur-, Theater- und Zeitungswissenschaft 3), S. 48–56 pass.; Wolfgang Rost: Örtlichkeit und Schauplatz in Fontanes Werken. Berlin/Leipzig 1931 (= Germanisch und Deutsch. Studien zur Sprache und Kultur 6), etwa S. 107: "die für 'Ellernklipp' ausgewählten, wirklichen Ortsnamen verwendet er in leichter Abänderung"; Müller-Seidel: Theodor Fontane, aaO., S. 135: "sein 'Realismus' in der Schilderung lokaler Details ist offensichtlich so vordergründig nicht zu interpretieren"; die Episode von der Suche nach Schloß Wuthenow ebd.

Jurij Tynjanow: Das literarische Faktum. In: Jurij Striedter (Hrsg.): Russischer Formalismus. Texte zur allgemeinen Literaturtheorie und zur Theorie der Prosa. München 1971 (= Uni-Taschenbücher 40), S. 429.

Ludwig Wittgenstein: Philosophische Untersuchungen. Frankfurt 1977 (= Suhrkamp Taschenbuch Wissenschaft 203), I, 55 (S. 51). Siehe oben S. 18 und *1.1.3.1.

S. 221 Ich verweise dazu noch einmal auf Gerhardt 1977 (*1.3.5), S. 418: "eine allgemeine Theorie der Eigennamen steht als Eigenleistung [...] noch aus". Für sie, ja für die gesamte Namenkunde, wird zu gelten haben, was Edeltraud Dobnig-Jülch 1977 (*1.2.7), S. 193, von der Linguistik gesagt hat: "daß sich die Linguistik nach der Phase der Selbstbeschränkung, was ihren Untersuchungsgegenstand betrifft, eine Phase der Ausuferung leisten muß. Linguisten werden in der ausufernden Phase zwar risikoreicher leben, sie werden aber nur so den Anspruch einlösen können, zu beschreiben, wie Menschen miteinander kommunizieren." Nach der weitgehenden Beschränkung des onomastischen Blickwinkels und der dadurch bedingten fast ausschließlichen Beschäftigung mit Anthroponymen und Toponymen öffnen sich der Namenforschung – was dieses Buch zumindest angedeutet haben wird – zahlreiche weite, neue Ufer.

228

6.4 Literatur zu Kapitel 6

*Karl Bergmann (1934): Familien- und Vornamen in ihrer Wirkung auf Geist und Seele des Menschen. Zugleich ein Beitrag zur Familienkunde. In: Zs. für Deutschkunde (= 48. Jg. der Zs. für den deutschen Unterricht), S. 75–80 und 115–119.

*Bruno Boesch (1957): Die Eigennamen in ihrer geistigen und seelischen Bedeutung für den Menschen. In: DU 9, Heft 5, S. 32–50.

Debus (1968): siehe *5.4.

Friedhelm Debus (1977): Soziale Veränderungen und Sprachwandel: Moden im Gebrauch von Personennamen. In: Sprachwandel und Sprachgeschichtsschreibung. Jahrbuch 1976 des IdS. Düsseldorf (= Sprache der Gegenwart 41), S. 167–204.

**Ders./Joachim Hartig/Hubertus Menke/Günter Schmitz (1973): Namengebung und soziale Schicht. Bericht über ein Projekt zur Personennamenkunde. In: Naamkunde 3/4, S. 368–405.

Wolfgang Fleischer (1973): Onomastik und Stilistik. In: NI 22, S. 5–12.

**Rainer Frank (1977): Zur Frage einer schichtenspezifischen Personennamengebung. Namenkundliche Sammlung, Analyse und Motivuntersuchung über den Kreis und die Stadt Segeberg. Neumünster (= Kieler Beiträge zur deutschen Sprachgeschichte 1).

*Theo Herrle (1956): Die Mode in den Vornamen. In: Muttersprache, S. 18–21.

Wilhelm Hesterkamp (1965): Einflüsse sozialer Verhältnisse auf die Namenwahl (dargestellt an der Vornamengebung in Essen-Werden seit der Jahrhundertwende). In: Muttersprache, S. 33–40.

Gerhard Koss (1972): Motivationen bei der Wahl von Rufnamen. In: BzN NF 7, S. 159–175.

**Krien (1973): siehe *4.2.7.

Odo Leys (1974): Sociolinguistic aspects of namegiving patterns. In: Onoma 18, S. 448–455.

Heinrich Löffler (1977): Die Hörigennamen in den älteren St. Galler Urkunden. Versuch einer sozialen Differenzierung althochdeutscher Personennamen. In: Probleme der Namenforschung S. 475–497 (zuerst in: BzN NF 4, 1969, S. 192–211).

Achim Masser (1978): Zum Wandel in der deutschen Rufnamengebung. Ein Vorbericht. In: BzN NF 13, S. 341–357.

Ernst Pulgram (1950/51): Historisch-soziologische Betrachtung des modernen Familiennamens. In: BzN 2, S. 132–165.

**Elizabeth M. Rajec (1977): Literarische Onomastik. Eine Bibliographie. Heidelberg (= BzN NF, Beihefte 12). Dazu sollte die oben S. 226 in den Hinweisen genannte Arbeit von Birus 1979 benutzt werden.

Seibicke (1982): siehe *4.1.1.8.

Hans Walther (1968): Mehrnamigkeit von Siedlungen als sprachsoziologische Erscheinung. In: Leipziger Namenkundliche Beiträge 2, Berlin (= Berichte über die Verhandlungen der Sächsischen Akademie der Wissenschaften zu Leipzig, Phil.-hist. Klasse 113, 4), S. 19–28.

Walther (1965): siehe *2.3.6.

Hans Walther (1972): Soziolinguistisch-pragmatische Aspekte der Namengebung und des Namengebrauchs. In: NI 20, S. 49–60.

Hans Walther/Johannes Schultheis (1974): Soziolinguistische Aspekte der Eigennamen. In: Rudolf Große/Albrecht Neubert (Hrsg.): Beiträge zur Soziolinguistik. Halle, S. 187–205.

Erklärendes Verzeichnis der Fachtermini und Sachregister*

Abbreviatur: Abkürzung, Kürzel, abgekürzte Schreibung

abstraktive Relevanz: nach Bühler das Prinzip, das festlegt, welche Eigenschaften eines Gegenstands bei seiner Verwendung als Zeichen nicht berücksichtigt werden

Abstraktum: sprachliche Bezeichnung eines nicht Dinglichen (Haß, Ehre, Güte) im Gegensatz zum Konkretum

addierende Namendeutung: Deutung der Bestandteile von mehrgliedrigen Namen ohne den Versuch, eine semantische Beziehung zwischen den Gliedern herzustellen 137f.; *146*

Adelsname: von der feudalen Oberschicht gebildeter Name zur Bezeichnung eines oberschichtlichen Sachverhalts (Burg, Schloß, Stadtgründung usw.) 159ff.; 173f.; *179*; 204; 209; *223*

Adjektiv: Eigenschaftswort

Affix: zur Wortbildung verwendetes Sprachelement, das nicht als selbständiges Sprachzeichen gebraucht werden kann (ge-, ver-; -lich, -bar)

aktuelle Bedeutung: die in der Redesituation realisierte besondere Variante der allgemeinen (potentiellen) Bedeutung eines Sprachzeichens 28; 86f.; *95*

Akzent: Betonung

Akzentuierung von Namen 32; *44;* 141

Allegorese: Auslegung des hinter dem Wortsinn verborgenen eigentlichen Sinnes eines Wortes oder einer Sache

Allegorie: sinnbildliche Darstellung

Alliteration: Stabreim, gleicher Anlaut von Wörtern 121; *132;* 138; *151;* 191; 216

Allonym: Realisierungsform eines Namens (Friedrich, Fritz, Fritzchen) 194

Allophon: Realisierungsform eines Phonems (ch in ich und ach)

amtlicher Name: offizieller Name, von Behörden verwendeter, meist durch Gesetze und Verordnungen in seinem Gebrauch festgelegter Name 144f.; *153;* 172f.; 176; 207f.; 210f.; 212f.; *224f.*

Amtsetymologie: von Amts wegen, bei der rechtsverbindlichen Festsetzung einer Namenform auftretende Form der Volksetymologie 92; *97;* 209; *223*

Annalen: nach Jahresdaten chronologisch geordnete Geschichtsdarstellung

Anthroponym: zu griech. *ánthrōpos* 'Mensch'; Personenname 52f.; 118f.; 121; 123f.; 125f.; 128f.; *134;* 137ff.

Anthroponymie: Personennamengebung 137ff.; 171f.; 204ff.; 216ff.

antike Namengebung 52; *58;* 137f.; *145f.*

antithetisch: gegensätzlich

antonymisch: gegensätzliche Bedeutung tragend (schwarz : weiß)

Anzeichen: Zeichenklasse, bei der ein zeichenhafter Gegenstand in einem Kausalverhältnis zum Bedeuteten steht (Rauch als Anzeichen für Feuer)

Apokope: Abfall eines auslautenden Vokals

Appell: nach Bühler Leistung des Sprachzeichens in seinem Bezug auf einen Angesprochenen

Appellativ: Gattungsbezeichnung 26ff.; 30ff.; 35ff.; *40;* 56f.; *60*

Äquivalent: gleichen Wert besitzend

---

* Kursiv gesetzte Seitenzahlen verweisen auf Literaturangaben oder Hinweise.

Arbitrarität des Zeichens: Willkürlichkeit der Zuordnung von Bedeutungen zu einem als Zeichen benutzten Gegenstand

Archivalie: Aktenstücke, Urkunden eines Archivs

Archivwesen 65; *80*

areale Auswertung von Namen: ein bestimmtes Gebiet, einen eingegrenzten Raum betreffende Auswertung von regional beschränkter Gültigkeit 104 ff.; *112*

Artikel: Geschlechtswort (der, die, das, ein usw.)

Assimilation: Angleichung von Lauten aneinander

Assoziation: Verknüpfung von Vorstellungen, wobei eine die andere hervorruft

assoziatives Namenfeld: durch Assoziation entstandenes Namenfeld im Gegensatz zum thematischen Namenfeld 192

Attribut: Beifügung (das *große* Haus, das Haus *des Vaters*)

Ausbaunamen: Namen der Ausbauzeit, als germanische Stämme nach Abschluß der Landnahme im Zuge der Völkerwanderung zur Errichtung und zur Durchorganisation von Großreichen schritten 158 ff.; *167;* 187 f.

Ausdruck: nach Bühler Leistung des Sprachzeichens in seinem Bezug auf den Sprecher

Auslaut: Vokal- oder Konsonantenphoneme am Ende eines selbständigen Sprachzeichens

Beamtenetymologie: siehe Amtsetymologie

Bedeutung: der semantische Gehalt, Inhalt eines Sprachzeichens 18; *22;* 27 ff.; *46;* 124 ff.; *225*

Beiname: ein zum eigentlichen Personennamen hinzutretender charakterisierender Personenname 52; 121; 123; 142 f.; *151*

Beivorname: ein zum eigentlichen Vornamen hinzutretender weiterer Vorname 171 f.

berufsbezogener Übername: ein Beiname, dessen charakterisierende Funktion auf den Beruf des so Benannten abhebt (Giftzwerg als Spitzname eines Chemikers oder Chemielehrers) 208; *223*

Berufsname: ein ursprünglich charakterisierender Beiname, der den Beruf des zu Benennenden ausdrückt, später vielfach zum Familiennamen geworden (Fleischer, Bauer) 121; 123; 143; 189; 205

Besitzername 157; 193; *201;* 210

Bestimmungswort: bei Zusammensetzungen (Komposita) der vordere Bestandteil, der die Bedeutung des hinteren Bestandteils (Grundworts) modifiziert – allerdings nur im Falle der sogenannten Determinativkomposita (Typ Regierungspräsident) 94; 105; 121; 124 ff.; *131 f.; 133*

Bezeichnung: ein Sprachzeichen ohne semantischen Gehalt, das lediglich Markierungsfunktion hat, also nur denotiert 18; 27 ff.

Beziehungswort: derjenige Bestandteil eines Kompositums, worauf sich der andere (meist vordere) Bestandteil bezieht

Bibliothekswesen 65; *79 f.*

Bindestrichname: Doppelname, dessen Bestandteile durch einen Bindestrich getrennt werden (Hans-Gert, Castrop-Rauxel) 161

Buchtitel 56; 175 f.; 214 ff.; *226*

Burgenname 54; 160; *167;* 209

Charakterisierung: Funktion von Sprachzeichen mit semantischem Gehalt 34; *46;* 52; 175

christliche Namen 140 f.; 144; *148 ff.; 152;* 160; *167;* 190; 204 f.; *221*

Chronologie: zeitliche Abfolge; Lehre von der Zeitrechnung

chronologische Schichtung: räumliche Verteilung von Namen bzw. Namentypen, die die Abfolge der Namengebung widerspiegeln 137 ff.; 186 ff.

Code: durch Konvention bestimmtes Zuordnungsschema, das die Verbindung von Signalen und Bedeutungen zu Zeichen festlegt

Darstellung: nach Bühler Leistung des Sprachzeichens in seinem Bezug auf Sachverhalte der objektiven Realität

Datierung 67; 72 f.; *83*

Dativ: meist durch besondere Endung gekennzeichnete Flexionsform (3. Fall, z.B. dem Hause, den Häusern), auf die Frage "wem"?" antwortend

Deckname: Künstlername, Pseudonym 53

definit: bestimmt, etwa im Falle des Artikels (der, die, das) im Gegensatz zum indefiniten Artikel (ein, eine)

Denotation: Bezeichnungs-, Markierungs-, Etikettierungsfunktion des Sprachzeichens 27 ff.; *40*

Derivation: Ableitung, Wortbildung durch Anfügung von Affixen an Wurzel oder Stamm 122 f.; *132*

Determinator: hinweisendes, bestimmendes, modifizierendes Element wie Artikel, Adjektiv, Pronomen in Verbindung mit einem anderen Sprachzeichen (*das* Kind, *große* Bäume, *mein* Sohn, *jenes* Land)

Diachronie: Betrachtung von Sprache auf verschiedenen zeitlichen Ebenen, Sprachgeschichte

Dialekt: Mundart 33; *45;* 70 ff.; *82;* 182; 188

Dialektgeographie: wissenschaftliche Untersuchung der räumlichen Verteilung von Mundarten, von deren Zustandekommen und Veränderungen 73; *83;* 103 f.; *114;* 182; 188; *195; 199*

Dialektologie: Mundartkunde, Mundartforschung *82; 113*

diastratisch: verschiedene soziale Schichten betreffend

diatopisch: verschiedene Orte oder Räume betreffend

dichterische Namengebung 138; *147;* 216 ff.; *221; 226*

Differenzierung: Unterscheidung, oft durch Hinzufügung charakterisierender Attribute (Ober-, Unterflokkenbach) 110 f.; 145; 161; *168;* 185; 207

Diminuierung: Verkleinerung

Diminutiv: Verkleinerungsform

Diphthong: Doppellaut aus zwei Vokalen (ei, au, äu)

Diphthongierung: Lautwandel, bei welchem ein Monophthong zu einem Diphthongen wird

Diskursebene: Ebene der Kommunikation, auf welcher die abstrakten Einheiten des Sprachsystems zu einer bestimmten realen Situation in Beziehung gesetzt werden 35 ff.; 38; *47*

Dissimilation: Entgleichung von Lauten, Verschiedenwerden von ursprünglich gleichen Lauten (Gegenteil: Assimilation)

distinktives Merkmal: Merkmal, durch welches sich ein sprachlicher Sachverhalt unverwechselbar von einem anderen unterscheidet (p und b unterscheiden sich durch das Merkmal "stimmlos" bzw. "stimmhaft")

Doppelnamigkeit: Unterscheidung durch Verwendung zweier Namen (etwa Vor- und Nachname) 52; 141 ff.; 173 f.; 206 f.

Duktus: Besonderheit der Schriftführung, Schreibweise

dynastische Namen: nach dem Vorbild von in bestimmten Dynastien (Herrscherhäusern) üblichen Namen gebildete Eigennamen 143; *153;* 190; 204; *221*

Eigenname: im Gegensatz zur Gattungsbezeichnung (Appellativ) ein Sprachzeichen, das einem Sachverhalt dermaßen zugeordnet ist, daß es diesen nicht einer Klasse von ähnlichen Sachverhalten unterordnet, sondern die Individualität be-

tont 26ff.; 30ff.; 35f.; 56f.; *60;*
170f.; 211f.

Eindeutschung 140f.; *150;* 185; 217

Ellipse: Ersparung durch Weglassen von Redeteilen

Emphase: Hervorhebung, besonders starke Betonung

Endreim: Gleichklang am Wortende

Entsemantisierung: Aufgabe des semantischen Gehalts im Falle des Übergangs eines Appellativs zum Namen (ein Metzger namens Bauer) 34; *45f.;* 211; *225*

Ereignisname: Name, der ein Ereignis bezeichnet (der 30jährige Krieg) 55f.

Ergonym: Name von vom Menschen geschaffenen Objekten oder Produkten 54f.; *58ff.*

Ethnonym: Völker-, Stammesname 53

ethnophor: Völker oder Stämme beinhaltend, bezeichnend

Etymologie: Lehre von Wortbildung und -herkunft 17; *21f.;* 88ff.; *96f.*

Etymon: als Ausgangsform der Wortentwicklung anzusetzende Grundform

Expressivität: Gefühlsgehalt, Fähigkeit des Gefühlsausdrucks 207f.; 210f.

extralinguistisch: außerlinguistisch, sprachwissenschaftlich nicht zu erklären

fachbezogener Übername: auf das Fach abhebender charakterisierender Beiname, besonders im Falle von Lehrerspitznamen (Sinus für einen Mathematiklehrer) 208; *223*

Familienname 52; 105f.; *114;* 121; 141ff.; *151f.;* 205ff.

Familiennamenbücher *154*

Femininum: Sprachzeichen weiblichen Geschlechts

feudalistische Namen: von der feudalen Oberschicht geprägte oder benutzte Namen 159f.

figurativ: bildlich, umschreibend

fiktional: vom Dichter erfunden

Flexion: Wortbiegung oder -beugung; Veränderung von Wortformen

durch Verwendung von Endungen 32f.; 93; 104; 118f.; 120; 122

Flurbezeichnung: Stellenbezeichnung, die unter Verwendung eines Flurnamens gebildet wird, der eine benachbarte Örtlichkeit benennt (hinter dem Stadtgraben) 193f.; *201*

Flurname: Benennung einer Örtlichkeit, die keine Siedlung ist und keine große räumliche Ausdehnung besitzt 54; *59;* 188; 193f.; *201*

Folio: Blatt; oft Bezeichnung eines großen Buch- bzw. Handschriftenformats

Formenbildung: siehe Flexion

Formularien: Vorlage, Musterbuch für das richtige Abfassen von Urkunden und Briefen

Fraktur: die gebrochene, kantige gotische Schriftform

fränkische Namengebung 157ff.; *166;* 186f.

Frauennamen 121; 126; *132;* 138f.; *147*

fremder Einfluß 140f.; 142ff.; *151f.;* 161; *168*

Fremdwort: in die eigene Sprache übernommenes, jedoch nicht dieser angeglichenes Sprachzeichen

funktionelle Bedeutung: in bestimmten Kommunikationssituationen realisierte Individualbedeutung eines Sprachzeichens

Gattungsbezeichnung: Sprachzeichen, durch welches ein Sachverhalt semantisch als Element einer bestimmten Klasse mit angebbaren Merkmalen bezeichnet wird 26ff.; 30ff.; 35f.; *40;* 170f.; 211

Gebietsreform 161f.; *168*

Gegenbildungen: antithetische oder antonymische Namen (Sommer- und Winterhalde) 193; *201*

Gegenwartsnamen 216ff.; *227*

geistlicher Schriftsinn: eigentliche Bedeutung eines Gegenstands oder Sprachzeichens, auf deren Enthüllung die Allegorese abhebt

Gemination: Laut-, insbesondere Konsonantenverdopplung 119; *131*

Genitiv: meist durch besondere Endung gekennzeichnete Flexionsform (2. Fall, z.B. des Vaters, der Häuser), auf die Frage "wessen"? antwortend

Genitivname: Namentyp, der sich als Genitiv zu erkennen gibt, jedoch als selbständiger Name ohne folgendes Grundwort benutzt wird (vgl. Bahnhofs-Vorsteher und Sterbfritz ⟨ Starkfrides) *133*

Gentilname: mittlerer Name des auf drei Namen aufbauenden römischen Namengebungswesens, das die gens (latein. für 'Sippe') bezeichnet 52

Genus: Geschlecht eines Sprachzeichens (maskulin 'männlich', feminin 'weiblich', neutrum 'keins von beiden, neutral')

Germania Roman(ic)a: römisch-lateinisch beeinflußter Teil Germaniens bzw. Deutschlands 158f.; *167;* 187; *198*

germanische Namen 105; *114;* 119ff.; 124ff.; *133;* 137ff.; *148;* 157f.; *164ff.*

Gewässerflurnamen 210; *224*

globale Auswertung: Methode der Auswertung von Namenmaterial, die auf universale, zumindest in Großräumen geltende Prinzipien ausgerichtet ist 109ff.; *112*

Grundwort: derjenige Bestandteil zusammengesetzter Sprachzeichen (Komposita), der das Ende bildet und Genus und Flexion etc. bestimmt 89; 105; 121; 124ff.; *131f.; 133*

Hausname 54; 210

Heiligennamen 140f.; 144; *152;* 160; 190; 204f.; *221; 224*

Heiligenverehrung 140; 144; *149ff.; 221*

Heraldik: Wappenkunde 160; 209; *223*

Herkunftsname: charakterisierender Beiname, der die Herkunft des so Benannten bezeichnet, später vielfach zum Familiennamen geworden (Augsburger) 52; 105f.; *114;* 121; 123; 142; 205f.

Hochsprache: Einheitssprache, welche, die Mundarten überlagernd und übergreifend, vornehmlich von höheren Sprecherschichten bzw. zu anspruchsvolleren Zwecken (Literatursprache, Dichtersprache, Amtssprache usw.) benutzt wird

Homonymie: Erscheinung der lautlichen Gleichheit bei semantischer Verschiedenheit von Sprachzeichen (Bank = 'Sitzgelegenheit' und 'Geldinstitut')

Hydronym: Gewässername 54; 155; 177

Hypokoristikon: Kosename 53; 93; 119

Identifikation: Bezeichnung, Etikettierung, Markierung im Gegensatz zur Charakterisierung; Funktion von Sprachzeichen ohne semantischen Gehalt 28f.; 31; 34; *46;* 138; 175

Ideologie: die jeweiligen Klasseninteressen ausdrückendes System von Theorien über die soziale Wirklichkeit, das Regeln und Normen für das eigene soziale Verhalten liefert *113;* 172; *178;* 208f.; *223*

Idiolekt: Individualsprache

Imperativname: Satzname mit einem Verb in Befehlsform (Imperativ): Haßdenteufel 124

indefinit: unbestimmt

Individualbedeutung: in der konkreten Kommunikationssituation aktualisierte, nur für diese Situation gültige Bedeutung von Sprachzeichen

Individualname: der Benennung eines Einzelwesens dienendes Sprachzeichen 52f.; 144

Information: kaum zu definierender Begriff, der im allgemeinen den Bedeutungsgehalt meint, den ein Sprachzeichen besitzt 31; 34f.; 36; *46*

Insassenname: Name der Bewohner einer Siedlung 123; 157

Konvention: Übereinkunft

Kopialbuch: Verzeichnis, in welches eingegangene oder ausgehende Dokumente abschriftlich eingetragen werden

Kosenamen 53; 93; *98;* 119; 123; *131*

Kreuzklassifikation: Möglichkeit der Zugehörigkeit zu mehreren Klassen

Kulturname: Name für einen kulturbedingten (vom Menschen geschaffenen) Sachverhalt 54; *58f.*

Kulturraum: Gebiet gleicher kultureller Verhältnisse 104; 182ff.

Kulturraumforschung: *113f.; 200*

Kurzname 32; 93; 119; 139f.; 141; *148; 207*

laienhafte Namendeutung 88f.; 91f.; *96*

Lallform: der Säuglings- oder Kindersprache entstammende vereinfachte Form eines Sprachzeichens 93; *98;* 119; *131*

Ländernamen 54

Landnahmenamen: zur Zeit der Landnahme (Völkerwanderung) gebildete Namen 157f.

Latifundien: Großgrundbesitz 157

Latinisierung 143f.

Lautverschiebung: geregelte Veränderung bestimmter Bereiche des Konsonantensystems, wodurch sich das Germanische aus dem Indogermanischen bzw. das Hochdeutsche aus dem Germanischen herausgelöst hat

Lehnwort: einer fremden Sprache entstammendes, der eigenen Sprache weitgehend angeglichenes Sprachzeichen

Lexem: Bedeutung tragendes Sprachzeichen, das als selbständige Einheit des Lexikons auftritt

Lexikologie: das Wörterbuch behandelnde Richtung der Sprachwissenschaft

Lexikon: Wörterbuch, Verzeichnis von Lexemen

Limes: römischer Grenzwall, der das römische Herrschaftsgebiet in Germanien vom Rhein bis zur Donau gegen den freien Teil des Landes abgrenzte

literarische Namen 144f.; *153;* 205; 216ff; *226f.*

Lokativ: alter Ortskasus, im Germanischen und Deutschen meist mit dem Dativ zusammengefallen

Lückenform: siehe Klammerform

Makrotoponym: Raumname, Benennung einer Örtlichkeit von größerer Ausdehnung 53f.; *59*

Manipulation durch Namen 172f.; *178;* 208f.

Männernamen 121; 125f.; *132;* 138; *147*

Maskulinum: Sprachzeichen männlichen Geschlechts

Matrikel: Personenverzeichnis, etwa der Mitglieder einer Hochschule

Matronymikon: vom Namen der Mutter abgeleiteter Name 53

mechanische Namenbildung 138; *147*

Mehrnamigkeit 52; 141ff.; *151;* 173f.; 206ff.

Merkmalinventar: Gesamt der meist semantischen Merkmale, die ein Sprachzeichen mit bestimmter Bedeutung und Verwendungsweise gegen ein anderes abgrenzen

Metronymikon: siehe Matronymikon

Migration: Wanderung, Übertragung von Namen von einem Raum in einen anderen 184; *196*

Mikrotoponym: Flurname 54; *59;* 176f.; 209f.

Mischkultur 156ff.; 184ff.

Mischname: durch Kontamination entstandener Name 185f.; *197*

Modelltheorie 111f.; *116*

Monophthong: einfacher Vokal (a, e, i usw.)

Monosemantika: Gattungsbezeichnungen als Bezeichnungen von Klassen mit nur einem Element (Sonne, Paradies) 28; 35; *41; 46*

Morphem: kleinste Bedeutung tragende Einheit des Sprachsystems

Morphologie: Wortbildungs- und Formenlehre

Motivation: Anlaß der Namengebung 64; 87; 170 f.; *178*

Movierung: Überleitung eines Maskulinums ins feminine Genus durch Anfügung eines Suffixes 139; *147*

Mundart: siehe Dialekt

Mundartgeographie: siehe Dialektgeographie

Mundartgrenze: Bündel von Linien, jenseits welcher für eine bestimmte Mundart geltende Besonderheiten nicht mehr wirksam sind

mythisches Denken 138

Nachname: bei Doppelnamigkeit der zweite Name (Familienname) 52

Name: siehe Eigenname

Namenbildung 34; *58;* 169 f.; *177*

Namendeutung 85 ff.; 137 ff.; *146*

Namenetymologie 87 ff.; *95*

Namenfeld: Raum von Namen, die aufeinander bezogen gebildet wurden 175; 190 ff.; *202*

Namengebrauch 34; *58;* 85 f.; *95*

Namengeschichte 87 ff.; 92 ff.; *95;* 169 f.; *209*

Namenlandschaft: Gebiet, das sich durch eigenständige Namengebung gegen andere Gebiete abgrenzt 183 f.; 190 ff.; 194 f.; *200*

Namenmagie 15; *19 f.*

Namenmode 158; 173 ff.; *179;* 211 f.; 213; 214 ff.; *222*

Namennest: kleinster Raum eigenständiger Namengebung 190 f.;*200*

Namenphysiognomik: Untersuchung der Eigenschaft von Namen, im Namenbenutzer bestimmte Gefühle usw. zu erwecken 172; *178;* 212 ff.; *225*

Namenraum: durch besondere Namengebung sich abhebendes größeres Gebiet 105; 182 ff.; *196*

Namenrecht *153;* 212 f.

Namenübertragung: siehe Migration

Namenwechsel 212 f.

Nasal: unter Verwendung der Nase als Resonanzraum gebildeter Laut (m, n)

Naturname: im Gegensatz zum Kulturnamen Benennung einer natürlichen Gegebenheit, die nicht durch Einwirkung menschlicher Tätigkeit zustande gekommen ist 54; *58 f.*

nazistische Namengebung 161; 172; *178 f.*

Neckname 192; *201*

Nekrologie: Totenverzeichnis, Sterberolle

Neutrum: Sprachzeichen sächlichen Geschlechts

Noem: kleinstes Element einer der Zeichenbedeutung zugrunde liegenden Vorstellung

Nomen: deklinierbares, durch Beugung Formen bildendes Sprachzeichen (Substantiv, Adjektiv etc.)

Nominalphrase: Konstituente eines Satzes oder sprachlichen Ausdrucks, die ein Substantiv enthält

Nominativ: auf die Frage "wer?/was?" antwortende Form eines Substantivs (1. Fall)

Null-Allomorph: nicht realisierte Form eines Morphems (vgl. die Pluralformen Auto-s und Fenster-0)

Numerus: Zahlform (Singular 'Einzahl' oder Plural 'Mehrzahl') des Nomens

Objektname: siehe Ergonym

Oikematonym: siehe Siedlungsname

okkasionelle Bedeutung: Sonderbedeutung, meist durch die Kommunikationssituation, den Kontext bestimmt *95;* 211

Onomasiologie: Bezeichnungslehre; untersucht, welche Bezeichnungen einem Sachverhalt beigelegt werden können 19; *23;* 63

Onomastik: Namenkunde, Namenforschung 19

onomastische Differenzierung: Differenzierung, Abgrenzung vermittels Eigennamen 110; 161; *168;* 204 ff.

Onomatologie: siehe Onomastik

Operator: logisches Symbol für eine bestimmte Operation

Opposition: durch distinktive Merkmale bewirkte Abgrenzung von Sprachzeichen gegeneinander

Organonmodell: von Karl Bühler entwickeltes Modell der Funktionen des Sprachzeichens 24 ff.; 30 f.; 172; *200 f.*

Oronym: Berg- oder Gebirgsname 54

Orthographie: Rechtschreibelehre 30; 32; *43;* 120; *131*

Örtlichkeitsname: siehe Toponym

Ortslexika 64; *78 f.*

Ortsname: Siedlungsname 53 f.; 156 ff.; 183 ff.

Ostsiedelung 184 ff.; *196 f.; 198 f.*

Paläographie: Schriftkunde 66 ff.; *80 f.*

Patronymikon: vom Vatersnamen abgeleiteter Name 52 f.; 143

Pendantbildung: siehe Gegenbildungen

Periphrase: Umschreibung

Personenname: siehe Anthroponym

Personifikation: vermenschlichte Darstellung von Abstrakta

Phänomenname: siehe Phänonym

Phänonym: zu griech. *phainómenon* '(Himmels)erscheinung': Name für vom Menschen unabhängige Naturerscheinungen 56; *58*

Phantasiename: frei gebildeter, den üblichen Namenbildungsweisen nicht unterworfener Name 217; *219*

Phonem: kleinste Bedeutung unterscheidende Einheit des Sprachsystems

Phonetik: Lehre von der Bildung und Aussprache von Lauten

Planmäßigkeit der Benennung 157; *166*

Plural: Mehrzahl

potentielle Bedeutung: mögliche Bedeutung eines Sprachzeichens (meist mehrere), die, vom Lexikon bereitgestellt, im konkreten Kommunikationsakt erst realisiert (aktualisiert) wird 28; 86; *95*

Prädikat: die Aussage beinhaltender Teil des Satzes

Pragmatik: zu griech. *prãgma* 'Handeln'; Lehre vom Einfluß der realen Umwelt auf den Vollzug von sprachlicher Kommunikation 37 f.; *47;* 51; 57; *180;* 212; 220; *225*

Präposition: Verhältniswort (in, an, auf)

Präpositionalphrase: Konstituente eines Satzes oder sprachlichen Ausdrucks, die eine Präposition in Verbindung mit einem Substantiv oder einer Nominalphrase enthält

präpositionaler Flurname: Stellenbezeichnung, die den Flurnamen mit den Präpositionen "in" oder "auf" verbindet 193; *201*

Präsupposition: stillschweigende Voraussetzung oder Vorannahme, die sprachlich nicht ausdrücklich formuliert zu werden braucht

Praxonym: zu griech. *prãxis* 'Handeln, Tun'; siehe Ereignisname

Prestigename: Name, der gegeben worden ist, um das Ansehen seines Trägers zu erhöhen 208; 213 f.

Primärbildung: zur Namengebung eigens gebildeter Name, der ohne umschreibenden Hinweis auf einen anderen Namen gefunden wird (Flurname im Gegensatz zur Flurbezeichnung) 193 f.

Produktivität 194; *201 f.*

Pronomen: Fürwort, das ein Nomen vertreten kann

Proposition: die Aussage beinhaltender Satz, Aussagesatz

Proprium: abgekürzt aus lat. *nomen proprium* 'Eigenname' 26 ff.; 37; 220

Pseudonym: Künstlername, Deckname 53

Quellenkritik 73; *83;* 88

Quellenkunde 63 ff.; *79*

Raumname: siehe Makrotoponym

Realgeschichte 87 f.; *95 f.;* 100 ff.

Realienkunde *95 f.*

Realprobe: Überprüfung der Örtlichkeitsnamedeutung an Hand der lokalen Realität 87; *95;* 101

redende Namen *46;* 130; *218; 227*

Referent: das reale Bezugsobjekt eines Sprachzeichens

Referenz: Beziehung eines Sprachzeichens auf sein reales Bezugsobjekt

regionale Auswertung von Namen: nur für eine individuelle Lokalität gültige Auswertung 100 ff.; *112*

Repräsentativname: siehe Prestigename

Revanchismus in der Namengebung 172 f.; *179; 201;* 208

Rodungsnamen 159 f.; 187

römische Namen 103; 156 f.; *164*

Rufname 52; 105 f.; *114;* 121; 128 f.; 137 ff.; 171 f.; 191; 204 f.; 213 f.; 216 ff.

Satzname: Name in der Form eines (meist verkürzten) Satzes (Heinrich Jasomirgott) 123 f.; *130; 132*

schichtenspezifische Namengebung 139 f.

Schimpfname 52; 192

Schriftdialekt: übermundartliche, in einem begrenzten Raum vornehmlich zu Schreibzwecken verwandte Vorstufe der Hochsprache 72; *83;* 189 f.; *200*

Schrumpfname: siehe Klammerform

schwache Flexion: besondere Form der Substantivbeugung mit Hilfe von n-haltigen Suffixen (der Hase, des Hasen)

segmentieren: in Konstituenten zerlegen

Sekundärbildung: durch Rückgriff auf benachbarte Namen erfolgende Benennung (Flurbezeichnung) 194

Sem: kleinstes Bedeutungselement eines Sprachzeichens

Semantik: Bedeutungslehre

Semasiologie: Wortbedeutungslehre; untersucht, welche Bedeutungen einem Sprachzeichen zukommen

Semiotik: Lehre von den Zeichen und ihrem Gebrauch

Siedlungsgeschichte 158; *166;* 174; 186 ff.; *198 f.*

Siedlungsname: Benennung einer menschlichen Ansiedlung (Hof-, Dorf- oder Stadtname etc.) 54; *59;* 123; 157 f.

Signal: Bedeutung tragende Lautkombination; nach Bühler Funktion des Sprachzeichens in seinem Bezug auf den Angesprochenen

Singular: Einzahl

Sippennest: Raum, in welchem die Mitglieder einer Sippe eng zusammenleben 190 f.

Slawisches in der Namengebung 90; 184 ff.; *197 f.*

soziale Schichtung der Namen 139 f.; *148;* 161; 173; 204 ff.; 217; *221; 223 f.*

Sozialgeschichte in Namen 205 f.; 210; *222; 224*

Soziolekt: gruppenspezifische Sprache

Soziolinguistik: sprachwissenschaftliche Disziplin, welche die Zusammenhänge zwischen Sprache und Gesellschaft untersucht

Spirant: Reibelaut (f, s etc.)

Spitzname 52

Spottname 192

Sprachgeographie: siehe Dialektgeographie

Sprachgeschichte *81 f.;* 87; 94; 103 f.; 176 f.; *180*

Sprachspiel: Begriff Wittgensteins, der das Verwobensein von Sprechen und Handeln innerhalb einer Kommunikationssituation meint 18; 221

Sprechakt: nach festen Regeln vollzogene sprachliche Interaktion zur Erreichung eines speziellen Kommunikationseffekts 19; *23;* 30 f.

sprechende Namen: siehe redende Namen

Stabreim: siehe Alliteration

Stamm: in der Wortbildung eine durch ein weiteres (vokalisches und/oder konsonantisches) Element verlängerte Wurzel

Stammesname 53; 56 f.; *61*

starke Flexion: besondere Form der Substantivbeugung mit Hilfe von Suffixen, die nicht wie im Falle der schwachen Flexion n-haltig sind

statistische Auswertung *78;* 106 ff.; *115;* 183; *196*

240

Verzeichnis der abgekürzt zitierten Literatur

AfdA   Anzeiger für deutsches Altertum und deutsche Literatur

Ahd. Grammatik   Wilhelm Braune: Althochdeutsche Grammatik. 13. Auflage bearbeitet von Hans Eggers. Tübingen 1975 (= Sammlung Kurzer Grammatiken Germanischer Dialekte. A: Hauptreihe 5).

Bach   Adolf Bach: Deutsche Namenkunde. Bd. I, 1 und 2: Die deutschen Personennamen. 3., unveränderte Auflage Heidelberg 1978; Bd. II, 1 und 2: Die deutschen Ortsnamen. Heidelberg 1953 und 1954. – zitiert werden Bandzahl, § und Seitenzahlen

Behaghel: Syntax   Otto Behaghel: Deutsche Syntax. Eine geschichtliche Darstellung. 4 Bde Heidelberg 1923–1932 (= Germanische Bibliothek. 1. Sammlung Germanischer Elementar- und Handbücher. 1. Reihe: Grammatiken 10).

Beiträge   Beiträge zur Geschichte der deutschen Sprache und Literatur

BzN   Beiträge zur Namenforschung

Christmann: Flurnamen zwischen Rhein und Saar   Ernst Christmann: Flurnamen zwischen Rhein und Saar. Speyer 1965 (= Veröffentlichungen der Pfälzischen Gesellschaft zur Förderung der Wissenschaften in Speyer 49).

DLZ   Deutsche Literaturzeitung

dtv-Atlas zur deutschen Sprache   Werner König: dtv-Atlas zur deutschen Sprache. Tafeln und Texte. Mit 138 farbigen Abbildungsseiten. München 1978 (= dtv Taschenbuch 3025).

DU   Der Deutschunterricht

Duden Grammatik   Duden Grammatik der deutschen Gegenwartssprache. 3., neu bearbeitete und erweiterte Auflage. Bearbeitet von Paul Grebe unter Mitwirkung von Helmut Gipper, Max Mangold, Wolfgang Mentrup und Christian Winkler. Mannheim/Wien/Zürich 1973 (= Der Grosse Duden 4). – zitiert wird die Randnummer

Duden Herkunftswörterbuch   Duden Etymologie Herkunftswörterbuch der deutschen Sprache. Bearbeitet von Günther Drosdowski, Paul Grebe und weiteren Mitarbeitern der Dudenredaktion. In Fortführung der "Etymologie der neuhochdeutschen Sprache" von Konrad Duden. Mannheim 1963 (= Der Grosse Duden 7).

DVjS   Deutsche Vierteljahrsschrift für Literaturwissenschaft und Geistesgeschichte

Eichler   Ernst Eichler/Wolfgang Fleischer/Horst Naumann/Wolfgang Pfeifer/Hans Walther: Deutsche Namenkunde. In: Die deutsche Sprache. Kleine Enzyklopädie in zwei Bänden. Hrsg. von Erhard Agricola, Wolfgang Fleischer und Helmut Protze unter Mitwirkung von Wolfgang Ebert. Leipzig 1970. Bd. II, S. 639–751. – zitiert werden Dezimalziffer und Seitenzahlen

Fleischer   siehe Eichler!

Fleischer: Wortbildung   Wolfgang Fleischer: Wortbildung der deutschen Gegenwartssprache. 4., durchgesehene Auflage. Leipzig 1976.

Funk-Kolleg Sprache   Funk-Kolleg Sprache. Eine Einführung in die moderne Linguistik. Wissenschaftliche Leitung: Klaus Baumgärtner/Hugo

Steger. Wissenschaftliche Redaktion der Taschenbuchausgabe: Marlis Gerhardt. 2 Bde Frankfurt 1976 [86.–100. Tausend] (= Fischer Taschenbücher 6111 und 6112).

GRM   Germanisch-romanische Monatsschrift

Henzen: Wortbildung   Walter Henzen: Deutsche Wortbildung. 3. Auflage Tübingen 1965 (= Sammlung Kurzer Grammatiken Germanischer Dialekte. B. Ergänzungsreihe 5).

Historisches Wb.   Historisches Wörterbuch der Philosophie. Unter Mitwirkung von mehr als 700 Fachgelehrten … hrsg. von Joachim Ritter. Völlig neu bearbeitete Ausgabe des 'Wörterbuchs der Philosophischen Begriffe' von Rudolf Eisler. Bd. 1 ff. Darmstadt 1971 ff.

ICOS   International Congress of Onomastic Sciences

IF   Indogermanische Forschungen

ILC   International Linguistic Congress

Informationen   Informationen der Leipziger Namenkundlichen Arbeitsgruppe der Karl-Marx-Universität

Kleine Schriften   Hugo Moser: Studien zu Raum- und Sozialformen der deutschen Sprache in Geschichte und Gegenwart. Kleine Schriften I. Berlin 1979.

Kluge: Stammbildungslehre   Friedrich Kluge: Nominale Stammbildungslehre der altgermanischen Dialekte. 3. Auflage bearbeitet von Ludwig Sütterlin/Ernst Ochs. Halle 1926 (= Sammlung Kurzer Grammatiken Germanischer Dialekte. Ergänzungsreihe 1).

Kluge/Götze   Friedrich Kluge/Alfred Götze: Etymologisches Wörterbuch der deutschen Sprache. Berlin ²¹1975.

LAB   Linguistische Arbeitsberichte

Linguistische Grundbegriffe   Winfried Ulrich: Wörterbuch Linguistische Grundbegriffe. Kiel 1972 (= Hirts Stichwörterbücher).

Linguistisches Wb.   Theodor Lewandowski: Linguistisches Wörterbuch. 3 Bde Heidelberg. Bd. 1 und 3 1973 und 1975, Bd. 2 ²1976 (= Uni-Taschenbücher 200, 201 und 300).

Mededelingen   Mededelingen van de Vereniging voor Naamkunde te Leuven en de Commissie voor Naamkunde te Amsterdam

MGH SS   Monumenta Germaniae Historica, Scriptores

Mhd. Grammatik   Hermann Paul: Mittelhochdeutsche Grammatik. 21., durchgesehene Auflage von Hugo Moser/Ingeborg Schröbler. Tübingen 1975 (= Sammlung Kurzer Grammatiken Germanischer Dialekte. A: Hauptreihe 2).

MLR   Modern Language Review

Moderne Linguistik   Werner Welte: Moderne Linguistik: Terminologie/Bibliographie. Ein Handbuch und Nachschlagewerk auf der Basis der Generativ-Transformationellen Sprachtheorie. 2 Teilbde München 1974 (= Hueber Hochschulreihe 17/I und II).

Der Name in Sprache und Gesellschaft   Der Name in Sprache und Gesellschaft. Beiträge zur Theorie der Onomastik. Berlin 1973 (= Sächsische Akademie der Wissenschaften zu Leipzig, Sprachwissenschaftliche Kommission: Deutsch-Slawische Forschungen zur Namenkunde und Siedlungsgeschichte 27).

Name und Geschichte   Friedhelm Debus/Karl Puchner (Hrsg.): Name und Geschichte. Henning Kaufmann zum 80. Geburtstag. München 1978.

Namenforschung   Namenforschung: Festschrift für Adolf Bach zum 75. Geburtstag am 31. Januar 1965. Hrsg. von Rudolf Schützeichel/Matthias Zender. Heidelberg 1965.

Namenforschung heute   Autorenkollektiv: Namenforschung heute. Ihre Ergebnisse und Aufgaben in der Deutschen Demokratischen Republik. Berlin 1971.

Naumann: siehe Eichler!

NI   Namenkundliche Informationen

Paul: Grammatik   Hermann Paul: Deutsche Grammatik. 5 Bde Halle 1952 (unveränderter Nachdruck).

PL   J. P. Migne: Patrologiae Cursus Completus. Series Latina.

Probleme der Namenforschung   Probleme der Namenforschung im deutschsprachigen Raum. Hrsg. von Hugo Steger. Darmstadt 1977 (= Wege der Forschung 383).

Realencyclopädie   Pauly's Real-Encyclopädie der classischen Altertumswissenschaft. Neue Bearbeitung hrsg. von G. Wissowa/W. Kroll. Bd. 1 ff., 1894 ff.

RIO   Revue Internationale d'Onomastique

RLR   Revue de Linguistique Romane

Schatz: Ahd. Grammatik   Josef Schatz: Althochdeutsche Grammatik. Göttingen 1927 (= Göttinger Sammlung indogermanischer Grammatiken und Wörterbücher).

Schröder   Eduard Schröder: Deutsche Namenkunde. Gesammelte Aufsätze zur Kunde deutscher Personen- und Ortsnamen. Festgabe seiner Freunde und Schüler zum 80. Geburtstag. Göttingen [2]1944. – Zitiert wird nach der 1. Auflage 1938.

Schwarz   Ernst Schwarz: Deutsche Namenforschung. I: Ruf- und Familiennamen. Göttingen 1949; II: Orts- und Flurnamen. Göttingen 1950. – Zitiert werden Bandzahl, Paragraph und Seitenzahlen.

Solmsen/Fraenkel   Felix Solmsen: Indogermanische Eigennamen als Spiegel der Kulturgeschichte. Hrsg. und bearbeitet von Ernst Fraenkel. Heidelberg 1922 (= Indogermanische Bibliothek. 4. Abteilung: Sprachgeschichte 2).

Studien   Adolf Bach: Germanistisch-Historische Studien. Gesammelte Abhandlungen. Dem Autor zum Goldenen Doktorjubiläum am 27. Februar 1964. Hrsg. von Heinrich M. Heinrichs/Rudolf Schützeichel. Bonn 1964.

Walther   siehe Eichler!

Wilmanns: Grammatik   Wilhelm Wilmanns: Deutsche Grammatik. Gotisch, Alt-, Mittel- und Neuhochdeutsch. 4 Bde Straßburg. Bd. 1 [3]1911, Bd. 2 [2]1899, Bd. 3 1906, Bd. 4 [1, 2]1909.

WuS   Wörter und Sachen

WW   Wirkendes Wort

WZKMUL   Wissenschaftliche Zs. der Karl-Marx-Universität Leipzig, Gesellschafts- und sprachwissenschaftliche Reihe

ZfdA   Zs. für deutsches Altertum und deutsche Literatur

ZfDL   Zs. für Dialektologie und Linguistik

ZfdMa   Zs. für deutsche Mundarten

ZfdPh   Zs. für deutsche Philologie

ZfdWF   Zs. für deutsche Wortforschung

ZfhdMa   Zs. für hochdeutsche Mundarten

244

ZfMaF	Zs. für Mundartforschung
ZfNF	Zs. für Namenforschung
ZfONF	Zs. für Ortsnamenforschung
ZfrPh	Zs. für romanische Philologie
ZfvSF	Zs. für vergleichende Sprachforschung auf dem Gebiet der Indogermanischen Sprachen (Kuhns Zs.)

Verzeichnis der sonstigen Abkürzungen und Symbole

aaO.	am angegebenen Ort	Jg.	Jahrgang
Abt.	Abteilung	Jh.	Jahrhundert
abulg.	altbulgarisch		
A.D.	Anno Domini	lat.	lateinisch
ae.	altenglisch		
ags.	angelsächsisch	masch.-	
ahd.	althochdeutsch	schriftl.	maschinenschriftlich
ai.	altindisch	mhd.	mittelhochdeutsch
air.	altirisch	mlat.	mittellateinisch
an.	altnordisch		
Anm.	Anmerkung	ND	Nachdruck, Neudruck
apolab.	altpolabisch	ndd.	niederdeutsch
asorb.	altsorbisch	NF	Neue Folge
Aufl.	Auflage	nhd.	neuhochdeutsch
		Nr.	Nummer
bair.	bairisch		
Bd.	Band	o.ä.	oder ähnlich
Bde	Bände		
bes.	besonders	pass.	passim ('und öfter')
bzw.	beziehungsweise	Phil.	
		Diss.	Dissertation der Philosophi-
c.	capitulum		schen Fakultät
		Phil.-	
ders.	derselbe	hist.	philosophisch-historisch,
dies.	dieselbe(n)		philologisch-historisch
Diss.	Dissertation		
		russ.	russisch
ebd.	ebenda		
ed.	edited	S.	Seite(n)
Ed.	Editor	scil.	scilicet ('das heißt',
engl.	englisch		'nämlich')
etc.	et cetera	slaw.	slawisch
		Sp.	Spalte(n)
f.	folgende (Seite)	s.v.	sub verbo ('unter dem
ff.	folgende (Seiten)		betreffenden Stichwort')
frz.	französisch		
		tit.	titulus
germ.	germanisch	tschech.	tschechisch
got.	gotisch		
griech.	griechisch	u.a.	unter anderem; und
			andere(s)
hrsg.	herausgegeben	u.ö.	und öfter
Hrsg.	Herausgeber		
Hs.	Handschrift	V.	Vers(e)
		vgl.	vergleiche
idg.	indogermanisch	Vol.	Volumen ('Band', 'Teil')

z. B.	zum Beispiel	⟩	wird zu
Zs.	Zeitschrift	⟨	entstanden aus
		∧	und-Operator
		→	wird ersetzt durch (o. ä.)
+	Merkmal vorhanden	//	Phonembezeichnung
−	Merkmal nicht vorhanden	:	Längebezeichnung (nach
*	erschlossene Form; falsche		Vokalen)
	Form	$\left\{ \begin{matrix} x \\ y \end{matrix} \right\}$	alternative Verwendbarkeit:
?	fragliche Form		entweder x oder y

Germanistische Lehrbuchsammlung

Herausgegeben von Hans-Gert Roloff (Berlin)

Abteilung I · Sprache

1 Grundbegriffe der Sprachwissenschaft.
Ein Nachschlagewerk
(Hrsg. Herbert Penzl, Berkeley, und
Hans-Gert Roloff, Berlin)

2 Der Weg zur deutschen Sprache. Von der
indogermanischen zur Merowingerzeit
(Piergiuseppe Scardigli, Firenze)

3 Geschichte der deutschen Sprache
(Ingo Reiffenstein, Salzburg)

4 Historische Laut- und Formenlehre des
Deutschen
(Alfred Kracher, Graz)

5 Historische Syntax des Deutschen I: Von
den Anfängen bis 1300
(Paul Valentin, Paris)

6 Historische Syntax des Deutschen II:
Von 1300 bis 1750
(Robert Peter Ebert, Princeton/N.J.)

7 Althochdeutsch
(Herbert Penzl, Berkeley/CA)
Erscheint 1985

8 Mittelhochdeutsch
(Herbert Penzl, Berkeley/CA)

9 Frühneuhochdeutsch
(Herbert Penzl, Berkeley/CA)
Bern 1984. 203 S. Brosch. sFr. 54.–

10 Neuhochdeutsch I: Phonetik und Phonologie des Deutschen
(Günter Lipold, Wien)

11 Neuhochdeutsch II: Formenlehre und
Wortbildung
(Paul Valentin, Paris)

12 Neuhochdeutsch III: Deutsche Syntax.
Eine Einführung
(Johannes Erben, Bonn)
Bern 1984. 128 S. Brosch. sFr. 24.80

13 Wortforschung I: Semantik des Deutschen
(Marthe Philipp, Strasbourg)

14 Wortforschung II: Lexikologie des Deut-
schen (Lexikographie, Wortgeschichte,
Wortgeographie)
(Gilbert A.R. de Smet, Gent)

15 Wortforschung III: Etymologie des
Deutschen
(Helmut Birkhan, Wien)
Erscheint 1985

16 Angewandte Linguistik des Deutschen I:
Soziolinguistik
(Matthias Hartig, Frankfurt a.M.)
Bern, 1985. 209 S. Brosch. s.Fr. 36.–

17 Angewandte Linguistik des Deutschen II:
Psycholinguistik
(Els Oksaar, Hamburg)

18 Angewandte Linguistik des Deutschen III: Sprachkontakte und Mehr-
sprachigkeit
(Els Oksaar, Hamburg)

19 Linguistische Theorien der Moderne
(W.P. Lehmann, Austin/Texas)
Bern 1981. 173 S. Brosch. sFr. 26.–

20 Dialektologie des Deutschen
(Peter Wiesinger, Wien)

21 Namenkunde des Deutschen
(Gerhard Bauer, Mannheim)
Erscheint 1985

22 Geschichte der deutschen Sprachwissenschaft
(Herbert Kolb, München)

23 Probleme des Übersetzens aus älteren
deutschen Texten
(Bernhard Sowinski, Köln)

24 Die gotischen Sprachreste. Überblick und
Einführung
(Piergiuseppe Scardigli, Firenze)

25 Die nordischen Sprachen. Übersicht und
Einführung
(Ulrich Groenke, Köln)

26 Niederdeutsche Sprache
(Dieter Stellmacher, Göttingen)

27 Jiddisch. Eine Einführung
(Josef Weissberg, Jerusalem)

Abteilung II · Literatur

Reihe A · Literaturgeschichte

Reihe B · Literaturwissenschaftliche Grundlagen

57 Poetik (bis 1750)
(Ferdinand van Ingen, Amsterdam)

58 Literaturästhetik (ab 1750)
(Karol Sauerland, Warszawa)

59 Stilkunde
(Richard Thieberger, Nice)

60 Literarische Textanalyse
(Joseph Strelka, Albany/N.Y.)

61 Rezeptionsgeschichte
(Roland D. Heine, Hayward/CA)

62 Literarische Semiotik und Kommunika-
tionstheorie
(Ernst W.B. Hess-Lüttich, Bonn)

63 Die deutsche Artes-Literatur
(William Crossgrove, Providence/Rhode
Island)

64 Gelegenheitsdichtung
(Joseph Leighton, Bristol)

65 Methoden der Literaturwissenschaft

66 Grundbegriffe der Literaturwissenschaft.
Ein Nachschlagewerk

Reihe C · Interdisziplinäre Aspekte

67 Literatur und Medien
(Harry Pross, Berlin)

68 Literatur und Geschichte
(Hinrich C. Seeba, Berkeley/CA)

69 Literatur und Politik
(Urs Jaeggi, Berlin)

70 Literatur und Gesellschaft
(Gerhard Sauder, Saarbrücken)

71 Literatur und Schule
(Uwe Grund, Saarbrücken)

72 Literatur und Psychologie
(Albert Reh, Amherst/Mass.)

73 Literatur und Linguistik
(W. Frier, Amsterdam)

74 Literatur und Volkskunde
(Dietz-Rüdiger Moser, Freiburg i.Br.)

75 Literatur und Theater
(Thomas Koebner, Köln)

76 Literatur und Kunst
(Reingard Nethersole, Johannesburg)

77 Literatur und Musik
(Carl Dahlhaus und Norbert Miller,
Berlin)

78 Literatur und Recht
(Heinz Müller-Dietz, Saarbrücken)

79 Literatur und Religion
(Gert Hummel, Saarbrücken)

80 Literatur und Antike
(Werner M. Bauer, Innsbruck)

Reihe D · Deutsche und europäische Sprache und Literatur

81 Komparatistik
(Armand Nivelle, Saarbrücken)

82 Geschichte der englischen Sprache.
Vom Westgermanischen zum Neu-
englischen

(Herbert Penzl, Berkeley/Daniel Brink,
Tempe)

83 Geschichte der niederländischen Sprache
(H.W.J. Vekeman, Köln)

Bitte, richten Sie Ihre Bestellung an Ihre Buchhandlung oder direkt an den Verlag
Peter Lang AG, Jupiterstrasse 15, CH-3000 Bern 15

Verlag Peter Lang   **Bern · Frankfurt am Main · New York**

Gerhard Rademacher (Herausgeber)

Heinrich Böll als Lyriker

**Eine Einführung in Aufsätzen, Rezensionen und
Gedichtproben
Mit Beiträgen von Heinrich Böll, Robert C. Conrad,
Lew Kopelew u.a.**

Frankfurt/M., Bern, New York, 1985. 140 Seiten
ISBN 3-8204-8554-6   br. sFr. 24.–

Die Aussageabsicht und die Strukturen der Lyrik H. Bölls wurden bisher von der Literaturwissenschaft kaum wahrgenommen. Dieser Sammelband möchte deshalb mit Aufsätzen (Conrad, Rademacher), die als Diskussionsbeiträge aufgefasst werden sollen, mit einer Bestandsaufnahme der Rezensionen (Kopelew, Jeziorkowski u.a.) sowie sämtlicher faksimilierter Fassungen der Gedichte «Meine Muse» und «Füt Peter Huchel» (H. Böll) zur Auseinandersetzung anregen. Der Schwerpunkt wird dabei einerseits auf die sozialpolitischen Intentionen und Implikationen – auf eine «Ästhetik des Humanen» – andererseits auf die Akzentuierung von Vorbedingungen für die Rezeption der Böllschen Gedichte gelegt.

Aus dem Inhalt: Gedichte ohne ästhetische Konformität – Bölls «Kölner Spaziergänge» u.a. Gedichte. Vorbereitende Bemerkungen zu ihrer Rezeption – Auf der Suche nach der «urbs abscondita» – Zu zwei Köln-Gedichten von H. Böll und P. Celan – Rezensionen – Unterschiedliche Fassungen der Gedichte «Meine Muse» und «Für Peter Huchel».

Gerhard Rademacher, geboren 1945, lehrt nach langjähriger Tätigkeit im Schuldienst, Promotion (1974) und Habilitation (1981) «Deutsche Sprache und Literatur und ihre Didaktik» an der Universität Dortmund. Veröffentlichungen u.a. «Technik und industrielle Arbeitswelt in der deutschen Lyrik des 19. und 20. Jahrhunderts» (1976), «Becker-Bender-Böll u.a.» (Hrsg., 1980), «Das Technik-Motiv in der Literatur und seine didaktische Relevanz» (1981), Aufsätze, Lesewerke und Sammelbände (Hrsg.) zur Didaktik der Literatur und Jugendliteratur.

James Hardin

Christian Gryphius Bibliographie

Eine Bibliographie der Werke von und über Christian Gryphius (1649–1706)

Bern, Frankfurt/M., New York, 1985. 148 Seiten
Berner Beiträge zur Barockgermanistik. Band 5
ISBN 3-261-04982-0   br./lam. sFr. 78.–

Eine beschreibende Bibliographie der Werke des Christian Gryphius (Sohn des berühmten Dichters Andreas Gryphius). Christian war Rektor eines bedeutenden Breslauer Gymnasiums, Polyhistor, Dichter, einer der belesensten Männer des Barockzeitalters. Seine bibliographischen und geschichtlichen Werke sind noch brauchbar, und seine Schulactus und gelehrte Kompendien liefern aufschlussreiche Daten über das, was man über germanische Literatur und Sprache im späten 17. Jahrhundert wusste.

Aus dem Inhalt: Analytische Bibliographie (mit Klischees) der Werke von Christian Gryphius mit einem Verzeichnis der Forschungsliteratur über Christian Gryphius.

James Hardin ist Professor für Germanistik (Deutsche Barockliteratur) an der University of South Carolina (USA). Er ist Verfasser des ersten englischsprachigen Werkes über Johann Beer und einer analytischen Bibliographie der Werke Beers. In Zusammenarbeit mit Dietrich Eggers (Universität Mainz) gibt er eine Edition der Werke Christian Gryphius heraus.